清末民初文獻叢刊

胡適論學近著

（下册）

胡適 著

朝華出版社
BLOSSOM PRESS

胡適論學近著

第一集　卷三

辨僞舉例

—蒲松齡的生年考—

盧見曾的國朝山左詩鈔卷四十五有蒲松齡小傳，引張元的蒲先生墓表說：

卒年七十六。

張元的墓表全文，我那時沒見着。魯迅先生的小說史略根据聊齋文集附錄的墓表，說蒲松齡至康熙辛卯始成歲貢生，越四年遂卒，年八十六。（一六三〇——一七一五）後來我見着上海中華圖書館石印本聊齋文集（以下省稱『石印本』）果然有張元的墓表的全文，說他

以康熙五十四年正月二十二日（一七一五年二月二十五日），卒享年八十有六。以本年葬村東之原。又十年，爲雍正改元之三年，（一七二五）其孤將爲碑以揭其行，而以文屬余。以余於先生爲同邑後進，且知先生之深也，乃不辭而爲之文以表於墓。

張元於乾隆十七年（一七五二）作漁洋感舊集後序，自署『八十一歲老人』，是他生在康熙十一年，（一六七二）蒲先生死時，張元已四十四歲，作墓表時他已五十四歲了。他記蒲松齡死的年月日，決無不可信之理。

三三三

但山左詩鈔引墓表作『卒年七十六，』道光濟南府志（卷五四）也作『卒年七十六。』然而聊齋文集所錄墓表卻作『享年八十有六。』究竟是那一本是對的呢？

山左詩鈔刻於乾隆戊寅，（一七五八）去張元之死（一七五六）不過兩年。盧見曾刻漁洋感舊集，張元替他補各人的小傳；山左詩鈔屢引張元所作的碑傳，所以我們可以斷定盧見曾所據的蒲先生墓表，必是張元的原本，應該是最可信的本子。因此，我相信『八十六』是『七十六』之誤。從康熙五十四年（一七一五）上推七十六年，是崇禎十三年（一六四〇）庚辰。

去年十月我到北平，借得清華大學圖書館所藏的聊齋全集，（以下省稱『清華本』）其中有文集四册，詩集兩册。詩集中有降辰哭母詩，中有云：

> 老母呼我坐，大小繞身旁。……因言庚辰年，歲事似饑荒。爾年（爾字此本作『兒，』後見馬立勛鈔本作『爾，』爾年即是那一年。）於此日，誕汝在北房。……

庚辰正是崇禎十三年，可以證明七十六歲之說不誤。

文集中有述劉氏行實一篇，是他的夫人的小傳。劉孺人死於康熙癸巳，（一七一三）年七十一，她生於崇禎十六年，（一六四三）比蒲松齡小三歲。她死時，蒲松齡年七十四歲，詩集中有七十四歲的詩，次年七十五歲有過妻墓的詩。以後就只有幾首詩了，最末一首爲除夕，仍有悼老妻的話，大概是七十五歲除夕的詩。詩集裏沒有七十五歲以後的詩。這也可證聊齋先生死時大概是七十六歲。

* * * * *

淄川馬立勛先生（北大學生）不信七十六歲之說，他說，聊齋詩集裏有『八十述懷』七律兩首，詩中明明說『甲子重經又廿年，』他決不止七十六歲。此兩詩不載於清華本，止見於石印本。馬君自己在淄川鈔得一部聊齋全集，（以下稱『馬本』）其中的詩集裏也沒有這兩首『八十述懷』詩。這一點使我很懷疑。

今年我又借了清華本，準備用此本來和馬本和石印本互相參校，先請羅爾綱先生把三種聊齋集的文，詩，詞的篇目列爲一個對照表。羅君把這表寫成之後，來對我說：『石印本的文和詞，除了極少數之外，都是清華本和馬本所收的。最奇怪的是石印本的詩共二百六十二首，沒有一首是清華本和馬本裏面見過的。』這就使我更懷疑石印本的聊齋詩集了。

昨夜我取出了石印本的聊齋詩集，翻出了那兩首『八十述懷』來細細研究。第一首全是泛泛的話，可以不論。第二首如下：

甲子重經又廿年，健全腰脚勝從前。論交差喜多名士，著錄新成祗短篇。春到東菑催力作，夏長北牖傲高眠。恬熙幸際承平日，與世無求便是仙。

我看出破綻來了，第五句有一條小註『淄東有薄田數十畝。』我笑道：『這首詩是妄人假作的。蒲留仙決不會用「淄東」來註解「東菑」！』

於是我又細細翻讀全部詩集，看見集中有許多聊齋的朋友的姓名，如王漁洋、王西莊、袁宣四、李約庵、焦石虹、畢公權、畢怡菴、邱行素、張歷友……等等，每人都註有名號，籍貫，科舉年分，官階，著作等等。這些人確都是聊齋的朋友，註的又這樣詳悉清楚，我如何能說這部詩集是假造的呢？

我看下去又發見了兩件極有力的證據，眞把我嚇倒了！第一件是兩首『己未除夕』的詩，有『三萬六千場過半，』『五十知非蘧伯玉』兩句，都是五十歲的話。己未是康熙十八年（一六七九）依七十六歲的說法，聊齋那時只有四十歲。如果他那年已五十歲，他應該是崇禎三年（一六三〇）生的，死時八十六歲。豈不是八十六歲之說對了嗎？

還有一件證據，是一首用蘇東坡石鼓歌韻的長詩，詩題是

> 戊寅仲夏，時明府將赴沂州任，同人以詩贈者皆用坡公石鼓歌韻，予辭不獲，因亦勉成一首，並送畢韋仲之黔，劉乾庵入都，沈燕及往九江。

這個詩題已夠嚇人了。詩中又有一條小註，說

> 齡今年六十八矣。

戊寅是康熙三十七年。（一六九八）依七十六歲說，他只滿了五十八歲。如果他那年滿六十八歲了，那麼他的生年應該提早十年，死時正是八十六歲了。

* * * * *

我看了這兩條嚇煞人的證據，很懊悔不該瞎疑心這部石印本詩集。我想，我的七十六歲說只好拋棄了。我請我家中住的胡鑑初先生（他正在研究蒲松齡的全部著作）來看這兩條硬證，我說，『我認輸了。』他也情願承認八十六歲的說法了。

可是，清華本和馬本的『降辰哭母』詩中說的生年在庚辰的話，又怎麼講呢？難道『庚辰』是庚午（一六三〇）之誤嗎？這一個字的證據，怎麼能抵敵那石印本的許多證據呢？

我的心終不死，忽然想起了聊齋文集裏那篇劉孺人的行實，——這是三種本子同有的。行實說：

> 孺人劉氏，……父季調，……生四女子，孺人其次也。初松齡父處士公敏吾……嫡生男三，庶生男一，……松齡其第三子，十一歲未聘。（此依石印本。清華本及馬本皆作『十餘歲』）聞劉公次女待字，媒通之。……遂文定焉。順治乙未（一六五五）間，訛傳朝廷將選良家子充掖庭，人情洶動。劉公……亦從衆送女詣婿家，時年十三。……

我看了這一段，又忍不住大笑了。我指給鑑初看，又翻開年表，我說：『劉孺人生於崇禎十六年，（一六四三）是毫無

三三八

可疑的。如果蒲松齡的生年要提早十歲，那麼他十一歲正當崇禎十三年；（一六四〇）他的妻子還沒有出世哩！她怎麼會「待字」呢？』

這一條新證據足夠打倒石印本的那兩條證據了。於是我對鑑初說：『石印本的詩集全是假造的，所以沒有一首詩和清華本或馬本相合。這位假造的人誤信了那墓表的一個誤字，深信聊齋活了八十六歲，所以假造那三首假詩，一首「八十述懷」一首「己未除夕」一首「戊寅仲夏」。這個人真了不得。他做了二百六十二首假詩來哄騙世人；許多詩是空泛的擬古之作，如擬陶靖節移居，如擬杜荀鶴宮怨，那是不相干的。但他又查出了聊齋的一些朋友，捏造了許多詩題，又加上了許多詳細的註語，這些註語都好像有來歷的，所以我們都被他瞞過了。』

鑑初還有點不相信。我說：『我要把這些姓字履歷的註語的娘家一條一條都查出來給你看。』我翻出一個詩題：

喜畢公權獲解

註云：

畢名世持，淄川人，康熙十七年戊午解元。

我說，『這一條註，我記得清清楚楚是聊齋志異「馬介甫」一篇的註語。』我到書架上尋出一部聊齋志異來，翻開馬介甫一篇，果然有這一條：

> 畢公權名世持淄川人，康熙戊午解元。

我又指一個詩題：

> 同畢怡庵綽然堂談狐，時康熙二十一年臘月十九日夜也。

我說，『這個詩題也好像是聊齋志異上見過的。』鑑初和我兩個人同翻聊齋，不到一會兒工夫，果然在狐夢一篇尋着了，原文是：

> 余友畢怡庵……
>
> 康熙二十一年臘月十九日，畢子與余抵足綽然堂，細述其異……

我又指一個詩題：

> 袁宣四得古瓶，詩以豔之。有序。

序文凡一百四十三字，敍北村甲乙二人淘井得二古瓶的始末，一瓶入張秀才家，一瓶歸宣四。我說，『這篇序也像是鈔聊齋的。』果然在卷十三尋得古瓶一篇，序文全是删節這一篇的。還有一條註，記袁宣四的履歷，也被這位先生全採去作另一詩題的註語了。

不到一個半鐘頭，這石印本的詩題的註語差不多全在聊齋志異的註語裏尋出來了。如李約菴和張歷友的履歷見於志異附錄淄川志小傳的註文，焦石虹的見於卷六狐聯篇註，邱行素的見於卷十三秦生篇，張石年邑侯生祠事見於卷十三王大篇『淄川古八景』的八個詩題全見於卷十四的山市篇的註文。——前後共尋出了十條證據，我可以下判決書了。判決的主文是：

審得有不知名的文人鈔襲了聊齋志異的文字和註文，並依據了張元所作蒲先生墓表的誤字，揑造了蒲松齡和他的朋友們倡和的詩若干首，並且混入許多浮泛的擬古詩歌，總共揑造了二百六十二首歪詩，冒充聊齋詩集，石印販賣，詐欺取財，證據確鑿。

*　*　*　*　*

這案判決時，已近半夜了，我們都去睡了。今天早起，我又檢查山左詩鈔，才知道這位『被告』不但熟讀聊齋志異，並且還採用了一些別的材料。石印本詩集有一篇『杖頭錢同歷友作』，並附錄張歷友的原作杖頭錢。張詩收入山左詩鈔的第四十三卷。石印本又有『贈歷友』兩絕句：

選政親操日杜門，窮搜八代溯淵源。一編肪截傳名著，高士同敎兩漢尊。

山左推君第一人，蒲輪空谷賤紅塵。相嬉猿鶴輕軒冕，花落山房春復春。

詩後附註云：

歷友學殖淹博，揮灑千言。同時諸前輩稱爲冠世之才，不虛也。試輒冠曹。時宮定山中丞爲學使，以明經薦山左第一人，就京兆試，不遇，歸而處崑崙山，不復出，杜門著書，有八代詩選，班范肪，五代史肪截，兩漢高士贊，崑嵛山房集等書，卓然可傳。豈以名位之有無爲輕重耶？

這一條註文，句句有來歷，都見於山左詩鈔卷四十三張篤慶（歷友）的小傳下的附錄。自『宮定山中丞』以下到『杜門著書』，是鈔唐豹巖的崑嵛山人集序；『學殖淹博，揮灑千言』，是用漁洋詩話；所著書目五種，是全鈔盧見曾的跋語，只是『班范肪截』一個書名截去了一個『截』字。我疑心『被告』曾見過山左詩鈔的第四十三卷的殘本。

可是他決沒有見着山左詩鈔的全部。何以見得呢？山左詩鈔卷四十五有蒲松齡的詩十一首。如果他見了此卷，他決不肯放過這十一首眞詩。石印本詩集沒有這十一首詩，可見他不曾見山左詩鈔的全書。

* * * * *

我們現在可以推測『被告』爲什麼要揑造這部聊齋詩集。滿清末年，上海國學扶輪社印出了一部聊齋集，其中有文，有詞，而沒有詩。民國以來，此書久已絕版了。大概『被告』見了這部扶輪社本，嫌他太少，就揑造了一部詩集，又加入了兩册來歷不明的聊齋筆記，材料增添了一倍，湊成了六册的聊齋全集，就成了一部定價兩元的大書了。文集中的志異自序和詞集中的惜餘春慢也是從聊齋志異鈔入的。筆記目錄後有黃珽的附記，自稱是聊齋的兒子東石的門人，在塵笈中得着太夫子的筆錄，整理爲兩卷。筆記中的材料無可供考據的；聊齋生四子，長名箬，有文名，不知是否字東石。

昨夜查聊齋志異時，我又尋得一條證據證明聊齋七十六歲之說。志異卷十六有「折獄」兩篇，皆記淄川知縣費禕祉的事。費禕祉任淄川是順治十五年（一六五八）到任的。聊齋自跋云：

我夫子有仁愛名，……方宰淄時，松裁弱冠，過蒙器許，而駑鈍不才，竟以不舞之鶴爲羊公辱。……

他生於崇禎十三年（一六四〇）到順治十六年（一六五九）正是弱冠之年。這又可見八十六歲之說必不可信了。

我的結論是：

蒲松齡生於崇禎十三年庚辰，（一六四〇）死於康熙五十四年乙未正月二十二日，（一七一五年二月二十五日）享年七十六歲。

二十年九月五日。

醒世姻緣傳考證

亞東圖書館標點重印的醒世姻緣，已排好六七年了；他們把清樣本留在我家中，年年催我做序。我因為不曾考出這書的作者『西周生』是誰，所以六七年不能動手做這篇序。我很高興，這幾年之中材料漸漸增添，到今天我居然可以放膽解答『醒世姻緣的作者是誰』的一個難題了。

這個難題的解答，經過了幾許的波折，其中有大膽的假設，有耐心的搜求證據，終於得着我們認為滿意的證實。這一段故事，我認為可以做思想方法的一個實例，所以我依這幾年逐漸解答這問題的次序，詳細寫出來，給將來教授思想方法的人添一個有趣味的例子。正是：

鴛鴦繡取從君看，要把金針度與人。

一　我的假設

醒世姻緣刻本首卷有『西周生輯著，然藜子校定』兩行字；又有一篇弁語，末尾寫着：

環碧主人題

辛丑清和望後午夜醉中書

這都不能供給我們什麽考據的材料。辛丑也不能定爲那一個辛丑；我們又無從知道這篇弁語是著書人的自序，還是刻書人的手筆。

書中的事蹟託始於明朝英宗正統年間，直到憲宗成化以後，都在十五世紀。（約一四四〇——一五〇〇）但我們看這部書裏面的事實，就可以知道這部書決不是明朝中期的作品。有幾條證據：第一，書中屢次提到楊梅瘡。我們知道楊梅瘡是西洋人從美洲帶回歐洲，又從歐洲流傳到中國的。在中國進口的地方是廣東，所以楊梅瘡在這書裏又叫做廣東瘡。哥侖布發見美洲在弘治五年，（一四九二）已在十五世紀的末年了；所以我們估計醒世姻緣應該是十七世紀的書，或是明末，或是清初，不會更早的了。第二，書中屢次提到水滸傳西遊記的典故，（如第八十七回的牛魔王夫人地煞星顧大嫂孫二娘等；如第九十八回林冲武松盧俊義等。）可見這書的著作在水滸傳西遊記的定本已很風行之後，這也應該在明末清初的時代了。

我爲此事曾去請教董綬金（康）孟心史（森）兩位先生。孟先生曾給我一封長信，他主張此書大概是清初的作品。我後來推想楊梅瘡推行到北方應該需時更久，所以我也傾向於這一說。

但西周生究竟是誰呢？這個問題的解決應該從那一點下手呢？我研究全書的內容，總覺得這部書的結構很像聊齋志異裏的江城一篇。醒世姻緣的結構是一個兩世的惡姻緣：

(一)前生

晁源射死了一隻仙狐，又把狐皮剝了。他又寵愛他的妾珍哥，把他的妻計氏逼的上弔自殺。

(二)今生

晁源託生爲狄希陳，死狐託生爲他的妻薛素姐，計氏託生爲他的妾童寄姐。狄希陳受他的妻妾的種種虐待，素姐的殘暴凶悍更是慘無人理。後來幸得高僧胡無翳指出前生的因果，狄希陳念了一萬遍金剛經，才得銷除寃業。

作者在『引起』裏指出這一條可怕的通則：

大怨大仇，勢不能報，今世皆配爲夫妻。

他又有詩道：

……名雖伉儷緣，實是寃家到。前生懷宿仇，撮合成顯報。同牀睡大蟲，共枕棲強盜。此皆天使命，順受兩毋躁。

全書末回裏，胡無翳對狄希陳說：

這是你前世裏種下的深仇，今世做了你的渾家，叫你無處可逃，才好報復得茁實。如要解寃釋恨，除非倚仗佛法，方可懺罪消災。

我們試把這兩個結構來比較江城的故事，就可以看出這兩個故事是同樣的。江城的故事是這樣的：

(一)前生

一個士人誤殺了一個長生鼠。

(二)今生

士人託生爲高蕃，死鼠託生爲樊江城，兩人幼小時相戀愛，結婚後，江城忽變成奇悍，高蕃受了種種奇慘的虐待。後來他的母親夢中見一位老人告訴她道：『此是前世因，……今作惡報，不可以人力爲也。每早起，虔心誦觀音咒一百遍，必當有效。』高家父母都依夢中的話去行，兩月餘之後，江城果然悔悟了，竟成爲賢婦人。

這兩個故事太相同了，不能不使我注意。相同之點可以列舉出來作一張對照表：

	醒世姻緣	江城
(1)	狄希陳前生殺一隻仙狐。	高蕃前生殺一隻長生鼠。
(2)	仙狐託生爲妻（素姐），凌虐狄生。	死鼠託生爲妻（江城），凌虐高生。
(3)	素姐之父借住狄翁的房屋。	江城之父借住高翁的房屋。
(4)	素姐未嫁時性情良善，嫁後性情大變。	江城也是嫁後『反眼若不相識。』
(5)	素姐氣死翁姑父母。	江城的父母也因氣憤病死。
(6)	狄希陳的朋友相于廷因笑謔被素姐戲弄。	高生的朋友王子雅因笑謔被江城暗害。

(7)高僧胡無翳指出前生因果。	老僧用水噀江城，指出婚的前生。
(8)狄希陳念金剛經一萬遍，寃業才得銷除。	高氏父母每日念觀音咒一百遍，江城竟悔悟了。

江城篇有附論，說：

人生業果，飲啄必報。而惟果報之在房中者，如附骨之疽，其毒尤慘。

醒世姻緣的『引起』也說：

大怨大仇，勢不能報，今世皆配爲夫妻。……那夫妻之中就如頸項上癭袋一樣，去了愈要傷命，留着大是苦人。日間無處可逃，夜間更是難受。……將一把累世不磨的鈍刀在你頸上鋸來鋸去，教你零敲碎受。這等報復，豈不勝如那閻王的刀山劍樹，磑搗磨挨，十八重阿鼻地獄？

這兩段議論可算是同一個意思，不過古文翻成了白話罷了。

醒世姻緣的作者問題，好像大海裏撈針，本來無可下手處。可是江城的故事使我得着一個下手的地點了。所以我在四五年前就提出一個假設的理論，說：

醒世姻緣和聊齋志異的江城篇太相像了，我們可以推測醒世姻緣的作者也許就是聊齋的作者蒲松齡；也許是他的朋友。

二 內證

我有了這個假設，就想設法證實他，或者否證他。不曾證實的假設，只是一種猜測，算不得定論。證實的工作很困難。我在前幾年只能用聊齋志異和醒世姻緣兩部書作比較的研究，想尋出一些『內證』這些『內證』也有很值得注意的：

第一，聊齋的作者十分注意夫婦的問題，特別用氣力描寫悍婦的凶惡。這一點正是醒世姻緣最注意的問題。聊齋江城篇附論說：

每見天下賢婦十之一，悍婦十之九，亦以見人世之能修善業者少也。

醒世姻緣也說：

但從古來賢妻不是容易遭着的，這也卽如『王者興，名世出』的道理一般。

聊齋寫悍婦的故事有好幾篇；江城之外，有馬介甫篇（卷十）的尹氏，孫生篇（卷十四）的辛氏，大男篇（卷三）的申氏，張誠篇（卷二）的牛氏，呂無病篇（卷十二）的王氏，錦瑟篇（卷十二）的蘭氏，邵女篇（卷七）的金氏。十幾卷書裏寫了這麼多的奇悍婦人，這還不夠表示作者的特別注意這個問題嗎？聊齋還有一篇夜叉國（卷五）寫一個母夜叉和人配合，生二子一女；後來一個兒子立了戰功，封男爵，那位夜叉母親也封夫人。附論說：

夜叉夫人亦所罕聞，然細思之亦不罕也。家家牀頭有個夜叉在。

最奇怪的是，人見了那位眞夜叉，雖然『無不戰慄，』然而究竟因爲她受的人類文明的薰染還不很深，她還夠不上悍婦的資格比起上面列舉的各位太太們來，這位道地的母夜叉眞可以算是一位賢德夫人了！

醒世姻緣和聊齋志異同樣注意描寫那些沒有人理的悍婦，這一點使我更疑心兩部書是同一個人做的。

第二，醒世姻緣的偉大雖然不是聊齋的短篇所能比擬的，然而聊齋裏的一些悍婦，好像都是薛素姐和童寄姐的草稿子，好像先有了這些炭畫的小稿本——正面的幾幅，背面的又幾幅，工筆的幾幅，寫意的又幾幅，——然後聚精會神大筆淋漓綜合成醒世姻緣裏的兩幅偉大的寫眞。聊齋裏的悍婦，一個一個都是具體而微的薛素姐童寄姐，不過因爲是古文的短篇，只寫得一個小小的方面，不能描寫的淋漓盡致。但有許多處的描寫，實在太像醒世姻緣了，使我們不能認作偶然的巧合，使我們不能不認作稿本與定本的關係。

聊齋志異寫悍婦，往往用『虛寫』的法子，就是不詳細寫一個婦人兇悍的事實，只說她的丈夫忍受不住了，只好逃走躲開。如大男篇寫申氏，只說她『終日曉聒，』使她的丈夫『恆不聊生，忿怒亡去。』如呂無病篇寫王天官的女兒的驕悍，只說她『數相鬬鬩，』她的丈夫『患苦之，……不能堪，託故之都，逃婦難也。』寫丈夫『逃婦難，』正是用虛筆反映悍婦的可怕。在錦瑟篇裏，作者更盡力運用這種虛寫方法：王生的妻子蘭氏驕悍極了，『常庸奴其夫，』王生有一次對她說：

所遭如此，不如死。

太太更生氣了，就問他預備何時死，怎樣死法，並且給他一條索，讓他好去上弔。

> 王生忿投羹椀敗婦顙；生含憤出自念良不如死，遂懷帶入深壑，至叢樹下，方擇枝繫帶，……

他遇見鬼仙了。他剛入門，

> 有橫流湧注，氣類溫泉。以手探之，熱如沸湯，亦不知其深幾許。疑卽鬼神示以死所，遂踴身入，熱透重衣，膚痛欲糜。……

他極力爬抓，才得上岸，又

> 有猛犬暴出，齕衣敗襪。

這些痛苦，他都不怕，他只怕回家。他對那女鬼說：

> 我願服役，實不以有生爲樂。

女鬼說：

> 吾家無他務，惟淘河，糞除，飼犬，負尸。作不如程，則劓耳劓鼻，敲刖脛趾，君能之乎？

那位「求死郞」說，「能之。」但他

> 回首欲行，見尸橫牆下，近視之，血肉狼籍。〔婢〕曰，「半日未負，已被狗咋。」卽使生移去之。生有難色。婢曰，「君如不能，請仍歸享安樂。」生不得已，負置祕處。

錦瑟一篇是最用氣力的虛寫法，但寫丈夫這樣冒死「逃婦難」，就可以使我們想像悍婦之苦眞「勝如那閻王的刀山劍樹，碓搗磨挨，十八重阿鼻地獄。」

但反面的虛寫究竟不好懂，不如正面的實寫。聊齋實寫悍婦的罪惡，有江城，邵女，馬介甫等篇。邵女篇的金氏的悍狀是：

(1)虐待妾，一年而死。

(2)虐待妾林氏，逼她弔死。

(3)鞭妾邵女。『燒赤鐵，烙女面，欲毀其容。又以針刺脇二十餘下。』

丈夫娶妾，太太逞威，這還在情理之中，所以作者自己也說：

女子狡妒，天性然也。而爲妾媵者又復炫美弄機，以增其怒。嗚呼，禍所由來矣。

馬介甫篇寫楊萬石妻尹氏的悍狀，就比金氏更不近情理了。

(1)她『奇悍，少忤之，輒以鞭撻從事。』

(2)她的公公『年六十餘而鰥，尹以齒奴隸數。楊與弟萬鍾常竊餌翁，不敢令婦知。然衣敗絮，恐貽訕笑，不令見客。』

(3)妾王氏有妊五月，她知道了，剝了她的衣裳，痛打幾頓，把胎打墮。

(4)她『喚萬石跪受巾幗，操鞭逐出。……觀者填溢。』馬介甫拉住楊萬石，替他解下女裝，『萬石聳身定息，如恐脫落。馬強脫之，而坐立不安，猶懼以私脫加罪。」

(5)她要用廚刀在她丈夫的心口畫幾十下。

(6)她撕毀她公公的衣服，「批頰而摘翁鬚。」

(7)她逼死她的小叔楊萬鍾。

(8)她逼嫁萬鍾之妻，虐待他的孤兒，日夜鞭打他。

(9)她虐待她公公，「翁不能堪，宵遁至河南，隸道士籍。萬石亦不敢尋。」

這位楊尹氏可算是奇悍了。但那位高家江城的凶悍比她更來的奇怪。江城和高蕃本是小朋友，從小就相憐愛，高蕃執意要娶她爲妻。結婚之後，她的脾氣漸漸發作，「反眼若不相識。」她的悍狀有這些：

(1)她鞭撻她丈夫，「逐出戶，闔其扉。生嚅嚅門外，不敢叩關，抱膝宿簷下。」

(2)「其初長跪猶可以解，漸至屈膝無靈。」

(3)「抵觸翁姑，不可言狀。」

(4)「一日生不堪撻楚，奔避父所。女橫撻追入，竟即翁側，捉而箠之。翁姑沸噪，略不顧瞻，撻至數十，始悻悻以去。」

(5)她的父母氣憤不過，先後病死。

(6)她裝作陶家婦哄騙高蕃，試出了他的私情，捉他回家，『以針刺兩股殆徧。乃臥以下牀，醒則數罵之。……生日在蘭麝之鄉，如犴狴中人仰獄吏之尊也。』

(7)她恨她姊姊帶了木杵去搥她一頓，打的她『齒落脣缺，遺矢溲便。』

(8)高生的同窗王子雅偶然嘲笑他，江城偸聽得了，就暗中把巴豆下在湯裏，使他大吐大瀉，幾乎病死。

(9)王子雅邀高生飲酒，招了妓女謝芳蘭來陪酒。同座的人故意讓她和高生並坐私語。江城扮了男子在鄰座偵察，逼他回家，『伏受鞭扑。從此益禁錮之，弔慶皆絕。』

(10)她疑高生與婢女有私情，『以酒罈囊婢首而撻之。已而縛生及婢，以繡翦翦腹間肉，互補之。釋縛令其自束。月餘補處竟合爲一。』

(11)『江城每以白足踏餅，拋塵土中，叱生摭食之。』

(12)她夜間睡醒，令她丈夫捧進溺盆。

(13)她每『聞門外鉦鼓，輒苗髮出，憨態引眺，千人共指，不爲怪。』『有老僧在門外宣佛果，觀者如堵。女奔出見人衆無隙，命婢移行牀，翹登其上。衆目集視之，女爲弗覺也者。』

這幾篇的寫法都是正面的實寫。實寫的是工筆細描，虛寫的是寫意傳神。凡此諸篇，或正面，或反面，或虛寫，或實寫，都可以表見聊齋志異的作者用十分氣力描寫夫婦之間的苦痛。

醒世姻緣的作者正是十分用氣力描寫夫婦之間的苦痛。我們若用兩部書裏描寫悍婦的詳細節目來比較，就可以看出這兩部書的描寫方法很有相同之點；就可以看出聊齋志異的寫法全都採用在醒世姻緣的後六十回裏，只不過放大了，集中了，更細密了，更具體了，使人更覺得可怕了。

醒世姻緣裏的描寫，兼用虛實兩種筆法。薛素姐和童寄姐的兇悍，都有詳細的描寫，凡聊齋志異裏實寫的悍狀，幾乎沒有一件不曾被採入這部『悍婦大全』裏去。（最明顯的例外只有江城篇裏割肉互補一條。）我們不能逐條引證，只可舉一些最明白的例子：

（1）江城的氣死父母，忤逆翁姑，尹氏的虐待公公，在醒世姻緣裏都寫在素姐一人身上。狄翁因庇護兒子，被素姐氣的風癱，氣的病死。有一次，她竟放火燒屋。婆婆氣死在素姐手裏。公公納了妾，素姐怕妾生子，總想把公公閹割了。公公病危了，素姐日夜監視，不許他對家人說一句祕密話。素姐的父親和嫡母也都被她氣死。

（2）尹氏和江城的鞭撻丈夫，也都是素姐的家常便飯。江城用針徧刺丈夫的兩股，金氏用針刺邵女的兩脇。素姐把丈夫拴在牀脚上，用納鞋底的大針遍身扎刺。（第五十二回）有一次她用嘴咬丈夫的肐膊，咬下一大塊肉，咬的他滿地打滾。（第七十三回）這都不算重刑。有一次，她用一個大棒椎，關起門來打丈夫，打了六百四十棒椎，只剩一絲油氣！（第九十五回）

（3）江城夜間要丈夫捧進溺盆，那也是狄希陳的孝順工作。一天早起他忘了把溺盆端出去，挨了一頓臭罵，還被他老子教訓他道：『你可也是個不肯動手的人！你問娘，我不知替他端了多少溺盆子哩！你要早替他端出，爲甚麽惹他咒這們一頓？』（第五十九回）

(4)江城的丈夫每夜『如在犴狴之中仰獄吏之尊。』狄希陳是常坐監的，半步寬的馬桶間，一根繩子作界線，一幅門簾作獄門，他就『條條貼貼的坐在地上，就如被張天師的符咒禁住了的一般，氣也不敢聲喘』。晚上還得『上柙』用麻繩綑在凳上。（第六十回）還得上『拶子』，把雙手拶在竹管做的拶指裏使界尺敲着兩邊。還得上火餤山，使煙薰他的兩眼。（第六十三回）

(5)江城用脚踏餅，抛在塵土裏，叫他丈夫拾去喫。素姐把丈夫關在監牢裏，『連牢食也斷了他的。』（第六十三回）

(6)邵女篇的金氏用燒紅的烙鐵，烙邵女的臉。素姐候狄希陳穿了吉服，把一熨斗的炭火盡數倒在他的衣領裏，燒的他要死不活，脊樑上足夠蒲扇一塊胡焦稀爛。（第九十七回）

(7)金氏虐妾至死，江城也虐待婢女，尹氏也虐打有妊的妾，把胎打掉。寄姐虐待小珍珠，逼她吊死。（第七十九至八十回）素姐也毒打小玉蘭，虐待調羹母子。幸而她的丈夫不敢在家娶妾，娶的妾又比她更辣，所以在這一方面她的威風使不出來，只好把怨毒都結在丈夫身上，下了三次毒手，最後一次用箭把丈夫幾乎射死。（第九十五至一百回）

(8)江城扮娼婦試探丈夫的私情，童寄姐也假裝婢女小珍珠試探丈夫的私情。（第七十九回）這兩件事的寫法是一樣的。

(9)江城篇的妓女謝芳蘭一段，和醒世姻緣的妓女小嬌春一段（第六十六回）的寫法是一樣的。江城篇寫高生『顏色慘變，不遑告別，匆匆便去』醒世姻緣裏簡直把這幾句翻成了白話：

> 狄希陳唬的個臉彈子瑩白的，通長沒了人色，忘了作別，披着衣裳往外飛跑。

這樣的字句相同，難道是偶然的巧合嗎？這些例子，都可以供我們作比較的研究，都可以使我們相信醒世姻緣和聊齋志異有很密切的關係。

此外還有一個很可以注意的例子。聊齋志異卷十四有孫生篇，寫一個辛氏女，嫁給孫生，初入門就不肯和丈夫同牀，用種種防衛的方法，使孫生不敢親近她。一個多月之後，有人教他用酒醉的方法。

> 敬以酒煮烏頭，置案上。入夜，孫釃別酒，獨酌數觥而寢。如此三夕，妻終不飲。一夜，孫臥移時，視妻猶寂坐，孫故作齁聲。妻乃下榻，取酒煨爐上。既而滿飲一盃，又復酌，約至半杯許，以其餘仍納壺中，拂榻遂寢。久之無聲，而燈煌煌尚未滅也。疑其尚醒，故大呼『錫檠鎔化矣！』妻不應。再呼，仍不應。……

孫生的方法和醒世姻緣第四十五回『薛素姐酒醉疎防』的一大段完全相同。

> 狄希陳假做睡着，漸漸的打起鼾睡來，其實睒瞜了一雙眼看她。只見素姐只道狄希陳果眞睡着，叫小玉

蘭拿過那尊燒酒，剁着雞子，喝茶鍾酒，吃個雞蛋，吃的甚是甜美。吃完了那一尊酒，方才和衣鑽進被去。睡不多時，鼾鼾的睡着去了。狄希陳又等了一會，見他睡得更濃，還恐怕他是假裝，揚說道：『這卓上冷，我待要牀上睡去。』一谷碌坐起來，也不見他動彈。……

這種相同的寫法也不會是完全偶然的巧合罷？

三　第一次證實

我有了這個大假設，到處尋求證據，但總尋不着有力的證據。民國十八年，我回到北京，買了一部鄧文如先生（之誠）的骨董瑣記，在第七卷裏見着一條『蒲留仙』，其文如下：

聊齋志異，乾隆三十一年萊陽趙起杲守睦州，以稿本授鮑以文廷博刊行。余蓉裳集時客於趙，爲之校讎是正焉。鮑以文云：留仙尙有醒世姻緣小說，實有所指，書成爲其家所訐，至褫其衿。易簀時自知後身卽平陽徐崑，字后山，登鄉榜，撰柳崖外編。乾隆庚子其孫某所述如此。……

我看了這一條，高興的直跳起來。但我細細讀了這一段文字，又不免感覺失望。鄧文如先生引的鮑廷博的話，究竟到那一句爲止呢？鮑廷博的話見於何書呢？『其孫某』是蒲留仙的孫子，還是徐崑的孫子呢？鄧先生此條文字的眉目不淸，容易使人誤讀誤解。卽如此條所記『易簀時自知後身爲平陽徐崑』一節，完全出於後人的傳說，只是一種神話，全無根據。聊齋臨死時並無『自知後身爲平陽徐崑』的事。乾隆晚年有個妄人徐崑，字后山，摹倣聊齋志異的短篇文字做了一部柳崖外編，自稱爲蒲留仙的後身。柳崖外編有一篇博陵李金枝的序，年代爲乾隆五十六年辛亥，（一七九一）李金枝自稱『時年八十有二』，序中說徐崑是蒲留仙的後身，揑造出一大串神話。但李金枝自稱『憶余少師蒲柳泉先生，柳泉歿，汨然無所向。』殊不知蒲留仙死在康熙五十四年，（一七一五）見於張元所作蒲留仙墓表。從康熙五十四年到乾隆五十六年，凡七十六年，蒲留仙死時，李金枝只有六歲，那能做他的弟子，又那能『汨然無所向』呢！此種神話不值得一笑，也會混入鄧先生的劄記中，又好像是鮑廷博說的，又好像是『乾隆庚子其孫某所述如此，』眞叫人莫名其妙了。

我當時讀了這段劄記，就託合肥闞霍初先生（鐸）去問鄧文如先生究竟鮑廷博的話是出於何書，有何根據。鄧先生回信說是聽見繆荃孫說的。後來孫楷第先生又去當面問過鄧先生，鄧先生說鮑廷博的話是繆荃孫親聽見丁晏說的，曾記在繆先生的雲自在龕筆記的稿本裏，但這部稿本已不可見了。

丁晏和繆荃孫都是一代的大學者，他們的記載應該可以相信。只可惜鄧文如先生當日太疎忽了一點，不曾把繆荃孫的筆記原文全鈔下來。我對於此條記載雖然不很滿意，但我承認鮑廷博的話是一個極重要的證據。因爲鮑廷博決不會像我這樣從醒世姻緣和聊齋志異的內容上去推想蒲留仙爲醒世姻緣的作者，他當時既從萊陽趙家得着聊齋的稿本，他也許從趙家得着關於醒世姻緣的傳說。鮑刻聊齋，已在蒲留仙死後五十年之後，這個傳說已不完全可信了。如說『書成爲其家所訐，至褫其衿』是不可信的。蒲留仙是一個老秀才，到他七十二歲時才補歲貢生，（見淄川縣志）決沒有被革去秀才衣衿的事。但當時鮑廷博聽見的傳說必是從山東傳來的，雖有小小訛誤，還可證實當時確有人知道醒世姻緣是蒲松齡做的。

我憑空設想的一個推論，在幾年之後居然得着這樣一條古傳說的證明，我不能不感謝鄧文如先生的幫助了。

四　孫楷第先生的證據

十九年的夏天，我又到了北平，在中海見着孫楷第先生；我知道他是最研究小說的掌故的，就請他幫我搜查關於醒世姻緣的材料。隔了幾個月，孫楷第先生寄給我一封長信，報告他研究的結果。他的長信的全文，讀者可以參看。他的方法是用醒世姻緣所記的地理，災祥，人物三項，來和濟南府屬各縣的地志參互比較，證明

(1)書中的地理實是章邱淄川兩縣。

(2)著書的時代在崇禎康熙時，至早不得過崇禎。

(3)作者似是蒲留仙，否則也必是明清之間的章邱人或淄川人。

孫先生證明書中的繡江縣即是章邱，證據確鑿，毫無可疑。他在人物的考證，指出書中三十一回所記的救荒好官

李粹然是實有的人物，書中說他是河南河內人，丙辰進士，都是事實。這也是很重要的發現。他又特別注意書中第二十七，第二十九，第三十一回記載的種種災異。他用濟南府志，淄川縣志，章邱縣志的災祥部來比較，斷定書中所記水旱災荒大都是崇禎康熙年間淄川的實事。

這時候，我和孫先生都不曾見着蒲松齡的全集。後來我們見了聊齋文集的幾種本子，讀了集中紀災的詩和幾篇紀載康熙四十二三年淄川災荒的文字，更相信孫先生的方法是很有見識的。我試舉一個例，可以補充孫先生的研究。聊齋文集有紀災前編，記康熙四十二年的淄川災情，開篇就說：

癸未（一七〇三）四月天雨，二麥歉收。五月二十四日甲子雨，竟日；自此霪霖不休，晨苦不得耨，草迷疆界，與稼爭雄長。六月十九日始晴，遂不復雨。低田水沒脛，久晴不涸，經烈日，湯若煮，禾以盡槁。高田差耐，然多蚻，蚻奇臭，族集禾擗。……禾被嚙，以枯以秕，稭盡臭，牛馬不食。……

此次因官不肯報災，所以『淄未成災』，不見於淄川縣志，所以孫楷第先生也不曾記錄。但這一段紀災的文字頗和醒世姻緣的考證有關係。醒世姻緣第九十回記成化十四年武城縣的災情如下：

……誰知到了四月二十前後，麥有七八分將熟的光景，可可的甲子日下起雨來，整日的無夜無明，傾盆如注。一連七八日不住點，剛得住住不多一時，從新又下。……　只因淫雨不晴，將四鄉的麥子連稭帶穗弄得稀爛，臭不可當。

這兩處寫災情都注重『甲子日』的大雨，這不是偶然的。我們可以推想兩處的紀載是出於蒲松齡一個人的手筆。又可以推想醒世姻緣第九十回記的災情是康熙四十二三年的淄川災情。這不但可以考證此書的作者，又可以考見此書的著作到康熙四十二三年（一七〇三—四）——蒲松齡六十四五歲時——還沒有完成。這是很重要的一個證據。

五　聊齋的白話韻文的發現

當這個時候，我的朋友們對於我的假設最懷疑的一點就是：聊齋志異的古文作者是不是寫得出醒世姻緣那樣生動白描的俗話文學？這個問題若沒有圓滿的解答，我的假設還算不得已證實了。

民國十八年，北平樸社印出了一冊聊齋白話韻文，是淄川馬立勛先生從淄川一個親戚家得來的。這一冊共有六篇鼓詞：

一、問天詞
二、東郭外傳
三、逃學傳
四、學究自嘲

我看了這些白話的鼓詞，高興極了，因爲這些鼓詞使我們知道蒲松齡能做極好的白話文學。這六篇之中，最妙的是東郭外傳，演唱孟子『齊人有一妻一妾』一章，我鈔寫一兩段在這裏：

這婦人們是極好哄的，聽了這話，把個齊婦喜的是心花俱開，說道：

『好！你竟有這樣朋友！人生在世不過是個虛臉；家裏的好歹，誰家見來？屬驢屎彈子的，全憑外面光。咱家裏雖然是沒有甚麼嗹，那衆位老爺們全憑俱合你相與，別人誰還不奉承呢？可知人不在富貴，全在創！創出漢子來，就是漢子。』

齊人說：

『自然麼！這富貴人家的酒食，豈是容易給人吃的？全在有點長處，弄到他那拐窩裏，才中用。我不才，行動款段段的，言語文番番的，這就是創百家門子抓鱉鉤子呢。所以這城裏的鄉官打上鰾來的合咱相與。一見面，高拱手，短作揖，你兄我弟，實在大弄天下之臉！那些黎民小戶也有大些老彀搬的，究竟是「狗啃骨頭乾咽沫」，如何上的堆呢？』

單這兩段散文的說白，已可以表現那詼諧的風趣，活現的土白，都和醒世姻緣的風格最接近。

五、除日祭窮神文

六、窮神答文

馬立勛先生在聊齋白話韻文的序文裏曾說，他還有三篇曲詞，不幸失落了。我去年到北平，見着馬先生，才知道他又搜得了十一種的聊齋遺著，其中一種牆頭記長篇鼓詞，他已在晨報上發表了。承他的好意，這十一種我都讀了，目錄如下：

七、和先生攬館

八、俊夜叉曲

以上兩種和前六種同爲短篇鼓詞。

九、牆頭記（長篇鼓詞。）

十、幸雲曲（長篇鼓詞，寫正德皇帝嫖院的故事。）

十一、蓬萊宴（長篇鼓詞，寫吳彩鸞寫韻事。）

十二、寒森曲（聊齋商三官故事。）

十三、慈悲曲（聊齋張誠故事。）

十四、姑婦曲（聊齋珊瑚故事。）

十五、翻魘殃（聊齋仇大娘故事。）

十六、富貴神仙（聊齋張鴻漸故事。）

十七、禳妬咒（聊齋江城故事。）

濟南王培荀的鄉園憶舊錄曾說：

蒲柳泉先生……就所作志異中擇珊瑚，張訥，江城，編爲小曲，演爲傳奇，使老嫗可解，最足感人。

王培荀自序在道光乙巳（一八四五）他在當時已知道蒲松齡有這幾種『老嫗可解』的小曲與傳奇了。這幾種之中，江城一種（禳妬咒）是純粹對話體的戲劇；其餘各種都是鼓詞。所以王培荀說『編爲小曲，演爲傳奇』是很正確的。

這些曲本之中江城獨是戲劇體，這也可見作者特別看重這個悍婦故事。全書共分三十三回，約有七萬字。江城故事的原文只有二千九百字，演成了戲曲，就拉長了二十四倍了。在『開場』一回裏，作者極力演說老婆是該怕的：

〔山坡羊〕

不怕天，不怕地，單單怕那『秋胡戲。』性子發了要殺人，進了屋門沒了氣。儘他作精，儘他制，放不出個狗臭屁。頂尖漢子全不濟，這里使不的錢合勢。

殺了人，放了火，十萬銀子包裹裹，一直送到撫院堂，情管卽時開了鎖。惟獨娘子起了火，沒處藏，沒處躲，這個衙門罷了我！……

他說一個大將軍戚繼光怕老婆的故事，唱道：

〔皂羅袍〕

戚將軍忽然反叛，一聲聲叫殺連天，進去家門氣不全，到房中不覺聲音變，驚聲一口，跪倒牀前。——那軟弱書生越發看的見！

這已可見蒲松齡的詼諧風趣了。全部劇本的情節是依照聊齋志異的故事編排的，事實的次序，人物的姓名，幾乎完全沒有改動。但因爲體裁自由多了，篇幅闊大多了，文體活潑多了，所以禳妒咒曲本中有許多絕妙的文字，是原來的古文短篇萬不能有的。如高生見了江城，交換了汗巾回家要娶她，他的父母不肯，他就病了。古文故事只有『生聞之，悶然嗌不容粒』九個字，曲本裏就大不同了：

〔長命拄杖上云〕

腰爲相思瘦，帶圍長一指。

若不得江城，此生惟一死。

〔白〕自從見了江城，覺着這三魂出竅，好一似身在半空。那不體情的爺娘，又嫌他貧賤，這兩日酒飯不能下咽，難道說就死了罷？

〔還鄉韻〕好難害的相思病！也不是癢癢，也不是疼。這口說不出那里的症，情可是大家的情。——怎麼丟些相思，叫俺自家唖哼！那茶不知是嗄味，那飯也是腥。顚顚倒倒，睡里是江城，夢里也是江城。江城江城呀，我爲你送了殘生命！

劇中第十五回『裝妓』是演江城假裝陶家婦，黑夜裏去哄騙她的丈夫高生，點燈一炤，才知道是江城：

〔點起燈來一炤，諕了一跌，把燈吊在地下。江城說〕這來見了你那可意人兒怎麽不看了？〔公子跪下說〕我再不敢了。〔江城說〕你就沒怎敢罷呢！

〔蝦蟆曲〕哄我自家日日受孤單，你可給人家夜夜做心肝！（強人呀）只說我不好，只說我不賢，不看你那般，只看你這般，沒人打罵你就上天！（強人呀）你那牀上吱吱呀呀，好不喜歡！

過來，跟了我去，不許你在沒人處胡做！

〔前腔〕我只是要你合我在那里羅，我可又不曾叫你下油鍋。（強人呀）俺漫去搜羅，你漫去快活，今日弄出這個，明日弄出那個：——這樣可恨氣殺閻羅！（強人呀）俺也叫人家『哥哥呀哥哥』，你心下如何！

這樣的乾脆漂亮的曲詞，在明清文人的傳奇裏絕不多見，在聊齋的曲本裏幾乎每頁都可以見着。蒲松齡有了這十幾種曲本，即使沒有那更偉大的醒世姻緣小說，他在中國的活文學史上也就可以佔一席最高的地位了。

六　從聊齋的白話曲詞裏證明醒世姻緣的作者

這十幾部白話曲詞，固然可以證明蒲松齡是能夠著作白話文學的了。但是，我們要問，我們能從這些曲詞裏尋出文字學上的證據來證明這些曲詞和醒世姻緣是同一個人的作品嗎？

這種文字學上的考證是很困難的，但我在初見聊齋白話韻文六種時，就想試做這種比較的研究。當時因爲那六種短篇的材料太少，所以我不敢下手。後來見了那十七種的曲詞全文，字數不下三四十萬，我就決定要做這種研究。

這種研究的方法是要把醒世姻緣裏最特別的土話列舉出來做爲標準；然後去看那些聊齋曲本裏有沒有同樣的土話；如有同樣的土話，意義是不是相同，用法是不是相同。

這種研究方法用在別種普通文學書上，是不很可靠的。因爲兩種書裏文字上的相同也許是彼此互相鈔襲模倣。例如元曲裏用『兀的不』，明人清人作曲子也會用『兀的不』；又如水滸傳用『唱喏』『剪拂』，後人作小說也會套用『唱喏』『剪拂』。但是，這種危險在醒世姻緣的研究裏是不會發生的。第一，醒世姻緣用的是一種最特別的土話，別處人都看不懂，所以坊間的翻印本往往任意删改了看不懂的土話；決不會有人模倣。若有人模倣沿用，必定要鬧笑話。（例如晉書用的土話『寧馨』『阿堵』，後人沿用都是大錯的。）第二，醒世姻緣不是很著名的小說，不會有人模倣書中的土話。第三，聊齋的白話韻文都是未刻的舊寫本，決沒有人先預料到某年某月有個某人要用他們來考證醒世姻緣，就先模倣醒世姻緣的土話，做出這些絕妙曲文來等候我們的考證。第四，聊齋的白話文學被埋沒了二百多年，決不會有人模倣聊齋的未刻曲文裏的土話來做一部長篇的小說。

所以我們如果能夠尋出醒世姻緣和聊齋的白話曲詞有文字學上的關係；如果這部小說的特別土話，別處人不能懂，別的書裏見不着而獨獨在聊齋的白話曲文裏發見出了同樣的字句和同樣的用法，——那麽，我們很可以斷定這部小說和那些曲文是出於一個作者的手筆了。

今年我的朋友胡鑑初先生住在我家中，重新校讀醒世姻緣的標點本，同時又校讀那十幾種的聊齋白話曲文。他是最細心的人，所以我勸他注意這些書裏的特別土話。有許多奇特的土話，很不容易懂，只好用歸納的方法，把同類的例子全列舉出來，比較着研究，方才可以確定他們的意義。鑑初先從醒世姻緣裏搜求這樣的例子，然後從那些白話曲文裏尋求有無相同的例子。這方法一面可以歸納出這些奇怪土話的意義，一面又可以同時試探這部小說和那些曲文有沒有關係。

我從鑑初的筆記裏摘出這些最有趣又最驚人的例子：

【例一】　『待中』（快要）

（醒世姻緣）（例子太多，略舉五條）

(1)天又待中下雨。（四十一回，頁4）

(2)爹待中往坡裏看着耕回地來，娘待中也絡出兩個越子來了。（四五，5）

(3)這是五更麼？待中大飯時了。(四五，6)

(4)大嫂把小玉蘭丫頭待中打死了。(四八，9)

(5)沒人幫着你，咬人人也待中不怕你了。(五三，15)

(幸雲曲)

(1)那客來到家，急敢濕淨了茶壺，那客待中去了。

(2)就待中入閣了。

(3)待中死矣，還掙甚麼命！

(慈悲曲)

不必找他，他待終來家吃晌飯哩。

(禳妬咒)

我若是通你通呵，你待中惱了。(九回)

【例二】『中』(好)

(醒世姻緣)(例子太多，僅挑了三條)

(1)叫小廝們外邊流水端果子鹹菜，中上座了。(二一,19)

(2)做中了飯沒？做中了拿來喫。(四十,16)

(3)掙量着，中睡覺的時節才進屋裏去。(五八,9)

(東郭外傳)

單說他小婆子在家裏，做中了飯，把眼把眼的等候消息。

(姑婦曲)

中了飯，二成端給他喫了。

【例三】『魔駝』(遲延)

(醒世姻緣)

你們休只管魔駝中收拾做晌後的飯，怕短工子散的早。(十九,10)

(牆頭記)

我這裏沒做你的飯。磨陀會子飢困了，安心又把飯碗端。

(翻魘殃)

你從此疾忙回去罷，休只顧在外頭魔陀。

【例四】『出上』（拚得）

（醒世姻緣）

（1）汪爲露發作道：『你也休要去會試，我合你到京中棋盤街上，禮部門前，我出上這個老秀才，你出上你的小舉人，我們大家了當！』（一五，17）

（2）程大姐道：『我也不加爐火，不使上鋼，出上我這兩片不濟的皮，不止你郝尼仁一個，……你其餘的十幾個人，一個個的齊來，……我只喫了一個的虧，也算我輸！』（七三，8）

（牆頭記）

李氏說：『吓，放屁！俺莊裏多少好漢子，那裏找着你爹並骨！』

張大笑道：『出上你揀那好的並去！』

（寒森曲）

大不然人已死了，還覺哩麽？出上就撞了去！

（幸雲曲）

（1）沒有金錢，出上我就不叫他。

（2）也只說有名無實，出上他不嫖就是了。

（3）是皇帝不是皇帝，出上就依他說。

（姑婦曲）

好合歹難出口，出上個不說話。

（禳妬咒）

過了門兩家不好出上俺再不上門。（五回）

【例五】『採業』（孫楷第先生說是『安分。』）

（醒世姻緣）

你要不十分採業；我當臭屎似的丟着你；你穿衣，我不管；你吃飯，我也不管；漢子不許離我一步：這是第二等的相處。（九五，3）

（牆頭記）

天不教我死了！這肚子又不採業；這不是天還不曾晌午，早晨吃了兩碗糊突，兩泡屎已是溺去了，好餓的緊！

【例六】『流水』（馬上，一口氣）

（醒世姻緣）

不長進的孽種，不流水起來往學裏去，你看我掀了被子，趁着光定（腚—臀）上打頓鞋子給你。（三三，19）

（寒森曲）

那驢夫只當還要掀，恐防跌着，流水抱下驢來。

（牆頭記）

好歪貨，不流水快走，再近前惡心的我慌。

（姑婦曲）

一個拿着杴，一個抗着钁，流水先去刨去。

（富貴神仙）

誰與我勸勸打更人，也叫他行點好，流水把更打盡。

（翻魘殃）

大姐見他吐了血，流水應承着。

（禳妬咒）

咱流水走罷，我還待家里等我那老相厚的哩。（十四回）

【例七】『頭信，』『投信，』『投性』（爽性，索性）

（醒世姻緣）

（1）咱頭信很他一下已（給）他個翻不得身。（十五，9）

（2）投信不消救他出來，叫他住在監裏。（十八，6）

（3）放着這戌時極好可不生下來，投性等十六日子時罷。（廿一，7）

（幸雲曲）

這奴才們笑我，我頭信粧一粧村給他們看看。

（禳妬咒）

割了頭碗那大小一個疤，投信我掘他媽的，要死就死，要活就活。（十回）

【例八】『善査』『善茬』（好對付的人）

（醒世姻緣）

（1）那個主子一團性氣，料得也不是個善查。（三九，7）

（2）偺那媳婦不是善茬兒，容他做這個？（七，6）（字典上『茬』字音槎，與查字同音。）

（3）大爺也拇量那老婆不是個善茬兒，故此叫相公替他上了穀價。（十，20）

（富貴神仙）

原來那方二相公也不是個善查。

（慈悲曲）

看着那趙家姑姑也不是善查。

【例九】『老獾叨』

（醒世姻緣）

（1）只是俺公公那老獾叨的啥啥噥噥，我受不的他瑣碎。（六四，10）

（2）我咬了他下子，老獾兒叨的還嗔我咬了他兒。（七三，18）

（牆頭記）

王銀匠，老獾叨合咱爹久相交，頭髮根兒盡知道。

【例十】『扁』『貶』（偷藏，暗藏）

（醒世姻緣）

(1)連那三成銀子盡數扁在腰裏。（七十，6）

(2)糧食留夠吃的，其餘的都糶了銀錢，貶在腰裏。（五三，17）

（牆頭記）

老頭子觔節的緊，我看他扁了那里去。

（翻魘殃）

果然着他糶一石，他就糶三石，大腰貶着錢去賭博。

【例十一】『偏』『諞』（誇耀）

（醒世姻緣）

這臘嘴養活了二三年，養活的好不熟化。情管在酒席上偏。（原注『上聲』）拉，叫老公公知道，要的去了。（七十，12）

（幸雲曲）

（1）這奴才不彈琵琶，光謅他的汗巾子，望我誇他。

（2）這奴才又謅他的扇子哩。

【例十二】　『乍』（狂）

（醒世姻緣）

素姐說：『小砍頭的！我乍大了，你可叫我怎麽一時間做小服低的？』（九八，17）

（儍夜叉曲）

老婆不要仔顧乍。

（幸雲曲）

（1）跌了個仰不踏，起不來，就地扒，王龍此時才不乍。

（2）秀才說話就恁麽乍。

（寒森曲）

當堂說了幾句話，歪子詐的頭似篚，一心去告人命狀。

【例十三】『照，』『朝』（擋，招架）

（醒世姻緣）

（1）你又是個單身，照他這衆人不過。（廿，1）

（2）我們有十來個人，手裏又都有兵器，他總然就是個人，難道照不過他？（二八，8）

（3）要是中合他照；陳嫂子肯抄着手，陳哥肯關着門？（八九，15）

（幸雲曲）

（1）不是我誇句海口，調嘴頭也照住他了。

（2）寶客王龍朝不住，常往手裏去奪車。

（寒森曲）

（1）你若不能把他朝；還得我去替你告。

（2）摸着嗓子只一刀，他還掙命把我照。

（姑婦曲）

您婆婆宜量甚麽好！不照着他，他就乍了毛！

【例十四】『長嗓黃』（噤了喉嚨）

（醒世姻緣）

（1）你兩個是折了腿出不來呀，是長了嗓黃言語不的？（九四，16）

（2）不叫我去，你可也回我聲話，這長嗓黃一般不言語就罷了麽？（九七，14）

（幸雲曲）

你好似長嗓黃，把個尸丟在牀，不知你上那里撞。

胡鑑初先生舉的例子還多着哩。但我想這十四組的例子，很夠用了。

有人說，這些例子至多只可以證明醒世姻緣的作者是蒲松齡的同鄉，未必就能證明醒世姻緣也是蒲松齡作的。

我不承認這個說法。大凡一個文人用文字把土話寫下來時，遇着不常見於文字的話頭，就隨筆取同音的字寫出來，在一個人的作品裏，尚且往往有前後不一致的痕跡；今天用的字，明天記不清了，往往用上同音不同形的字。今天用了『王八，』明天也許用『忘八；』今天用了『媽媽虎虎，』明天也許用『麻麻糊糊；』今天用『糊塗，』明天也許用『胡塗，』後天也許用『鶻突。』一個人還不容易做到前後一致；何況兩個不同的作家的彼此一致呢？我們研究醒世姻緣裏的一些特別土語，在這一部近百萬字的大書裏也偶然有前後不一致的寫法，如『待中』偶然寫作『待終；』『魔駝』偶然寫作『魔陀。』這都可見統一的困難。然而我們把這幾十條最特別的例子合攏來看，我們可以看出這些土語的寫法在醒世姻緣和那十幾種聊齋曲文裏都可以說是彼此一致的。最可注意的有兩點：（一）最不好懂的奇特土話卻有彼此最一致的寫法；如『乍，』如『出上，』如『老獾叨，』如『長嗓黃，』如『探業。』（二）醒世姻緣裏如有兩三種不同的寫法，聊齋曲文裏也有兩三種不同的寫法；如醒世姻緣裏『扁』或作『貶，』曲文裏也有『扁』『貶』兩種寫法；如醒世姻緣裏『頭信』或作『投信，』或作『投性，』曲文裏也有『頭信』『投信』兩種寫法；如醒世姻緣裏『遭子』（一會兒的意思此例上文未舉）或作『造子，』曲文裏也有『遭子』和『躁子』兩種寫法。這種彼此一致的寫定土話，決不是偶然的；也決不是兩個人彼此互相鈔襲的；也決不是兩個人同鈔一種通行的土話文學的偶然的暗合。決不能解釋這麼多的例子的一致。一部不風行的小說和十幾種未刻的曲文決沒有彼此互相鈔襲的可能。（在蒲松齡未死時，醒世姻緣大概還沒有刻本；那麼兩組未刻的作品更沒有互鈔的可能了。）　在蒲松齡以前，並沒有淄川土話文學的通行作品，所以醒世姻緣和聊齋曲文的土話的寫法決非同是根據已有的土話文學的。（我們試用那山東白話的金瓶梅來作比較的研究，就可以知道我們所舉的例子沒有一個是金瓶梅裏有過的。）

把這些可能的結論都一一排除之後，我們不能不下這個結論：從醒世姻緣和聊齋的十幾種曲文裏的種種文字學上的證據看來，從這兩組作品裏的最奇特的土話的一致寫法看來，我們可以斷定醒世姻緣是蒲松齡的著作。

七　餘論

我在四五年前提出的一個大膽的假設，說醒世姻緣的作者也許就是蒲松齡，也許是他的朋友。幾年來的證據都幫助我證明這書是蒲松齡作的。這些證據是：

(1)醒世姻緣寫的悍婦和聊齋志異寫的一些悍婦故事都很像有關係。尤其是江城篇的命意與布局都和醒世姻緣相符合。

(2)骨董瑣記引鮑廷博（生一七二八—死一八一四）的話，說蒲留仙『尙有醒世姻緣小說，實有所指。』

(3)孫楷第先生用濟南府志及淄川章邱兩縣的縣志來研究醒世姻緣的地理和災荒，證明這部小說的作者必是淄川或章邱人。他的時代在崇禎與康熙之間。蒲松齡最合這些條件。他用章邱來寫淄川，和吳敬梓在儒林外史裏用天長五河來寫全椒是同樣的心理。

（4）新發見的聊齋白話曲本證明蒲松齡是能做寫實的土話文學的作家。

（5）胡鑑初先生用聊齋的十幾種曲本的特別土話來比較醒世姻緣裏的特別土話，使我們能從文字學上斷定醒世姻緣的作者必是蒲松齡。

這些證據，我認爲很夠的了。我們現在可以嘗試推測蒲松齡著書的用意。

蒲松齡那樣注意怕老婆的故事，那樣賣力氣敍述悍婦的故事，免不得叫人疑心他自己的結婚生活也許很不快樂，也許他自己就是吃過悍婦的苦痛的人。但我們現在讀了他的妻子劉孺人行實，才知道她是一個賢惠婦人，他們的結婚生活是同甘苦的互助生活。他們結婚五十六年，她先死兩年，（一七一三）聊齋先生不但給她作佳傳，還作了許多很悲慟的悼亡詩。詩中有云：

……分明荊布搴幃出，彷彿頻呻入耳聞。五十六年琴瑟好，不圖此夕頓離分。

又云：

燭影昏黃照舊幃，衰殘病痛復誰知？傷心把琖澆愁夜，苦憶連牀說夢時。無可奈何人似槿，不能自已淚如絲。生平曾未開君篋，此日開來不忍窺。

又云：

邇來倍覺無生趣，死者方爲快活人。

又有過墓作云：……欲喚墓中人，班荆訴煩冤。百叩不一應，淚下如流泉。汝墳卽我墳，胡乃先著鞭？只此眼前別，沉痛摧心肝。

又有詩云：午睡初就枕，忽荆人入，見余而笑。急張目，則夢也。

一自長離歸夜臺，何曾一夜夢君來。忽然含笑搴幃入，賺我朦朧睡眼開。

這種老年的哀悼可以使我們相信他們夫妻之間的感情和好。

但劉孺人行實一篇也可以使我們知道蒲家門裏確有一兩位不賢的婦人，是聊齋先生少年時代親自領略過的。行實說：

〔孺人〕入門最温謹，樸訥寡言，不及諸宛若慧黠，亦不似他者與姑勃谿也。太孺人謂其有赤子之心，頗加憐愛，到處逢人稱道之。冢婦益恚，率娣姒若爲黨，疑姑有偏私，頻偵察之。而太孺人素坦白，卽庶子亦撫愛如一，無瑕可蹈也。然時以虛舟之觸爲姑罪，呶呶者競長舌無已時。處士公曰：『此烏可久居哉！』乃析箸授田二十畝。時歲歉，荍五斗，粟三斗，雜器具，皆棄朽敗，爭完好者，而孺人嘿若痴。兄弟皆得夏屋，爨舍閒房皆具；松齡獨異居，惟農場老屋三間曠無四壁，小樹叢叢，蓬蒿滿之。孺人薙荊榛，覓傭作堵，假伯兄一白板扉，聊分外內；出逢入者，則避扉後，俟入之乃出。……

這段文章寫劉孺人的賢勞，同時也寫出了聊齋先生的大嫂（冢婦）的可怕。這位大嫂大概已被她的小叔子搜進醒世姻緣裏配享去了。

但蒲家的冢婦決不是江城和素姐的眞身，因爲聊齋先生曾留下一封書札，使我們知道素姐的眞身是一位王家的太太。去年我得讀三種本子的聊齋文集，一種是坊間的石印本，一種是清華大學藏的舊鈔本，一種是馬立勛先生鈔本。清華本有一篇與王鹿瞻的書札，是很嚴厲的責備的話，全文如下：

客有傳尊大人彌留旅邸者，兄未之聞耶！其人奔走相告，則親兄愛兄之至者矣。謂兄必泫然而起，匍匐而行，信聞於帷房之中，履及於寢門之外，即屬訛傳，亦不敢必其爲妄。何漠然而置之也！兄不能禁獅吼之逐翁，又不能如孤犢之從母，以致雲水茫茫，莫可問訊，此千人之所共指，而所遭不淑，同人猶或諒之。若聞親訃，猶俟棋終，則至愛者不能爲兄諱矣。請速備材木之貲，戴星而往，扶櫬來歸，雖已不可以對衾影，尚冀可以掩耳目。不然，遲之又久，則骸骨無存，肉葬虎狼，魂迷鄉井，興思及此，俯仰何以爲人！聞君諸舅將有問罪之師，故敢漏言於君，乞早自圖之。若俟公函一到，則惡名彰聞，永不齒於人世矣。涕泣相道，惟祈原宥不一。

這封信裏可以看出王鹿瞻的妻子是一個很可怕的悍婦，鬧的把他的父親趕出門去，『雲水茫茫，莫可問訊，』

使他成爲『千人之所共指』有人來報說他父親死在客中，他還不敢去奔喪；所以蒲松齡寫這封極嚴厲的責問書，警告他將有『惡名彰聞，永不齒於人世』的危險。這位王鹿瞻明明是馬介甫篇的楊萬石的眞身，也就是高蕃狄希陳的影子。

王鹿瞻的事實已不可考了，但我們知道他是蒲松齡的好朋友，他們都是郢中詩社的創始社員。聊齋文集（清華藏本與馬氏鈔本）有郢中社序云：

余與李子希梅寓居東郭，與王子鹿瞻，張子歷友諸昆仲一埤堄之隔，故不時得相晤，晤時瀹茗傾談，移晷乃散。因思良朋聚首，不可以淸談了之，約以讌集之餘晷作寄興之生涯。聚固不以時限，詩亦不以格拘，成時共載一卷。遂以郢中名社。……

這樣看來，王鹿瞻也是一個能做詩的文人，能和李堯臣（希梅）張篤慶（歷友）蒲松齡一班名士往來倡和，決不像狄希陳那樣不通的假秀才。大概他的文學地位近於江城篇的高蕃，逐父近於馬介甫篇的楊萬石，而怕老婆的秀才相公則是兼有高蕃楊萬石狄希陳三位的共同資格了。

大概蒲松齡早年在自己家庭裏已看飽了他家大嫂的悍樣，已受夠了她的惡氣；後來又見了他的同社朋友王鹿瞻的夫人的奇悍情形，實在忍不住了，所以他發憤要替這幾位奇悍的太太和她們壓的不成人樣的幾個丈夫留下一點文學的記錄。他主意已定，於是先打下了幾幅炭畫草稿，在他的古文志異裏試寫了一篇又試一篇虛寫了幾位，又實寫了幾位。他寫下去，越寫越進步了；不光是描寫悍婦了，還想出一種理論上的解釋來了。

我們試取馬介甫邵女江城三篇來作比較。馬介甫篇大概是爲王鹿瞻的家事做的；一班淄川名士看着王鹿瞻怕老婆怕的把老子也趕跑了，他們氣憤不過，紛紛議論這人家的怪事。於是蒲松齡想出這篇文章來，造出一個狐仙馬介甫來做些大快人心的俠義行爲，又把那悍婦改嫁給一個殺豬的，叫她受種種虐待。這班秀才先生看了這篇都拍手叫痛快。但一位名士畢世持還不滿足，說這篇文章太便宜了那位楊萬石了，所以他又在末尾添上幾行，把那位怕老婆的丈夫寫的更不成個人樣。這樣一來，這班秀才相公們對於王鹿瞻家的『公憤』總算發洩了。

但蒲松齡先生還不滿足。他想把這種事件當作一個社會問題看，想尋出一個意義來：爲什麼一個女人會變成這樣窮兇極惡呢？爲什麼做丈夫的會忍受這樣兇悍的待遇呢？這種怪現狀有什麼道理可解釋呢？這種苦痛有什麼法子可救濟呢？

邵女一篇就是小試的解釋。在這一篇裏，聊齋認定悍妒是命定的，是由於『宿報』的，是一點一滴都有報應的。如金氏虐殺兩妾，都是『宿報』；她又虐待邵女，邵女無罪，故一切鞭撻之刑，以及一烙二十三針，都得一一抵償。在邵女的方面，她懂得看相，自己知道『命薄，』所以情願作妾，情願受金氏的磨折，『聊以洩造化之怒耳。』這都是用命定和宿報之說來解釋這個問題。

但邵女一篇的解釋還不能叫讀者滿意。金氏殺兩妾是『宿報，』宿報就不算犯罪了嗎？邵女自知『命薄，』

這是命定的;她卻能用自由意志去受磨折,讓金氏『烙斷晦紋,』薄命就成了福相了。究竟人生福祿是在『命』呢?還是在『相』呢?邵女能不能自己烙斷自己的晦紋呢?邵女命薄該受罪,那麽金氏虐待她有何罪過呢?豈不是替天行『命』嗎?金氏替邵女烙斷了晦紋,把薄命變成福命,又豈不是有功於她嗎?爲什麽還得抵償種種虐待呢?

江城一篇就大不同了。作者似乎把這個問題想通澈了,索性只承認『宿報』一種解釋。故江城的解釋只是『此是前世因今作惡報,不可以人力爲也。』篇末結論云:

人生業果,飲啄必報。而惟果報之在房中者,如附骨之疽,其毒尤慘。

每見天下賢婦十之一,悍婦十之九,亦以見人世之能修善業者少也。

這竟是定下了一條普遍的原則,把人世一切夫婦的關係都歸到了『果報』一個簡單原則之內。這竟成了一種婚姻哲學了!

這個解釋,姑且不論確不確,總算是最簡單,最澈底,最容易叫人了解,所以可說是最滿意的解釋。蒲松齡自己也覺得很得意,所以他到了中年,又把那篇不滿三千字的江城故事放大了二十四倍,演成了一部七萬字的戲曲,題作禳妬咒。

他到了晚年,閱歷深了,經驗多了,更感覺這個夫婦問題的重要,同時又更相信他的簡單解釋是唯一可能的解釋,於是又把這個江城故事更放大了,在那絕大的人生畫布上,用老練的大筆,大膽的鈎勒,細致的描摹,寫成了一部百萬字的小說，題作醒世姻緣傳，比那原來的古文短篇放大了三百三十倍！

他做禳妒咒時，還完全沿用江城故事裏的人物姓名，都完全不曾改動。但他改作醒世姻緣小說時，他因爲書中有些地方的描寫未免太細膩了，未免太窮形盡相了，所以他決心不用他的眞姓名。他用了『西周生』的筆名，所以他不能不隱諱此書與聊齋志異的關係了。況且這書中把前後兩世的故事都完全改作過了，也有重換人物姓名的必要。所以江城故事裏的人物姓名一個也不存留了。

然而江城的故事經過一番古文的寫法，又經過一番白話戲曲的寫法，和作者的關係太深了，作者就要忘了他，他也忘不了。所以他把江城故事的人物改換姓名時，處處都留下一點彼此因襲的痕跡。試看：

江城姓樊，而醒世姻緣的主角是薛素姐，豈不是暗拆『樊素』的姓名？江城的丈夫名高蕃，而素姐的丈夫名狄希陳。狄希陳字友蘇，固然是暗指蘇東坡的朋友那位怕老婆的陳季常；但『希陳』也許原來是因高蕃而想到陳蕃哩。

高蕃的父親名高仲鴻，而狄希陳的父親名狄賓梁，豈不是暗拆『梁鴻』的姓名呢？

高蕃戀一妓女名謝芳蘭，而狄希陳最初戀愛的妓女名孫蘭姬，似乎也不無關係。

江城故事裏的人物有姓名的只有五個，（其一爲王子雅）而四個都像和醒世姻緣裏相當的人物有因襲演變的關係，這也許不全是偶然的巧合，也許都是由於心理上一種很自然的聯想吧？

醒世姻緣的人物雖然改了姓名，換了籍貫，然而這部大書的全部結構仍舊和那短篇的江城故事是一樣的，也完全建築在同樣一個理論之上。江城的奇悍是由於前世因，素姐的奇悍也是由於前世因。在兩書裏，這種前世寃業同是無法躱避的，是不能挽救的，只有祈求佛力可以解除。醒世姻緣的引起裏說：

> 這都盡是前生前世的事，冥冥中暗暗造就，定盤星半點不差。（參看本文第一節。）

這是多麼簡單的一個宗教信仰！然而這位偉大的蒲松齡，從中年到晚年，終不能拋棄這個迷信，始終認定這個簡單的信仰可以滿意的解答一切美滿的姻緣和怨毒的家庭。那些和好的夫妻都是

> 前世中或是同心合意的朋友，或是恩愛相合的知己，或是義俠來報我之恩，或是負逋來償我之債，或前生原是夫妻，或異世本來兄弟。

那些仇恨的夫妻都是因爲

> 前世中以強欺弱，弱者飲恨吞聲；以衆暴寡，寡者莫敢誰何；或設計以圖財，或使奸而陷命；大怨大仇，勢不能報，今世皆配爲夫婦。

這個根本見解，我們生在二百多年後的人不應該訕笑他，也不應該責怪他。我們應該保持歷史演化的眼光，認清時代思潮的絕大勢力；無論多麼偉大的人物總不能完全跳出他那時代的思想信仰的影響。何況蒲松齡本來不是一個有特別見識的思想家呢？

蒲松齡（生於一六四〇，死於一七一五）雖有絕高的文學天才，只是一個很平凡的思想家。他的聊齋志異自序裏曾說他自己『三生石上，頗悟前因，』因爲他說：

> 松懸弧時，先大人夢一病瘠瞿曇偏袒入室，藥膏如錢，圓貼乳際。寤而松生，果符墨誌。且也少羸多病，長命不猶；門庭之棲止，則冷淡如僧，筆墨之耕耘，則蕭條似鉢。每搔首自念，毋亦面壁人果是吾前生耶？

他自信是一個和尚來投生的，所以他雖是儒生，卻深信佛法，尤其相信業報之說，和念佛解除災怨之說。一部聊齋志異，裏說鬼談狐，說仙談佛，無非是要證明業報爲實有，佛力爲無邊而已。難怪他對於夫婦問題也用果報來解釋了。

其實**醒世姻緣的最大弱點正在這個果報的解釋**。這一部大規模的小說，在結構上全靠這個兩世業報的觀念做線索，把兩個很可以獨立的故事硬拉成一塊，結果是兩敗俱傷。其實晁狄兩家的故事都可以用極平常的人事的，自然的事實來作解釋。因爲作者的心思專注在果報的迷信，所以他把這些自然的事實都忽略過了；有時候，他還犯了一樁更大的毛病：他不顧事實上的矛盾，只顧果報的靈驗。例如晁源的父親是一個貪官，是一個小人，他容縱一個晚年得來的兒子，養成他的種種下流習性，這是一件自然的事實。晁源的母親，在這小說的開端部分，並不見得是一個怎樣賢明的婦人；如第一回說『其母溺愛』，又說晁源小時不學好，『晁秀才夫婦不以爲非；』第七回竟是大書『老夫人愛子納娼』了。這也是很自然的事實。但作者到了後來，漸漸把這位晁夫人寫成了一個女中聖賢，做了多少好事，得着種種福報。這樣一個女聖人怎麼會養成晁源那樣壞兒子呢？這就成了一件不自然的怪事了。

關於狄家的故事，作者也給了我們無數的自然事實，儘夠說明這家人家的歷史了。狄希陳本來就是一個不能叫人敬重的男人：家庭教育不高明，學堂教育又撞在汪爲露一流的先生的手裏，他的資質最配做個無賴，他的命運偏要他做個秀才，還要他做官！他的秀才，誰不知道是別人替他中的？偏不湊巧，他的鎗手正是他的未婚夫人的兄弟。這樣一隻笨牛，學堂裏的笑柄，考棚裏的可憐蟲，偏偏娶了一位美貌的，恃強好勝的，敢作敢爲的夫人。他還想受她的敬重嗎？他還想過舒服日子嗎？素姐說：

我只見了他，那氣不知從那裏來！

她若是知道了一點『心理分析』，她就會明白那氣是從那裏來的了。氣是從她許配狄家『這們個杭杭子』起的。狄婆子不曾說嗎？

守着你兩個舅子，又是妹夫，學給你丈人，叫丈人丈母惱不死麼？

兩個舅子也許不敢學給薛教授聽，可是他們一定不肯放過他們的姐姐，天天學他們姐夫的尊樣給她聽，取笑她，奚落她，叫她哭不得，笑不得，回嘴不得，只好把氣往自己胸脯裏咽。她不咽，有什麼法子呢？她好向爹娘提議退親嗎？咽住罷，總有出這口氣的一天！

其實連心理分析都用不着，只消一點點『遺傳』的道理就夠了。薛素姐自己罵她婆婆道：

『槽頭買馬看母子，』這們娘母子也生的出好東西來哩？（五二回，頁10）

這就是遺傳的道理。素姐自己的生母龍氏是一個下賤的丫頭，她的女壻這樣形容她：

我見那姓龍的撒拉着半片鞋，挃拉着兩隻蹄膀，倒是沒後跟的哩！要說那姓龍的根基，笑弔人大牙罷了！（四八回，頁12）

她生的兩個大兒子，稟受母性的遺傳還少，又有賢父明師的教育，所以都成了好人。素姐是個女兒，受不着教育的好處，又因長在家門裏，免不了日夜受她那沒根基的生母的薰陶。遺傳之上加了早年的惡劣薰染，造成了一個暴戾的薛素姐：這是最自然的解釋。

薛教授說的最中肯：

叫我每日心昏，這孩子可是怎麼變得這們等的？原來是這奴才（龍氏）把着口教的！你說這不教他害殺人麼！要是小素姐罵婆婆打女壻問了凌遲，他在外頭剮，我在家裏剮你這奴才！（四八回，18）

這個自然的解釋，比蒲松齡的果報論高明多了。作者在這書裏曾經好幾次用氣力描寫龍氏的怪相（四八回，17—18；五二回，14，又21；五六回，7—9；五九回，10，又22；六十回，9—12；六三回，10—11，又13；六八回，18；七三回—七四回。）我們若要懂得薛素姐，必須先認識這位龍姨。我們看她的盛粧：

龍氏穿着油綠綢紗衫，月白湖羅裙，紗白花膝褲，沙藍紬扣的滿面花彎弓似的鞋，從裏邊羞羞澀澀的走出來。（五九，10）

我們聽她的嬌聲：

『賊老強人割的！賊老強人喫的！賊老天殺的！怎麼得天爺有眼死那老砍頭的！我要弔眼淚，滿了雙眼！從今以後，再休指望我替你做活！我抛你家的米，撒你家的麵，我要不豁鄧的你七零八落的，我也不是龍家的丫頭！』（四八，18）

我們聽狄員外對她說：

你家去罷！你算不得人呀。（七三，21）

這還不夠解釋狄希陳的令正嗎？還用得着那前世業報的理論嗎？

童寄姐的為人，更容易解釋了。她也正是那黑心的童銀匠和那精明能幹的童奶奶的閨女，碰着了狄希陳那樣顢頇的男子，她不欺負他，待欺負誰！這還用得着前世的冤孽嗎？

* * * * *

話雖如此說，我們終不免犯了『時代倒置』的大毛病。我們錯怪蒲松齡了。這部書是一部十七世紀的寫實小說，我們不可用二十世紀的眼光去批評他。徐志摩說的最好：

這書是一個時代（那時代至少有幾百年）的社會寫生。……我們的蒲公才是一等寫實的大手筆！他要是談遺傳，談心理分析，就算不得那個時代的寫生了。那因果的理論的本身也就是那個時代的社會生活的最重要部分。我們的蒲公是最能了解這個夫妻問題的重要的；他在『引起』裏告訴我們，孟夫子說君子有三件至樂之事，比做皇帝還快樂；可是孟老先生，忽略一個更基本的一樂：依作者的意見，

還得再添一樂，居於那三樂之前，方可成就那三樂之事。若不添此一樂，總然父母俱存，攪亂的那父母生不如死；總然兄弟無故，將來必竟成了仇讎；也做不得那仰不愧天俯不怍人的品格，也教育不得那天下的英才。——你道再添那一件？第一要緊再添一個賢德妻房，可纔成就那三件樂事。

這樣承認賢德妻房的『第一要緊』，不能不說是我們的蒲公的高見。然而這位高見的蒲公把這個夫妻問題提出來研究了一世的工夫，總覺得這個問題太複雜了，太奇怪了，太沒有辦法了；人情說不通，法律管不了，聖賢經傳也幫不得什麼忙。他想了一世，想不出一個滿意的解釋來，只好說是前世的因果；他寫了一百多萬字的兩部書，尋不出一個滿意的救濟方案來，只好勸人忍受，只好勸人念佛誦經。

這樣不成解釋的解釋，和這樣不能救濟的救濟方案，都正是最可注意的社會史料，文化史料。我們生在二百多年後，讀了這部專講怕老婆的寫實小說，都忍不住要問：爲什麼作者想不到離婚呢？是呀！爲什麼狄希陳不離婚呢？爲什麼楊萬石不離婚呢？爲什麼高蕃休了江城之後不久又復收她回來，爲什麼她回來之後就無人提議再休

她呢？爲什麼聊齋志異和醒世姻緣裏的痛苦丈夫都只好『逃婦難』而遠遊，爲什麼想不到離婚呢？現今人人都想得到的簡單辦法，爲什麼那時代的人們都想不到，或不敢做，或不肯做呢？

醒世姻緣裏有幾處地方提到『休妻』的問題，都是社會史料。第一是晁源要休計氏，（八回）理由是說她『養和尚道士。』晁源對他丈人說：

你女諸凡不賢惠，這是人間老婆的常事，我捏着鼻子受。你的女兒越發幹起這事（養和尚道士）來了……請了你來商議，當官斷己（給）你，也在你，你悄悄領了他去也在你。

這一番話很可注意。依明朝的法律：

凡妻無應出及義絕之狀而出之者，杖八十。雖犯七出，有三不去，而出之者，減二等，（杖六十）追還完聚。

又有條例說：

妻犯七出之狀，有三不出之理，不得輒絕。犯姦者不在此限。

清朝初年修大清律例，全依此文。七出之條雖然很像容易出妻，但是有了『三不去』的消極條件，（一，曾經夫家父母之喪；二，夫家先貧賤，後富貴；三，女人嫁時有家，出時已無家可歸。）那七出之條就成了空文了。晁源家正犯了三不去的第二條，所以不能休妻，只有『犯姦』一項罪名可以提出，想不到計氏是個有性氣的婦人，不甘冒這惡名，所以寧可自殺，不肯被休。

第二件是薛素姐在通仙橋上受了一班光棍的欺辱，又把狄希陳的肐膊咬去了一大塊肉，狄員外氣極了，要他兒子休妻。（七三回）可是後來狄員外又對龍氏說：

要我說你閨女該休的罪過說不盡！說不盡！如今說到天明，從天明再說到黑，也是說不了的。從今日休了，也是遲的！只是看那去世的兩位親家情分，動不的這事。剛才也只是氣上來，說說罷了。

素姐並沒有三不去的保障，然而狄員外顧念死友的『情分』，終不肯走這一條路。

第三是龍氏要她兒子薛如兼休妻，（七三回）她兒子回答道：

休不休也由不得你，也由不得我。這是俺爹娘與我娶的，他替爹合娘（嫡母）持了六年服，送的兩個老人家入了土，又不打漢子，降妯娌，有功無罪的人，休不的了！

這是說他媳婦『無應出及義絕之狀』，所以是『休不的了。』

第四是更可注意的一件事。素姐打了狄希陳六七百棒槌，又用火燒他的背脊，兩次都幾乎送了他的性命。成都府太尊知道了，叫狄希陳來逼他補一張呈子，由官斷離，遞解回籍。（九八回）這眞是狄友蘇先生脫離火坑的絕好機會了。然而他回到衙門裏，託幕賓周相公起呈稿，周相公是每日親自看見狄家的慘劇的偏偏堅決的不肯起稿，說：

這是斷離的呈稿，我是必然不肯做的。天下第一件傷天害理的事，是與人寫休書，寫退婚文約，合那拆散人家的事情。

他說出了一大串不該休妻不該替人寫休書的理由，最後的結論是：

如此看來，這妻是不可休的，休書也是不可輕易與人寫的。這呈稿我斷然不敢奉命。

按大明律，（大清律同）離婚不是不可能的，並且法律有強迫離婚的條文：

若犯義絕應離而不離者，亦杖八十。若夫妻不相和諧，而兩願離者，不坐。

從表面上看來，這條文可算是鼓勵離婚了。但這條文細看實在很有漏洞。「不相和諧」即可以離婚，豈非文明之至？然而必須「兩願離」方才不犯法。在那個女子無繼承財產權又無經濟能力的時代，棄婦在母家是沒有地位的，在社會是不齒於人類的，所以「兩願離」是絕對不可能的事，除非女家父母有錢並且願意接她回家過活。兩願離既不可能，只好一方請求離婚，由官斷離了。然而怎樣才算是「義絕」呢？律文並無明文，只有註家曾說：

義絕而可離可不離者，如妻毆夫及夫毆妻至折傷之類。義絕而不許不離者，如縱容抑勒與人通姦，及典雇與人之類。（大清律例輯註）

夫毆妻「非折傷勿論」，所以此條必須說「夫毆妻至折傷。」至於「妻毆夫」，一毆就犯大罪了。律文說：

凡妻妾毆夫者，杖一百。夫願離者，聽。至折傷以上，各加凡鬬傷三等。至篤疾者，絞。死者，斬。

依此律文，素姐不但應該斷離，還可以判定很重的刑罰。所以周相公對她說：

> 太尊曉得……差了人逼住狄友蘇，叫他補呈要拿出你去，加你的極刑，也要叫你生受，當官斷離，解你回去。

這並不是僅僅嚇騙她的話。所以素姐也有點着慌了，她只好說好話，賭下咒誓，望着狄希陳拜了二十多年不曾有過的兩拜，認了『一向我的不是。』居然這件斷離案子就這樣打消了。

這件案子的打消，第一是因爲周相公的根本反對休妻，第二是因爲素姐自認改悔，但還有第三個原因，就是童寄姐說的：

> 你見做着官，把個老婆拿出官去當官斷離，體面也大不好看。

其實這才是眞正重要的原因。痛苦是小事，體面才是大事！豈但狄經歷一個人這樣想？天下多少丈夫不是這樣想的嗎？

所以醒世姻緣眞是一部最有價値的社會史料。他的最不近情理處，他的最沒有辦法處，他的最可笑處，也正是最可注意的社會史實。蒲松齡相信狐仙，那是眞相信；他相信鬼，也是眞相信；他相信前生業報，那也是眞相信；他相信『妻是休不得的，』那也是眞相信他相信家庭的苦痛除了忍受和念佛以外是沒有救濟方法的，那也是眞相信。這些都是那個時代的最普遍的信仰，都是最可信的歷史。

讀這部大書的人，應該這樣讀，才可算是用歷史眼光去讀古書。有了歷史的眼光，我們自然會承認這部百萬字的小說不但是志摩說的中國『五名內的一部大小說』並且是一部最豐富又最詳細的文化史料。我可以預言：將來研究十七世紀中國社會風俗史的學者，必定要研究這部書將來研究十七世紀中國教育史的學者，必定要研究這部書；將來研究十七世紀中國經濟史（如糧食價格，如災荒，如捐官價格等等。）的學者，必定要研究這部書；將來研究十七世紀中國政治腐敗，民生苦痛，宗教生活的學者，也必定要研究這部書。

一九三一年，十二月十三日。

後記一

我本想在這篇序裏先考證作者是誰，其次寫一篇蒲松齡的傳記，其次討論這書的文學價值，其次討論這書的史料價值。不料我單做考證，就寫了三萬字，其餘的部分都不能做了。

關於蒲松齡的傳記，將來我大概可以補作。現在我先把幾件傳記材料鈔在後面作附錄。

關於醒世姻緣的文學價值，徐志摩先生在他的長序裏已有很熱心並且很公平的評判了。志摩這篇序，長九千字，是他生平最長的，最謹嚴的議論文字。今年七月初，我把他關在我家中，關了四天，他就寫成了這篇長序。可惜他這樣生動的文字，活潑的風趣，聰明的見解，深厚的同情，我們從此不能再得了！我痴心妄想這篇長文不過是志摩安心做文學工作的一個小小的開始；誰也料不到我的考證還不曾寫到一半，他已死了！

回想八年前，（一九二三）我們同住在西湖上，他和我約了一同翻譯曼殊斐兒的小說，我翻了半篇，就擱下了。那是我們第一次的合作嘗試。這一次翻印醒世姻緣，他做文學的批評，我做歷史的考據，可算是第二次的合作，不幸竟成了最後一次的合作了！

志摩死後二十四日，適之。

後記二

我從前曾引鄧之誠先生的骨董瑣記一條，記鮑廷博說蒲松齡是醒世姻緣小說的作者。我當時曾寫信去問鄧先生鮑廷博的話見於何書，鄧先生已不記得了。

今年八月，我的朋友羅爾綱先生從廣西貴縣寄信來，說鄧先生那一條瑣記的娘家被他尋着了，原來在昭代叢書癸集楊復吉的夢闌瑣筆裏，（頁五三）全文如下：

蒲留仙聊齋志異脫稿後百年，無人任剞劂。乾隆乙酉（一七六五）丙戌（一七六六）楚中浙中同時授梓。楚本爲王令君某，浙本爲趙太守起杲所刊。鮑以文云，留仙尚有醒世姻緣小說，蓋實有所指；書成，爲其家所訐，至褫其衿。易簀時，自知其託生之所。後登乙榜而終。（原注：『留仙後身平陽徐崑，字后山，登鄉榜，撰有柳崖外編。亦以文云。』）歲庚子，（乾隆四五，一七八〇）趙太守之子曾與留仙之孫某遇於棘闈，備述其故，且言志異有未刊者數百餘篇，尚藏於家。

此中關於蒲留仙的後身一段神話，我在考證裏已指出他的謬誤了。蒲留仙被人告訐，至於革去秀才，這一段也不可信，我也說過了。但是這一條記載的重要在於證明鮑廷博確指蒲留仙爲醒世姻緣的作者。鮑廷博是代趙起杲刻聊齋志異的人，他的話一定是從趙起杲得來的。趙是山東萊陽人，這話至少代表山東人在當時的傳說。

夢闌瑣筆的著者楊復吉是震澤人字列歐，號慧樓，乾隆庚寅（一七七〇）舉人，辛卯（一七七一）進士，曾續輯昭代叢書的丁、戊、己、庚、辛五集。據疑年補錄，他生於乾隆十二年（一七四七）死於嘉慶二十五年，（一八二〇）與鮑廷博（生一七二八——死一八一四）正同時，又是很相熟的朋友。瑣筆中兩次記乾隆壬寅（一七八二）鮑廷博到他家中去訪他。他記的話應該是他親自聽鮑廷博說的，其時去蒲松齡死時（一七一五）不過六十多年，雖然其中已夾有神話的成分，還可算是很重要的證據。我很感謝羅爾綱先生替我尋着這一件很重要的材料。

一九三一，八，二十夜。

附錄一　柳泉蒲先生墓表

張　元

先生諱松齡，字留仙，一字劍臣，別號柳泉。以文章意氣雄一時。學者無問親疎遠邇，識與不識，蓋無不知有柳泉先生者。由是先生之名滿天下。

先生初應童子試，即以縣府道三第一補博士弟子員，文名藉藉諸生間。然入棘闈輒見斥，慨然曰：「其命也夫！」用是決然捨去，而一肆力于古文，奮發砥淬，與日俱新。而其生平之佗傺失志，濩落鬱塞，俯仰時事，悲憤感慨，又有以激發其志氣，故其文章穎發苕豎，恢詭魁壘，用能絕去町畦，自成一家。而蘊結未盡，則又搜抉奇怪，著爲誌異一書；雖事涉荒幻，而斷制謹嚴，要歸於警發薄俗，而扶樹道教，則猶是其所以爲古文者而已，非漫作也。

先生性樸厚，篤交遊，重名義，而孤介峭直，尤不能與時相俯仰。少年與同邑李希梅及余從伯父歷友、視旋諸先生結爲郢中詩社，以風雅道義相劘切，始終一節無少間。鄉先生給諫孫公爲時名臣，而風烈所激，其厮役佃屬或陰爲恣睢。鄉里莫敢言，先生獨毅然上書千餘言以諷。公得書驚嘆，立飭其下，皆斂戢。新城王司寇先生素奇先生才，屢寓書，將一致先生於門下，卒以病謝，辭不往。

嗚呼，學者目不見先生而但讀其文章，耳其聞望，意其人必雄談博辨，風義激昂，不可一世之士。及進而接乎其人，則恂恂然長者；聽其言則訥訥如不出諸口；而窺其中則蘊藉深遠，要皆可以取諸懷而被諸世。然而阨窮困頓，終老明經，獨其文章意氣猶可以耀當時而垂後世。先生之不幸也而豈足以盡先生哉！

先生祖諱□汭，（汭字上一字不可辨認，國學扶輪社本聊齋集作『生汭』。）父諱槃；娶劉氏，增廣生劉公季調女。子四人，孫八人，曾孫四人，五世孫才一人。所著文集四卷，詩集六卷，聊齋誌異八卷。以康熙五十四年正月二十二日卒，享年七十有六。以本年葬村東之原。

又十一年，爲雍正改元之三年，其孤將爲碑以揭其行，而以文屬余。以余於先生爲同邑後進，且知先生之深也，不乃辭而爲之文以表於墓。銘曰：

有文不顯，有積不施。蓄久而熾，爲後之基。以徵以信，視此銘辭。

同邑後學張元撰。

雍正三年歲次乙巳二月　清明日立。

附 碑陰

□生□崇禎十五年四月十六日戌時，卒於康熙五十四年正月二十二日酉時。

母生於崇禎十八年十一月二十六日申時，卒於康熙五十二年九月二十六日未時。

附記 雜著五册

口身語錄　懷刑錄　曆字文　日用俗字　農桑經各一册　　戲三齣考詞九轉貨郎兒　鍾妹

慶壽　鬧館

通俗俚曲十四種

牆頭記　姑婦曲　慈悲曲　翻魘殃　寒森曲　琴瑟樂　蓬萊宴　俊夜叉　窮漢詞　醜俊巴

快曲各一册　禳妬呪　富貴神仙曲後變磨難曲　增補幸雲曲各二册

奉祀男

廩生笏　孫　立槃　立忠　曾孫　一口

首貢生箬　孫　庠生立惪　立遜　曾孫　一泓　元孫　庭槐

篪　孫　立愚　立憲　曾孫　一口

庠生筠　孫　立志　立懋　曾孫　一湜

附錄二　跋張元的柳泉蒲先生墓表

胡　適

關於蒲松齡的事蹟，最早的記載是張元作的『柳泉蒲先生墓表。』不幸諸書引此篇，都不是全鈔原文，往往有妄刪妄改之處，又往往有誤鈔之處，因此引起了不少的笑話。去年淄川的路大荒先生在蒲松齡的墓上尋得此碑，拓了一份寄給我，我拿來細校各種傳本，知道路先生的拓本每行底下缺四個字，大概是埋在泥土中了。所以我請他把泥土挖開再拓一份。路先生接到了我的信，正當十二月寒冷的天氣，他冒大風去挖土拓碑，『水可結冰，蠟墨都不能用，往返四次，才勉強拓成。』他的熱心使我們今日得讀此碑的全文，得知蒲松齡的事實，得解決許多校勘和考據的疑難，這是我最感激的。

此碑正文凡十五行，每行五十字，共六百七十六個字。碑陰刻蒲松齡夫婦的生死年月日時，和他的著作目錄。下刻奉祀男四人，孫八人，曾孫四人，玄孫一人的名字。

碑文中說蒲松齡死時『享年七十有六』，與山左詩鈔及淄川志所記相合，可證各本作『年八十六』之誤。這一字之誤，關繫不小。前幾年有一個妄人揑造了二百多首假詩，託名為『聊齋詩集，』石印行世，其中有五首詩，全是根據這一個誤字假造出來的！（看我的『辨僞舉例。』）

山左詩鈔摘鈔此碑中有一句云：

　　少與同邑李希梅及從父歷友結郢中詩社。

清末上海國學扶輪社鉛印本聊齋文集附有節本墓表，此句乃作：

　　與同邑李希梅及余從伯父歷視友旋結爲郢中詩社。

這裏『歷視』是人名，『友』是動詞，『旋』是表時間的副詞。坊間石印本聊齋文集是翻印扶輪社本的，編者熟讀聊齋志異，知道張歷友是人名，所以把此句改爲：

　　與同邑李希梅及余從伯父歷友親旋結爲郢中詩社。

這裏改『視』爲『親』，作動詞用，文理也可通。但現在我們看拓本，此句原文是：

　　與同邑李希梅及余從伯父歷友視旋諸先生結爲郢中詩社。

原本有『諸先生』三字，所以一望可知『歷友，視旋』是兩個人名。山左詩鈔的詩人有張篤慶，字歷友；張履慶，字視旋。『視旋』之字出於周易履卦的『視履考祥，其旋元吉。』後來鈔寫本删去『諸先生』三字，所以後人不知『視旋』也是人名，就有種種妄鉤妄改的讀法了。我們若不曾親見拓本，決不會發現這一句的錯誤。這個小小的故事最可以使我們明白校勘之學必須搜求最早最好的底本。沒有最古的底本，單憑私人的小聰明去猜測，去妄改，那是猜想的校勘，不是科學的校勘。

可是我們翻看此碑的背陰，又使我們得着一個反面的教訓！這個教訓是：碑上刻的字也可以有錯誤。碑陰刻的是：

> 父生於崇禎十五年四月十六日戌時，卒於康熙五十四年正月二十二日酉時。
>
> 母生於崇禎十八年十一月二十六日申時，卒於康熙五十二年九月二十六日未時。

這裏分明有兩三個錯字。蒲松齡死於康熙五十四年（一七一五）正月二十二日，年七十六，見于墓表，很清楚的。從康熙五十四年推上去，他的生年應該是崇禎十三年庚辰。（一六四〇）清華大學所藏舊鈔本聊齋全集中有降辰哭母詩，其中有云：

> 老母呼我坐，大小繞身旁。……因言庚辰年，歲事似饑荒，爾年於此日，誕汝在北房。……（淄川馬立勛鈔本也有此詩。）

這可證碑陰的「崇禎十五年」當作「十三年」。

還有他的夫人死的月是八月二十六日，不是九月二十六日。文集中有「元配劉孺人行實」，記她的死如下：

> 癸已，（康熙五十二年）七十有一，中秋與女及諸婦把酒語，刺刺至午漏，翼日而病，未遽怪也。踰數日，饘不起，始共憂之。體灼熱可以炙手，醫投寒涼，熱益劇。……諸兒爲市巴絹作殉衣，方成，二十六日尚臥理家政，燈方張，頻索衣，曰「我行矣。他無所囑，但勿作佛事而已。」俄而氣絕。……

據此文，她死在八月二十六日張燈以後，碑陰刻的『九月』與『未時』都是誤記的。

我記出這兩處刻文的錯誤，使我們明白石刻也不是完全可靠的。古本當然可貴，但用古本時，我們還得小心。

碑陰最可寶貴的是蒲松齡的著作表。此表的排列很零亂，用的大小字也沒有一定的規律，初讀去頗不易懂得，今考定如下：

雜著五册：

口身語錄（缺字是『省』字，清華大學藏鈔本。）

懷刑錄（清華藏鈔本。）

曆字文（清華藏鈔本題爲『時憲文』，是乾隆以後避清帝諱改題的；書尾有『曆文一卷，敦爾童娃』，可證原作『曆文』或『曆字文』。）

日用俗字（亞東圖書館藏鈔本。）

農桑經（清華藏鈔本，胡適藏鈔本。）

〔以上〕各一册

戲三齣：

考詞九轉貨郎兒（未見）

鍾妹慶壽（未見）

鬧館（未見）

通俗俚曲十四種：

（1）牆頭記（北平新晨報登過；亞東圖書館藏鈔本。）

（2）姑婦曲（演珊瑚故事；亞東藏鈔本。）

（3）慈悲曲（演張誠故事；亞東藏鈔本。）

（4）翻魘殃（演仇大娘故事；亞東藏鈔本。）

（5）寒森曲（演商三官故事；亞東藏鈔本；近日濟南華北新聞逐日登載。）

（6）琴瑟樂（未見）

（7）蓬萊宴（演『吳彩鸞寫韻』故事；亞東藏鈔本。）

（8）俊夜叉（演一個賭鬼回頭的故事；亞東藏鈔本。）

（9）窮漢詞（未見。也許卽是樸社出版『聊齋白話韻文』中的『除日祭窮神文？』）

（10）醜俊巴（未見）

（11）快曲（未見）

〔以上〕各一冊

（12）禳妬咒（演江城故事；亞東藏鈔本。）

（13）富貴神仙曲後變磨難曲（此題當是說原題『富貴神仙曲』，後改爲『磨難曲』。演張鴻漸故事；亞東藏鈔本，題爲『富貴神仙』）

（14）增補幸雲曲（演正德皇帝嫖院故事；亞東藏鈔本。）

〔以上〕各二册

這個著作表可以考見現存的各種俗曲確是他的作品，這是石刻的根據，最可寶貴的。

但這張表中顯然有很大的遺漏。最重要的有這些：

（1）文集（墓表作四卷；清華藏舊鈔本，馬立勛藏鈔本，胡適藏鈔本。）

（2）詩集（墓表作六卷；清華，馬立勛，胡適各藏鈔本。）

（3）聊齋志異（墓表作八卷；通行本。）

這都是載於墓表的。此外還有一些，墓表與碑陰都不曾記載的：

（1）問天詞（樸社鉛印本；據路大荒先生考證，此書是蒲松齡的孫子立德的作品。路君文見國聞週報第十一卷第三十期。）

（2）東郭外傳（樸社鉛印本）

（3）逃學傳（樸社鉛印本）

(4)學究自嘲（樸社鉛印本）

(5)除日祭窮神文，窮神答文（樸社鉛印本）

（以上五種，見樸社印馬立勛本『聊齋白話韻文』。）

(6)醒世姻緣小說（通行本亞東鉛印本。鮑廷博說此書是蒲氏作的。）

(7)婚嫁全書（文集有自序。其書未見。）

(8)藥祟書（文集有自序，其書未見。）

(9)家政內篇，家政外篇（據路大荒先生引益都王洪謀柳泉居士行略所記。其書未見。）

(10)小學節要（文集有自跋。其書未見。）

我們看了這些著作書目，讀過今日還保存着的各種遺著，不能不承認這一位窮老秀才眞是十七世紀的一個很偉大的新舊文學作家了。

二十四，十二。

跋乾隆庚辰本脂硯齋重評石頭記鈔本

我在民國十六年買得大興劉銓福家舊藏脂硯齋重評石頭記殘本十六回，（一至八，十三至十六，二十五至二十八回），我曾作長文（『考證紅樓夢的新材料』胡適文存三集頁五六五——六〇六）考證那本子的價值，並且用那本子上的評語作證據，考出了一些關於曹雪芹和紅樓夢的事實。

今年在北平得見徐星署先生所藏的脂硯齋重評石頭記全部，凡八册。我曾用我的殘本對勘了一部分，並且細檢全書的評語，覺得這本子確是一個很值得研究的本子。

此本每半頁十行，每行三十字。每册十回，但第二册第十七回即今本第十七十八兩回，首頁有批云：『此回宜分二回方妥。』第十九回另頁鈔寫，但無回目。又第七册缺兩回，首頁題云：『內缺六十四，六十七兩回。』按高鶚作百二十回紅樓夢『引言』中說：

是書沿傳既久，坊間繕本及諸家祕稿繁簡歧出，前後錯見。即如六十七回此有彼無，題同文異，燕石莫辨。茲惟擇其情理較協者，取為定本。

此可見此本正是當日缺六十七回之一個本子。六十四回亦缺，可見此本應在高鶚所見各本之前。有正書局本已不缺此兩回，當更在後了。

又第三册二十二回只到惜春的謎詩爲止，其下全闕。上有硃批云：

此後破失，俟再補。

其下爲空白一頁，次頁上有這些記錄：

暫記寶釵製謎云：

朝罷誰攜兩袖煙，　琴邊衾裏總無緣。
曉籌不用雞人報，　五夜無煩侍女添。
焦首朝朝還暮暮，　煎心日日復年年。
光陰荏苒須當惜，　風雨陰晴任變遷。

此回未成而芹逝矣。嘆嘆。

丁亥夏　畸笏叟。

有正本此回稍有補作，用了此詩做寶釵製的謎，已是改本了。今本皆根據高鶚本，删去惜春之謎，又把此詩改作黛玉的，另增入寶玉一謎，寶釵一謎，這是更晚的改補本了。

此本每册首頁皆有『脂硯齋凡四閱評過』一行；第五册以下，每册首頁皆有『庚辰秋定本』一行。庚辰是乾隆二十五年。（西曆一七六〇）八册之中只有第二三册有硃筆批語，其中有九十三條批語是有年月的：

己卯冬（乾隆二四，西一七五九）二十四條

壬午（乾隆二七，西一七六二）四十二條

乙酉（乾隆三十，西一七六五）一條

丁亥（乾隆三二，西一七六七）二十六條

這些批語不是原有的，是從另一個本子上鈔過來的。中如「壬午」鈔成了「王文，」可見轉鈔的痕跡。不但批語是轉鈔的，這本子也只是當時許多「坊間繕本」之一，錯字很多，最荒謬者如「眞」寫成「十六。」但依二十二回及六十四，六十七回的闕文看來，此本的底本大概是一部「庚辰秋定本，」其時紅樓夢的稿本有如下的狀況：

一，二十二回未寫完。

二，六十四，六十七，兩回未寫成。

三，十七與十八兩回未分開。

四，十九回尚未有回目。八十回也未有回目。

寫者又從另一本上過錄了許多硃筆批語，最早的有乾隆己卯（一七五九）的批語，是在庚辰（一七六〇）寫定本之前；其次有壬午年（一七六二）批語，其時作者曹雪芹還生存，他死在壬午除夕。其餘乙酉（一七六五）丁亥（一七六七）的批語，都是雪芹死後批的了。

故我們可以說此本是乾隆庚辰秋寫定本的過錄本，其第二三兩册又轉錄有乾隆己卯至丁亥的批語。這是此本的性質。

和現在所知的紅樓夢本子相比，有如下表：

(1)過錄甲戌（一七五四）脂硯齋評本。（胡適藏）

(2)過錄庚辰秋（一七六〇）脂硯齋四閱評本。（卽此本）

(3)有正書局石印戚蓼生序本。（八十回皆已補全，其寫定年代當更晚。）

(4)乾隆辛亥（一七九一）活字本。（百二十回本，我叫他做『程甲本』。）

(5)乾隆壬子（一七九二）活字本。（『程乙本』）

我的甲戌本與此本有許多不同之點，如第一回之前的『凡例，』此本全無；如『凡例』後的七言律詩，此本亦無；如第一回寫頑石一段，甲戌本多四百二十餘字，此本全無，與有正石印戚本全同。此本與戚本最相近，但戚本已有補足的部分，故知此本的底本出于戚本之前，除甲戌本外，此本在今日可算最古本了。

甲戌本也是過錄之本，其底本寫于『庚辰秋定本』之前六年，尚可以考見寫定之前的稿本狀況，故最可寶貴。甲戌本所錄批語，其年代有『甲午八月』（一七七四）又在此本最晚的批語（丁亥）之後七年，其中有很重要的追憶，使我們因此知道曹雪芹死在壬午除夕，知道紅樓夢所記本事確指曹家，知道原本十三回「秦可卿淫喪天香樓」的故事，知道八十回外此書尚有一些已成的殘稿。（看胡適文存三集頁五六五—六〇六；或胡適文選頁四二八—四七〇。）

但此本的批語裏也有極重要的材料，可以幫助我們考證紅樓夢的掌故。此本的批語有本文的雙行小字夾評，有每回卷首和卷尾的總評，有硃筆的行間夾評，有硃筆的眉批，有墨筆的眉批。墨筆的眉批簽名「鑑堂」及「瀞園」大概是後來收藏者的批語，無可供考證的材料。硃筆眉批簽名的共有四人：

脂硯　梅溪

松齋　畸笏（或作畸笏叟，亦作畸笏老人。）

畸笏批的最多，松齋有兩條，其餘二人各有一條。梅溪與松齋所批與甲戌本所錄相同。脂硯簽名的一條批在第二十四回倪二醉遇賈芸一段上：

這一節對水滸記楊志賣刀遇沒毛大蟲一回看，覺好看多矣。

己未冬夜　脂硯。

我從前曾說脂硯齋是「同雪芹很親近的，同雪芹弟兄都很相熟；我並且疑心他是雪芹同族的親屬。」我又說，「脂硯齋大概是雪芹的嫡堂弟兄或從堂弟兄——也許是曹顒或曹頫的兒子。松齋似是他的表字，脂硯齋是他的別號。』現在我看了此本，我相信脂硯齋卽是那位愛吃胭脂的寶玉，卽是曹雪芹自己。此本第二十二回記寶釵生日，鳳姐點戲，上有硃批云：

鳳姐點戲，脂硯執筆事，今知者聊聊（寥）矣。不怨夫！（末句大概當作『寧不悲夫！』）

前批書（似是『知』字之誤）者聊聊，（寥）今丁亥夏，只剩朽物一枚，寧不痛乎！

此下又另行批云：

丁亥（一七六七）的批語凡二十六條，其中二十四條皆署名『畸笏』。此二條大概也是畸笏批的。鳳姐不識字，故點戲時須別人執筆；本回雖不曾明說是寶玉執筆，而寶玉的資格最合。所以這兩條批語使我們可以推測脂硯齋卽是紅樓夢的主人，也卽是他的作者曹雪芹。本書第一回本來說此書是空空道人記的，『後因曹雪芹于悼紅軒中披閱十載，增刪五次，纂成目錄，分出章回，則題曰金陵十二釵，並題一絕云：

滿紙荒唐言，　一把辛酸淚。
都云作者癡，　誰解其中味？

至脂硯齋甲戌抄閱再評，仍用石頭記。』（最後十五字，各本皆無，是據甲戌本的。）甲戌本此段上有硃批云：

若云雪芹披閱增刪，然後（則）開卷至此這一篇楔子又係誰撰？足見作者之筆狡猾之甚。後文如此處者不少，這正是作者用畫家煙雲模糊處。觀者萬不可被作者瞞蔽了去，方是巨眼。

此評明說雪芹是作者，而『披閱增删』是託詞。在甲戌本裏，作者還想故意說作者是空空道人，披閱增删者是曹雪芹，再評者另是一位脂硯齋。至庚辰寫定時，删去『脂硯齋甲戌抄閱再評』字樣，只稱爲『脂硯齋重評石頭記』了。依甲戌本與庚辰本的款式看來，凡最初的鈔本紅樓夢必定都稱爲『脂硯齋重評石頭記』，後人不知脂硯齋卽是曹雪芹，又因高鶚排本全删原評，所以删去原題，後人又有改題『悼紅軒原本』的。殊不知脂硯齋重評本正是悼紅軒原本，如此改題正是『被作者瞞蔽了。』

『脂硯』只是那塊愛吃胭脂的頑石，其爲作者託名，本無可疑。原本有作者自己的評語和註語，我在前幾年已說過了。今見此本，更信原本有作者自加的評註。如此本第七十八回之芙蓉女兒誄有許多解釋文詞典故的註語：如『鳩鴆惡其高，鷹鷙翻遭罦罬，』下註云：

> 離騷：『鷙鳥之不羣兮，』又『吾令鴆爲媒兮，鴆告余以不好。雄鳩之鳴逝兮，余猶惡其佻巧。』註：鷙特立不羣。鴆羽毒殺人。鳩多聲，有如人之多言不實。罦罬音孚拙。詩經：『雉罹于罦。』爾雅：罬謂之罦。（鈔本多誤，今校正。）

如『箝詖奴之口，討（戚本作罰，程甲乙本作討，與此本同。）豈從寬？』下註云：

> 莊子：『箝楊墨之口。』孟子：『詖辭知其所蔽。』

此類註語甚多，明明是作者自加的註釋。其時紅樓夢剛寫定，決不會已有『紅迷』的讀者肯費這麼大的氣力去作此種詳細的註釋。所謂『脂硯齋評本』，卽是指那原有作者評註的底本，不是指那些有丁亥甲午評語的本子，因爲甲戌本和庚辰本都已題作『脂硯齋重評』本了。

此本使我們知道脂硯卽是雪芹，又使我們因此證明原底本有作者自加的評語，這都是此本的貢獻。

此本有一處註語最可證明曹雪芹是無疑的紅樓夢作者。第五十二回末頁寫晴雯補裘完時，

　　只聽自鳴鐘已敲了四下。

下有雙行小註云：

　　按四下乃寅正初刻。寅此樣（寫）法，避諱也。

雪芹是曹寅的孫子，所以避諱『寅』字。此註各本皆已刪去，賴有此本獨存，使我們知道此書作者確是曹寅的孫子。（此註大概也是自註，因已託名脂硯齋，故註文不妨塡諱字了。）

我從前曾指出紅樓夢十六回鳳姐談『南巡接駕』一大段卽是追憶康熙南巡時曹寅四次接駕的故事。這個假設在甲戌本的批語上已得著一點證據了。（文存三集五七四；或文選四三七——四三八）此本的南巡接駕一段也有類似的批語：『咱們賈府只預備接駕一次』一句旁有硃批云：

　　又要瞞人。

『現在江南的甄家……獨他家接駕四次』一段旁有硃批云：

　　點正題正文。

又批云：

眞有是事，經過見過。

這更可證實我的假設了。甄家在江南，卽是三代在南京做織造時的曹家；賈家卽是小說裏假託在京城的曹家。紅樓夢寫的故事的背景卽是曹家，這南巡接駕的回憶是一個鐵證，因爲當時沒有別的私家曾做過這樣的豪舉。

關於秦可卿之死，甲戌本的批語記載最明白。（文存三集五七五——五七九；或文選四三九——四四二。）此本也有松齋梅溪兩條硃批，也有『樹倒猢猻散』一條硃批，但無『秦可卿淫喪天香樓』一條總評。此本十三回末有硃筆總評云：

通回將可卿如何死故隱去，是大發慈悲心也。嘆嘆。壬午春。

此條與甲戌本的總評正相印證。

我跋甲戌本時，曾推論雪芹未完的書稿，推得五六事：

（1）史湘雲似嫁與衛若蘭，原稿有衛若蘭射圃拾得金麒麟的故事。

（2）原稿有襲人與琪官的結局，他們後來供奉寶玉寶釵，『得同終始』。

（3）原稿有小紅茜雪在獄神廟的『一大回文字』。

（4）惜春的結局在『後半部』。

(5)殘稿中有『誤竊玉』一回文字。

(6)原稿有『懸崖撒手』一回的回目。

此本的批語，除甲戌本及戚本所有各條之外，還有一些新材料。二十回李嬤嬤一段有硃批云：

茜雪至獄神廟方呈正文。襲人正文標昌（疑是『目曰』二字誤寫成『昌』字）『花襲人有始有終，』余只見有一次謄清時與獄神廟慰寶玉等五六稿，被借閱者迷失，嘆嘆。

又二十七回鳳姐要挑紅玉（小紅在甲戌本與此本皆作紅玉。）跟她去一段，上有硃批云：

姦邪婢豈是怡紅應答者，故卽逐之。前良兒，後篆兒便是卻證作者又不得可也。（有誤字）己卯冬夜。

其下又批云：

此係未見抄沒獄神廟諸事，故有是批。丁亥夏　畸笏。

此諸條可見在遺失之殘稿裏有這些事：

(甲)茜雪與小紅在獄神廟一回有『慰寶玉』的事。

(乙)殘稿有『花襲人有始有終』一回的正文。

(丙)殘稿中有『抄沒』的事。

此外第十七八合回中妙玉一段下有長註，其上有硃批云：

樹(?)處引十二釵，總末的確，皆係漫擬也。至末回警幻情榜，方知正副再副及三四副芳諱。 壬午季春

畸笏。

壬午季春雪芹尚生存。他所擬的『末回』有警幻的『情榜，』有十二釵及副釵，再副，三四副的芳諱。這個結局大似水滸傳的石碣，又似儒林外史的『幽榜。』這回迷失了，似乎於原書的價值無大損失。

又第四十二回前面有總評云：

釵玉名雖二人，人卻一身，此幻筆也。今書至三十八回時，已過三分之一而有餘，故寫是回，使二人合而爲一。請看黛玉逝後寶釵之文字，便知余言不謬矣。

這一條有可注意的幾點：

(1)此本之四十二回在原稿裏爲三十八回，相差三回之多。就算十七八九三回合爲一回，尚差兩回。

(2)三十八回『已過三分之一而有餘，』可見原來計畫全書只有一百回。

(3)原稿已有『黛玉死後寶釵之文字，』也失去了。

徐先生所藏這部庚辰秋定本，其可供考證的材料，大概不過如此。此本比我的甲戌本雖然稍晚，但甲戌本只剩十六回，而此本爲八十回本，只缺兩回。現今所存八十回本可以考知高鶚續書以前的紅樓夢原書狀況的，有正石印戚本之外，只有此本了。此本有許多地方勝於戚本。如第二十二回之末，此本尚保存原書殘闕狀態，是其最大

長處。其他長處，我已說過。現在我要舉出一段很有趣的文字上的異同，使人知道此本的可貴。六十八回鳳姐初見尤二姐時，鳳姐說的一大篇演說，在有正石印本裏有塗改的痕跡；原文是半文言的不合鳳姐的口氣；石印本將此段演說用細線圈去，旁注白話的改本。如原文

怎奈二爺錯會奴意。眠花臥柳之事瞞奴或可，今娶姐姐二房之大事，亦人家大禮，亦不曾對奴說。奴亦曾勸過二爺，早行此禮，以備生育。……

塗改之後，成了這樣的白話：

怎奈二爺錯會了我的意。若是在外包占人家姐妹，瞞著家裏也罷了。今娶了妹妹作二房，這樣正經大事，也是人家大禮，卻不曾對我說。我也曾勸過二爺，早辦這件事，果然生個一男半女，連我後來都有靠。……

這種塗改是誰的手筆呢？究竟文言改成白話是戚本已有的呢？還是狄平子先生翻印時改的呢？我們現在檢查徐先生的抄本，鳳姐演說的文字完全和石印本塗去的文字一樣。而石印本改定的文字又完全和高鶚排印本一樣。這可見雪芹原本有意把這段演說寫作半文言的客套話，表示鳳姐的虛僞。高鶚續書時，覺得那不識字的鳳姐不應該說這種文謅謅的話，所以全給改成了白話。狄平子先生石印戚本時，也覺得此段戚本不如刻本的流暢，所以採用刻本來塗改戚本。但狄先生很不澈底，改了不上一葉，就不改了；所以原文鳳姐叫尤二姐做『姐姐，』石印本依刻本改爲『妹妹；』但下文不曾照改之處，又仍依原文叫『姐姐，』凡八九處之多。這可證石印本確是用刻本

來改原本的。然而若沒有此本的印證，誰能判此塗改一案呢！

我很感謝徐星署先生借給我這本子的好意。我盼望將來有人肯費點功夫，用石印戚本作底子，把這本的異文完全校記出來。

二十二，二，二十二夜。

跋四遊記本的西遊記傳

四遊記四種：東遊志傳，題蘭江吳元泰編，記八仙的傳說；西遊記傳，題齊雲楊至和（魯迅所見本作楊志和）編，記唐僧取經故事；南遊志傳，題仰止余象斗編，記華光天王的故事；北遊志傳，也題余象斗編，記眞武玄天上帝的出身。這四部書的年代都不可考。只有北遊記之末記永樂三年眞武上帝助國家得勝，受皇帝崇拜，下文說，『至今二百餘載，香火如初。』永樂三年當西歷一四〇五，加二百餘載，已到了萬曆晚年了。但這一點也許可以暗示北遊記的年代，卻不能考定其餘三部書的年代。

依我個人的推測，東，北，南，三種遊記之名都出於吳承恩的西遊記之後。華光小說起於民間，吳昌齡西遊記雜劇中已有華光了，可見此種傳說來源很早。眞武與八仙兩故事來源很早，是大家知道的。此三書的原本大概各有專名，如上洞八仙傳，五顯靈官華光天王傳，眞武玄天上帝出身志傳之類；其文字或爲宣卷體，或爲散文小說，都不可知。到了萬曆中期以後，西遊記小說已風行了，始有余象斗本的華光和眞武小說出現。謝肇淛五雜組中提及華光小說，或卽是此本。謝肇淛是萬曆二十年（一五九二）進士，他見華光小說已在西遊記風行之後了。八仙傳中稱『齊天大聖』手持鐵棒，英雄無敵，可見此書出於西遊記之後。但八仙傳中稱『溫關馬趙四將，』關帝的地位還不特別高，可見其書尚是晚明作品。

四部書湊成四遊記，乃是很晚的事。我的一部四遊記有嘉慶十六年辛未（一八一一）明軒主人的總序，首云：

余肄業家塾，訓授諸生，適友人持一帙示余曰，『此吳元泰余仰止諸先生所纂四遊記也。敢乞公一序以傳。』……

末云：

此書之諄諄覺世，……有裨於世道，足以刊行，是以爲序。

我所見的本子沒有比這本子更古的。這可見四遊記乃是嘉慶時書坊雜湊牟利的書，遠在西遊小說流行之後了。四遊記中的西遊記傳是一個妄人刪割吳承恩的西遊記，勉強縮小篇幅，湊足四遊記之數的。西遊小說篇幅太大，決不能和其他三種並列，故不能不硬加刪割。但西遊行世已久，刪書者不敢變動書中故事，故其次第全依西遊記足本。魯迅先生（小說史略頁一七七）也說，『西遊記全書次第與楊志和作四十一回本殆相等。』其實乃是陽本全依吳本的次第。

試看此書前十五回和吳本的前十四回相同，已佔了全書的一小半了。可見刪書的人起初還不敢多刪。到了後來，爲篇幅所限，他只好橫起心腸，胡亂刪削，吳本的後八十五回被他縮成二十六回，所以竟不可讀了。

魯迅先生誤信此書爲吳本之前的祖本，我試舉一例來證明他的錯誤。此本第十八回（收猪八戒）收了八戒

之後，

唐僧上馬加鞭，師徒上山頂而去。話分兩頭，又聽下回分解。

這下面緊接一詩：

道路已難行，巔崖見險谷。……野猪挑擔子，水怪前頭遇。多年老石猴，那裏懷嗔怒。你問那相識，他知西去路。

下面緊接云：

行者聞言冷笑，那禪師化作金光，徑上烏窠而去。

這裏最可看出此本乃是刪節吳承恩的詳本，而誤把前面會見烏窠禪師的一段全刪去了，所以有尾無頭，不成文理。這是此本刪吳本的鐵證。

魯迅說吳本『第九回記玄奘父母遇難及玄奘復仇之事，亦非事實，楊本皆無有，吳所加也。』（頁一七七）今按陽本第十二回有玄奘父母遇難的事，但刪去了復仇一節。吳昌齡的西遊記雜劇的第一卷即是敍玄奘的父母遇難及後來復仇之事。吳承恩全沿用此卷，其中有不近情理之處，都是因襲元劇，未及剪裁的。四遊記本的刪節，全是爲篇幅關繫，顯然在吳承恩之後。又魯迅說吳本火燄山之戰是『取華光傳中之鐵扇公主以配西遊志傳（楊本）中僅見其名之牛魔王，』（頁一七九）這也是一種錯誤的猜想。鐵扇公主已見於吳昌齡西遊記劇本的第十八九齣，但牛魔王是吳承恩創造的。紅孩兒在元劇裏是鬼子母的兒子，與鐵扇公主牛魔王無關。吳承恩把紅孩兒做了牛魔王的兒子，又叫鐵扇公主做了牛魔王的老婆，遂造出幾萬字的熱鬧文字（四十至四二回；五九至六一回。）但陽本實在收不下了，遂把火焰山『三調芭蕉扇』的大文章刪成了一百三十個字！火焰山的大戰只剩了兩行半：

魔王抵家，聞得行者拐了扇子，星忙趕至中途，多得天神地祇助功，得了扇子，搧開火焰山，徑至祭賽國。

明眼的讀者，這是陽本硬刪吳本呢？還是吳本從『多得天神地祇助功』一句子造出幾萬字的妙文呢？如果還有人信後一說，我要請問陽本前面（三十二回）已明說紅孩兒是牛魔王的兒子，何以到了後文仇人相見，又不寫牛魔王要報兒子的仇恨哩？

所以我斷定四遊記中的西遊記傳是一個妄人硬刪吳承恩本縮成的節本，決不是吳本以前的古本。

二十，三，十五夜改稿。

日本東京所見中國小說書目提要序

滄縣孫子書先生是今日研究中國小說史最用功又最有成績的學者。他的成績之大，都由於他的方法之細密。他的方法無他巧妙，只是用目錄之學做基礎而已。他在這幾年之中，編纂中國小說書目，著錄的小說有八百餘種之多。他每記載一種書，總要設法訪求借觀，依據親身的觀察，詳細記載板刻的形式與內容的異同。這種記載便是爲中國小說史立下目錄學的根基。這是最穩固可靠的根基，因爲七八百年中的小說發達史都可以在這些板本變遷沿革的痕跡上看出來。所以孫先生本意不過是要編一部小說書目，而結果卻是建立了科學的中國小說史學，而他自己也因此成爲中國研究小說史的專門學者。

他在北平所親見的小說已很多了。但他還不滿足，所以去年九月親到日本去看中國小說。專爲了看小說而渡海出洋，孫先生眞可算是中國小說研究史上的哥命布了。

他在東京工作了兩個月，又在大連工作了五日，都是專心壹志的猛幹，所以能在短時期中記錄了這七卷的東京大連所見中國小說書目提要。這兩處——尤其是東京所藏的中國小說古本的絕大重要，孫先生在他的自序和緣起裏都說過了，無須我來申說。我只要請讀此書的人回想十四五年前我開始作小說考證時，那時候我們只知道一種水滸傳，一種三國演義，兩種西遊記，一種隋唐演義。在這十幾年之中，國內已發見的水滸傳，有百回本，一百十五回本，一百二十回本，一百二十四回本。孫先生此書中記載的水滸傳明刻本竟有六種之多。有了這許多本子的詳細記載，我們方才可以作水滸演變史的精密研究了。三國演義的歷史，近年來全靠日本所藏的幾個古本的幫助，我們差不多可以知道從元朝到清初三國故事的演變了。國內至今還沒有可貴的西遊記本子；而孫先生在日本所見的明刻本共有七部，加上宋刊的兩種三藏法師取經記和鹽谷溫先生印行的吳昌齡西遊記雜劇，從此西遊記的歷史的研究也可以有實物的根據了。隋唐演義與封神傳等書，向來在國內都沒有古本子，所以我們都無從試探他們成書的歷史；現在有了孫先生所見各種古本的記載，這種研究都可以開始了。我們試回想十五年前，我們討論中國短篇小說，只能用一部今古奇觀作例子；十五年來，『三言』『二拍』與『古今小說』都先後出現，我們方才明白短篇小說在當時發達的狀況；而這些書的保存與出現，都靠日本宮廷與私家的收藏。我們可以說：如果沒有日本做了中國舊小說的桃花源，如果不靠日本保存了這許多的舊刻小說，我們決不能眞正明瞭中國短篇與長篇小說的發達演變史！我們明白了這一點，方才可以了解孫先生此次渡海看小說的使命的重大。

試舉隋唐演義一書爲例。國內通行之隋唐演義皆是褚人穫重編之本。近年始有人注意到林瀚編的隋唐演義。但因爲這兩部書的內容太不相同了，我們竟無從明瞭他們的因革關係，也不能知道褚人穫怎樣能從一部很幼稚的通俗講史變成一部很有文學趣味的小說。但我們讀了孫先生的書目，自然會明白隋唐演義的歷史了。孫先生在東京見了五種隋唐演義，在大連又見了一部隋史遺文：

(1)熊鍾谷編的唐書志傳通俗演義八卷九十節。（嘉靖癸丑楊氏清江堂刊本）

(2)余應鰲編的唐國志傳八卷。（余氏三臺館刊本）

(3)姑孰陳氏尺蠖齋評釋唐書志傳通俗演義八十九節。（萬曆（？）癸巳繡谷唐氏世德堂刊本）

(4)徐文長評唐傳演義八卷九十節。（萬曆庚申武林藏珠館刊本）

以上四種，依孫先生的考定，實在只是一部書，其內容文字都相同，大意是記唐朝開國的事，起於隋煬帝大業十三年，終於唐太宗貞觀十九年。這是隋唐演義的一個祖本。

(5)隋唐兩朝志傳十二卷一百二十二回。（萬曆己未金閶龔紹山繡梓）

這本子有假託楊愼的序，又有林瀚的序。林序也是假託的，序中說他得羅貫中原本，重編為十二卷。此書雖假託於正德一朝的名人，孫先生考定為用熊鍾谷本作底本而擴充成書的：前面略加幾回隋朝故事，中間敍述瓦崗寨的英雄較為詳細，後面增補唐太宗以後的史事直到僖宗為止。這也是隋唐演義的一個祖本。

(6)新鐫繡像批評隋史遺文十二卷六十回。（名山聚藏板，有崇禎癸酉袁于令序）

這書專記隋末瓦崗寨的好漢，用秦叔寶作中心。孫先生從每回後的總評裏考出此書之前尚有一種『舊本，』大概是當時說話人所演講，袁于令取市人話本，稍加增改，作成此書。這是隋唐演義的一個最重要的祖本。

我們試再翻開隋唐演義的褚人穫自序看他說：

> 隋唐志傳剏自羅氏，纂輯於林氏，可謂善矣。然始於隋宮剪綵，則前多闕略；厥後鋪綴唐季一二事，又零星不聯屬，觀者猶有議焉。昔籜菴袁先生曾示予所藏逸史，載隋煬帝朱貴兒唐明皇楊玉環再世因緣事，殊新異可喜。因與商酌，編入本傳，以為一部之始終關目。合之遺文豔史而始廣其事，極之窮幽僊證（此指書中末回的僊證故事）而已竟其局。其間闕略者補之，零星者刪之，更採當時奇趣雅韻之事點染之，彙成一集，頗改舊觀。

褚氏敘述他的新本的來歷，本是很忠實很明白的。然而我們若不曾讀孫先生所記載的各種本子的內容，我們就不會看懂這一段自序，因為我們就不懂得序中說的『遺文』即是隋史遺文，也就不懂得袁于令和這部書的關係，更不知道熊鍾谷本與林瀚本的關係。現在我們有了孫先生記載的材料，方才可以推知隋唐演義的演變史大概是這樣的：

（1）熊鍾谷本唐書志傳 → 林瀚本隋唐志傳
（2）舊本隋史遺文 → 袁于令本隋史遺文
（3）隋煬豔史
→ 褚人穫本隋唐演義

我們看這一部小說的歷史，就可以知道孫先生的小說目錄學在小說史學上的絕大重要了。沒有這些古本小說的詳細記載，我們決無從了解一部小說的歷史。必須先知道了古今小說，三言二拍的內容，然後可以知道今古奇觀所收的各篇都是從這幾部短篇小說叢書裏選出來的。必須先知道褚人穫以前的隋唐故事舊本，然後可以了解褚本隋唐演義的眞正歷史地位。水滸、西遊、三國、封神、說岳、英烈傳、平妖傳等書的歷史的考證，必須從新建築在孫先生現在開始建立的小說目錄學的新基礎之上。

一九三二，七，二四。

西遊記的第八十一難

十年前我曾對魯迅先生說起西遊記的第八十一難（九十九回）未免太寒傖了，應該大大的改作，才襯得住一部大書。我雖有此心，終無此閒暇，所以十年過去了，這件改作西遊記的事終未實現。前幾天偶然高興，寫了這一篇，把西遊記的第八十一難完全改作過了。自第九十九回『菩薩將難簿目過了一遍』起，到第一百回『卻說八大金剛使第二陣香風，把他四衆不一日送回東土』爲止，中間足足改換了六千多字。因爲學文月刊的朋友們要稿子，就請他們把這篇『僞書』發表了。現在收在這裏，請愛讀西遊記的人批評指教。

二十三，七，一，胡適記。

西遊記第九十九回

觀音點簿添一難

唐僧割肉度羣魔

話說觀音菩薩把唐僧一路上經歷的災難簿子從頭看了一遍，忽發言道：『佛門中九九歸眞。聖僧受過八十難，還少一難，不得完成此數。』菩薩當時即命五方揭諦道：『速速趕上金剛，還生一難者！』

揭諦得令，駕雲向東趕去，不多時趕上了金剛，附耳低言，說明菩薩法旨。金剛奉令，刷的把風按下，將唐僧四衆

連馬與經，降落在地。噫！正是

九九歸眞道行難，一簣功虧不結丹。
騰雲指日回唐土，何圖驀地下雲端！

*　*　*　*　*

三藏腳踏了凡地，自覺心驚。八戒呵呵大笑道：『好，好，好！這正是走得快，跌得高！』沙僧也道：『想是護送的金剛半路上看個親眷去了，叫我們下來歇歇哩。』孫行者火眼金睛，早已看見五方揭諦趕上金剛，交頭接耳，必有用意，他且不說破，只對唐僧說道：『師父，金剛拋下我們，自回去了。我們且打聽明白這是甚麽地方，在何國土。』唐僧道：『悟空說得是。我聽得遠遠的有水響，不知是不是我們走過的河水。』

行者縱身跳在空中，用手搭涼篷，仔細看了，下來道：『師父，那一帶樹林過去，果然是一條大河，河身像是很寬，很長；水勢卻不洶湧，不像是流沙河，也不像是通天河，也許是一條我們不曾走過的大河。』

唐僧問道：『徒弟啊，那邊可望得見人煙麽？』行者答道：『河的對岸好像有一個城鎮，有船隻載着人往這邊來。河這邊有一座高塔。船上的人好像是朝着這塔來的，也許是來塔上燒香祭賽的。』

八戒喊道：『只要有人煙，我們都去！』八戒沙僧把經卷馱在馬上，四衆步行，穿過大樹林，果然望見一座高高的寶塔。師徒們朝着寶塔走去，看看太陽將落時，他們到了寶塔面前。只見二三十個人，全是天竺國服裝，老老少少，男男女女從塔下走出來，朝着河邊回去，那些人見了唐僧四衆，都很驚異，漸漸圍攏來；婦人孩子見了八戒三人的怪模樣，都很害怕，躲在老年人的背後，竊竊私語。內中一位老者，認得唐僧的狀貌衣裝是大唐人物，走過來問訊。唐僧叫三個徒弟站開，他自己上前施禮問訊。唐僧道：『貧僧是大唐人氏，這三人是小徒，往西天取經回來，流落在此，不知路途方向。請問老丈這裏是何國土，這寶塔供養何種尊神，此去大唐國土應走何方向。』

那老者答禮道：『不知法師是大唐上國求法高僧，失敬之至。此處是婆羅涅斯國，前面的大河是殑伽河。順河流東行，約三百餘里，便是戰士國境。法師若要東行，可用船順流下去。這裏的寶塔是敝國最著名的古蹟，叫做『三獸窣堵波』，是如來在過去劫初修菩薩行時燒身供養天帝釋之處。每年八月月圓時，是月光王菩薩的節日，敝處的人來此掃塔祭賽。今天正是月光節，我們來此祭掃，不想得遇上國高僧。可否請到對河村子裏供養一宿，明天準備船隻相送東行？』

唐僧聽說『三獸窣堵波』之名，心裏大歡喜，忙整衣帽，朝塔禮拜，並叫行者三人同來禮拜。禮拜畢，唐僧又謝那老者指引的好意，說道：『貧僧久聞「三獸窣堵波」之名，但恨無緣拜掃瞻仰。天幸今日無意中親到塔下，豈可錯過機緣？貧僧師弟都是修行之人，今夜決計在塔下打坐一宵，以表禮拜的誠心。多蒙老丈厚意款待，明早一定渡河到貴村來拜謝。』

那老丈聽說，知道唐僧決心掃塔，又有點害怕那三個怪模樣的徒弟，也便不堅留，便留下姓名，率領衆男婦回河邊上船去了。

*　*　*　*　*

話說唐僧別了衆人，回過頭來，歡天喜地的對三個徒弟說道：『徒弟啊，誰料我們從雲裏掉下來，卻遇着這意外的奇緣！』八戒笑道：『師父，想必是打聽得你的祖宗的骨塔了？』沙僧和行者齊聲問道：『師父，這個古塔有何因緣，叫你老人家這樣高興！』

三藏回頭用手指道：『你們不見這裏是三座塔麼？』行者們看時，果然中間一座高塔，左右兩旁各有一座小塔。在遠處望見的只是中間的高塔。唐僧說：『這就是西域地志上有名的三獸塔，又叫做「月中玉兔塔。」三獸是一只兔子，一只狐狸，一只猿猴。中間是兔塔，兩邊是狐塔猴塔。』八戒呵呵大笑道：『怪道老師父歡天喜地，原來他替弼馬溫大師兄尋得了祖墳也！』

唐僧喝住八戒，說道：『刼初之時，我佛如來投生爲一只白兔，他本性不昧，在樹林中修菩薩行。他有兩個同伴，一狐一猿，受了他的感化，也同在樹林中修行。一日，天帝釋要試驗他們的修行工夫，下凡變化作一個老人，到樹林中來。三獸見那老人形容憔悴，行步艱難，都來問他有何病痛。老人說：「我要餓死了；來問你們求一點東西吃。」三獸請他坐在樹下，他們都出去尋食物款客。狐狸先回來，嘴銜着一條鮮鯉魚。猿猴也回來了，摘得一堆鮮果。只有白兔空手回來，心懷慚愧。老人說：「狐哥猴哥都尋了東西回來，難道兔哥不肯布施一點麼？」白兔聞言，對同伴道：

「敢煩兩位師兄替我採點乾柴生起火來，我自有佳肴供客。」狐猿出去，尋了一些枯枝乾葉生起火來。白兔見火燄正旺，就對老人道：「丈人，我自愧有心無力，不能救丈人的饑餓。敬獻區區身體供丈人一餐。」說完，就跳入烈焰之中。爾時老人復現天帝釋莊嚴寶相，從火焰中提出兔身，嗟歎不已。天帝釋道：「兔子捨生救人，是眞菩薩行。吾當令世間人永永敬禮他的形容。」天帝釋言訖，一只手攀住須彌山尖，撕下了半個峯頭來做他的畫筆；一只手捉住月亮，做他的粉本，就在月亮上畫下了玉兔的形狀。至今月中有玉兔，便是這樣起原的。後世天竺國人紀念這個玉兔燒身的故事，在這裏建塔紀念，就是這個三獸窣堵波。』

唐僧接着又說：『我小時念雜寶藏經，經律異相，就知道這白兔捨身的因緣。誰想今日取經回來，還能瞻拜這千年古塔！我如何不歡喜！』（註一）

三藏講完故事，行者沙僧俱各歡喜讚嘆。只有八戒涎着嘴臉，呵呵大笑道：『好個多情的師父！忘不了大天竺國拋繡球招親的假公主！你瞧那河上起來的團圞明月，正照着繡球選中的駙馬爺的僧帽上。只怕太陰星君管束不嚴，玉兔知道了我師父今夜掃塔的多情，又要逃出廣寒宮來尋你耍子去也！』

三藏也不管八戒的頑皮，領着三人，到中間塔下，叫八戒把經卷龍馬安頓在塔下，叫沙僧摘了一些竹枝，紮了一把笤帚。唐僧拿着笤帚，同他們上塔祭掃。正是：

玉兔高風永不磨，莊嚴塔影照長河。

般勤上國求經客，來掃千年窣堵波。

*　*　*　*　*

話說唐僧四衆掃塔，到得最上一層時，明月已近中天；遠望殑伽河變成了一道光耀的銀河；四野靜穆，但見茫茫銀霧湧起一個出塵的世界。唐僧到此不覺一聲叫絕。行者沙僧也都凝望出神。連那八戒也不覺搖頭擺耳，舞蹈起來。唐僧本來早已走得疲乏了，就在那塔頂上靠着石欄坐下。坐了一會，他捨不得走了，對三個徒弟道：『徒弟啊，我當年離了長安，在法雲寺裏立了弘願，上西方遇寺拜佛，見塔掃塔。一路上歷盡多少艱辛。那回在祭賽國掃塔，被妖魔敗興。還有那回在荆棘嶺上，雖然也是一個月白風清的良夜，又被幾個松妖杏怪攪纏了一夜。今番取得經典回朝，難得在這千年古塔上清清閑閑的賞玩這無邊月色。你們三人可先下去看守經卷，在塔下洞門裏歇息。我要在這塔上打一回坐，定一定心。』

行者料無意外危險，便叫八戒沙僧同去塔下等候。八戒笑着回頭道：『師父早點下來罷！莫要被月光鉤起了凡心，又要累大師兄上毛穎山找尋玉兎兒去！』

他們下塔去訖，唐僧正襟打坐，凝神入定。他在定中，忽然聽得空中有人喊道：『聖僧隨我來了一件公案去者』！他覺得身體起在空中，跟着那人，在月光裏飄到一個平陽大地，落下地來。他定神四看，只看見整千整萬的異形怪狀的鬼怪，也有像人形的，也有獸身人面的，也有完全獸形的，也有一身九頭的，大都是渾身血污，破頭折腳，肢體不全、這些鬼怪見唐僧來了，登時起了大擾攘，一霎時鬼哭魔嚎，喊聲震天。唐僧只聽得四方八面齊聲喊着『唐僧還我命來！』『唐僧還我命來！』

唐僧雖然身經無數災難，到此也不免心驚膽顫。只聽得那個同來的人低聲說道：『聖僧不必驚慌。小神奉菩薩法旨，引聖僧來此結束一件公案。這些寃魂都是聖僧從東土西來求經一路上所遇見的大小妖魔的鬼魂。他們當時妄想要吃聖僧一塊肉，可以延壽一千年，所以在路上興風作浪，與聖僧爲難。幸有齊天大聖、天蓬元帥、捲簾大將，一路保護前來。這些都是金箍棒和釘鈀底下的死鬼，因爲得罪了聖僧，永永打入惡道，不得超生。現今他們都奉地藏王菩薩法旨，來到這裏請聖僧結此公案。』

那人說完，唐僧一時沒了主意，扯住那人問道：『我的三個徒弟都不在我身邊，叫我如何了得這件公案？』那人道：『這件公案只有聖僧自了，齊天大聖諸人都助不得力。』

那人說完，拉住唐僧起在半空中，用手指着下面一隊隊的妖魔鬼魂，一一說與唐僧道：『那邊是雙叉嶺的老虎。那是兩界山的老虎。那是五行山腳下被行者打死的六賊。那是鷹愁陡澗被龍吞了的馬。那是觀音禪院撞死的老和尚。那是黑風山的白花蛇與蒼狼怪。那是黃風嶺的虎先鋒領着無數狐兔獐鹿的鬼魂。』

他轉過身來，指道：『那個女鬼是白虎嶺的白骨夫人。那兩個小孩子是碗子山波月洞黃袍怪的兩個兒子，被八戒沙僧攢死的。這邊是平頂山蓮花洞的幾百小妖，領頭的是壓龍洞的九尾狐精和狐阿七大王。那邊三個道士是車遲國的虎力大仙，鹿力大仙，羊力大仙。那邊那個跬跬拜拜的老怪物乃是通天河裏設計捉拿聖僧的老黿婆，率領着一班打死的水怪魚精。』

那人又轉向右邊，指道：『那邊百十個鬼魂乃是金兜山獨角兕大王手下的小妖。這邊二三十個人鬼乃是楊家莊上孫行者打死的賊人。那邊是琵琶洞的蝎子精，這邊是大鬧西天的六耳獼猴。那邊一大隊是牛魔王的小夫人玉面公主領着摩雲洞的小妖。這邊一小羣是碧波潭的老龍一家，同着他那九個頭的駙馬。』

說到這裏，那人向前面一指，笑道：『聖僧想還認得這幾位朋友！』唐僧細看時，卻是荊棘嶺上的十八公，孤直公，凌空子，拂雲叟，杏仙，一班花妖樹怪。

那人又指道：『聖僧請看，那邊紛紛攘攘的是小雷音黃眉大王的五七百個小妖，和獅駝洞的萬數小妖。這邊爭爭吵吵的是盤絲洞的七種蜂妖，黃花觀的七個蜘蛛精，竹節山九曲盤桓洞的猱獅雪獅等等七個獅精。前面那兩盞大燈籠是稀柿衕的大蟒怪的一對眼睛。右邊那個艾葉花皮豹子乃是隱霧山折岳連環洞的南山大王。左邊那一大羣牛，乃是金平府玄英洞的辟寒大王，辟暑大王，辟塵大王，領着他們手下的許多山牛精，水牛精，黃牛精。』

那人團團轉了一遭，回頭對唐僧說道：『聖僧，這一案裏的人鬼妖魂全在這裏了。地藏王菩薩的名籍上記着，這一案共有五萬九千零四十九名。這都是當年要謀害聖僧的性命，要吃聖僧的肉，想延壽長生的。聖僧如何處分這一案，想必自有權衡。小神交代明白，暫且告退。』說完，那人按落雲頭，把唐僧送在一座石磴上，竟自揚長騰空去了。

唐僧在半空中看了那幾萬個哀號的鬼魂，聽了那慘慘悽悽的哭聲，他的恐懼之心已完全化作慈悲不忍之心。他想到今天說過的白兔捨身的故事，想到佛家『無量慈悲』的教訓，想到此身本是四大偶然和合，原無足繫念。他主意已定，便自定心神，在石磴上舉起雙手，要大衆鬼魂安靜下來。

那時無數鬼魂看見唐僧站在月光中，莊嚴之中帶着慈祥，個個都感覺着一種不可思議的威力。大衆見他舉起雙手來，手心向下，月光正照在手背上，大衆都漸漸安靜下來。一會兒，眞個全肅靜了。

唐僧徐徐開言道：『列位朋友！貧僧上西天求經，一路上聽得紛紛傳說：「吃得唐僧一塊肉，可以延壽長生。」非是貧僧捨不得這副臭皮囊：一來，貧僧實不敢相信這幾根骨頭，一包血肉，會眞個有延年長命的神效；二來，貧僧奉命求經，經未求得，不敢輕易捨生。如今貧僧已求得大乘經典，有小徒三人可以齎送回大唐流布。今天難得列位朋友全在此地，這一副臭皮囊既承列位見愛，自當布施大衆。惟願各山洞主，各地魔王，各路冤魂，受此微薄布施，均得早早脫離地獄苦厄，超昇天界，同登極樂！』

唐僧言訖，那數萬鬼魂齊齊舉手歡呼，鬼聲啾雜，辨不出他們說的什麼，只聽得一片『聒噪！聒噪！』（註二）『多謝布施！』『快吃唐僧肉！』

唐僧又舉起兩手來，叫他們靜聽。他又說道：『列位朋友！請忍耐片刻。讓貧僧留個遺表，給小徒帶回大唐。』

好個玄奘和尚！他脫下袈裟，反鋪在石磴上，他咬破右手中指，寫下血書遺表：

沙門玄奘言：臣奉命西來求法，歷時一十七載，艱危萬重，而憑恃天威，心願獲從。遂得見不見迹，聞未聞經。所求得大乘眞經五千零四十八卷，今命徒弟悟空等齎送回朝，流布東土。惟求法弘願已了，微軀已無足戀，茲於本日在婆羅涅斯國殑伽河上，捨命布施，下以超度途中枉死鬼魂，上以爲國家祈天永命。臨絕上聞，不盡依依。

他又留下遺囑給行者三人：

玄奘賴爾等護持，得遂求經弘願。經典至重，望爾等星夜齎送回朝。玄奘微軀已於今夜布施西天路上爾等所害諸枉死鬼魂，了此十七年公案。此是修菩薩行人本分內事，爾等不必哀傷。經典到達之日，卽是玄奘不死之年。此囑。

唐僧寫完，將度牒裹在袈裟裏，脫下緊身衣服，抽出十七年不曾用過的戒刀，坐在石磴上，從左腿上割下一塊肉來，用刀尖挑了，遞與靠近身旁的鬼魂，笑道：『這是唐僧肉，可惜不多，請你們每人吃一口罷。』一個小妖接過去，咬了一口，傳遞給第二人。這時唐僧又割下第二塊肉來了。這些山妖水怪，被唐僧的大慈悲感動了，倒也講點禮數，每人只咬一小口，不爭多論少，也不爭肥較瘦；吃了肉的都慢慢散開去，讓沒吃肉的擠近前來。唐僧一塊一塊的割去，血流下石磴，石磴面前成了血池。一些魚精鼈怪便跟着老鱖婆在血池裏喝血。盤絲洞裏乾兒子——蜜蜂，螞蜂，蠦蜂；班毛，牛蝱，抹蜡，蜻蜓，——也都飛來吸血。

唐僧把身上割得下的肉都割剐下來了，看看只剩得一個頭顱，一隻右手還不曾開割。說也奇怪，唐僧看見這幾萬餓鬼吃得起勁，嚼得有味，他心裏只覺得快活，毫不覺得痛苦。

這時候，那團圞的月亮已快要落下地去，在長河那一邊，月光平射過來，照着那個孤稜稜的和尚頭，那頭的黑影子足足有幾里路長，在那幾萬鬼魂的頂上晃着。這時候，忽聽得半空中一聲『善哉！是眞菩薩行！』唐僧抬起頭來，只見世界大放光明，一切鬼魂都不見了。

唐僧如從大夢裏醒來，定心一看，兀自坐在那三獸塔最高層上的石欄邊，分毫不曾移動。抬頭望那月亮已將落下地去，東方滿天的紅霞，太陽快起來了。他伸手摸腿上身上，全不見割剐的痕跡。他心裏驚怪：難道是我在定中做了一場噩夢？正驚疑間，只聽得塔的下層有腳步聲響，行者與八戒上來，八戒喊道：『師父出定了嗎？天快亮了。』唐僧心裏覺得快活，也不說破，站起來同他們下塔去。

下得塔來，只見沙僧牽着龍馬，傍邊立着八大金剛，齊聲向唐僧道喜，說道：『恭賀聖僧一夜之中了得西來公案，圓成九九劫數！一念無量慈悲，三千大千諸佛菩薩同聲讚歎，可賀可賀！』

行者三人都不懂得金剛說的話，爭問師父夜來在塔上做了什麼。唐僧不得已，把夜來的奇境說了一遍。說完，解開袈裟看那裏面隱隱約約的好像還有許多金字，細看時又都不見了。師徒四衆都咨嗟稱異。

八大金剛催促道：『聖僧功行完滿，就此回東土去罷！』有偈為讚：

吃得唐僧一塊肉，五萬九千齊上天。

如夢如電如泡影，一切皆作如是觀。

（註一）『三獸窣堵波』的故事見於玄奘的大唐西域記卷七。白兎捨身因緣又見於雜寶藏經卷二，經律異相卷四十七。我在這裏又參用了現代印度作家的說法。

（註二）『聒噪，聒噪』是道謝之詞。西遊記第九十四回大天竺國國王贈送金銀時，行者唱喏道：『聒噪！聒噪！』我們徽州績溪土話向人道謝也說：『姑噪，姑噪，』大概『聒噪』與『姑噪』同出於一個語源。

胡適論學近著

第一集　卷四

我們走那條路

緣起

我們幾個朋友在這一兩年之中常常聚談中國的問題，各人隨他的事門研究，選定一個問題，提出論文，供大家的討論。去年我們討論的總題是『中國的現狀』，討論的文字也有在新月上發表的。如潘光旦先生的『論才丁兩旺』（新月二卷四號）如羅隆基先生的『論人權』（新月二卷五號）都是用討論的文字改作的。

今年我們討論的總題是『我們怎樣解決中國的問題？』分了許多子目，如政治，經濟，教育，等等，由各人分任。但在分配題目的時候，就有人提議說：『在討論分題之前，我們應該先想想我們對於這些各個問題有沒有一個根本的態度。究竟我們用什麼態度來看中國的問題？』幾位朋友都贊成有這一篇概括的引論，並且推我提出這篇引論。

這篇文字是四月十二夜提出討論的。當晚討論的興趣的濃厚鼓勵我把這篇文字發表出來，供全國人的討論批評。以後別位朋友討論政治，經濟，等等各個問題的文字也會陸續發表。

十九，四，十三，胡適

我們今日要想研究怎樣解決中國的許多問題，不可不先審查我們對於這些問題根本上抱着什麼態度。這個根本態度的決定，便是我們走的方向的決定。古人說得好：

今夫盲者行於道，人謂之左則左，謂之右則右。遇君子則得其平易，遇小人則蹈於溝壑。（淮南汜論訓，文字依意林引。）

這正是我們中國人今日的狀態。我們平日都不肯澈底想想究竟我們要一個怎樣的社會國家，也不肯澈底想想究竟我們應該走那一條路纔能達到我們的目的地。事到臨頭，人家叫我們向左走，我們便撐着旗，喊着向左走；人家叫我們向右走，我們也便撐着旗，喊着向右走。如果我們的領導者是眞眞睜開眼睛看過世界的人，如果他們確是睜着眼睛領導我們，那麽，我們也許可以跟着他們走上平陽大路上去。但是，萬一我們的領導者也都是瞎子，也在那兒被別人牽着鼻子走，那麽，我們眞有『盲人騎瞎馬，夜半臨深池』的大危險了。

我們不願意被一羣瞎子牽着鼻子走的人，在這個時候應該睜開眼睛看看面前有幾個岔路，看看那一條路引我們到那兒去，看看我們自己可以並且應該走那一條路。

我們的觀察和判斷自然難保沒有錯誤，但我們深信自覺的探路總勝於閉了眼睛讓人牽着鼻子走。我們並且希望公開的討論我們自己探路的結果可以使我們得着更正確的途徑。

*　*　*　*　*

在我們探路之前，應該先決定我們要到什麽地方去，——我們的目的地。這個問題是我們的先決問題，因爲如果我們不想到那兒去，又何必探路呢？

現時對於這個目的地，至少有這三種說法：

（1）中國國民黨的總理孫中山說國民革命的『目的在於求中國之自由平等。』

（2）中國青年黨（國家主義者）說，國家主義的運動『就是要國家能夠獨立，人民能夠自由，而在國際上能夠站得住的種種運動。』

（3）中國共產黨現在分化之後，理論頗不一致；但我們除去他們內部的所謂史大林——托洛斯基之爭，可以說他們還有一個共同目的地，就是『鞏固蘇聯無產階級專政，擁護中國無產階級革命。』

我們現在的任務不在討論這三個目的地，因爲這種討論徒然引起無益的意氣，而且不是一千零一夜打得了的筆墨官司。

我們的任務只在於充分用我們的知識，客觀的觀察中國今日的實際需要，決定我們的目標。我們第一要問，我們要剷除的是什麼？這是消極的目標。第二要問，我們要建立的是什麼？這是積極的目標。

我們要剷除打倒的是什麼？我們的答案是：

我們要打倒五個大仇敵：

第一大敵是貧窮。

第二大敵是疾病。

第三大敵是愚昧。

第四大敵是貪污。

第五大敵是擾亂。

這五大仇敵之中，資本主義不在內，因爲我們還沒有資格談資本主義。資產階級也不在內，因爲我們至多有幾個小富人，那有資產階級？封建勢力也不在內，因爲封建制度早已在二千年前崩壞了。帝國主義也不在內，因爲帝國主義不能侵害那五鬼不入之國。帝國主義爲什麼不能侵害美國和日本？爲什麼偏愛光顧我們的國家？豈不是因爲我們受了這五大惡魔的毀壞，遂沒有抵抗的能力了嗎？故卽爲抵抗帝國主義起見也應該先剷除這五大敵人。

這五大敵人是不用我們詳細證明的。余天休先生曾說中國人口百分之九十五在貧窮線以下。張振之先生（目前中國社會的病態）估計貧民數目佔全國人口三分之一以上。張先生引四川李敬穆先生的話，說：依據甘布爾，狄麥爾以及北京的成府安徽的湖邊村的調查，中國窮人總數當佔全國人口百分之五十。（李先生假定一家最低生活費爲一三〇元至一六〇元，凡一家庭每年收入在這數目以下，便是窮人。）近來所得社會調查的結果，如李景漢先生『北平郊外之鄉村家庭』等書所報告，都可以證明李敬穆先生的估計是大體不錯的。有些地方的窮人竟在百分之七十三以上（李景漢調查北平郊外掛甲屯的結果。）或竟至百分之八十二以上。（民十一華洋義賑會調查結果。）這就離余天休先生的估計不遠了。這是我們的第一大敵。

疾病是我們種弱的大原因。瘟疫的殺人，肺結核花柳病的殺人滅族，這都是看得見的。還有許多不明白殺人而勢力可以毀滅全村，可以衰弱全種的疾病，如瘧疾便是最危險又最普遍的一種。近年有科學家說希臘之亡，是由於瘧疾，羅馬的衰亡也由於瘧疾。這話我們聽了也許不相信。但我們在中國內地眼見整個的村莊漸漸被瘧疾毀爲荊棘地，眼見害瘧疾的人家一兩代之後人丁絕滅，眼見有些地方竟認瘧疾爲與生俱來不可避免的病痛，（我們徽州人叫牠做『胎瘧』，說人人都得害一次的！）我們不得不承認瘧疾的可怕甚於肺結核，甚於花柳，甚於鴉片。在別的國家，瘧疾是可以致死的，故人人知道牠可怕。中國人受瘧疾的侵害太久了，養成了一點抵抗力，可以苟延生命，不致於立死，故人都不覺其可怕。其實正因爲牠殺人不見血，滅族不留痕，故格外可怕。我們沒有人口統計，但世界學者近年都主張中國人口減少而不見增加。我們稍稍觀察內地的人口減少的狀態，不能不承認此說的眞確。張振之先生在他的中國社會的病態裏，引了一些最近的各地統計，無一處不是死亡率超過出生率的。例如：

廣州市　十七年五月到八月　每週死亡超過出生平均爲六十人。

廣州市　十七年八月到十一月　每週死亡超過出生平均六十七人。

南京市　十七年一月到十一月　平均每月多死二百七十一人，每週平均多死六十二人。

不但城市如此，內地人口減少的速度也很可怕。我在三十年之中就親見家鄉許多人家絕嗣衰滅。疾病瘟疫橫行無忌，醫藥不講究，公共衞生不講究，那有死亡不超過出生的道理？這是我們的第二大敵。

愚昧是更不須我們證明的了。我們號稱五千年的文明古國，而沒有一個三十年的大學。（北京大學去年十二月滿三十一年，聖約翰去年十二月滿五十年，都是連初期幼稚時代計算在內。）在今日的世界，那有一個沒有大學的國家可以競爭生存的？至於每日費一百萬元養兵的國家，而沒有錢辦普及教育，這更是國家的自殺了。因為愚昧，故生產力低微，故政治力薄弱，故知識不夠救貧救災救荒救病，故缺乏專家，故至今日國家的統治還在沒有知識學問的軍人政客手裏。這是我們的第三大敵。

貪污是我們這個民族的最大特色。不但國家公開『捐官』曾成為制度，不但二十五年沒有考試任官制度之下的貪污風氣更盛行，這個惡習慣其實已成了各種社會的普遍習慣，正如亨丁頓說的：

> 中國人生活裏有一件最惹厭的事，就是有一種特殊的貪小利行為，文言叫做『染指』，俗語叫做『揩油』。上而至於軍官的尅扣軍糧，地方官吏的刮地皮，庶務買辦的賺錢，下而至於家裏老媽子的『揩油』，都是同性質的行為。

這是我們的第四大敵。

擾亂也是最大的仇敵。太平天國之亂毀壞了南方的精華區域，六七十年不能恢復。近二十年中，紛亂不絕，整個的西北是差不多完全毀了東南西南的各省也都成了殘破之區，土匪世界。美國生物學者卓爾登（David Starr Jordan）曾說日本所以能革新強盛，全靠維新以前有了二百五十年不斷的和平，積養了民族的精力，纔能夠發憤振作。我們眼見這二十年內戰的結果，貧窮是更甚了，疾病死亡是更多了，教育是更破產了，—避兵避匪逃荒逃死還來不及，那能辦教育？—租稅是有些省分預征到民國一百多年的了，貪污是更明目張膽的了。（中國評論週報本年一月三十日社論說民國成立以來，官吏貪污更甚於從前。）然而還有無數人天天努力製造內亂！這是我們的第五個大仇敵。

* * * * *

以上略述我們認為應該打倒的五大仇敵。毀滅這五鬼，便是同時建立我們的新國家。我們要建立的是什麼？

我們要建立一個治安的，普遍繁榮的，文明的，現代的統一國家。

「治安的」包括良好的法律政治，長期的和平，最低限度的衛生行政。「普遍繁榮的」包括安定的生活，發達的工商業，便利安全的交通，公道的經濟制度，公共的救濟事業。「文明的」包括普遍的義務教育，健全的中等教育，高深的大學教育，以及文化各方面的提高與普及。「現代的」總括一切適應現代環境需要的政治制度，司法制度，經濟制度，教育制度，衛生行政，學術研究，文化設備等等。

這是我們的目的地。我們深信：決沒有一個「治安的，普遍繁榮的，文明的，現代的統一國家」而不能在國際上享受獨立自由平等的地位的。我們不看見那大戰後破產而完全解除軍備的德國在戰敗後八年被世界列國恭迎入國際聯盟，並且特別爲她設一個長期理事名額嗎？

*　*　*　*　*

目的地既定，我們纔可以問：我們應該用什麼法子，走那一條路，纔可以走到那目的地呢？

我們一開始便得解決一個歧路的問題：還是取革命的路呢？還是走演進（evolution）的路呢？還是另有第三條路呢？——這是我們的根本態度和方法的問題。

革命和演進本是相對的，比較的，而不是絕對相反的。順着自然變化的程序，如瓜熟蒂自落，如九月胎足而產嬰兒，這是演進。在演進的某一階段上，加上人功的促進，產生急驟的變化；因爲變化來的急驟，表面上好像打斷了歷史上的連續性，故叫做革命。其實革命也都有歷史演進的背景，都有歷史的基礎。如歐洲的『宗教革命』，其實已有了無數次的宗教革新運動作歷史的前鋒，如中古晚期的唯名論（Nominalism）的思想，如十三世紀以後的文藝復興的潮流，如弗浪西斯派的和平的改革，如威克立夫（Wyclif）和赫司（Huss）等人的比較急進的改革，如各國的君主權力的擴大，這都是十六世紀的宗教革命的歷史背景。火藥都埋好了，路得等人點着火線，於是革命爆發了。故路得等人的宗教革新運動可以叫做革命，也未嘗不可以說是歷史演進的一個階段。

又如所謂『工業革命』，更顯出歷史逐漸演進的痕跡，而不是急驟的革命。基本的機械知識在十六世紀已漸漸發明了；十六世紀已有專講機器的書了，十七世紀已是物理的科學很發達的時代了，故十八世紀後半的機器生產方法，其實只是幾百年逐漸積聚的知識與經驗的結果。不過瓦特（Watt）的蒸汽機出世以後，機器的動力根本不同了，表面上便呈現一個驟變的現象，故我們叫這個時代做工業革命時代。其實生產方法的革新，前面可以數到十五六世紀，後面一直到我們今日還在不斷的演進。

政治史上所謂『革命，』也都是不斷的歷史演進的結果。美國的獨立，法國的大革命，俄國的一九一七的兩次革命，都有很長的歷史背景。莫斯科的『革命博物館』把俄國大革命的歷史一直追溯到三四百年前的農民暴動，便是這個道理。中國近年的革命至少也可以從明末敘起。

所以革命和演進只有一個程度上的差異，並不是絕對不相同的兩件事。變化急進了，便叫做革命；變化漸進，而歷史上的持續性不呈露中斷的現狀，便叫做演進。但在方法上，革命往往多含一點自覺的努力，而歷史演進往往多是不知不覺的自然變化。因爲這方法上的不同，在結果上也有兩種不同：第一，無意的自然演變是很遲慢的，是很不經濟的，而自覺的人功促進往往可以縮短改革的時間。第二，自然演進的結果往往留下許多久已失其功用的舊制度和舊勢力，而自覺的革命往往能多劃除一些陳腐的東西。在這兩點上，自覺的革命都優於不自覺的演進。

但革命的根本方法在於用人功促進一種變化，而所謂『人功』有和平與暴力的不同。宣傳鼓吹，組織與運動，使少數人的主張逐漸成爲多數人的主張，或由立法，或由選舉競爭，使新的主張能替代舊的制度，這是和平的人功促進。而在未上政治軌道的國家，舊的勢力濫用壓力摧殘新的勢力，反對的意見沒有法律的保障，故革新運動往往不能用和平的方法公開活動，往往不能不走上武力解決的路上去。武力鬭爭的風氣既開，而人民的能力不夠收拾已紛亂的局勢，於是一亂再亂，能發而不能收，能破壞而不能建設，能擾亂而不能安寧。如中美洲的墨西哥，如今日的中國，皆是最明顯的例子。

武力暴動不過是革命方法的一種，而在紛亂的中國卻成了革命的唯一方法，於是你打我叫做革命，我打你也叫做革命。打敗的人只圖準備武力再來革命。打勝的人也只能時時準備武力防止別人用武力來革命。這一邊剛打平，又得招兵購械，籌款設計，準備那一邊來革命了。他們主持勝利的局面，最怕別人來革命，故自稱爲『革命的』，而反對的人都叫做『反革命』。然而孔夫子正名的方法終不能叫人不革命；而終日憑藉武力隄防革命也終不能消除革命。於是人人自居於革命，而革命永遠是『尙未成功』，而一切興利除弊的改革都擱起不做不辦。於是『革命』便完全失掉用人功促進改革的原意了。

我們認爲今日所謂『革命』，眞所謂『天下多少罪惡假汝之名以行。』用武力來替代武力，用這一班軍人來推倒那一班軍人，用這一種盲目勢力來替代那一種盲目勢力，這算不得眞革命。至少這種革命是沒有多大意義的，沒有多大價值的。結果只是兵化爲匪，匪化爲兵，兵又化爲匪，造成一個兵匪世界而已。於國家有何利益？於人民有何利益？

就是那些號稱有主張的革命者，喊來喊去也只是抓住幾個抽象名詞在那裏變戲法。有一班人天天對我們說：『中國革命的對象是封建階級。』又有一班人天天說：『中國革命的對象是封建勢力。』我們孤陋寡聞的人，就不知道今日中國有些什麼封建階級和封建勢力。我們研究這些高喊打倒封建勢力的先生們的著作言論，也尋不着一個明瞭清楚的指示。一位教育革命的鼓吹家在民國十八年二月二十日出版的教育雜誌（二十一卷二號二頁）上說：

> 中國秦以前，完全爲一封建時代。自黃帝歷堯、舜、禹、湯以至周武王，爲封建之完成期。自周平王東遷，歷春秋戰國以至秦始皇，爲封建之破壞期。統一之中國，卽於此封建制度之成毀過程中完全產出。（原註：封建之形勢早已破壞，而封建之勢力至今猶存。）

但是隔了兩個月，這位教育家把他所說的話完全忘記了，便又在四月二十日出版的教育雜誌（同卷四號二頁）上說：

> 中國在秦以前，爲統一的專制一尊的封建國家成長之時代。……到秦始皇時，……統一的專制一尊的封建國家纔完全確立。（原註：列爵封土的制度，到這時候，當然改變了許多，然國家仍可以稱爲『封建的』者，因『封建的』三字並非單指列爵封土之制而言。凡一國由中央劃分行政區域，設爲種種制度，位置許多地方官吏，地方官吏一方面負責維持地方次序，另一方

面吸收地方一部分經濟的利益，以維持中央之存在。平民於此，無說話之餘地。凡此等等，都可以代表『封建的』三字之一部分的精神。）

兩個月之前，封建制度到秦始皇時破壞了；兩個月之後，封建國家又在秦始皇時纔完全確立！然而教育雜誌的編者與讀者都毫不感覺矛盾。這位作者本人也毫不感覺矛盾。他把中央集權制度叫做封建國家，教育雜誌的編者與讀者也毫不覺得奇怪荒謬。為什麼呢？因為這些名詞本來只是口頭筆下的玩意兒，愛變什麼戲法就變什麼戲法，本來大可不必認真，所以作者可以信口開河，讀者也由他信口開河。

那麼，這個革命的對象——封建勢力——究竟是什麼東西呢？去年大公報上登着一位天津市黨部的某先生的演說，說封建勢力是軍閥，是官僚，是留學生。去年某省黨部提出一個剷除封建勢力的計劃，裏面所舉的封建勢力包括一切把持包辦以及含有佔有性的東西，故祠堂，同鄉會，同學會都是封建勢力。然而現代的把持包辦最含有佔有性的政黨卻不在內。所以我們直到今天還不明白究竟什麼東西是封建勢力。前幾天我們看見中國共產黨中的『反對派』王阿榮，陳獨秀等八十一人的『我們的政治意見書』，其中有這麼一段：

我們以為：說中國現在還是封建社會和封建勢力的統治，把資產階級的反動性及一切反動行為都歸到封建，這不但是說夢話，不但是對於資產階級的幻想，簡直是有意的為資產階級當辯護士！其實在經濟上，中國封建制度之崩壞，土地權歸了自由地主與自由農民，政權歸了國家，比歐洲任何國家都早。……土地早已是個人私有的資本而不是封建的領地，地主已資本家化，城市及鄉村所遺留一些封建式的剝削，乃是資本主義襲用舊的剝削方法；至於城市鄉村各種落後的現象，乃是生產停滯，農村人口過剩，資本主義落後國共有的現象，也幷不是封建產物。（頁十六——十七）

封建先生地下有知，應該叩頭感謝陳獨秀先生等八十一位裁判官宣告無罪的判決書。但獨秀先生們一面判決了封建制度的無罪，一面又捉來了一個替死鬼，叫做資產階級，硬定他爲革命的對象。然而同時他們又告訴我們，中國『生產停滯，人口過剩，資本主義落後，』本國的銀行資本不過在一萬五千萬元以上。在一個四萬萬人的國家裏，止有一萬五千萬元的銀行資本，資產級階只好在顯微鏡底下去尋了，這個革命的對象也就夠可憐了，不如索性開恩也宣告無罪，放他去罷。

以上所說，不過是要指出今日所謂有主義的革命，大都是嚮壁虛造一些革命的對象，然後高喊打倒那個自造的革命對象；好像捉妖的道士，先造出狐狸精山魈木怪等等名目，然後畫符念咒，用桃木寶劍去捉妖。妖怪是收進葫蘆去了，然而床上的病人仍舊在那兒呻吟痛苦。

我們都是不滿意於現狀的人，我們都反對那懶惰的『聽其自然』的心理。然而我們仔細觀察中國的實際需要和中國在世界的地位，我們也不能不反對現在所謂『革命』的方法。我們很誠懇地宣言：中國今日需要的，不是那用暴力專制而製造革命的革命，也不是那用暴力推翻暴力的革命，也不是那懸空捏造革命對象因而用來鼓吹革命的革命。在這一點上，我們寧可不避『反革命』之名，而不能主張這種種革命。因爲這種種革命都只能浪費精力煽動盲動殘忍的劣根性，擾亂社會國家的安寧，種下相殘害相屠殺的根苗，而對於我們的眞正敵人，反讓他們逍遙自在，氣燄更兇，而對於我們所應該建立的國家，反越走越遠。

我們的眞正敵人是貧窮，是疾病，是愚昧，是貪汚，是擾亂。這五大惡魔是我們革命的眞正對象，而他們都不是用暴力的革命所能打倒的。打倒這五大敵人的眞革命只有一條路，就是認清了我們的敵人，認清了我們的問題，集合全國的人才智力，充分採用世界的科學知識與方法，一步一步的作自覺的改革，在自覺的指導之下一點一滴的收不斷的改革之全功。不斷的改革收功之日，即是我們的目的地達到之時。

這個根本態度和方法，不是懶惰的自然演進，也不是盲目的暴力革命，也不是盲目的口號標語式的革命，只是用自覺的努力作不斷的改革。

這個方法是很艱難的，但是我們不承認別有簡單容易的方法。這個方法是很迂緩的，但是我們不知道有更快捷的路子。我們知道，喊口號貼標語不是更快捷的路子。我們知道，機關槍對打不是更快捷的路子。我們知道，暴動與屠殺不是更快捷的路子。然而我們又知道，用自覺的努力來指導改革來促進變化，也許是最快捷的路子，也許人家需要幾百年逐漸演進的改革，我們能在幾十年中完全實現。

最要緊的一點是我們要用自覺的改革來替代盲動的所謂『革命』。怎麼叫做盲動的行爲呢？不認清目的，是盲動；不顧手段的結果，是盲動；不分別大小輕重的先後程序，也是盲動。我們隨便舉幾個例，如組織工人，不爲他們謀利益，卻用他們作擾亂的器具，便是盲動。又如人力車夫的生計改善，似乎應該從管理車廠車行，減低每日的車租入手；車租減兩角三角，車夫便每日實收兩角三角的利益。然而今日辦工運的人卻去組織人力車夫工會，煽動他們去打毀汽車電車，如去年杭州北平的慘劇，這便是盲動。又如一個號稱革命的政府，成立了兩三年，不肯建立監察制度，不肯施行考試制度，不肯實行預算審計制度，卻想用政府黨部的力量去禁止人民過舊曆年，這也是盲動。至於懸想一個意義不會弄明白的封建階級作革命對象，或把一切我們自己不能脫卸的罪過卻歸到洋鬼子身上，這也都是盲動。

怎麼叫做自覺的改革呢？認清問題，認清問題裏面的疑難所在，這是自覺。立說必有事實的根據；創議必先細細想出這個提議應該發生什麼結果，而我們必須對於這些結果負責任：這是自覺。替社會國家想出路，這是何等重大的責任！這不是我們個人出風頭的事，也不是我們個人發牢騷的事，這是『一言可以興邦，一言可以喪邦』的事，我們豈可不兢兢業業的去思想？懷着這重大的責任心，必須竭力排除我們的成見和私意，必須充分尊重事實和證據，必須充分虛懷採納一切可以供參考比較暗示的材料，必須時時刻刻提醒自己說我們的任務是要為社會國家尋一條最可行而又最完美的辦法：這叫做自覺。

十九，四，十。

附錄一　敬以請教胡適之先生

梁漱溟

適之先生：

昨於新月二卷十號得讀尊作『我們走那條路』一文，歡喜非常。看文前之『緣起』一段，知先生和一班朋友在這兩年中常常聚談中國的問題；去年討論『中國的現狀』今年更在討論『我們怎樣解決中國的問題？』這是何等盛事！先生和先生的朋友正是我所謂『社會上有力分子』；能於談哲學文學之外，更直接地討論這現實問題而有所主張，那社會上所得指點領導之益將更切實而宏大。回憶民國十一年直奉戰爭後，我與守常（李守常先生）同訪蔡先生（蔡孑民先生）意欲就此倡起裁兵運動；其後約期在蔡家聚會，由先生提出『好政府主義』的時局宣言十七人簽名發表。八九年來，不多見先生對國家問題社會問題抱何主張，作何運動，其殆即先生所說的『我們平日都不肯澈底想想究竟我們要一個怎樣的社會國家，亦不肯澈底想想究竟我們走那一條路纔能達到我們目的地』麽？守常先生向來是肯想這問題的，竟自因此作了中國共產黨的先進；我雖百不行，卻亦頗肯想這問題。——這是先生可以了解我的，類如我民國七年的『吾曹不出如蒼生何』，極荷先生的同情與注意；類如我在北大七八年間獨與守常相好，亦爲先生所知道的。然我則沒有和守常先生走一條路的決心與信力，更沒有攔阻他走那條路的勇氣與先見。——就只爲對這問題雖肯想而想不出解決的道兒來。現在舊日朋友多爲這問題灑血犧牲而去，（守常而外，還有守常介紹給我的高仁山安體誠兩先生。）留得我們後死者擔負這問題了。我願與先生切實地澈底地討論這問題！

先生在『我們走那條路』文中，歸結所得的方向主張，我大體甚爲同意。例如先生所說的：

我們都是不滿意於現狀的人，我們都反對那懶惰的『聽其自然』的心理。然而我們仔細觀察中國的實際需要和中國在世界的地位，我們也不能不反對現在所謂『革命』的方法。我們很誠懇地宣言：中國今日需要的，不是那用暴力專制而製造革命的革命，也不是那用暴力推翻暴力的革命，也不是那懸空捏造革命對象因而用來鼓吹革命的革命。在這一點上，我們寧可不避『反革命』之名，而不能主張這種種革命。因爲這種種革命都只能浪費精力，煽動盲動殘忍的劣根性，擾亂社會國家的安寧，種下相殘害相屠殺的根苗，而對於我們的眞正敵人，反讓他們逍遙自在，氣燄更兇，而對於我們所應該建立的國家，反越走越遠。

我於此完全同意；還有下面一段話，我亦相對地同意：

我們的眞正敵人是貧窮，是疾病，是愚昧，是貪污，是擾亂。這五大惡魔是我們革命的眞正對象，而他們都不是用暴力的革命所能打倒的。打倒這五大敵人的眞革命只有一條路，就是認清了我們的敵人，認清了我們的問題，集合全國的人才智力，充分採用世界的科學知識與方法，一步一步的作自覺的改革，在自覺的指導之下一點一滴的收不斷的改革之全功。不斷的改革收功之日，即是我們的目的地達到之時。

這個根本態度和方法，不是懶惰的自然演進也不是盲目的暴力革命也不是盲目的口號標語式的革命，只是用自覺的努力作不斷的改革。

這個方法是很艱難的，但是我們不承認別有簡單容易的方法。這個方法是很迂緩的，但是我們不知道有更快捷的路子。我們知道，喊口號貼標語不是更快捷的路子。我們知道機關槍對打不是更快捷的路子。我們知道暴動與屠殺不是更快捷的路子。然而我們又知道，用自覺的努力來指導改革來促進變化，也許是最快捷的路子，也許人家需要幾百年逐漸演進的改革我們能在幾十年中完全實現。

然而我於先生所由得此歸結主張之前邊的理論，則不能無疑。先生的主張恰與三數年來的『革命潮流』相反，這在同一問題下，爲何等重大差異不同的解答！先生憑什麼推翻許多聰明有識見人所共持的『大革命論？』先生憑什麼建立『一步一步自覺的改革論？』如果你不能結結實實指證出革命論的錯誤所在，如果你不能確確明明指點出改革論的更有效而可行，你便不配否認人家而別提新議。然而我們試就先生文章檢看果何如呢？

在三數年來的革命潮流中，大家所認爲第一大仇敵是國際的資本帝國主義，其次是國內的封建軍閥；先生無取於是，而別提出貧窮，疾病，愚昧，貪污，擾亂五大仇敵之說。帝國主義者和軍閥，何以不是我們的敵人？在先生，其必有深意，正待要好好聆教；乃不意先生只輕描淡寫地說得兩句：

這五大仇敵之中……（中略）封建勢力也不在內，因為封建制度早已在二千年前崩壞了。帝國主義也不在內，因為帝國主義不能侵害那五鬼不入之國。帝國主義為什麼不能侵害美國和日本？為什麼偏愛光顧我們的國家？豈不是因為我們受了這五大惡魔的毀害，遂沒有抵抗的能力了麼？故卽為抵抗帝國主義起見，也應該先剷除這五大敵人。

像這樣地輕率大膽，眞堪驚詫！原來帝國主義之不算仇敵是這樣簡單明瞭的事；先生明見及此，何不早說？可免得寃枉死了許多人。唉！我方以革命家為輕率淺薄，乃不期先生之非難革命家者，還出革命家之下。三數年來的革命，就他本身說可算沒結果；然影響所及，亦有其不可磨滅的功績。舉其一點，便是大大增進了國人對所謂世界列強和自己所處地位關係的認識與注意，大大增進了國人對於『經濟』這一問題的認識與注意——兩層相連，亦可說是二而一的；近年出版界中最流行的談革命的書報刊物無非在提撕此點；而其最先（或較早）能為統系地具體地詳細地指證說明者，則殆無逾漆樹芬先生『經濟侵略下之中國』一書。此書一出而『中國問題』的意義何在，——在國際資本帝國主義的侵略壓迫；『中國問題』的解決何在，——在解除不平等條約的桎梏束縛；遂若日月之昭明而不可易。（註一）我且抄漆君原書結論於此：

（上略）為帝國主義所必要市場與投資之絕對二個條件，環顧今日世界，已多無存；是為其外圍之區域

（註一）此處『遂若』二字請讀者注意；蓋我意尙不然也。

日益減少，而崩壞之機迫於目前。惟我中國，土地則廣袤數千萬方英里，人口則擁有四萬萬衆，對於貨物與資本之需要量，對於原料品食料品之供給量大而無倫，恰爲資本帝國主義欲繼續其生存發達之最好的理想地。有此原因，必有結果。結果者何？外國之資本帝國主義國家，遂如萬馬奔騰之勢，以踐踏於我國矣。於是爲解決其市場問題，而我有百個商埠之提供；爲解決其投資問題，而我有二十餘億元資本之吸收，而有數多利權之喪失爲圓滑其市場與投資地之經營起見，而我有巨大交通權之讓與。我國一部之對外關係史，略具於此矣。不但此也，從政治而言，他們在我國又有治外法權領事裁判權之設定，遂在我國儼成一支配階級；從經濟而言，他們向我獲有關稅之束縛權，與投資之優先權，在我國遂成一剩餘價值榨取之階級。他們這種行動，實如大盜之入我室而搜我財綁我票，使我身家財產蕩然無存一樣，特我國民不自覺耳！同胞乎！今日國家之大病，實在於國民生活維艱，而生活維艱之所以，卽在外國資本帝國主義之侵略與榨取。管子云：『倉廩實而知禮節。』孟氏云：『有恆產者，有恆心。』故欲解決中國之政治問題，根本上尤不可不使我國經濟開發。顧我國今日之經濟，從本書看來，已受資本帝國主義層層束縛，萬不能有發達之勢。換言之，卽我們欲使我國成爲萬人詛咒之資本主義國家，亦事實有不能也，遑論其他！然則欲救我中國，非從經濟改造不可，而欲改造我國經濟，實非抵抗資本帝國主義國家不可。以個人意見，今日中國已成爲國際資本階級聯合對我之局，並常嗾使軍閥以助長我之內亂。故我除一方聯合世界無產階級弱小民族以抗此共同之敵，他方內部實行革命，使國家之公正得實現外實無良法也雖然此豈易易事哉！須協我億衆之力，出以必死奮鬥之精神，建設強有力之國家始獲有濟！

先生果欲推翻革命論，不可不於此對方立論根據所在，好加審量。卻不料先生在這大潮流鼓盪中，竟自沒感受影響；於對方立論的根據由來，依然沒有什麼認識與注意。先生所說五大仇敵誰不知得，寧待先生耳提面命？所以不像先生平列舉出這五樣現象的，蓋由認識得其癥結皆在一個地方。疾病，愚昧，皆與貧窮爲緣；貪污則與擾亂有關；貧窮則直接出於帝國主義的經濟侵略；擾亂則間接由帝國主義之操縱軍閥而來：故帝國主義實爲癥結所在。這本是今日三尺童子皆能說的濫調，誠亦未必悉中情理；然先生不加批評反駁，閉着眼只顧說自家的話，如何令人心服？尤其是論貧窮縱不必都歸罪到帝國主義，而救貧之道，非發達生產不可；帝國主義扼死了我產業開發的途路，不與他爲敵，其將奈何？這是我們要請教於適之先生的。我希望適之先生將三數年來對此問題最流行的主張辦法先批評過；再說明先生自己的『集合全國人才智力，充分採用世界的科學知識與方法，一步一步的作自覺的改革』辦法其內容果何所謂？——如果沒有具體內容便是空發夢想！所謂最流行的主張辦法，便是要走國家資本主義的路。這種論調隨在可見，我們且舉郭沫若先生爲『經濟侵略下之中國』所作序文爲例：

（上略）大約是在今年三四月間的時候罷，漆君有一次來訪問我，我們的談話，漸漸歸納到中國的經濟問題上來。我們都承認中國的產業的狀況還幼稚得很，剛好達到資本化的前門，我們都承認中國有提高產業的必要。但是我們要如何去提高？我們提高的手段和程序是怎樣的？這在我們中國還是紛爭未已的問題，我在這兒便先表示我的意見。我說：在中國狀況之下，我是極力謳歌資本主義的人的反對者。我不相信在我國這種狀況之下，有資本主義發達之可能。我舉出我國那年紗廠的倒閉風潮來作我的論據。歐戰劇烈的時候，西洋資本家暫時中止了對於遠東的經營，在那時候我們中國的紗廠便應運而生，眞是有雨後春筍之勢。但是不數年間歐戰一告終結，資本家的經營漸漸恢復起來，我們中國的紗廠便一家一家底倒閉了。這個事實，明明證明我們中國已經沒有發達資本主義的可能，因爲（一）我們資本敵不過國際的大資本家們，我們不能和他們自由競爭；（二）我們於發展資本主義上最重要的自國市場，已經被國際資本家占領了。我當時證據只有這一個。其實這一個，已就是頂重要的證據。資本化的初步，照例是由消費品發軔的。消費品製造中極重要的棉紗事業，已不能在我們中國發展，那還說得上生產部門中機械工業嗎？

我這個顯而易見的證明，在最近實得到一個極有力援助，便是上海工部局停止電力的問題了。我們爲五卅案，以經濟的戰略對付敵人，敵人亦以經濟戰略反攻。上海工部局對於中國各工場把電力一停，中國的各工場便同時輟業。這可見我們的生殺之權，是全操在他們手裏。我們的產業，隨早隨遲，是終竟要歸他們吞噬的。我們中國小小的資產家們喲！你們就想在厝火的積薪之上，做個黃金好夢，是沒有多少時候的了。要拯救中國，不能不提高實業，要提高實業，不能不積聚資本，要積聚資本，而在我們的現狀之下，這積聚資本的條件，通通被他們限制完了，我們這種希望簡直沒有幾分可能性。然而爲這根本上的原動力，就是帝國主義壓迫我們締結了種種不平等條約。由是他們便能夠束縛我們的關稅，能夠設定無制限的治外法權，能夠在我國自由投資，能夠自由貿易與航業，於不知不覺間便把我們的市場獨占了。

由這樣看來，我們目前可走的路惟有一條，就是要把國際資本家從我們的市場趕出。而趕出的方法：第一是在廢除不平等條約；第二是以國家之力集中資本。如把不平等條約廢除後，這國際資本家在我國便失其發展根據，不得不從我國退出；這資本如以國家之力集中，這競爭能力便增大數倍，在經濟戰爭上，實可與之決一雌雄；是目前我國民最大之責任！除廢除不平等條約，與厲行國家資本主義外，實無他道，這便是我對於中國經濟問題解決上所懷抱的管見。

中國國民黨所以不能不聯俄容共，有十三年之改組，一變其已往之性質，中國近三數年來的所謂國民革命，所以不能不學着俄國人脚步走，蓋有好幾方面的緣由；即就現在所談這一面，亦有好幾點。其一則事實所詔示，中國問題已不是中國人自己的問題，而是世界問題之一部；中國問題必在反抗資本帝國主義運動下始能解決；由此所以聯俄，要加入第三國際，要談世界革命。又其一則事實所詔示，中國的一切進步與建設既必待經濟上有路走纔行，而舍國家資本主義（再由此過渡到民生主義或共產主義）殆無復有他途可走；如此則無論爲對外積極有力地又且機警地應付國際間嚴重形勢計，或爲對內統盤策劃建造國家資本計，均非以一有主義有計畫的革命政黨，打倒割據的軍閥，奪取政權，樹立強有力的統一政府，必無從完成此大業；於是就要容共，要北伐，要一黨專政。先生不要以爲暴力革命是偶然的發狂；先生不要以爲不顧人權是無理性的舉動；這在革命家都是持之有故言之成理的。在沒有澈底了解對方之前，是不能批評對方的；在沒有批評到對方之前，是不能另自建立異樣主張的。我非持革命論者，不足以代表革命論。即漆君之書，郭君之序，亦不過三數年來革命論調之一斑，偶舉以爲例。最好先生破費幾天功夫搜求一些他們的書籍來看看，再有以賜教，則眞社會之幸也！

再次說到封建軍閥。先生不承認封建制度封建勢力的存在，但只引了一些教育雜誌某君論文，和王阿榮陳獨秀的宣言以證明革命家自己的矛盾可笑，全不提出自己對中國社會的觀察論斷來，亦太嫌省事！中國社會是什麼社會？封建制度或封建勢力還存在不存在？這已成了今日最熱鬧的聚訟的問題，論文和專書出了不少，意見尚難歸一。先生是喜歡作歷史研究的人，對於這問題當有所指示，我們非請教不可。革命家的錯誤就在對中國社會的誤認；所以我們非指證說明中國社會怎樣一種結構，不足祛革命家之惑。我向不知學問，尤其不會作歷史考證功夫，對此題非常感到棘困，如何能一掃羣疑，昭見事實，實大有望於先生！

先生雖能否認封建的存在，但終不能否認中國今日有軍閥這一回事。軍閥縱非封建制度封建勢力，然固不能證明他非我們的仇敵；遍查先生大文，對軍閥之一物如何發付，竟無下文，眞堪詫異！本來中國人今日所苦者，於先生所列舉五項中，要以貧窮與擾亂爲最重大。擾亂固皆軍閥之所爲，假定先生不以軍閥爲仇敵而顧抱消滅

『擾亂』之宏願，此中必有高明意見，巧妙辦法；我們亟欲聞教！想先生既欲解決中國問題，對軍閥擾亂這回事，必不會沒個辦法安排的；非明白切實的說出來，不足以服人，即我欲表示贊成，亦無從贊成起。

總之，我於先生反對今之所謂革命，完全同意；但我還不大明白，先生爲什麽要反對。先生那篇文太簡略，不足以說明；或者先生想的亦尚不深到周密。所以我非向先生請教不可。先生說的好：『我們平日都不肯澈底想想究竟我們要一個怎樣的社會國家，也不肯澈底想想究竟我們應該走那一條路，纔能達到我們的目的地。』我今便是指出疑點來，請先生再澈底想想，不可苟且模糊。先生亦曾謙虛地說：『我們的觀察和判斷自然難保沒有錯誤，但我們深信自覺的探路總勝於閉了眼睛讓人家牽着鼻子走；我們並且希望公開的討論我們自己探路的結果，可以使我們得着更正確的途徑。』據我個人所見，先生的判斷大體並不錯；我尤同情於先生所謂『自覺的探路』，我祇祈求先生更自覺一些，更探一探。我便是誠意地（然而是很不客氣地）來參加先生所希望公開討論的一個人，想求得一更正確的途徑，先生其必許我麽？

如果先生接受我的討論，我將對於我所相對同意的先生所主張的那『根本態度和方法』再提供一些意見；我將對於我所不甚同意的先生所說的那『目的地』，再表示一些意見。總之，我將繼此有所請教於先生。

說及那『目的地』，我還可以就此附說幾句話。先生文中既謂：『在我們探路之前，應該先決定我們要到什麽地方去，——我們的目的地。這個問題是我們的先決問題，因爲如果我們不想到那兒去，又何必探路呢？』是指示非先解決此問題不可了。乃隨着舉出國民黨，國家主義派，共產黨三種說法之後，沒有一些研究解決，忽地翻轉又謂『我們現在的任務不在討論這三個目的地，因爲這種討論徒然引起無益的意氣，而且不是一千零一夜所能打得了的筆墨官司。』豈不可怪！先生怕打官司，何必提出『我們走那條路』的問題？又何必希望公開的討論？要公開討論我們走那條路的問題，就不要怕打筆墨官司纔行。既於此不加討論了，乃於後文又提出『我們要建立一個治安的，普遍繁榮的文明的現代的統一國家』；而說『這是我們的目的地。』難道要解決一個問題，—而且是國家問題社會問題—將旁人意見—而且是社會上有力黨派的意見——擱開不理他，只顧說我的主張，就可解決了的麼？

總之，我勸先生運思立言，注意照顧對方要緊。

六月三日，北平。

附錄二　答梁漱溟先生

胡　適

漱溟先生：

今天細讀村治二號先生給我的信，使我十分感謝。先生質問我的幾點，都是很扼要的話，我將來一定要詳細奉答。

我在『緣起』裏本已說明，那篇文字不過是一篇概括的引論，至於各個問題的討論則另由別位朋友分任。因爲如此，所以我的文字偏重於提出一個根本的態度，便忽略了批評對方理論的方面。況且那篇文字只供一席討論會的宣讀，故有『太簡略』之嫌。

革命論的文字，也曾看過不少，但終覺其太缺乏歷史事實的根據。先生所說，『這本是今日三尺童子皆能說的濫調，誠亦未必悉中情理，』我的意思正是如此。如說，『貧窮則直接由於帝國主義的經濟侵略，』則難道八十年前的中國果眞不貧窮嗎？如說，『擾亂則間接由於帝國主義之操縱軍閥，』試問張獻忠洪秀全又是受了何國的操縱？今日馮、閻、蔣之戰又是受了何國的操縱？

這都是歷史事實的問題，稍一翻看歷史，當知此種三尺童子皆能說的濫調大抵不中情理。鴉片固是從外國進來，然吸鴉片者究竟是什麼人？何以世界的有長進民族都不蒙此害，而此害獨鍾於我神州民族？而今日滿田滿地的鶯粟，難道都是外國的帝國主義者強迫我們種下的嗎？

帝國主義者三叩日本之關門，而日本在六十年之中便一躍而為世界三大強國之一。何以我堂堂神州民族便一蹶不振如此？此中『癥結』究竟在什麼地方？豈是把全副責任都推在洋鬼子身上便可了事？

先生要我作歷史考證，這話非一封短信所能陳述，但我的論點其實只是稍稍研究歷史事實的一種結論。我的主張只是責己而不責人，要自覺的改革而不要盲目的革命。在革命的狀態之下，什麼救濟和改革都談不到，只有跟着三尺童子高喊濫調而已。

大旨如此，詳說當俟將來。

至於『軍閥』問題，我原來包括在『擾亂』之內。軍閥是擾亂的產兒，此二十年來歷史的明訓。處置軍閥——其實中國那有軍『閥』可說？只有軍人跋扈而已——別無『高明意見，巧妙辦法，』只有充分養成文治勢力，造成治安和平的局面而已。

當北洋軍人勢力正大的時候，北京學生奮臂一呼而武人倉皇失措，這便是文治勢力的明例。今日文治勢力所以失其作用者，文治勢力大都已走狗化，自身已失掉其依據，只靠做官或造標語吃飯，故不復能澄清政治，鎮壓軍人了。

先生說、『擾亂固皆軍閥之所為，』此言頗不合史實。軍閥是擾亂的產物，而擾亂大抵皆是長衫朋友所造成。二十年來所謂『革命，』何一非文人所造成？二十年中的軍閥鬭爭，何一非無聊政客所挑撥造成的？近年各地的共產黨暴動，又何一非長衫同志所煽動組織的？此三項已可概括一切擾亂的十之七八了。即以國民黨旗幟之下的幾次互戰看來，何一非長衫同志失職不能制止的結果？當民十六與民十八兩次戰事爆發之時，所謂政府，所謂黨，皆無一個制度可以制止戰禍，也無一個機關可以討論或議決宣戰的問題。故此種戰事雖似是軍人所造成，其實是文治制度未完備的結果。所以說擾亂是長衫朋友所造成，似乎不太過罷？

我若作詳細奉答之文，恐須遷延兩三個月之後始能發表。故先略述鄙意，請先生切實指正。

胡適，十九，七，二十九。

王小航先生文存序

去年九月，我來到北平，借住在大羊宜賓胡同任叔永家中。十月八日，有一位白頭老人來訪，我不在寓，他留下了一大包文字，並寫了一張短條子留給我。我看了他的字條纔知道他是三十多年前的革新志士官話字母的創始人王小航先生。(照)我久想見見這位老先生，想不到他先來看我了。第二天，我把他留下的文稿都讀完了，纔又知道這位七十二歲的老新黨，在思想上還是我的一個新同志。他在雜誌上見着梁漱溟先生和我辯論的文字，他對我表示同情，所以特地來看我。我得着他的贊許，眞是受寵若驚的了。

第三天，我到水東草堂去看王先生，暢談了一次。我記得他很沉痛的說：『中國之大，竟尋不出幾個明白的人，可歎可歎！』我回來想想：下面沒有普及教育，上面沒有高等教育，明白的人難道能從半空裏掉下來？然而平心說來，國中明白的人也並非完全沒有。只因爲他們都太聰明了，都把利害看的太明白了，所以他們都不肯出頭來做傻子，說老實話。這個國家吃虧就在缺少一些敢說老實話的大傻子。

王小航先生就是一個肯說老實話的傻子。他在『賢者之責』一篇的末段有這八個字：

朋友朋友，說眞的吧！

我去年十月讀了這八個字，精神上受着很大的感動。這八個字可以代表王先生四十年來的精神也可以代表王先生這四卷文存的精神。讀這四卷文字的人儘可以不贊成王先生的思想但總應該對他這點敢說眞話的精神表示深重的敬禮。

『說眞的吧，』這四個字看來很平常，其實最不容易，必須有古人說的『貧賤不能移，富貴不能淫，威武不能屈』的精神，方纔敢說眞話。在今日的社會，這三個條件之外，必須還要加上一個更重要的條件，就是要『時髦不能動。』多少聰明人不辭貧賤，不慕富貴，不怕威權，只不能打破這一個關頭，只怕人笑他們『落伍！』只此不甘落伍的一個念頭，就可以叫他們努力學時髦而不肯說眞話。王先生說的最好：

時髦但圖聳聽，鼓怒浪於平流。自信日深，認假語爲眞理。

其初不過是想博得臺下幾聲拍掌，但久而久之，自己麻醉了自己，也就會認時髦爲眞理了。

王先生在戊戌六月——在拳匪之禍爆發之前兩年，——即已提倡『國人知能遠遜彼族，議論浮僞，萬難圖存』的反省議論。庚子亂後，他還是奉旨嚴拿的欽犯，他躲在天津，創作官話字母，想替中國造出一種普及教育的利器。他冒生命的危險，到處宣傳他的拼音新字。後來他被捕入獄兩月餘，釋放後仍繼續宣傳新字。到了民國元年，他在上海發表『救亡以教育爲主腦論，』主張教育之要旨在於使人人有生活上必須之知識；主張教育是政治的主腦，而一切財政外交邊防等等都只是所以維持國家而使這教育主義可以實現的工具。到了民國十九年，他作『實心救國不暇張大其詞』一文，仍只是主張根本之計在於普及教育。這都像是老生常談，都是時髦人不屑談的話。但王先生問我們：

天下事那有捷徑？

我們試聽他老人家講一段故事：

戊戌年余與老康（有爲）講論，即言『……我看止有盡力多立學堂，漸漸擴充，風氣一天一天的改變，再行一切新政。』老康說：『列強瓜分就在眼前，你這條道如何來的及？』迄今三十二年矣。來得及，來不及，是不貼題的話。

我盼望全國的愛國君子想想這幾句很平凡的眞話，想想這位『三十餘年拙論不離普及教育一語』的老新黨，再問問我們的政府諸公：究竟我們還得等候幾十年纔可有普及教育？

民國二十年五月三十一夜胡適敬序。

慘痛的回憶與反省

這一期（獨立評論第十八期）本刊出版之日正是九一八的周年紀念。這一年的光陰，沒有一天不在恥辱慘痛中過去的，紀念不必在這一天，這一天不過是給我們一個特別深刻的回憶的機會，叫我們回頭算算這一年的舊帳，究竟國家受了多大的損失和恥辱，究竟我們自己努力了幾分，究竟我們失敗的原因在那裏。並且這一天應該使我們向前途想想，究竟在這最近的將來應該如何努力，在那較遠的將來應該如何努力。這纔是紀念『九一八』的意義。

九一八的事件，不是孤立的，不是偶然的，不是意外的，他不過是五六十年的歷史原因造成的一個危險局面的一個爆發點。這座火山的爆發已不止一次了。第一次的大爆發在三十八年前的中日戰爭，第二次在三十五年前的俄國佔據旅順大連，第三次在庚子拳亂期間俄國進兵東三省，第四次在二十八年前的日俄戰爭，第五次在十七年前的二十一條交涉。去年九一八之役是第六次的大爆發。每一次爆發，總給我們一個絕大的刺激，所以第一、二次的爆發引起了戊戌維新運動和庚子的拳禍。日俄戰爭促進了中國的革命運動，滿清皇室終於顛覆。二十一條的交涉對於後來國民革命的成功也有絕大的影響：袁世凱的帝制運動及其失敗，安福黨人的賣國借款，巴黎和約引起的學生運動，學生運動引起的中國共產黨的組織與中國國民黨的改組，此等事件都與國民革命的運動有直接或間接的關繫。所以我們可以說民四的中日交涉產生了民十五六年的國民革命。

反響是有的，然而每一次反響都不曾達到挽救危亡的目標，都不曾做到建設一個有力的統一國家的目標。況且每一次的前進，總不免同時引起了不少的反動勢力：戊戌維新沒有成功，反動的慈禧黨早已起來了，就引起了庚子的國恥。辛亥革命剛推倒了一個枯朽的滿清帝室，北洋軍人與政客的反動大團結又早已起來了。民十五六年的國民革命還沒有完全勝利，腐化和惡化的趨勢都已充分顯露了。三十多年的民族自救運動，沒有一次不是前進的新勢力和反動勢力同時出現，彼此互相打消，已得的進步往往還不夠反動勢力的破壞，所得雖不少而未必能抵償所失之多。結果竟成了進一步必得退一步，甚至於退兩三步。到了今日，民族自救的運動還是一事無成！練新兵本是爲了禦外侮的，於今我們有了二百多萬人的陸軍，既不能禦外侮，又不能維持地方的安寧，只給國家添了一個絕大的亂源！謀革命也是爲了救危亡，圖民族國家的復興；然而三十年的革命事業，到今日還只到處聽見『尚未成功』的一句痛語。辦新教育也是爲了興國強種，然而三十多年的新教育，到今日不曾爲國家添得一分富，一分強，只落得人人痛恨教育的破產。

四十年的奇恥大辱，刺激不可謂不深；四十年的救亡運動，時間不可謂不長。然而今日大難當前，三百六十五個晝夜過去了，我們還是一個束手無策。這是我們在這個絕大紀念日所應該深刻反省的一篇慘史，一筆苦帳。

我們應該自己反省爲什麼我們這樣不中用?爲什麼我們的民族自救運動到於今還是失敗的?『七年之病求三年之艾,』這固然是今日的急務然而還有許多人不信我們的民族國家是有病的,也還有許多人不肯相信我們生的是七年之病也還有一些人不肯費心思去診斷我們的病究竟在那裏。我說的『反省』就是要做那已經太晚了的診斷自己。

我們的大病原,依我看來,是我們的老祖宗造孽太深了,禍延到我們今日。二三十年前人人都知道鴉片,小脚,八股,爲『三大害;』前幾年有人指出貧,病,愚昧,貪汚,紛亂,爲中國的『五鬼;』今年有人指出儀文主義,貫通主義,親故主義爲『三個亡國性的主義。』(獨立第十二號)這些話,現在的青年人都看做老生常談了,然而這些大病根的眞實是絕對無可諱的。這些大毛病都不是一朝一夕發生的,都是千百年來老祖宗給我們留下的遺產。這些病痛,『有一於此,未或不亡,』何況我們竟是兼而有之,種種亡國滅種的大病都叢集在一個民族國家的身上!向來所謂『東方病夫國,』往往單指我們身體上的多病與軟弱,其實我們身體上的病痛固然不輕,精神上的病痛更多,又更難治。即如『纏脚,』豈但是殘賊肢體而已!把半個民族的分子不當作人看待,讓她們做了牛馬,還要砍折她們的兩腿,這種精神上的風狂慘酷,是千百年不容易洗刷得乾淨的。又如『八股,』豈但是一種文章格式而已!把全國的最優秀分子的聰明才力都用在變文字戲法上,這種精神上的病態養成的思想習慣也是千百年不容易改變的。——這些老祖宗遺留下的孽障,是我們這個民族的根本病。在這個心身都病的民族遺傳上,無論什麼良法美意一到中國都成了『踰淮之橘，』都變成四不像了。

所謂民族自救運動，其實只是要救治這些根本病痛。這些病根不除掉，什麼打倒帝國主義，什麼民族復興，都是廢話。例如鴉片，現在帝國主義的國家並不用兵力來強逼我們銷售了，然而各省的鴉片，勒種的是誰呢？抽稅的是誰呢？包運包銷的是誰呢？那無數自己情願吸食的又是誰呢？

病根太深，是我們的根本困難。但是我們還有一層很重大的困難，使一切療治的工作都無從下手。這個大困難就是我們的社會沒有重心，就像一個身體沒有一個神經中樞，醫頭醫脚好像都搔不着眞正的痛癢。試看日本的維新所以能在六十年中收絕大的功效，其中關鍵就在日本的社會組織始終沒有失掉他的重心：這個重心先在幕府，其後幕府崩潰，重心散在各強藩，幾乎成一個潰散的局面；然而幕府歸政於天皇之後，（一八六七）天皇成爲全國的重心，一切政治的革新都有所寄託，有所依附，故幕府廢後，即改藩侯爲藩知事，又廢藩置縣，藩侯皆入居京師，由中央委任知事統治其地，（一八七一）在四五年之中做到了剷除封建割據的大功。二十年後，憲政成立，國會的政治起來替代藩閥朝臣專政的政治，（一八九〇）憲政初期的糾紛也全靠有個天皇作重心，都不曾引起軌道外的衝突，從來不曾因政爭而引起內戰。自此以後，四十年中，日本不但解決了他的民族自救問題，還一躍而爲世界三五個大強國之一，其中雖有幾個很偉大的政治家的功績不可磨滅，而其中最大原因是因爲社會始終不曾失其重心，所以一切改革工作都不至於浪費。

我們中國這六七十年的歷史所以一事無成，一切工作都成虛擲，都不能有永久性者，依我看來，都只因爲我們把六七十年的光陰拋擲在尋求建立一個社會重心而終不可得。帝制時代的重心應該在帝室，而那時的滿清皇族已到了一個很墮落的末路，經過太平天國的大亂，一切弱點都暴露出來，早已失去政治重心的資格了。所謂『中興』將相，如曾國藩李鴻章諸人，在十九世紀的後期，儼然成爲一個新的重心。可惜他們不敢進一步推倒滿清，建立一個漢族新國家；他們所依附的政治重心一天一天的崩潰，他們所建立的一點事業也就跟着那崩潰的重心一齊消滅了。戊戌的維新領袖也曾轟動一時，幾乎有造成新重心的形勢，但不久也就消散了。辛亥以後，民黨的領袖幾乎成爲社會新重心了，但舊勢力不久捲土重來，而革命日子太淺，革命的領袖還不能得着全國的信仰，所以這個新重心不久也崩潰了。在革命領袖之中，孫中山先生最後死，奮鬥的日子最久，資望也最深，所以民十三以後，他改造的中國國民黨成爲一個簇新的社會重心，民十五六年之間，全國多數人心的傾向中國國民黨，眞是六七十年來所沒有的新氣象。不幸這個新重心因爲缺乏活的領袖，缺乏遠大的政治眼光與計畫，能唱高調而不能做實事，能破壞而不能建設，能箝制人民而不能收拾人心，這四五年來，又漸漸失去做社會重心的資格了。六七十年的歷史演變，僅僅得這一個可以勉強作社會重心的大結合，而終於不能保持其已得的重心資格，這是我們從歷史上觀察的人所最惋惜的。

這六七十年追求一個社會政治重心而終不可得的一段歷史，我認爲最值得我們的嚴重考慮。我以爲中國的民族自救運動的失敗，這是一個最主要的原因。我的朋友翁文灝先生說的好：『進步是歷次的工作相繼續相積累而成的，尤其是重大的建設事業非逐步前進不會成功。』（獨立第五號，頁十二）日本與中國的維新事業的成敗不同，只是因為日本不曾失掉重心，故六七十年的工作是相繼續的，相積累的，一點一滴的努力都積聚在一個有重心的政治組織之上。而我們始終沒有重心，無論什麼工作做到了一點成績，政局完全變了，機關改組了，或取消了，領袖換了人了，一切都被推翻，都得從頭做起；沒有一項事業有長期計畫的可能，沒有一個計畫有繼續推行的把握，沒有一件工作有長期持續的機會，沒有一種制度有依據過去經驗積漸改善的幸運。試舉議會政治為例：四十二年前日本第一次選舉議會，有選舉權者不過全國人口總數百分之一；但積四十年之經驗，竟做到男子普遍選舉了。我們的第一次國會比日本的議會不過遲二十一年，但是曇花一現之後，我們的聰明人就宣告議會政治是不值得再試的了。又如教育，日本改定學制在六十年前，六十年不斷的努力就做到了強迫教育的普及，高等教育也達到了很可驚的成績。我們的新學堂章程也是三十多年前就有了的，然而因為沒有長期計畫的可能，普及教育至今還沒有影子，高等教育是年年跟着政局變換的，至今沒有一個穩定的大學。我們拿北京大學，南洋公學的跟着政局變換的歷史來比較慶應大學和東京帝大的歷史，真可以使我們慚愧不能自容了。

* * * * *

我開始做一篇紀念『九一八』的文字，寫了半天，好像是跑野馬跑的去題萬里了。然而這都是我在紀念九一八的情感裏的回憶與反省●我今天讀了一部請纓日記，是臺灣民主國的大總統唐景崧的日記，記的是他在一八八二年自己告奮勇去運動劉永福（當時的『義勇軍』）出兵援救安南的故事。我看了眞有無限的感慨！五十年前，我們想倚靠劉永福的『義勇軍』去抵抗法蘭西。五十年後，我們有了二百多萬的新式軍隊了，依舊還得倚靠東北的義勇軍去抵抗日本。五十年了！把戲還是一樣！這不是很值得我們追憶與反省的嗎？我們要禦外侮，要救國，要復興中華民族，這都不是在這個一盤散沙的社會組織上所能做到的事業。我們的敵人公開的譏笑我們是一個沒有現代組織的國家，我們聽了一定很生氣；但是生氣有什麼用處？我們應該反省：我們所以缺乏現代國家的組織，是不是因爲我們至今還不曾建立起我們的社會重心？如果這個解釋是不錯的，我們應該怎樣努力方纔可以早日建立這麼一個重心？這個重心應該向那裏去尋求呢？

爲什麼六七十年的歷史演變不曾變出一個社會重心來呢？這不是可以使我們深思的嗎？我們的社會組織和日本和德國和英國都不相同。我們一則離開封建時代太遠了，二則對於君主政體的信念已被那太不像樣的滿清末期完全毀壞了，三則科舉盛行以後社會的階級已太平等化了，四則人民太貧窮了沒有一個有勢力的資產階級，五則教育太不普及又太幼稚了沒有一個有勢力的智識階級：有這五個原因，我們可以說是沒有一個天然候補的社會重心。既然沒有天然的重心，所以只可以用人功創造一個出來。這個可以用人功建立的社會重心，依我看來，必須具有這些條件：

第一、必不是任何個人，而是一個大的團結。

第二、必不是一個階級，而是擁有各種社會階級的同情的團體。

第三、必須能吸收容納國中的優秀人才。

第四、必須有一個能號召全國多數人民的感情與意志的大目標：他的目標必須是全國的福利。

第五、必須有事功上的成績使人民信任。

第六、必須有制度化的組織使他可以有持續性。

我們環顧國內，還不會發現有這樣的一個團結。凡是自命為一個階級謀特殊利益的，固然不夠作社會的新重心；凡是把一黨的私利放在國家的福利之上的，也不夠資格。至於那些擁護私人作老板的利害結合，更不消說了。

我們此時應該自覺的討論這種社會重心的需要，也許從這種自覺心裏可以產生一兩個候補的重心出來。這種說法似乎很迂緩。但是我曾說過，最迂緩的路也許倒是最快捷的路。

二十一，九，十一夜。

信心與反省

這一期（獨立一〇三期）裏有壽生先生的一篇文章，題爲『我們要有信心，』在這文裏，他提出一個大問題：中華民族眞不行嗎？他自己的答案是：我們是還有生存權的。

我很高興我們的青年在這種惡劣空氣裏還能保持他們對於國家民族前途的絕大信心。這種信心是一個民族生存的基礎，我們當然是完全同情的。

可是我們要補充一點：這種信心本身要建築在穩固的基礎之上，不可站在散沙之上。如果信仰的根據不穩固，一朝根基動搖了，信仰也就完了。

壽生先生不贊成那些舊人『拿什麽五千年的古國喲，精神文明喲，地大物博喲，來遮醜。』這是不錯的。然而他自己提出的民族信心的根據，依我看來，文字上雖然和他們不同，實質上還是和他們同樣的站在散沙之上，同樣的擋不住風吹雨打。例如他說：

我們今日之改進不如日本之速者，就是因爲我們的固有文化太豐富了。富於創造性的人，個性必強，接受性就較緩。

這種思想在實質上和那五千年古國精神文明的迷夢是同樣的無稽的誇大。第一，他的原則『富於創造性的人，個性必強，接受性就較緩，』這個大前提就是完全無稽之談，就是懶惰的中國士大夫揑造出來替自己遮醜的胡說。事實上恰是相反的：凡富於創造性的人必敏於模倣，凡不善模倣的人決不能創造。創造是一個最誤人的名詞，其實創造只是模倣到十足時的一點點新花樣。古人說的最好：『太陽之下，沒有新的東西。』一切所謂創造都從模倣出來。我們不要被新名詞騙了。新名詞的模倣就是舊名詞的『學』字；『學之爲言效也』是一句不磨的老話。例如學琴，必須先模倣琴師彈琴；學畫必須先模倣畫師作畫；就是畫自然界的景物，也是模倣。模倣熟了，就是學會了，工具用的熟了，方法練的細密了，有天才的人自然會『熟能生巧，』這一點工夫到時的奇巧新花樣就叫做創造。凡不肯模倣，就是不肯學人的長處。不肯學如何能創造？葛理略（Galileo）聽說荷蘭有個磨鏡匠人做成了一座望遠鏡，他就依他聽說的造法，自己製造了一座望遠鏡。這就是模倣，也就是創造。從十七世紀初年到如今，望遠鏡和顯微鏡都年年有進步，可是這三百年的進步，步步是模倣，也步步是創造。一切進步都是如此：沒有一件創造不是先從模倣下手的。孔子說的好：

三人行，必有我師焉：擇其善者而從之，其不善者而改之。

這就是一個聖人的模倣。懶人不肯模倣，所以決不會創造。一個民族也和個人一樣，最肯學人的時代就是那個民族最偉大的時代；等到他不肯學人的時候，他的盛世已過去了，他已走上衰老僵化的時期了。我們中國民族最偉大的時代，正是我們最肯模倣四鄰的時代：從漢到唐宋，一切建築、繪畫、雕刻、音樂、宗教、思想、算學、天文、工藝，那一件裏沒有模倣外國的重要成分？佛教和他帶來的美術建築，不用說了。從漢朝到今日，我們的曆法改革，無一次不是採用外國的新法；最近三百年的曆法是完全學西洋的，更不用說了。到了我們不肯學人家的好處的時候，我們的文化也就不進步了。我們到了民族中衰的時代，只有懶勁學印度人的吸食鴉片，卻沒有精力學滿洲人的不纏脚，那就是我們自殺的法門了。

第二，我們不可輕視日本人的模倣。壽生先生也犯了一般人輕視日本的惡習慣，抹殺日本人善於模倣的絕大長處。日本的成功，正可以證明我在上文說的『一切創造都從模倣出來』的原則。壽生說：

> 從唐以至日本明治維新，千數百年間，日本有一件事足爲中國取鏡者嗎？中國的學術思想在她手裏去發展改進過嗎？我們實無法說有。

這又是無稽的誣告了。三百年前，朱舜水到日本，他居留久了，能了解那個島國民族的優點，所以他寫信給中國的朋友說，日本的政治雖不能上比唐虞，可以說比得上三代盛世。這一個中國大學者在長期寄居之後下的考語，是值得我們的注意的。日本民族的長處全在他們肯一心一意的學別人的好處。他們學了中國的無數好處，但始終不曾學我們的小脚，八股文，鴉片煙。這不夠『爲中國取鏡』嗎？他們學別國的文化，無論在那一方面，凡是學到家的，都能有創造的貢獻。這是必然的道理。淺見的人都說日本的山水人物畫是模倣中國的；其實日本畫自有他的特點，在人物方面的成績遠勝過中國畫，在山水方面也沒有走上四王的笨路。在文學方面，他們也有很大的創造。近年已有人賞識日本的小詩了。我且舉一個大家不甚留意的例子。文學史家往往說日本的源氏物語等作品是模倣中國唐人的小說遊仙窟等書的。現今遊仙窟已從日本翻印回中國來了，源氏物語也有了英國人衞來先生（Arthur Waley）的五巨册的譯本。我們若比較這兩部書，就不能不驚歎日本人創造力的偉大。如果『源氏』眞是從模倣遊仙窟出來的，那眞是徒弟勝過師傅千萬倍了！壽生先生原文裏批評日本的工商業，也是中了成見的毒。日本今日工商業的長脚發展，雖然也受了生活程度比人低和貨幣低落的恩惠，但他的根基實在是全靠科學與工商業的進步。今日大阪與蘭肯歇的競爭，骨子裏還是新式工業與舊式工業的競爭。日本今日自造的紡織器是世界各國公認爲最新最良的。今日英國紡織業也不能不購買日本的新機器了。這是從模倣到創造的最好的例子。不然，我們工人的工資比日本更低，貨幣平常也比日本錢更賤，爲什麼我們不能『與他國資本家搶商場』呢？我們到了今日，若還要抹煞事實，笑人模倣，而自居於『富於創造性者』的不屑模倣，那眞是盲目的誇大狂了。

第三，再看看『我們的固有文化』是不是眞的『太豐富了』。壽生和其他誇大本國固有文化的人們，如果眞肯平心想想，必然也會明白這句話也是無根的亂談。這個問題太大，不是這篇短文裏所能詳細討論的，我只能指出這個比較重要之點，使人明白我們的固有文化實在是很貧乏的，談不到『太豐富』的夢話。近代的科學文化，工業文化，我們可以撇開不談，因爲在那些方面我們的貧乏未免太丟人了。我們且談談老遠的過去時代罷。我們的周秦時代當然可以和希臘羅馬相提比論，然而我們如果平心研究希臘羅馬的文學，雕刻，科學，政治，單是這四項就不能不使我們感覺我們的文化的貧乏了。尤其是造形美術與算學的兩方面，我們眞不能不低頭愧汗。我們試想想，『幾何原本』的作者歐幾里得(Euclid)正和孟子先後同時；在那麼早的時代，在二千多年前，我們在科學上早已太落後了！（少年愛國的人何不試拿墨子經上篇裏的三五條幾何學界說來比較『幾何原本』？）從此以後，我們所有的，歐洲也都有；我們所沒有的，人家所獨有的，人家都比我們強。試舉一個例子：歐洲有三個一千年的大學，有許多個五百年以上的大學，至今繼續存在，繼續發展：我們有沒有？至於我們所獨有的寶貝，駢文，律詩，八股，小脚，太監，姨太太，五世同居的大家庭，貞節牌坊，地獄活現的監獄，廷杖，板子夾棍的法庭，……雖然『豐富』，雖然『在這世界無不足以單獨成一系統』，究竟都是使我們抬不起頭來的文物制度。即如壽生先生指出的『那更光輝萬丈』的宋明理學，說起來也眞正可憐！講了七八百年的理學，沒有一個理學聖賢起來指出裏小脚是不人道的野蠻行爲，只見大家崇信『餓死事極小，失節事極大』的吃人禮教：請問那萬丈光輝究竟照耀到那裏去了？

* * * * *

以上說的，都只是略略指出壽生先生代表的民族信心是建築在散沙上面，禁不起風吹草動，就會倒塌下來的。信心是我們需要的，但無根據的信心是沒有力量的。

可靠的民族信心，必須建築在一個堅固的基礎之上，祖宗的光榮自是祖宗之光榮，不能救我們的痛苦羞辱。何況祖宗所建的基業不全是光榮呢？我們要指出我們的民族信心必須站在『反省』的唯一基礎之上。反省就是要閉門思過，要誠心誠意的想，我們祖宗的罪孽深重，我們自己的罪孽深重；要認清了罪孽所在，然後我們可以用全副精力去消災滅罪。壽生先生引了一句『中國不亡是無天理』的悲歎詞句，他也許不知道這句傷心的話是我十三四年前在中央公園後面柏樹下對孫伏園先生說的，第二天被他記在晨報上，就流傳至今。我說出那句話的目的，不是要人消極，是要人反省；不是要人灰心，是要人起信心，發下大弘誓來懺悔，來替祖宗懺悔，替我們自己懺悔；要發願造新因來替代舊日種下的惡因。

今日的大患在於全國人不知恥。所以不知恥者，只是因為不曾反省。一個國家兵力不如人，被人打敗了，被人搶奪了一大塊土地去，這不算是最大的恥辱。一個國家在今日還容許整個的省分遍種鴉片烟，一個政府在今日還要依靠鴉片烟的稅收——公賣稅，吸戶稅，烟苗稅，過境稅——來做政府的收入的一部分，這是最大的恥辱。一個現代民族在今日還容許他們的最高官吏公然提倡什麼『時輪金剛法會』『息災利民法會』，這是最大的恥辱。一個國家有五千年的歷史，而沒有一個四十年的大學，甚至於沒有一個眞正完備的大學，這是最大的恥辱。一個國家能養三百萬不能捍衞國家的兵，而至今不肯計劃任何區域的國民義務教育，這是最大的恥辱。

眞誠的反省自然發生眞誠的愧恥。孟子說的好：『不恥不若人，何若人有？』眞誠的愧恥自然引起向上的努力，要發弘願努力學人家的好處，剗除自家的罪惡。經過這種反省與懺悔之後，然後可以起新的信心：要信仰我們自己正是撥亂反正的人，這個擔子必須我們自己來挑起。三四十年的天足運動已經差不多完全剗除了小脚的風氣：從前大脚的女人要裝小脚，現在小脚的女人要裝大脚了。風氣轉移的這樣快，這不夠堅定我們的自信心嗎？

歷史的反省自然使我們明瞭今日的失敗都因爲過去的不努力，同時也可以使我們格外明瞭「種瓜得瓜，種豆得豆」的因果鐵律。剗除過去的罪孽只是割斷已往種下的果。我們要收新果，必須努力造新因。祖宗生在過去的時代，他們沒有我們今日的新工具，也居然能給我們留下了不少的遺產。我們今日有了祖宗不曾夢見的種種新工具，當然應該有比祖宗高明千百倍的成績，纔對得起這個新鮮的世界。日本一個小島國，那麽貧瘠的土地，那麽少的人民，只因爲伊藤博文，大久保利通，西鄉隆盛等幾十個人的努力，只因爲他們肯拼命的學人家，肯拼命的用這個世界的新工具，居然在半個世紀之內一躍而爲世界三五大強國之一。這不夠鼓舞我們的信心嗎？

反省的結果應該使我們明白那五千年的精神文明，那「光輝萬丈」的宋明理學，那並不太豐富的固有文化，都是無濟於事的銀樣蠟鎗頭。我們的前途在我們自己的手裏。我們的信心應該望在我們的將來。我們的將來全靠我們下什麽種，出多少力。「播了種一定會有收穫，用了力決不至於白費」：這是翁文灝先生要我們有的信心。

二十三，五，二十八。

再論信心與反省

在獨立第一〇三期，我寫了一篇信心與反省，指出我們對國家民族的信心不能建築在歌頌過去上，只可以建築在『反省』的唯一基礎之上。在那篇討論裏我曾指出我們的固有文化是很貧乏的，決不能說是『太豐富了』的。我們的文化，比起歐洲一系的文化來，『我們所有的，人家也都有；我們所沒有的，人家所獨有的，人家都比我們強。至於我們所獨有的寶貝，駢文，律詩，八股，小脚，……又都是使我們抬不起頭來的文物制度。』所以我們應該反省：認清了我們的祖宗和我們自己的罪孽深重，然後肯用全力去消災滅罪；認清了自己百事不如人，然後肯死心塌地的去學人家的長處。

我知道這種論調在今日是很不合時宜的，是觸犯忌諱的，是至少要引起嚴厲的抗議的。可是我心裏要說的話，不能因爲人不愛聽就不說了。正因爲人不愛聽，所以我更覺得有不能不說的責任。

果然，那篇文章引起了一位讀者子固先生的悲憤，害他終夜不能睡眠，害他半夜起來寫他的抗議，直寫到天明。他的文章，『怎樣纔能建立起民族的信心』，是一篇很誠懇的，很沉痛的反省。我很尊敬他的悲憤，所以我很願意討論他提出的論點，很誠懇的指出他那『一半不同』正是全部不同。

子固先生的主要論點是：

> 我們民族這七八十年以來，與歐美文化接觸，許多新奇的現象炫盲了我們的眼睛，在這炫盲當中，我們一方面沒出息地丟了我們固有的維繫並且引導我們向上的文化，另一方面我們又沒有能夠抓住外來文化之中那種能夠幫助我們民族更爲強盛的一部份。結果我們走入迷途，墮落下去！
>
> 忠孝仁愛信義和平是維繫並且引導我們民族向上的固有文化，科學是外來文化中能夠幫助我們民族更爲強盛的一部分。

子固先生的論調，其實還是三四十年前的老輩的論調。他們認得了富強的需要，所以不反對西方的科學工業；但他們心裏很堅決的相信一切倫紀道德是我們所固有而不須外求的。老輩之中，一位最偉大的孫中山先生，在他的通俗講演裏也不免要敷衍一般誇大狂的中國人，說：『中國先前的忠孝仁愛信義種種的舊道德』都是『駕乎外國人』之上。中山先生這種議論在今日往往被一般人利用來做復古運動的典故，所以有些人就說『中國本來是一個由美德築成的黃金世界』了！（這是民國十八年葉楚傖先生的名言。）

子固先生也特別提出孫中山先生的偉大，特別頌揚他能『在當時一班知識階級盲目崇拜歐美文化的狂流中，巍然不動地指示我們救國必須恢復我們固有文化，同時學習歐美科學。』但他如果留心細讀中山先生的講演，就可以看出他當時說那話時是很費力的，很不容易自圓其說的。例如講『修身，』中山先生很明白的說：

　　但是從修身一方面來看，我們中國人對於這些功夫是很缺乏的。中國人一舉一動都欠檢點，只要和中國人來往過一次便看得很淸楚。（三民主義六）

他還對我們說：

　　所以今天講到修身，諸位新青年便應該學外國人的新文化。（三民主義六）

可是他一會兒又回過去頌揚固有的舊道德了。本來有保守性的讀者只記得中山先生頌揚舊道德的話，卻不曾細想他所頌揚的舊道德都只是幾個人類共有的理想，並不是我們這個民族實行最力的道德。例如他說的『忠孝仁愛信義和平』，那一件不是東西哲人共同提倡的理想？除了割股治病，臥冰求鯉一類不近人情的行動之外，那一件不是世界文明人類公有的理想？孫中山先生也曾說過：

　　照這樣實行一方面講起來，仁愛的好道德，中國人現在似乎遠不如外國。……但是仁愛還是中國的舊道德。我們要學外國，只要學他們那樣實行，把仁愛恢復起來，再去發揚光大，便是中國固有的精神。（同上書）

在這短短一段話裏，我們可以看出中山先生未嘗不明白在仁愛的『實行』上我們實在遠不如人。所謂『仁愛還是中國的舊道德』者，只是那個道德的名稱罷了。中山先生很明白的教人修身應該學外國人的新文化，仁愛也『要學外國』。但這些話中的話都是一般人不注意的。

在這些方面，吳稚暉先生比孫中山先生澈底多了。吳先生在他的一個新信仰的宇宙觀及人生觀裏，很大膽

的說中國民族的『總和道德是低淺的』同時他又指出西洋民族

什麼仁義道德孝弟忠信吃飯睡覺無一不較上三族（亞剌伯，印度，中國）的人較有作法，較有熱心。……講他們的總和道德叫做高明。

這是很公允的評判。忠孝信義仁愛和平，都是有文化的民族共有的理想；在文字理論上，猶太人，印度人，亞剌伯人，希臘人以至近世各文明民族，都講的頭頭是道。所不同者，全在吳先生說的『有作法，有熱心』兩點。若沒有切實的辦法，沒有眞摯的熱心，雖然有整千萬册的理學書，終無救於道德的低淺。宋明的理學聖賢，談性談心，談居敬，談致良知，終因爲沒有作法，只能走上『終日端坐，如泥塑人』的死路上去。

我所以要特别提出子固先生的論點，只因爲他的悲憤是可敬的，而他的解決方案還是無補於他的悲憤。他的方案，一面學科學，一面恢復我們固有的文化，還只是張之洞一輩人說的『中學爲體，西學爲用』的方案。老實說，這條路是走不通的。如果過去的文化是值得恢復的，我們今天不至糟到這步田地了。況且沒有那科學工業的現代文化基礎，是無法發揚什麼文化的『偉大精神』的。忠孝仁愛信義和平是永遠存在書本子裏的；但是因爲我們的祖宗只會把這些好聽的名詞都寫作八股文章，畫作太極圖，編作理學語錄，所以那些好聽的名詞都不能變成有作法有熱心的事實。西洋人跳出了經院時代之後，努力做征服自然的事業，征服了海洋，征服了大地，征服了空氣電氣，征服了不少的原質，征服了不少的微生物，——這都不是什麼『保存國粹』『發揚固有文化』的口號所能包括的工作然而科學與工業發達的自然結果是提高了人民的生活，提高了人類的幸福，提高了各個參加國家的文化。結果就是吳稚暉先生說的『總和道德叫做高明。』

世間講『仁愛』的書，莫過於華嚴經的淨行品，那一篇妙文教人時時刻刻不可忘了人類的痛苦與缺陷，甚至於大便小便時都要發願不忘衆生：

左右便利，當願衆生，蠲除汙穢，無淫怒癡。

已而就水，當願衆生，向無上道，得出世法。

以水滌穢，當願衆生，具足淨忍，畢竟無垢。

以水盥掌，當願衆生，得上妙手，受持佛法。……

但是一個和尙的弘願究竟能做到多少實際的『仁愛？』回頭看看那一心想征服自然的科學救世者，他們發現了一種病菌，製成了一種血淸，可以救活無量數的人類，其爲『仁愛』豈不是千萬倍的偉大？

以上的討論，好像全不曾顧到『民族的信心』的一個原來問題。這是因爲子固先生的來論，剝除了一些動了感情的話，實在只說了一個『中學爲體，西學爲用』的老方案，所以我要指出這個方案的『一半』是行不通的：忠孝仁愛信義和平等等並不是『維繫並且引導我們民族向上的固有文化，』他們不過是人類共有的幾個理想，如果沒有作法，沒有熱力，只是一些空名詞而已。這些好名詞的存在並不曾挽救或阻止『八股，小脚，太監，姨太太貞節牌坊，地獄的監牢，夾棍板子的法庭』的存在。這些八股，小脚，……等等『固有文化』的崩潰，也全不是程顥，朱熹，顧亭林，戴東原，……等等聖賢的功績，乃是『與歐美文化接觸』之後，那科學工業造成的新文化叫我們相形之下太難堪了。這些東方文明的罪孽方纔逐漸崩潰的。我要指出我們民族這七八十年來與歐美文化接觸的結果，雖然還不曾學到那個整個的科學工業的文明，（可憐丁文江，翁文灝，顏任光諸位先生都還是四十多歲的少年，他們的工作剛開始哩！）究竟已替我們的祖宗消除了無數的罪孽，打倒了『小脚，八股，太監，五世同居的大家庭，貞節牌坊，地獄活現的監獄，夾棍板子的法庭』的一大部分或一小部分。這都是我們的『數不清的聖賢天才』從來不曾指摘譏彈的；這都是『忠孝仁愛信義和平』的固有文化從來不曾『引導向上』的。這些祖宗罪孽的崩潰，固然大部分是歐美文明的恩賜，同時也可以表示我們在這七八十年中至少也還做到了這些消極的進步。子固先生說我們在這七八十年中『走入迷途，墮落下去，』這眞是無稽的誣告！中國民族在這七八十年中何嘗『墮落』？在幾十年之中廢除了三千年的太監，一千年的小脚，六百年的八股，五千年的酷刑，這是『向上，』不是墮落！

不過我們的『向上』還不夠，努力還不夠。八股廢止至今不過三十年，八股的訓練還存在大多數老而不死的人的心靈裏，還間接直接的傳授到我們的無數的青年人的腦筋裏。今日還是一個大家做八股的中國，雖然題目換了。小脚逐漸絕跡了，夾棍板子砍頭碎剮廢止了，但裏小脚的殘酷心理，上夾棍打屁股的野蠻心理，都還存在無數老少人們的心靈裏。今日還是一個殘忍野蠻的中國，所以始終還不曾走上法治的路，更談不到仁愛和平了。

所以我十分誠摯的對全國人說：我們今日還要反省，還要閉門思過，還要認清祖宗和我們自己的罪孼深重，決不是這樣淺薄的『與歐美文化接觸』就可以脫胎換骨的。我們要認清那個容忍擁戴『小脚，八股，太監，姨太太，駢文，律詩，五世同居的大家庭，貞節牌坊，地獄的監牢，夾棍板子的法庭』到幾千幾百年之久的固有文化，是不足迷戀的，是不能引我們向上的。那裏面浮沉着的幾個聖賢豪傑，其中當然有值得我們崇敬的人，但那幾十顆星兒終究照不亮那滿天的黑暗。我們的光榮的文化不在過去，是在將來，是在那掃清了祖宗的罪孼之後重新改造出來的文化。替祖國消除罪孼，替子孫建立文明，這是我們人人的責任。古代哲人曾參說的最好：

士不可以不弘毅，任重而道遠。

先明白了『任重而道遠』的艱難，自然不輕易灰心失望了。凡是輕易灰心失望的人，都只是不曾認淸他挑的是一個百斤的重擔，走的是一條萬里的長路。今天挑不動，努力磨鍊了總有挑得起的一天。今天走不完，走得一里前途就縮短了一里。『播了種一定會有收穫，用了力決不至於白費，』這是我們最可靠的信心。

二十三，六，十一夜。

三論信心與反省

自從獨立第一〇三號發表了那篇信心與反省之後，我收到了不少的討論，其中有幾篇已在獨立（第一〇五，一〇六及一〇七號）登出了。我們讀了這些和還有一些未發表的討論忍不住還要提出幾個值得反復申明的論點來補充幾句話。

第一個論點是：我們對於我們的『固有文化，』究竟應該採取什麼態度？吳其玉先生（獨立一〇六）怪我『把中國文化壓得太低了；』壽生先生也怪我把中國文化『抑』的太過火了。他們都怕我把中國看的太低了，會造成『民族自暴自棄的心理，造成他對於其他民族屈服卑鄙的心理。』吳其玉先生說：我們『應該優劣並提。不可只看人家的長我們的短；更應當知道我們的長，人家的短。這樣我們纔能有努力的勇氣。』

這些責備的話含有一種共同的心理，就是不願意揭穿固有文化的短處，更不願意接受『祖宗罪孽深重』的控訴。一聽見有人指出『駢文律詩八股小脚太監姨太太貞節牌坊地獄的監牢板子夾棍的法庭』等等一般自命爲愛國的人們總覺得心裏怪不舒服，總要想出法子來證明這些『未必特別羞辱我們，』因爲這些都是『不可免的現象，』『無古今中外是一樣的。』（吳其玉先生的話）所以吳其玉先生指出日本的『下女，男女同浴，自殺，暗殺，娼妓的風行，賄賂，強盜式的國際行爲』所以壽生先生也指出歐洲中古武士的『初夜權』『貞操鎖』所以子固先生也要問『歐洲可有一個文化系統過去沒有類似小脚太監姨太太駢文律詩八股地獄活現的監獄廷杖板子夾棍的法庭一類的醜處呢？』（獨立一〇五號）本期（獨立一〇七號）有周作人先生來信指出這又是『西洋也有臭蟲』的老調。這種心理實在不是健全的心理，只是『遮羞』的一個老法門而已。從前笑話書上說：甲乙兩人同坐甲摸着身上一個虱子，有點難爲情，把牠拋在地上，說：『我道是個虱子，原來不是的。』乙偏不識竅彎身下去，把虱子拾起來說：『我道不是個虱子，原來是個虱子！』甲的做法，其實不是除虱的好法子。乙的做法，雖然可惱，至少有『實事求是』的長處。虱子終是虱子，臭蟲終是臭蟲，何必諱呢？何必問別人家有沒有呢？

況且我原來舉出的『我們所獨有的寶貝』：駢文，律詩，八股，小脚，太監，姨太太，五世同居的大家庭，貞節牌坊，地獄的監牢，廷杖板子夾棍的法庭，這十一項除姨太太外差不多全是『我們所獨有的』，『在這世界無不足以單獨成一系統的。』高跟鞋與木屐何足以媲美小脚？『貞操鎖』我在巴黎的克呂尼博物院看見過，並且帶有照片回來，這不過是幾個色情狂的私人的特製，萬不配上比那普及全國至一千多年之久，詩人頌爲香鉤，文人尊爲金蓮的小脚。我們走遍世界，研究過初民社會，沒有看見過一個文明的或野蠻的民族把他們的女人的脚裹小到三四寸，裹到骨節斷折殘廢，而一千年公認爲『美』的！也沒有看見過一個文明的民族的智識階級有話不肯老實的說，必須湊成對子，做成駢文律詩律賦八股，歷一千幾百年之久，公認爲『美』的！無論我們如何愛護祖宗，這十項的『國粹』是洋鬼子家裏搜不出來的。

況且西洋的『臭蟲』是裝在玻璃盒裏任人研究的，所以我們能在巴黎的克呂尼博物院縱觀高跟鞋的古今沿革，縱觀『貞操鎖』的製法，並且可以在博物院中購買精製的『貞操鎖』的照片寄回來讓國中人士用作『西洋也有臭蟲』的實例。我們呢？我們至今可有一個歷史博物館敢於搜集小脚鞋樣模型，圖畫，或鴉片烟燈烟槍烟膏，或廷杖，板子，閘床，夾棍等等極重要的文化史料，用歷史演變的原理排列展覽，供全國人的研究與警醒的嗎？因為大家都要以為滅跡就可以遮羞，所以青年一輩人全不明白祖宗造的罪孽如何深重，所以他們不能明白國家民族何以墮落到今日的地步，也不能明白這三四十年的解放與改革的絕大成績。不明白過去的黑暗，所以他們不認得今日的光明；不懂得祖宗罪孽的深重，所以他們不能知道這三四十年革新運動的努力並非全無效果。我們今日所以還要鄭重指出八股，小脚，板子，夾棍，等等罪孽，豈是僅僅要宣揚家醜？我們的用意只是要大家明白我們的脊梁上馱着那二三千年的罪孽重擔，所以幾十年的不十分自覺的努力還不能夠叫我們海底翻身。同時我們也可以從這種歷史的知識上得着一種堅強的信心：三四十年的一點點努力已可以廢除三千年的太監，一千年的小脚，六百年的八股，四五百年的男娼，五千年的酷刑，這不夠使我們更決心向前努力嗎！西洋人把高跟鞋，細腰模型，貞操鎖都裝置在博物院裏，任人觀看，叫人明白那個『美德造成的黃金世界』原來不在過去，而在那遼遠的將來。這正是鼓勵人們向前努力的好方法，是我們青年人不可不知道的。

固然，博物院裏同時也應該陳列先民的優美成績，談固有文化的也應該如吳其玉先生說的『優劣並提。』這雖然不是我們現在討論的本題，（本題是『我們的固有文化眞是太豐富了嗎？』）我們也可以在此談談。我們的固有文化究竟有什麼『優』『長』之處呢？我是研究歷史的人，也是個有血氣的中國人，當然也時常想尋出我們這個民族的固有文化的優長之處。但我尋出來的長處實在不多，說出來一定叫許多青年人失望。依我的愚見，我們的固有文化有三點是可以在世界上佔數一數二的地位的：第一是我們的語言的『文法』是全世界最容易最合理的。第二是我們的社會組織，因爲脫離封建時代最早，所以比較的是很平等的，很平民化的。第三是我們的先民，在印度宗教輸入以前，他們的宗教比較的是最簡單的，最近人情的；就在印度宗教勢力盛行之後，還能勉力從中古宗教之下爬出來，勉強建立一個人世的文化：這樣的宗教迷信的比較薄弱，也可算是世界希有的。然而這三項都夾雜着不少的有害的成分，都不是純粹的長處。文法是最合理的簡易的，可是文字的形體太繁難，太不合理了。社會組織是平民化了，同時也因爲沒有中堅的主力，所以缺乏領袖，又不容易組織，弄成一個一盤散沙的國家；又因爲社會沒有重心，所以一切風氣都起於最下層而不出於最優秀的分子，所以小脚起於舞女，鴉片起於游民，一切賭博皆出於民間，小說戲曲也皆起於街頭彈唱的小民。至於宗教，因爲古代的宗教太簡單了，所以中間全國投降了印度宗教，造成了一個長期的黑暗迷信的時代，至今還留下了不少的非人生活的遺痕。——然而這三項究竟還是我們在這個世界上最特異的三點：最簡易合理的文法，平民化的社會構造，薄弱的宗教心。此外，我想了二十年，實在想不出什麽別的優長之點了。如有別位學者能夠指出其他的長處來，我當然很願意考慮的。（這個問題當然不是一段短文所能討論的，我在這裏不過提出一個綱要而已。）

所以，我不能不被逼上『固有文化實在太不豐富』之結論了。我以爲我們對於固有的文化，應該採取歷史學者的態度，就是『實事求是』的態度。一部文化史平鋪放着，我們可以平心細看：如果眞是豐富，我們又何苦自諱其豐富？如果眞是貧乏，我們也不必自諱其貧乏。如果眞是罪孽深重，我們也不必自諱其罪孽深重。『實事求是』，纔是最可靠的反省。自認貧乏，方纔肯死心塌地的學；自認罪孽深重，方纔肯下決心去消除罪愆。如果因爲發現了自家不如人，就自暴自棄了，那只是不肖的紈袴子弟的行逕，不是我們的有志青年應該有的態度。

* * * * *

話說長了，其他的論點不能詳細討論了，姑且討論第二個論點，那就是模倣與創造的問題。吳其玉先生說文化進步發展的方式有四種：（一）模倣，（二）改進，（三）發明，（四）創作。這樣分法，初看似乎有理，細看是不能成立的。吳先生承認『發明』之中『很多都由模倣來的』，『但也有許多與舊有的東西毫無關係的。』其實沒有一件發明不是由模倣來的。吳先生舉了兩個例：一是瓦特的蒸汽力，一是印字術。他若翻開任何可靠的歷史書，就可以知道這兩件也是從模倣舊東西出來的。印字術是模倣抄寫，這是最明顯的事：從抄寫到刻印章，從刻印章到刻印板畫，從刻印板畫到刻印符咒短文，逐漸進到刻印大部書，又由刻板進到活字排印，歷史具在，那一個階段不是模倣前一個階段而添上的一點新花樣？瓦特的蒸汽力，也是從模倣來的。瓦特生於一七三六年，他用的是牛可門（Newcomen）的蒸汽機，不過加上第二個凝冷器及其他修改而已。牛可門生於一六六三年，他用了同時人薩維里（Savery）的蒸汽機。牛薩兩人又都是根據法國人巴平（Denis Papin）的蒸汽唧筒。巴平又是模倣他的老師荷蘭人胡根斯（Huygens）的空氣唧筒的。（看 Kaempffert: Modern Wonder Workers, pp. 467—503）吳先生舉的兩個『發明』的例子，其實都是我所說的『模倣到十足時的一點新花樣。』吳先生又說：『創作也須靠模倣為入手，但祇模倣是不夠的。』這和我的說法有何區別？他把『創作』歸到『精神文明』方面，如美術音樂哲學等，這幾項都是『模倣以外，還須有極高的開闢天才和獨立的精神。』我的說法並不曾否認天才的重要。我說的是：

模倣熟了，就是學會了，工具用的熟了，方法練的細密了，有天才的人自然會『熟能生巧，』這一點功夫到時的奇巧新花樣就叫做創造。（信心與反省頁四八〇）

吳先生說『創造須由模倣入手；』我說『一切所謂創造都從模倣出來，』我看不出有一絲一毫的分別。

如此看來，吳先生列舉的四個方式，其實只有一個方式：一切發明創作都從模倣出來。沒有天才的人只能死板的模倣；天才高的人，功夫到時，自然會改善一點，改變的稍多一點，新花樣添的多了，就好像是一件發明或創作了，其實還只是模倣功夫深時添上的一點新花樣。

這樣的說法，比較現時一切時髦的創造論似乎要減少一點弊竇。今日青年人的大毛病是誤信『天才』『靈感』等等最荒謬的觀念，而不知天才沒有功力只能蹉跎自誤，一無所成。世界大發明家愛迭生說的最好：『天才（Genius）是一分神來，九十九分汗下。』他所謂『神來』（Inspiration）即是玄學鬼所謂『靈感』。用血汗苦功到了九十九分時，也許有一分的靈巧新花樣出來，那就是創作了。頹廢懶惰的人，癡待『靈感』之來，是終無所成的。壽生先生引孔子的話：『吾嘗終日不食，終夜不寢，以思，無益，不如學也。』這一位最富於常識的聖人的話是值得我們大家想想的。

二十三，六，廿五。

悲觀聲浪裏的樂觀

雙十節的前一日，我在燕京大學講演「究竟我們在這二十三年裏幹了些什麼？」各報的記錄，都不免有錯誤。我今天把那天說的話的大意寫出來，做一篇應時節的星期論文。

我們在這個雙十節的前後，總不免要想想究竟辛亥革命至今二十三年中我們幹了些什麼？究竟有沒有成績值得紀念？在這個最危急的國難時期裏，我們最容易走上悲觀的路，最容易灰心短氣，只覺得革命革了二十三個整年，到頭來還是一事無成，文不能對世界文化有任何的貢獻，武不能抵禦一個強鄰的侵暴，我們還有什麼興致年年做這樣照例的紀念？這是很普遍的國慶日的感想。所以我覺得我們不肯灰心的人應該用公平的態度和歷史的眼光，來重新估計這二十三年中的總成績，來替中華民國盤一盤帳。

今日最悲觀的人，實在都是當初太樂觀了的人。他們當初就根本沒有了解他們所期望的東西的性質，他們夢想一個自由平等，繁榮強盛的國家，以為可以在短時期中就做到那種夢想的境界。他妄想一個「奇蹟」的降臨，想了二十三年，那「奇蹟」還沒有影子，於是他們的信心動搖了，他們的極度樂觀變成極度悲觀了。

換句話說：悲觀的人的病根在於缺乏歷史的眼光。因為缺乏歷史的眼光，所以第一不明白我們的問題是多麼艱難，第二不了解我們應付艱難的憑藉是多麼薄弱，第三不懂得我們開始工作的時間是多麼遲晚，第四不想想二十三年是多麼短的一個時期，第五不認得我們在這樣短的時期裏居然也做到了一點很可觀的成績。

如果大家能有一點歷史的眼光，大家就可以明白這二十多年來，『奇蹟』雖然沒有光臨，至少也有了一點很可以引起我們的自信心的進步。進步都是比較的。必須要有歷史的比較，方纔可以明白那一點是進步，那一點是退化。我們要計算這二十三年的成績，必須要拿現在的成績來比較二十三年前的狀態，然後可以下判斷。這是歷史眼光的最淺近的說法。

上星期教育部長王世杰先生在他的廣播演說裏，談到這二十三年裏的教育進步，他說：拿民國二十三年來比民國元年，小學生增多了四倍，中學生增加了十倍，大學及專科學校學生增加了差不多一百倍。這三級的數量的太不相稱，是很不應該的，是必須努力補救糾正的。但這個歷史統計的比較至少可以使我們明白這二十三年中，儘管在貧窮紛亂之中，也不是沒有驚人的進步。

二十三年中教育上的進步，不僅僅是王世杰先生指出的數量上的增加而已，還有統計數字不能表現出來的各種進步。我們四十歲以上的人，試回頭想想二十多年前的中國學校是個什麼樣子。二十五六年前，當我在上海做中學生的時代，中學堂的博物，用器畫，三角，解析幾何，高等代數，往往都是請日本教員來教的。北京，天津，南京，蘇州，上海，武昌，成都，廣州，各地的官立中學師範的理科工課，甚至於圖畫手工，都是請日本人教的。外國文與外國地理歷史也都是請青年會或聖約翰出身的教員來教的。我記得我們學堂裏的西洋歷史課本是美國十九世紀前期一個托名"Peter Parley"的世界通史開卷就說上帝七日創造世界接着就說『洪水』卷末有兩頁說中國，插了半頁的圖，刻着孔夫子戴着紅纓大帽，拖着一條辮子！這是二十五年前的中國學堂的現狀！現在我們有了一百十一所大學與學院了，這裏面除了極少數之外，一切學系都是中國人做主任做教員了；其中有好幾個學系是可以在世界大學裏立得住脚的；其中也有許多學者的科學成績是世界學術界公認的。這不能不算是二十三年中的大進步吧？

試再看看二十五年前中國小學堂裏讀的什麽書，用的什麽文字。我在上海（最開通的上海！）做小學生的時候，讀的是古文，一位先生用浦東話逐字逐句的解釋，其實是翻譯！做的是『孝弟說』『今之爲關也將以爲暴義』『漢文帝唐太宗優劣論』。後來新編的教科書出來了，也還是用古文寫的，字字句句都還要翻譯講解。民六以後，始有白話文的運動。民九以後，北京教育部始命令初小第一二年改用國語。民十一以後小學與中學始改用國語教本。我們姑且不談這十六七年中的新文學的積極的絕大成績。我們試想想每年一千一百萬小學兒童避免了的苦痛，節省了的腦力，總不能不說這是二十年來的一大進步吧？

試再舉科學研究來作個例。辛亥革命的時候，全國沒有一個科學研究的機關，這是歷史的事實。國內現在所有的科學研究機關，——從最早成立的北京地質調查所，到最近成立的中央研究院，——都是這二十年中的產兒。二十年是很短的時間，何況許多科學研究所與各大學的科學試驗室又都只有四五年的歷史呢？然而在這短時間內，在經費困難與時局不安定之下，我們居然發展了不少方面的科學。在自然科學的方面，地質學與古生物學的成績是無疑的趕過日本的六十年的成績了；生物學，生理學，藥物化學，氣象學，也都有了很顯著的成績。在歷史科學與社會科學的方面，中央研究院的歷史語言研究所在考古學上的工作，地質調查所在先史考古學上的工作，北平社會調查所與南開經濟學院在經濟社會方面的調查工作，也都在短時期中做出了很大的成績，得到了世界學人的承認。二十年中有了這些方面的科學發展，比起民國初元的貧乏狀態來，眞好像在荒野裏建造起了一些瓊樓玉宇，這不可以算是這二十年的大進步嗎？

這樣的歷史比較，是打破悲觀鼓舞信心最有效的方法。即如那二十年中好像最不爭氣的交通事業，如果用歷史眼光去評量，這裏那裏也未嘗沒有一點進步。我們從徽州山裏出來的人，從徽州到杭州從前要走六七天，現在只消六點鐘了，這就是二十四倍的進步。前十年，一個甘肅朋友來到北京，走了一百零四天；上星期有人從甘肅來，只消走十四天了；今年年底，隴海路通到了西安，時間更可以縮短了。

但這二十三年中最偉大而又最容易被人忽略的進步，要算各方面的社會改革。最明顯的當然是女子的解放。在身體的方面，現在二十歲左右的中國女子不但恢復了健全的人樣，並且漸漸的要變成世界上最美的女性了。在教育的方面，男女同學的實行不過十多年，現在不但社會默認為當然，在校的男女學生也都漸漸消除了從前男女之間那種種不自然的醜態。此外如女子的經濟地位與法律地位的抬高，如女子參加職業和社會政治事業的人數的加多，如婚姻習慣的逐漸變更，如離婚婦女與再嫁婦女在社會上的地位的改善，這都是二十年來中國社會的大進步。

我記得在民九的前後，四川有一個十九歲的女子殺了她的「十不全」的殘廢丈夫，她在法庭上的自辯是：「我沒有別的法子可以避開他！」四川的法院判了她十五年的監禁。這個案子詳到司法部，部裏的大官認爲判得太輕了，把原審法官交付懲戒。有一天，在一個席上，一位有名的法學家（那時是法官懲戒委員會的會長）大罵我們北京大學的教授，說我們提倡打倒禮教，所以影響到四川的法官，使他們故意寬縱這樣謀殺親夫的女人！然而十年之後，國民政府頒布的新刑律與新民法，有許多方面比我們在民八九年所夢想的還要激進的多了。時代變了，法學家也只好跟着走了。

總而言之，這二十三年中，固然有許多不能滿人意的現狀，其中也有許多眞正有價值的大進步。革命到底是革命，總不免造成一些無忌憚的惡勢力，但同時也總會打倒一些應該打倒的舊制度與舊勢力。有許多不滿人意的事，當然是革命後的紛亂時期所造成的，所以我們也贊成「革命尚未成功」的名言。但我們如果平心估量這二十多年的盤帳單，終不能不承認我們在這個民國時期確然有很大的進步；也不能不承認那些進步的一大部分都受了辛亥以來的革命潮流的解放作用的恩惠。明白承認了這二十年努力的成績，這可以打破我們的悲觀，鼓勵我們的前進。事實明告我們，這點成績還不夠抵抗強暴，還不夠復興國家，這也不應該叫我們灰心，只應該勉勵我們鼓起更大的信心來，要在這將來的十年二十年中做到更大什伯倍的成績。古代哲人曾說：『士不可以不弘毅，任重而道遠。』悲觀與灰心永遠不能幫助我們挑那重擔，走那長路！

二十三年雙十節後二日。

寫在孔子誕辰紀念之後

我們家鄉有句俗話說：『做戲無法，出個菩薩。』編戲的人遇到了無法轉變的情節，往往請出一個觀音菩薩來解圍救急。這兩年來，中國人受了外患的刺激，頗有點手忙脚亂的情形，也就不免走上了『做戲無法，出個菩薩』的一條路。這本是人之常情。西洋文學批評史也有 deus ex machina 的話，譯出來也可說『解圍無計，出個上帝。』本年五月裏美國奇旱，報紙上也曾登出旱區婦女孩子跪着祈禱求雨的照片。這都是窮愁呼天的常情，其可憐可恕和今年我們國內許多請張天師求雨或請班禪喇嘛消災的人，是一樣的。

這種心理，在一般愚夫愚婦的行爲上表現出來，是可憐而可恕的；但在一個現代政府的政令上表現出來，是可憐而不可恕的。現代政府的責任在於充分運用現代科學的正確智識，消極的防患除弊，積極的興利惠民。這都是一點一滴的工作，一尺一步的旅程，這裏面絕對沒有一條捷徑可以偷度。然而我們觀察近年我們當政的領袖好像都不免有一種『做戲無法，出個菩薩』的心理，想尋求一條救國的捷徑，想用最簡易的方法做到一種復興的靈蹟。最近政府忽然手忙脚亂的恢復了紀念孔子誕辰的典禮，很匆遽的頒布了禮節的規定。八月二十七日，全國都奉命舉行了這個孔誕紀念的大典。在每年許多個先烈紀念日之中加上一個孔子誕辰的紀念日，本來不值得我們的詫異。然而政府中人說這是『倡導國民培養精神上之人格』的方法；輿論界的一位領袖也說：『有此一舉，誠足以奮起國民之精神，恢復民族的自信。』難道世間眞有這樣簡便的捷徑嗎？

我們當然贊成『培養精神上之人格，』『奮起國民之精神，恢復民族的自信。』但是古人也曾說過：『禮樂所由起，百年積德而後可興也。』國民的精神，民族的信心，也是這樣的；他的頹廢不是一朝一夕之故，他的復興也不是虛文口號所能做到的。『洙水橋前，大成殿上，多士濟濟，肅穆趨蹌』（用八月二十七日大公報社論中語）四方城市裏，政客軍人也都率領着官吏士民，濟濟蹌蹌的行禮，堂堂皇皇的演說，——禮成祭畢，紛紛而散，假期是添了一日，口號是添了二十句，演講詞是多出了幾篇，官吏學生是多跑了一趟，然在精神的人格與民族的自信上，究竟有絲毫的影響嗎？

那一天大公報的社論曾有這樣一段議論：

最近二十年，世變彌烈，人慾橫流，功利思想如水趨壑，不特仁義之說爲俗誹笑，卽人禽之判亦幾以不明，民族的自尊心與自信力旣已蕩然無存，不待外侮之來，國家固早已瀕於精神幻滅之域。

如果這種診斷是對的，那麼，我們的民族病不過起于『最近二十年，』這樣淺的病根，應該是很容易醫治的了。可惜我們平日敬重的這位天津同業先生未免錯讀歷史了。官場現形記和二十年目睹之怪現狀描寫的社會政治情形，不是中國的實情嗎？是不是我們得把病情移前三十年呢？品花寶鑑以至金瓶梅描寫的也不是中國的社會政治嗎？這樣一來，又得挪上三五百年了。那些時代，孔子是年年祭的，論語孝經大學是村學兒童人人讀的，還有士大夫講理學的風氣哩！究竟那每年『洙水橋前大成殿上多士濟濟肅穆趨蹌』曾何補于當時的慘酷的社會貪汚的政治？

我們回想到我們三十年前在村學堂讀書的時候，每年開學是要向孔夫子叩頭禮拜的；每天放學，拿了先生批點過的習字是要向中堂（不一定有孔子像）拜揖然後回家的。至今回想起來，那個時代的人情風尚也未見得比現在高多少。在許多方面，我們還可以確定的說：『最近二十年』比那個拜孔夫子的時代高明的多多了。這二三十年中，我們廢除了三千年的太監，一千年的小脚，六百年的八股，四五百年的男娼，五千年的酷刑，這都沒有借重孔子的力量。八月二十七那一天汪精衞先生在中央黨部演說，也指出『孔子沒有反對納妾，沒有反對蓄奴婢；如今呢，納妾蓄奴婢，虐待之固是罪惡，善待之亦是罪惡，根本納妾蓄奴婢便是罪惡。』汪先生的解說是：『仁是萬古不易的，而仁的內容與條件是與時俱進的。』這樣的解說畢竟不能抹煞歷史的事實。事實是『最近』幾年中，絲毫沒有借重孔夫子，而我們的道德觀念已進化到承認『根本納妾蓄奴婢便是罪惡』了。

平心說來，『最近二十年』是中國進步最速的時代；無論在智識上，道德上，國民精神上，國民人格上，社會風俗上，政治組織上，民族自信力上，這二十年的進步都可以說是超過以前的任何時代。這時期中自然也有不少的怪現狀的暴露，劣根性的表現，然而種種缺陷都不能減損這二十年的總進步的淨贏餘。這裏不是我們專論這個大問題的地方。但我們可以指出這個總進步的幾個大項目：

第一，帝制的推翻，而幾千年托庇在專制帝王之下的城狐社鼠，——一切妃嬪，太監，貴胄，吏胥，捐納，——都跟着倒了。

第二，教育的革新。淺見的人在今日還攻擊新教育的失敗，但他們若平心想想舊教育是些什麼東西，有些什麼東西，就可以明白這二三十年的新教育，無論在量上或質上，都比三十年前進步至少千百倍了。在消極方面，因舊教育的推倒，八股，駢文，律詩，等等謬制都逐漸跟着倒了；在積極方面，新教育雖然還膚淺，然而常識的增加，技能的增加，文字的改革，體育的進步，國家觀念的比較普遍，這都是舊教育萬不能做到的成績。（汪精衛先生前天曾說，『中國號稱以孝治天下，而一開口便侮辱人的母親，甚至祖宗妹子等。』試問今日受過小學教育的學生還有這種開口罵人媽媽妹子的國粹習慣嗎？）

第三，家庭的變化。城市工商業與教育的發展使人口趨向都會，受影響最大的是舊式家庭的崩潰，家庭變小了，父母公婆與族長的專制威風減削了，兒女宣告獨立了。在這變化的家庭中，婦女的地位的抬高與婚姻制度的改革是五千年來最重大的變化。

第四，社會風俗的改革。小脚，男娼，酷刑，等等，我已屢次說過了。在積極方面，如女子的解放，如婚喪禮俗的新試驗，如青年對於體育運動的熱心，如新醫學及公共衛生的逐漸推行，這都是古代聖哲所不曾夢見的大進步。

第五，政治組織的新試驗。這是帝制推翻的積極方面的結果。二十多年的試驗雖然還沒有做到滿意的效果，但在許多方面（如新式的司法，如警察，如軍事，如胥吏政治之變爲士人政治。）都已明白的顯出幾千年來所未曾有的成績。不過我們生在這個時代，往往爲成見所蔽，不肯承認罷了。單就最近幾年來頒行的新民法一項而論，其中含有無數超越古昔的優點，已可說是一個不流血的絕大社會革命了。

這些都是毫無可疑的歷史事實，都是『最近二十年』中不曾借重孔夫子而居然做到的偉大的進步。革命的成功就是這些維新的成績也就是這些。可憐無數維新志士革命仁人，他們出了大力，冒了大險，替國家民族在二三十年中做到了這樣超越前聖，凌駕百王的大進步，到頭來，被幾句死書迷了眼睛，見了黑旋風不認得是李逵，反倒唉聲歎氣，發思古之幽情，痛惜今之不如古，夢想從那『荊棘叢生，簷角傾斜』的大成殿裏抬出孔聖人來『衞我宗邦，保我族類！』這豈不是天下古今最可怪笑的愚笨嗎？

文章寫到這裏，有人打岔道：『喂，你別跑野馬了。他們要的是「國民精神上之人格，民族的自信。」在這「最近二十年」裏，這些項目也有進步嗎？不借重孔夫子，行嗎？』

什麽是人格？人格只是已養成的行爲習慣的總和。什麽是信心？信心只是敢於肯定一個不可知的將來的勇氣。在這個時代，新舊勢力，中西思潮，四方八面的交攻，都自然會影響到我們這一輩人的行爲習慣，所以我們很難指出某種人格是某一種勢力單獨造成的。但我們可以毫不遲疑的說這二三十年中的領袖人才正因爲生活在一個新世界的新潮流裏他們的人格往往比舊時代的人物更偉大思想更透闢，知識更豐富，氣象更開闊，行爲更豪放，人格更崇高。試把孫中山來比曾國藩我們就可以明白這兩個世界的代表人物的不同了。在古典文學的成就上，在世故的磨鍊上，在小心謹慎的行爲上，中山先生當然比不上曾文正。然而在見解的大膽，氣象的雄偉，行爲的勇敢上，那一位理學名臣就遠不如這一位革命領袖了。照我這十幾年來的觀察，凡受這個新世界的新文化的震撼最大的人物，他們的人格都可以上比一切時代的聖賢，不但沒有愧色，往往超越前人。老輩中，如高夢旦先生，如張元濟先生，如蔡元培先生，如吳稚暉先生，如張伯苓先生；朋輩中，如周詒春先生，如李四光先生，如翁文灝先生，如姜蔣佐先生：他們的人格的崇高可愛敬，在中國古人中眞尋不出相當的倫比。這種人格只有這個新時代纔能產生，同時又都是能夠給這個時代增加光耀的。

我們談到古人的人格，往往想到岳飛文天祥和晚明那些死在廷杖下或天牢裏的東林忠臣。我們何不想想這二三十年中爲了各種革命慷慨殺身的無數志士！那些年年有特別紀念日追悼的人們，我們姑且不論。我們試想想那些爲排滿革命而死的許多志士，那些爲民十五六年的國民革命而死的無數青年，那些前兩年中在上海在長城一帶爲抗日衞國而死的無數靑年，那些爲民十三以來的共產革命而死的無數青年，——他們慷慨獻身去經營的目標比起東林諸君子的目標來，其偉大眞不可比例了。東林諸君子慷慨抗爭的是『紅丸』『移宮』『妖書』等等米米小的問題；而這無數的革命青年慷慨獻身去工作的是全民族的解放，整個國家的自由平等，或他們所夢想的全人類社會的自由平等。我們想到了這二十年中爲一個主義而從容殺身的無數青年，我們想起了這無數個『殺身成仁』的中國青年，我們不能不低下頭來向他們致最深的敬禮；我們不能不頌讚這『最近二十年』是中國史上一個精神人格最崇高，民族自信心最堅強的時代。他們把他們的生命都獻給了他們的國家和他們的主義，天下還有比這更大的信心嗎？

凡是咒詛這個時代爲『人慾橫流人禽無別』的人，都是不曾認識這個新時代的人：他們不認識這二十年中國的空前大進步，也不認識這二十年中整千整萬的中國少年流的血究竟爲的是什麼。

可憐的沒有信心的老革命黨呵！你們要革命，現在革命做到了這二十年的空前大進步，你們反不認得它了。這二十年的一點進步不是孔夫子之賜，是大家努力革命的結果，是大家接受了一個新世界的新文明的結果。只有向前走是有希望的。開倒車是不會有成功的。

你們心眼裏最不滿意的現狀，——你們所咒詛的『人慾橫流，人禽無別』，——只是任何革命時代所不能避免的一點附產物而已。這種現狀的存在，只夠證明革命還沒有成功，進步還不夠。孔聖人是無法幫忙的；開倒車也決不能引你們回到那個本來不存在的『美德造成的黃金世界』的！養個孩子還免不了肚痛，何況改造一個國家，何況改造一個文化？別灰心了，向前走罷！

二十三，九，三夜。

領袖人才的來源

北京大學教授孟森先生前天寄了一篇文字來，題目是論「士大夫」（見獨立第十二期）他下的定義是：

「士大夫」者，以自然人爲國負責，行事有權，敗事有罪，無神聖之保障，爲誅殛所可加者也。

雖然孟先生說的「士大夫」從狹義上說，好像是限於政治上負大責任的領袖，然而他又包括孟子說的「天民」一級不得位而有絕大影響的人物，所以我們可以說，若用現在的名詞，孟先生文中所謂「士大夫」應該可以叫做「領袖人物」，省稱爲「領袖」。孟先生的文章是他和我的一席談話引出來的，我讀了忍不住想引伸他的意思，討論這個領袖人才的問題。

孟先生此文的言外之意是嘆息近世居領袖地位的人缺乏眞領袖的人格風度，既拋棄了古代「士大夫」的風範，又不知道外國的「士大夫」的流風遺韻，所以成了一種不足表率人羣的領袖。他發願要搜集中國古來的士大夫人格可以做後人模範的，做一部「士大夫集傳」，他又希望有人搜集外國士大夫的精華，做一部「外國模範人物集傳」。這都是很應該做的工作，也許是很有效用的教育材料。我們知道新約裏的幾種耶穌傳記影響了無數人的人格；我們知道布魯達克（Plutarch）的英雄傳影響了後世許多的人物。歐洲的傳記文學發達的最完備，歷史上重要人物都有很詳細的傳記，往往有一篇傳記長至幾十萬言的，也往往有一個人的傳記多至幾十種的。這種傳記的翻譯，倘使有審慎的選擇和忠實明暢的譯筆，應該可以使我們多知道一點西洋的領袖人物的嘉言懿行，間接的可以使我們對於西方民族的生活方式得一點具體的了解。

中國的傳記文學太不發達了，所以中國的歷史人物往往只靠一些乾燥枯窘的碑版文字或史家列傳流傳下來；很少的傳記材料是可信的，可讀的已狠少了；至於可歌可泣的傳記，可說是絕對沒有。我們對於古代大人物的認識往往只全靠一些很零碎的軼事瑣聞。然而我至今還記得我做小孩子時代讀的朱子小學裏面記載的幾個可愛的人物，如汲黯陶淵明之流。朱子記陶淵明，只記他做縣令時送一個長工給他兒子，附去一封家信，說：『此亦人子也，可善遇之。』這寥寥九個字的家書印在腦子裏，也頗有很深刻的效力，使我三十年來不敢輕用一句暴戾的辭氣對待那幫我做事的人。這一個小小例子可以使我承認模範人物的傳記，無論如何不詳細，只須剪裁的得當，描寫的生動，也未嘗不可以做少年人的良好教育材料，也未嘗不可介紹一點做人的風範。

但是傳記文學的貧乏與忽略，都不夠解釋爲什麼近世中國的領袖人物這樣稀少而又不高明。領袖的人才決不是光靠幾本『士大夫集傳』就能鑄造成功的。『士大夫』的稀少，只是因爲『士大夫』在古代社會裏自成一個階級，而這個階級久已不存在了。在南北朝的晚期，顏之推說：

吾觀禮經，聖人之教，箕帚匕箸，咳唾唯諾，執燭沃盥，皆有節文，亦爲至矣。但〔禮經〕既殘缺，非復全書，其有所不載，及世事變改者，學達君子自爲節度，相承行之。故世號『士大夫風操』。而家門頗有不同，所見互稱長短。然其阡陌亦自可知。（顏氏家訓風操第六）

在那個時代，雖然經過了魏晉曠達風氣的解放，雖然經過了多少戰禍的摧毁，『士大夫』的階級還沒有完全毁滅，一些名門望族都竭力維持他們的門閥。帝王的威權，外族的壓迫，終不能完全消滅這門閥自衞的階級觀念。門閥的爭存不全靠聲勢的煊赫，子孫的貴盛。他們所倚靠的是那『士大夫風操』，卽是那個士大夫階級所用來律己律人的生活典型。卽如顏氏一家，遭遇亡國之禍，流徙異地，然而顏之推所最關心的還是『整齊門內，提撕子孫』，所以他著作家訓，留作他家子孫的典則。隋唐以後，門閥的自尊還能維持這『士大夫風操』至幾百年之久。我們看唐朝柳氏和宋朝呂氏司馬氏的家訓，還可以想見當日士大夫的風範的保存是全靠那種整齊嚴肅的士大夫階級的教育的。

然而這士大夫階級終於被科舉制度和別種政治和經濟的勢力打破了。元明以後，三家村的小兒只消讀幾部刻板書，念幾百篇科舉時文，就可以有登科作官的機會；一朝得了科第，像紅鸞禧戲文裏的丐頭女壻，自然有送錢投靠的人來擁戴他去走馬上任。他從小學的是科舉時文，從來沒有夢見過什麼古來門閥裏的『士大夫風操』的教育與訓練，我們如何能期望他居士大夫之位要維持士大夫的人品呢？

以上我說的話，並不是追悼那個士大夫階級的崩壞，更不是希冀那種門閥訓練的復活。我要指出的是一種歷史事實。凡成爲領袖人物的，固然必須有過人的天資做底子，可是他們的知識見地，做人的風度，總得靠他們的教育訓練。一個時代有一個時代的『士大夫』，一個國家有一個國家的範型式的領袖人物。他們的高下優劣，總都逃不出他們所受的教育訓練的勢力。某種範型的訓育自然產生某種範型的領袖。

這種領袖人物的訓育的來源，在古代差不多全靠特殊階級（如中國古代的士大夫門閥，如日本的貴族門閥，如歐洲的貴族階級及教會。）的特殊訓練。在近代的歐洲則差不多全靠那些訓練領袖人才的大學。歐洲之有今日的燦爛文化，差不多全是中古時代留下的幾十個大學的功勞。近代文明有四個基本源頭：一是文藝復興，二是十六七世紀的新科學，三是宗教革新，四是工業革命。這四個大運動的領袖人物，沒有一個不是大學的產兒。中古時代的大學誠然是幼稚的可憐，然而意大利有幾個大學都有一千年的歷史；巴黎，牛津，康橋都有八九百年的歷史；歐洲的有名大學多數是有幾百年的歷史的，最新的大學，如莫斯科大學也有一百八十多年了。柏林大學是一百二十歲了。有了這樣長期的存在，才有積聚的圖書設備，才有集中的人才，才有繼長增高的學問，才有那使人依戀崇敬的『學風。』至於今日西方國家的領袖人物，那一個不是從大學出來的？即使偶有三五個例外，也沒有一個不是直接間接受大學教育的深刻影響的。

在我們這個不幸的國家，一千年來，差不多沒有一個訓練領袖人才的機關。貴族門閥是崩壞了，又沒有一個高等教育的書院是有持久性的，也沒有一種教育是訓練『有爲有守』的人才的。五千年的古國，沒有一個三十年的大學！八股試帖是不能造領袖人才的，做書院課卷是不能造領袖人才的，當日最高的教育——理學與經學考據——也是不能造領袖人才的。現在這些東西都快成了歷史陳迹了，然而這些新起的『大學』，東鈔西襲的課程，朝三暮四的學制，七零八落的設備，四成五成的經費，朝秦暮楚的校長，東家宿而西家餐的教員，十日一雨五日一風的學潮，——也都還沒有造就領袖人才的資格。

丁文江先生在中國政治的出路（獨立第十一期）裏曾指出『中國的軍事教育比任何其他的教育都要落後』，所以多數的軍人都『因爲缺乏最低的近代知識和訓練，不足以擔任國家的艱鉅。』其實他太恭維『任何其他的教育』了！茫茫的中國，何處是訓練大政治家的所在？何處是養成執法不阿的偉大法官的所在？何處是訓練財政經濟專家學者的所在？何處是訓練我們的思想大師或教育大師的所在？

領袖人物的資格在今日已不比古代的容易了。在古代還可以有劉邦劉裕一流的梟雄出來平定天下，還可以像趙普那樣的人妄想用『半部論語治天下。』在今日的中國，領袖人物必須具備充分的現代見識，必須有充分的現代訓練，必須有足以引起多數人信仰的人格。這種資格的養成，在今日的社會，除了學校，別無他途。

我們到今日才感覺整頓教育的需要，眞有點像『臨渴掘井』了。然而治七年之病，終須努力求三年之艾。國家與民族的生命是千萬年的。我們在今日如果眞感覺到全國無領袖的苦痛，如果眞感覺到『盲人騎瞎馬』的危機，我們應當深刻的認淸只有咬定牙根來澈底整頓教育，穩定教育，提高教育的一條狹路可走。如果這條路上的荆棘不掃除，虎狼不驅逐，奠基不穩固；如果我們還想讓這條路去長久埋沒在淤泥水潦之中，——那麼我們這個國家也只好長久被一班無知識無操守的渾人領導到沉淪的無底地獄裏去了。

論六經不夠作領袖人才的來源

——答孟心史先生——

心史先生：

前說四事，都是匆匆寫的，不成意思，居然勞先生殷殷賜答，不安之至。頃重讀學記，終覺其爲一種教育理論之書而不是記敘一種現行制度之書。其述『今之教者呻其佔畢，多其訊……』乃是實寫其所見聞之學校。其云『古之教者家有塾，黨有庠，術有序，國有學』以下，則是提出一種理想的制度。孟子謂『夏曰校，殷曰序，周曰庠』是縱的時代差別；學記則以此諸名施於橫的地域差別。此無他，同是信口開河的託古，正不妨相矛盾也。

『通一經至纖屑無有滯礙，』此種境界，談何容易？縱觀兩漢博士，其通一經，只是通其所謂通，以後人眼光觀之，如京房翼奉之流，皆『不通』之尤者也。

禁私學一點，尊旨甚是。

尊經一點，我終深以爲疑。儒家經典之中，除論孟及禮記之一部分之外，皆係古史料而已，有何精義可作做人模範？我們在今日儘可挑出論孟諸書，或整理成新式讀本，或譯成今日語言，使今人與後人知道儒家典型的來源，這是我很贊成的。其他詩則以文學眼光讀之，左傳與書與儀禮則以歷史材料讀之，皆宜與其他文學歷史同等齊觀，方可容易了解。我對於『經』的態度，大致如此，請教正。

先生問：『中國之士大夫，若謂不出於六經，試問古來更有何物爲製造之具？』此大問題，不容易有簡單的解答。鄙意以爲製造士大夫之具，往往因時代而不同，而六經則非其主要之具。往年讀汪輝祖病榻夢痕錄，（此爲中國自傳文學中最佳的一部。）見他律己之法，每日早起焚香讀太上感應篇一遍，其事最簡陋，而其功效也可以使他佐幕則成好刑名，做官則是好官。由此推而上之，王荆公最得力於禪學，其行事亦可爲士大夫模範；荆公答曾子固書說他自己博覽廣詢，他深信『治經而已，則不足以知經』。更推上去，如張釋之汲黯，其風度人格豈不比董生公孫丞相更可敬愛？經學大師未必一定超過治黃老學的人。更推上去，則孔子固可敬愛，墨子獨不可敬愛耶？

我略舉此數人，以明此問題不能有簡單的答案。所以我說：『一個時代有一個時代的士大夫，一個國家有一個國家的範型式的領袖人物。他們的高下優劣，總都逃不出他們所受的教育訓練的勢力。某種範型的訓育自然產生某種範型的領袖。』（獨立十二號頁四）。如梁任公所舉『中國之武士道，』此一個時代的範型的人物也。如蕭望之匡衡孔光張禹，此又一個時代的範型的人物也。如阮籍嵇康，此又一個時代的範型的人物也。過此以往，代有其人。理學以前，有范文正王荆公諸人；理學時代，有朱子方正學王文成以至東林諸公。

若分析此等人物所受訓育，有得力於一時代的特殊階級之特別風尚者，有得力於學問者，有得力於宗教者，有得力於家庭教育者，有得力於經或理學者，有得力於文學者，有得力於史傳者，——其途徑不一，而皆不能以經學一事包括之。不能人人有一部病榻夢痕錄式之自傳，故我們不能作詳細精密的分析。約略估計之，我們可以說：經學的影響不如史傳，史傳的影響又不如宗教，書本的教育又不如早年家庭的訓育。而宗教所含成分，佛道遠大于儒；儒門名爲『六經尊服鄭，百行法程朱，』實則功過格與太上感應篇的勢力遠超過近思錄與性理大全或傳習錄也！至於家庭教育，則宗教與俗文學的勢力尤遠過於六經四子書。

吾國訓育的工具有幾個最大的弱點，遂成爲致命之傷。第一，『儒門淡薄，收拾不住』一般的平常老百姓；試問尚書周禮一類的書，卽使人人熟讀，豈能在人生觀上發生什麼影響？六經皆如此。卽論語孟子之中，又能有幾十章可使一般人受用呢？第二，兩個大宗教——佛與道——都不高明，都太偏於消極的制裁，都不曾產生偉大的範型人物足以供千百世人的歌泣模倣。第三，士大夫太偏重制舉的文藝與虛僞的文學，全不曾注意到那影響千萬人的通俗文學，所以通俗文學全在鄙人俗士的手裏出來，可以誨盜誨淫，可以歆動富貴利祿才子佳人的迷夢，而不足以造成一種健全的最低限度的道德習慣。第四，傳記文學太貧乏了，雖偶有偉大的人物，而其人格風範皆不能成爲多數人的讀物。第五，女子的教育太忽略了，沒有好母教，則雖有士大夫門第而難於長久保存其門風。第六，人民太窮苦了，救死猶恐不贍，奚暇治禮義哉？

凡教育皆有兩方面，一爲提高，一爲普及。上述六種缺陷，使這兩方面皆無進展，人才之缺乏不自今日始，孔家店之倒也也不自今日始也。滿清之倒，豈辛亥一役爲之？辛亥之役乃摧枯拉朽之業。我們打孔家店，及今回想，眞同打死老虎，既不能居功，亦不足言罪也！

西洋所以見長，正因無此六病，而有六長。第一，自希臘以來，古典文學之內容豐富，遠非我國典籍所企及。第二，基督教的『人格的』影響遠非佛道兩教所能夢見。第三，通俗文學的製作多出於士大夫階級，故多有極動人的偉大作品。第四，傳記文學特別發達，其傳記多能寫生傳神，而又纖細詳盡，足爲後人矜式。第五，女子教育發達的早，又非如我國之僅以做閨秀詩詞爲女子教育而已，故家庭教育特別優勝。第六，生活較高，教育易爲力。

卽以我在論領袖人才的來源文中所舉大學問題言之，歐洲最早的大學的來源多與教會有關，而教會有組織，有永久性，有人才，有富力，能使大學繼長增高。國家與社會的富力又足以繼承此遺產而繼續光大之，此皆吾國所無的條件也。又因其古代學術遺風有多方面的豐富，雖有教會的一尊，而醫學與法學皆得列爲學科，故自然科學與社會科學皆有所附麗而漸次發展。此豈吾國學校之以尊經習科舉文自限者所能比擬哉？

古人造作人才，究竟由何途徑，我們不能作簡單答覆。但以現存史料觀之，則兩漢以前，必不全靠書本子，尤必不靠六經。射御等藝，先生謂『非士大夫之根本品質』，實則此等藝事足以養成『士大夫之根本品質』，其功效必遠在書本教育之上！孔子屢稱射爲君子之事，其所言卽今日西方所謂『競藝員美德』(Sportsmanship)也。

古人卜御，何等鄭重？以左傳所記觀之，御亦人格教育之一個重要方面。禮樂之事，其重要亦不過如此。後世盡去此等藝事，只剩一個『書』字而『書』之中又損之又損以至於幾本最不足養成人才的六經！此中關鍵，雖非一朝一夕之故，然甚耐吾人今日之玩味尋思。

以上所言，在百忙中寫成，時作時輟，故甚無倫次。其主旨在說明六經不足爲『舊士大夫之來源』，尤不足爲新的來源，不知能達此意否？

今日之事，如造百層之臺，當大做脚始得。先生所收集之中國士大夫之嘉言懿行，我們所希望介紹之西方士大夫美德，不過是供這臺脚的一磚一石而已。

久遲奉答，匆匆先呈所見，尚望先生多賜教言，改日當奉謁請教。敬問起居。

胡適敬上

二十一，九，七夜寫完。

贈與今年的大學畢業生

這一兩個星期裏，各地的大學都有畢業的班次，都有很多的畢業生離開學校去開始他們的成人事業。學生的生活是一種享有特殊優待的生活，不妨幼稚一點，不妨吵吵鬧鬧，社會都能縱容他們，不肯嚴格的要他們負行爲的責任。現在他們要撑起自己的肩膀來挑他們自己的擔子了。在這個國難最緊急的年頭他們的擔子眞不輕！我們祝他們的成功，同時也不忍不依據我們自己的經驗，贈與他們幾句送行的贈言，——雖未必是救命毫毛，也許作個防身的錦囊罷！

* * * * *

你們畢業之後，可走的路不出這幾條：絕少數的人還可以在國內或國外的研究院繼續作學術研究；少數的人可以尋着相當的職業；此外還有做官，辦黨，革命三條路；此外就是在家享福或者失業閒居了。第一條繼續求學之路，我們可以不討論。走其餘幾條路的人，都不能沒有墮落的危險。墮落的方式很多，總括起來，約有這兩大類：

第一是容易抛棄學生時代的求知識的欲望。你們到了實際社會裏，往往所用非所學，往往所學全無用處，往往可以完全用不着學問，而一樣可以胡亂混飯吃，混官做。在這種環境裏，即使向來抱有求知識學問的決心的人，也不免心灰意懶，把求知的欲望漸漸冷淡下去。況且學問是要有相當的設備的；書籍，試驗室，師友的切磋指導，閑暇的工夫，都不是一個平常要餬口養家的人所能容易辦到的。沒有做學問的環境，又誰能怪我們拋棄學問呢？

第二是容易拋棄學生時代的理想的人生的追求。少年人初次與冷酷的社會接觸，容易感覺理想與事實相去太遠，容易發生悲觀和失望。多年懷抱的人生理想，改造的熱誠，奮鬬的勇氣，到此時候，好像全不是那麼一回事。眇小的個人在那強烈的社會爐火裏，往往經不起長時期的烤煉就鎔化了，一點高尚的理想不久就幻滅了。抱着改造社會的夢想而來，往往是棄甲曳兵而走，或者做了惡勢力的俘虜。你在那俘虜牢獄裏，回想那少年氣壯時代的種種理想主義，好像都成了自誤誤人的迷夢！從此以後，你就甘心放棄理想人生的追求，甘心做現成社會的順民了。

要防禦這兩方面的墮落，一面要保持我們求知識的欲望，一面要保持我們對於理想人生的追求。有什麼好法子呢？依我個人的觀察和經驗，有三種防身的藥方是值得一試的。

第一個方子只有一句話：『總得時時尋一兩個值得研究的問題！』問題是知識學問的老祖宗；古今來一切知識的產生與積聚，都是因爲要解答問題，——要解答實用上的困難或理論上的疑難。所謂『爲知識而求知識』，其實也只是一種好奇心追求某種問題的解答，不過因爲那種問題的性質不必是直接應用的，人們就覺得這是『無所爲』的求知識了。我們出學校之後，離開了做學問的環境，如果沒有一個兩個值得解答的疑難問題在腦子裏盤旋，就很難繼續保持追求學問的熱心。可是，如果你有了一個眞有趣的問題天天逗你去想他，天天引誘你去解決他，天天對你挑釁笑你無可奈何他，——這時候，你就會同戀愛一個女子發了瘋一樣，坐也坐不下，睡也睡不安，沒工夫也得偷出工夫去陪她，沒錢也得撙衣節食去巴結她。沒有書，你自會變賣家私去買書；沒有儀器，你自會典押衣服去置辦儀器；沒有師友，你自會不遠千里去尋師訪友。你只要能時時有疑難問題來逼你用腦子，你自然會保持發展你對學問的興趣，即使在最貧乏的智識環境中，你也會慢慢的聚起一個小圖書館來，或者設置起一所小試驗室來。所以我說：第一要尋問題。腦子裏沒有問題之日，就是你的智識生活壽終正寢之時！古人說，『待文王而興者，凡民也。若夫豪傑之士，雖無文王猶興。』試想葛理略（Galileo）和牛敦（Newton）有多少藏書？有多少儀器？他們不過是有問題而已。有了問題而後，他們自會造出儀器來解答他們的問題。沒有問題的人們，關在圖書館裏也不會用書，鎖在試驗室裏也不會有什麽發現。

第二個方子也只有一句話：『總得多發展一點非職業的興趣。』離開學校之後，大家總得尋個吃飯的職業。可是你尋得的職業未必就是你所學的，或者未必是你所心喜的，或者是你所學而實在和你的性情不相近的。在這種狀況之下，工作就往往成了苦工，就不感覺興趣了。爲餬口而作那種非『性之所近而力之所能勉』的工作，就很難保持求知的興趣和生活的理想主義。最好的救濟方法只有多多發展職業以外的正當興趣與活動。一個人應該有他的職業，又應該有他的非職業的頑藝兒，可以叫做業餘活動。凡一個人用他的閑暇來做的事業，都是他的業餘活動。往往他的業餘活動比他的職業還更重要，因爲一個人的前程往往全靠他怎樣用他的閑暇時間。他用他的閑暇來打馬將，他就成個賭徒；你用你的閑暇來做社會服務，你也許成個社會改革者；或者你用你的閑暇去研究歷史，你也許成個史學家。你的閑暇往往定你的終身。英國十九世紀的兩個哲人，彌兒（J. S. Mill）終身做東印度公司的祕書，然而他的業餘工作使他在哲學上，經濟學上，政治思想史上都佔一個很高的位置；斯賓塞（Spencer）是一個測量工程師，然而他的業餘工作使他成爲前世紀晚期世界思想界的一個重鎭。古來成大學問的人，幾乎沒有一個不是善用他的閑暇時間的。特別在這個組織不健全的中國社會，職業不容易適合我們性情，我們要想生活不苦痛或不墮落，只有多方發展業餘的興趣，使我們的精神有所寄託，使我們的剩餘精力有所施展。有了這種心愛的頑藝兒，你就做六個鐘頭的抹桌子工夫也不會感覺煩悶了，因爲你知道，抹了六點鐘的桌子之後，你可以回家去做你的化學研究，或畫完你的大幅山水，或寫你的小說戲曲，或繼續你的歷史考據，或做你的社會改革事業。你有了這種稱心如意的活動，生活就不枯寂了，精神也就不會煩悶了。

第三個方子也只有一句話：『你總得有一點信心。』我們生當這個不幸的時代，眼中所見，耳中所聞，無非是叫我們悲觀失望的。特別是在這個年頭畢業的你們，眼見自己的國家民族沉淪到這步田地，眼看世界只是強權的世界，望極天邊好像看不見一線的光明，——在這個年頭不發狂自殺，已算是萬幸了，怎麼還能夠希望保持一點內心的鎭定和理想的信任呢？我要對你們說：這時候正是我們要培養我們的信心的時候！只要我們有信心，我們還有救。古人說：『信心（Faith）可以移山。』又說：『只要工夫深，生鐵磨成繡花針。』你不信嗎？當拿破崙的軍隊征服普魯士，佔據柏林的時候，有一位窮教授叫做菲希特（Fichte）的，天天在講堂上勸他的國人要有信心，要信仰他們的民族是有世界的特殊使命的，是必定要復興的。菲希特死的時候（1814），誰也不能預料德意志統一帝國何時可以實現。然而不滿五十年，新的統一的德意志帝國居然實現了。

一個國家的強弱盛衰，都不是偶然的，都不能逃出因果的鐵律的。我們今日所受的苦痛和恥辱，都只是過去種種惡因種下的惡果。我們要收將來的善果，必須努力種現在的新因。一粒一粒的種，必有滿倉滿屋的收，這是我們今日應該有的信心。

我們要深信：今日的失敗，都由於過去的不努力。

我們要深信：今日的努力，必定有將來的大收成。

佛典裏有一句話：『福不唐捐。』唐捐就是白白的丟了。我們也應該說：『功不唐捐！』沒有一點努力是會白白的丟了的。在我們看不見想不到的時候，在我們看不見想不到的方向，你瞧！你下的種子早已生根發葉開花結果了！

你不信嗎？法國被普魯士打敗之後，割了兩省地，賠了五十萬萬佛郎的賠款。這時候有一位刻苦的科學家巴斯德（Pasteur）終日埋頭在他的試驗室裏做他的化學試驗和微菌學研究。他是一個最愛國的人，然而他深信只有科學可以救國。他用一生的精力證明了三個科學問題：（1）每一種發酵作用都是由於一種微菌的發展；（2）每一種傳染病都是由於一種微菌在生物體中的發展；（3）傳染病的微菌，在特殊的培養之下，可以減輕毒力，使牠從病菌變成防病的藥苗。——這三個問題，在表面上似乎都和救國大事業沒有多大的關係。然而從第一個問題的證明，巴斯德定出做醋釀酒的新法，使全國的酒醋業每年減除極大的損失。從第二個問題的證明，巴斯德教全國的蠶絲業怎樣選種防病，教全國的畜牧農家怎樣防止牛羊瘟疫，又教全世界的醫學界怎樣注重消毒以減除外科手術的死亡率。從第三個問題的證明，巴斯德發明了牲畜的脾熱瘟的療治藥苗，每年替法國農家減除了二千萬佛郎的大損失；又發明了瘋狗咬毒的治療法，救濟了無數的生命。所以英國的科學家赫胥黎（Huxley）在皇家學會裏稱頌巴斯德的功績道：『法國給了德國五十萬萬佛郎的賠款，巴斯德先生一個人研究科學的成績足夠還清這一筆賠款了。』

巴斯德對於科學有絕大的信心，所以他在國家蒙奇辱大難的時候，終不肯拋棄他的顯微鏡與試驗室。他絕不想他的顯微鏡底下能償還五十萬萬佛郎的賠款，然而在他看不見想不到的時候，他已收穫了科學救國的奇蹟了。

朋友們，在你最悲觀最失望的時候，那正是你必須鼓起堅強的信心的時候。你要深信：天下沒有白費的努力。成功不必在我，而功力必不唐捐。

二十一，六，二十七夜。

教育破產的救濟方法還是教育

我們中國人有一種最普遍的死症，醫書上還沒有名字，我姑且叫他做『沒有胃口』。無論什麼好東西，到了我們嘴裏舌頭一舔，剛覺有味，才吞下肚去，就要作嘔了。胃口不好，什麼美味都只能『淺嘗而止』，終不能下咽，所以我們天天皺起眉頭，做出苦樣子來，說：沒有好東西吃！這個病症看上去很平常，其實是死症。

前些年大家都承認中國需要科學；然而科學還沒有進口，早就聽見一班妄人高唱『科學破產』了；不久又聽見一班妄人高唱『打倒科學』了。前些年，大家又都承認中國需要民主憲政；然而憲政還沒有入門，國會只召集過一個，早就聽見一班『學者』高唱『議會政治破產』『民主憲政是資本主義的副產物』了。

更奇怪的是今日大家對於教育的不信任。我做小孩子的時候，常聽見人說這類的話：『普魯士戰勝法蘭西，不在戰場上而在小學校裏。』『英國的國旗從日出處飄到日入處，其原因要在英國學堂的足球場上去尋找。』那時的中國人眞迷信教育的萬能！山東有一個乞丐武訓，他終身討飯，積下錢來就去辦小學堂；他開了好幾個小學堂，當時全國人都知道『義丐武訓』的大名。這件故事最可以表示那個時代的人對於教育的狂熱。民國初元，范源濂等人極力提倡師範教育，他們的見解雖然太偏重『普及』而忽略了『提高』的方面，然而他們還是向來迷信教育救國的一派的代表。民國六年以後，蔡元培等人注意大學教育，他們的弊病恰和前一派相反，他們用全力去做『提高』的事業，却又忽略了教育『普及』的方面。但無論如何，范蔡諸人都還絕對信仰教育是救國的唯一路子。民八至民九，杜威博士在中國各地講演新教育的原理與方法，也很引起了全國人的注意。那時閻錫山在娘子關內也正在計畫山西的普及教育，太原的種種補充小學師資的速成訓練班正在極熱烈的猛進時期，當時到太原遊覽參觀的人都不能不深刻的感覺山西的一班領袖對於普及教育的狂熱。

曾幾何時，全國人對於教育好像忽然都冷淡了！漸漸的有人厭惡教育了，漸漸的有人高喊『教育破產』了。從狂熱的迷信教育，變到冷淡的懷疑教育，這裏面當然有許多複雜的原因。第一是教育界自己毀壞他們在國中的信用。自從民八雙十節以後，北京教育界抬出了『索薪』的大旗來替代了『造新文化』的運動，甚至於不恤教員罷課至一年以上以求達到索薪的目的，從此以後，我們真不能怪國人瞧不起教育界了。第二是這十年來教育的政治化，使教育變空虛了；往往學校所認為最不滿意的人，可以不讀書，不做學問，而僅僅靠着活動的能力取得祿位與權力；學校本身又因為政治的不安定，時時發生令人厭惡的風潮。第三，這十幾年來，（直到最近時期）教育行政的當局無力管理教育，就使私立中學與大學儘量的營業化；往往失業的大學生與留學生，不用什麼圖書儀器的設備，就可以掛起中學或大學的招牌來招收學生；野鷄學校越多，教育的信用當然越低落了。第四，這十幾年來，所謂高等教育的機關，添設太快了，國內人才實在不夠分配，所以大學地位與程度都降低了，這也是教育招人輕視的一個原因。第五，粗製濫造的畢業生驟然增多了，而社會上的事業不能有同樣速度的發展，政府機關又不肯充分採用考試任官的方法，於是『粥少僧多』的現象就成爲今日的嚴重問題，做父兄的擔負了十多年的教育費，眼見子弟拿着文憑尋不到飯碗，當然要埋怨教育本身的失敗了。

這許多原因，（當然不限於這些）我們都不否認。但我要指出，這種種原因都不夠證成教育的破產。事實上，我們今日還只是剛開始試辦教育，教育還只是剛起了一個頭，離那現代國家應該有的教育眞是去題萬里！本來還沒有『教育』可說，怎麼談得到『教育破產』？產還沒有置，有什麼可破？今日高唱『教育破產』的妄人，都只是害了我在上文說的『沒有胃口』的病症。他們在一個時代也曾跟着別人喊着要教育，等到剛嘗着教育的味兒，他們早就皺起眉頭來說教育是喫不得的了！我們只能學耶穌的話來對這種人說：『啊！你們這班信心淺薄的人啊！』

我要很誠懇的對全國人訴說：今日中國教育的一切毛病，都由於我們對教育太沒有信心，太不注意，太不肯花錢。教育所以『破產』，都因爲教育太少了，太不夠了。教育的失敗，正因爲我們今日還不曾眞正有教育。

爲什麼一個小學畢業的孩子不肯回到田間去幫他父母做工呢？並不是小學教育毀了他。第一，是因爲田間小孩子能讀完小學的人數太少了，他覺得他進了一種特殊階級，所以不屑種田學手藝了。第二，是因爲那班種田做手藝的人也連小學都沒有進過，本來也就不歡迎這個認得幾擔大字的小學生。第三，他的父兄花錢送他進學堂，心眼裏本來也就指望他做一個特殊階級，可以誇耀鄰里，本來也就最不指望他做塊『回鄉豆腐干』重回到田間來。

對於這三個根本原因，一切所謂『生活教育』『職業教育』，都不是有效的救濟。根本的救濟在於教育普及，使個個學齡兒童都得受義務的（不用父母花錢的）小學教育；使人人都感覺那一點點的小學教育並不是某種特殊階級的表記，不過是個個『人』必需的東西，——和吃飯睡覺呼吸空氣一樣的必需的東西。人人都受了小學教育，小學畢業生自然不會做游民了。

中學教育和大學教育的許多怪現狀，也不全是教育本身的毛病，也往往是這個過渡時期（從沒有教育過渡到剛開始有教育的時期）不可避免的現狀。因爲教育太希有，太貴；因爲小學教育太不普及，所以中等教育更成了極少數人家子弟的專有品，大學教育更不用說了。今日大多數升學的青年，不一定都是應該升學的，只因爲他們的父兄有送子弟升學的財力，或者因爲他們的父兄存了『將本求利』的心思勉力借貸供給他們升學的。中學畢業要貼報條向親戚報喜，大學畢業要在祠堂前豎旗杆，這都不是今日已絕跡的事。這樣希有的寶貝（今日在初中的人數約佔全國人口一千分之一；在高中的人數約佔全國人口四千分之一；在專科以上學校的人數約佔全國人口一萬分之一！）當然要高自位置，不屑回到內地去，寧作都市的失業者而不肯做農村的導師了。

今日中等教育與高等教育所以還辦不好，基本的原因還在於學生的來源太狹，在於下層的教育基礎太窄太小，（十九年度全國高中普通科畢業生數不滿八千人，而二十年度專科以上學校一年級新生有一萬五千多人！）來學的多數是爲熬資格而來，不是爲求學問而來。因爲要的是資格，所以只要學校肯給文憑便有學生。因爲要的是資格，所以教員越不負責任，越受歡迎而嚴格負責的訓練管理往往反可以引起風潮；學問是可以犧牲的，資格和文憑是不可以犧牲的。

欲要救濟教育的失敗，根本的方法只有用全力擴大那個下層的基礎，就是要下決心在最短年限內做到初等義務教育的普及。國家與社會在今日必須拚命擴充初等義務教育，然後可以用助學金和免費的制度，從那絕大多數的青年學生裏選拔那些眞有求高等知識的天才的人去升學。受教育的人多了，單有文憑上的資格就不夠用了，多數人自然會要求眞正的知識與技能了。

這當然是絕大的財政負擔，其經費數目的偉大可以駭死今日中央和地方天天叫窮的財政家。但這不是絕不可能的事。在七八年前，誰敢相信中國政府每年能擔負四萬萬元的軍費？然而這個鉅大的軍費數目在今日久已是我們看慣毫不驚訝的事實了！

所以今日最可慮的還不是沒有錢，只是我們全國人對於教育沒有信心。我們今日必須堅決的信仰：五千萬失學兒童的救濟比五千架飛機的功效至少要大五萬倍！

二十三，八，十七。

所謂『中小學文言運動』

本年五月初，汪懋祖先生在時代公論第一一〇號上發表了一篇禁習文言與強令讀經，引起了吳研因先生在各報上發表反駁的文字。汪先生第一次答辯（時代公論第一一四號）才用了『中小學文言運動』的題目。這個月中，各地頗有討論這個問題的文字，漸漸的離原來的論點更遠了。我本來不願意加入這個問題的討論。今天任叔永先生送來了一篇爲全國小學生請命，這是獨立評論上第一次牽涉到這個問題，叔永在他的文章裏把這個『論戰』做了一段簡單的提要，我讀了覺得他的提要不很正確，所以我要補充幾句，並且借這個機會說說我的一點意見。

汪懋祖的第一篇文字，條理很不清楚，因爲是用很不清楚的文言寫的。我細細分析，可把他的主張總括成這幾點：

（1）『初級小學自以全用白話教材爲宜。』

（2）『而五六年級應參教文言。不特爲升學及社會應用所需，即對於不升學者，亦不當絕其研習文言之機會也。』

（3）關於中學國文科文言教材應該佔多大的成分，汪先生沒有明說，但他曾說：『吾只望初中能讀畢孟子，高中能讀論語，學庸，以及左傳，史記，詩經，國策，莊子，荀子，韓非子等選本，作爲正課，而輔以各家文選，及現代文藝作爲課外讀物。』

他的主張不過如此。這樣的主張，不過是一個教育家的個人見解，本來不值得我們大驚小怪。他的文字所以引起讀者的反感，全因爲他在每一段裏總有幾句痛罵白話擁護文言的感情話，使人不能不感覺這幾條簡單的主張背後是充滿着一股熱烈的迷戀古文的感情。感情在那兒說話，所以理智往往失掉了作用。例如他說：

> 學習文言與學習語體，孰難孰易，必經心理學專家之長於文字者作長期的測驗研究，殊未可一語武斷。

這好像是個學者的態度。但他下文說：

> 二者（文言與白話）各有其用，欲卓然成一作家，則所資於天才與功力，正復相同。

這就是『武斷』二者難易『正復相同』了。下文他又說：

> 草寫『如之何』三字，時間一秒半；草寫『怎麼樣』三字，需七秒半，時間相差六秒。文言之省便，毋待曉曉。乃必舍輕便之利器，用粗笨之工具，吾不知其何說也。

這又更進一步『武斷』白話爲『粗笨之工具』，文言爲『輕便之利器』了！然而汪先生接着又忽然下一轉語：

> 或謂學習文言當較白話費力，曰，然。

這又是不待『心理學專家長期的測驗研究』而『武斷』學習文言『較白話費力』了！

究竟學習白話與學習文言『孰難孰易』呢？還是『學習文言較白話費力』呢？還是『文言之省便毋待曉曉』呢？還是『二者正復相同』呢？還是我們應該靜待『心理學專家作長期的測驗研究』呢？汪先生越說，我們越糊塗了。

這是那個所謂中小學文言運動的發難文字的內容。以後的討論，更使我們看出當日發難的人和後來附和的人的心事。在中小學文言運動一篇裏，汪先生很明白的說：

> 讀經決非惡事，似毋庸諱言。時至今日，使各省當局如何鍵陳濟棠輩之主張尊孔讀經，可謂豪傑之士矣。

在這裏，我的老朋友汪懋祖先生眞是『圖窮而匕首見』了。至於附和的人，大都是何鍵陳濟棠兩位『豪傑之士』的同志。在時代公論第一一七號裏，有位許夢因先生投了一篇告白話派青年，說：

> 白話必不可爲治學工具。今用學術救國，急應恢復文言。

他痛哭流涕的控訴『白話派』：

> 其所奉行惟謹之白話，實質全係外國的而非中國的。（胡適謹按：這句話大有白話的嫌疑。許夢因先生何不把這句白話改作古文試試看？）其體勢構造每非一般識字讀書之中國人所能領會。可領會者，大都外國假面具社會主義之宣傳，無一事一理及於實用科學，或爲本國所有者。

發這樣議論的人，當然夠得上擁護今日一班『豪傑之士』的主張了。

這個所謂中小學文言運動的主張和動機，不過如此。我們綜合我們看見的一些討論，（慚愧的很，上海各刊物上的討論我們收集到的很少。）覺得時代公論第一一三號上龔啓昌先生的一篇讀了『禁習文言與強令讀經』以後，立論很公平，其中有許多細密的議論。龔先生認淸了今日白話文言之爭『是社會對於文言語體的態度的問題』。他說：

> 我們試看社會上對於文言語體的態度如何？報紙影響於社會心理者最大，應能提倡語體才好。其他如官場的文告來往的公事，雖是加上了新式標點，內容依舊是文言。……就在教育界本身也還有種種矛盾的現象。日前看見報上載江蘇省會考試題議決一律用文言。現在國內各大學的考試，及考試院舉辦的考試，更非用文言不可。……無怪乎現在的中學生（胡適按：此處及下文原文有脫誤。）甚而小學生，你不教他文言，他還要求你教他文言。中學大學入學試驗的影響於學生心理與態度，比了行政機關的一紙號令，或文人的兩三篇文字，不知要大多少。

這都是一針見血的診斷。汪懋祖先生們說的『社會應用所需，』其實正是這一類的『矛盾的現象』在那兒作怪。教育部屢次下令禁止小學講習文言，並且明令初中各科教科書除國文一小部分之外，不得用文言編撰。但教育部如何敵得過許多『豪傑之士』主持的政府機關，教育機關，考試機關，與論機關的用全力維持古文的殘喘？七八年的革命政府在這一方面只做到了去年的公文一律用新式標點的通令而已。我很佩服龔先生的說法：

語體文在小學裏的地位，當然毫無異議。不過應當使社會尊重語體文，廣為推行一切報章公文一律改過，尤其是中學大學入學試驗也要能提倡。否則一部分人提倡語體，又有一部分人在那裏提倡文言，以致青年無所適從了。

我們既是認定了語體為提高國民文化的輕便工具，我們應當再請政府來澈底的革一下命。否則雖是十年百年也還沒有結果。

可惜今日的『豪傑之士』還不肯承認龔先生的前提呵！

龔先生說的『社會的態度』的問題，我們在十七八年前早已認淸楚了。滿淸的末年，民國的初年，也有提倡白話報的，也有提倡白話書的，也有提倡官話字母的，也有提倡簡字字母的。他們的失敗在於他們自己就根本瞧不起他們提倡的白話。他們自己做八股策論，卻想提倡一種簡易文字給老百姓和小孩子用。殊不知道他們自己不屑用的文字，老百姓和小孩子如何肯學呢？所以我們在十七八年前提倡『白話文學』的運動時，決心先把白話認作我們自己愛敬的工具；決心先認定白話不光是『開通民智』的利器，乃是創造中國文學的唯一工具。我曾說：

白話不是只配拋給狗吃的一塊骨頭，乃是我們全國人都該賞識的一件好寶貝。（五十年來中國之文學，胡適文存二集，卷二，頁一九二）

這就是說：若要使白話運動成功，我們必須根本改變社會上輕視白話的態度。怎樣下手呢？我們主張從試作白話文學下手。單靠幾部水滸西遊紅樓夢是不夠的。所以民國七年我在建設的文學革命論裏很明白的說：

> 若要造國語，必須造國語的文學。有了國語的文學，自然有國語。……眞正有功效有勢力的國語教科書便是國語的文學，便是國語的小說詩文劇本。……中國將來的新文學用的國語，就是將來的標準國語。

這就是說：我們下手的方法，只有用全力用白話創造文學。白話文學的眞美被社會公認之時，標準化的國語自然成立了。

我當時的主張，一班朋友都還不能完全了解。時勢的逼迫也就不容許我的緩進的辦法的實行。白話文學運動開始後的第三年，北京政府的教育部就下令改用白話作小學第一二年級的教科書了！民國十一年的新學制不但完全採用國語作小學教科書，中學也局部的用國語了！這是白話文學運動開始後第五年的事！這樣急驟的改革，固然證明了我的主張的一部分：就是白話『文學』的運動果然抬高了社會對白話的態度，因而促進了白話教科書的實現。但是在那個時代，白話的教材實在是太不夠用了，實在是貧乏的可憐！中小學的教科書是兩家大書店編的，裏面的材料都是匆匆忙忙的搜集來的；白話作家太少了，選擇的來源當然很缺乏；編撰教科書的人又大都是不大能做好白話文的，往往是南方作者勉強作白話；白話文學還沒有標準，所以往往有不很妥貼的句子。但平心而論，民國十一年『新學制』之下的國語教科書還經過了比較細心的編纂，謹慎的審查。民國十五六年的政治大革命以後，各家書店爭著編纂時髦的教科書，競爭太激烈了，各家書店都沒有細心考究的時間，所以編纂審查都更潦草了；甚至於把日報上的黨國要人的演說筆記都用作教科書的材料！所以這幾年出的國語教科書，在文字上，在內容上，恐怕還不如民國十一二年的教科書了。

所以我們回頭看這十幾年出的教科書，實在不能否認這些教科書應該大大的改良。但這十幾年的中小學教科書的不滿人意，卻也證明了我十七年前的憂慮。我當時希望有第一流的白話詩文，戲本，傳記，等等出來做『眞正有功效有力量的國語教科書。』但十七年來白話文學的作品雖然在質上和量上都有了進步，究竟十七年的光陰是很短的，第一流的作家在一個短時期裏是不會很多的。何況牟利的教科書商人又不肯虛心的，細心的做披沙揀金的編纂工作呢？今日社會上還有一部分人對於白話文存着輕藐的態度，我們提倡白話文學的人不應該完全怪他們的頑固，我們應該責備我們自己提倡有心而創作不夠，所以不能服反對者之心。

老實說，我並不妄想『再請政府來澈底的革一下命。』我深信白話文學是必然能繼長增高的發展的，我也深信白話在社會上的地位是一天會比一天抬高的。在那第一流的白話文學完全奠定標準國語之前，頑固的反對總是時時會有的。對付這種頑固的反對，不能全靠政府的『再革一下命』——雖然那也可以加速教育工具的進步，——必須還靠第一流白話文學的增多。

二三，七，九夜。

我們今日還不配讀經

傅孟眞先生昨天在大公報上發表星期論文，討論學校讀經的問題，我們得了他的同意，轉載在這一期（獨立第一四六號）裏。他這篇文章的一部分是提倡讀經的諸公所能了解（雖然不肯接受）的。但是其中最精確的一段，我們可以預料提倡讀經的文武諸公決不會了解的。那一段是：

經過明末以來樸學之進步，我們今日應該充分感覺六經之難讀。漢儒之師說既不可恃，宋儒的臆想又不可憑，在今日只有妄人才敢說詩書全能了解。有聲音文字訓詁學訓練的人是深知『多聞闕疑』『不知爲不知』之重要性的。那麼，今日學校讀經，無異於拿些教師自己半懂半不懂的東西給學生。……六經雖在專門家手中也是半懂半不懂的東西，一旦拿來給兒童，教者不是渾沌混過，便要自欺欺人。這樣的效用，究竟是有益於兒童的理智呢，或是他們的人格？

孟眞先生這段話無一字不是事實。只可惜這番話是很少人能懂的。今日提倡讀經的人們，夢裏也沒有想到五經至今還只是一半懂得一半不懂得的東西。這也難怪。毛公鄭玄以下，說詩的人誰肯說詩三百篇有一半不可懂？王弼韓康伯以下，說易的人誰肯說周易有一大半不可懂？鄭玄馬融王肅以下，說書的人誰肯說尙書有一半不可懂？古人且不談，三百年中的經學家，陳奐胡承珙馬瑞辰等人的毛詩學王鳴盛孫星衍段玉裁江聲皮錫瑞王先謙諸人的尚書學焦循江藩張惠言諸人的易學，又何嘗肯老實承認這些古經他們只懂得一半？所以孟眞先生說的『六經雖在專門家手中也是半懂半不懂的東西』這句話只是最近二三十年中的極少數專門家的見解，只是那極少數的『有聲音文字訓詁學訓練的人』的見解。這種見解，不但陳濟棠何鍵諸公不曾夢見就是一般文人也未必肯相信。

所以我們在今日正應該教育一般提倡讀經的人們，教他們明白這一點。這種見解可以說是最新的經學，最新的治經方法。始創新經學的大師是王國維先生，雖然高郵王氏父子在一百多年前早已走上這條新經學的路了。王國維先生說：

> 詩書爲人人誦習之書，然於六藝中最難讀。以弟之愚闇，於書所不能解者殆十之五；於詩，亦十之一二。此非獨弟所不能解也，漢魏以來諸大師未嘗不強爲之說，然其說終不可通。以是知先儒亦不能解也。（觀堂集林卷一，與友人論詩書中成語書）

這是新經學開宗明義的宣言，說話的人是近代一個學問最博而方法最縝密的大師，所以說的話最有分寸，最有勳兩。科學的起點在於求知，而求知的動機必須出於誠懇的承認自己知識的缺乏。古經學所以不曾走上科學的路，完全由於漢魏以來諸大師都不肯承認古經的難懂，都要『強爲之說。』南宋以後，人人認朱子蔡沈的集註爲集古今大成的定論，所以經學更荒蕪了。顧炎武以下，少數學者走上了聲音文字訓詁的道路，稍稍能補救宋明經學的臆解的空疎。然而他們也還不肯公然承認他們只能懂得古經的一部分，他們往往不肯拋棄注釋全經的野心。淺識的人在一個過度迷信清代樸學的空氣裏，也就紛紛道聽塗說，以爲經過了三百年清儒的整理，五經應該可以沒有疑問了。誰料到了這三百年的末了，王國維先生忽然公開揭穿了這張黑幕，老實的承認，詩經他不懂的有十之一二，尙書他不懂的有十之五。王國維尙且如此說，我們不可以請今日妄談讀經的諸公細細想想嗎？

何以古經這樣難懂呢？王國維先生說：

> 其難解之故有三：譌闕，一也。（此以尙書爲甚）古語與今語不同，二也。古人頗用成語，其成語之意義與其中單語分別之意義又不同，三也。
>
> 唐宋之成語，吾得由漢魏六朝人書解之；漢魏之成語，吾得由周秦人書解之。至於詩書，則書更無古於是者。其成語之數數見者，得比較之而求其相沿之意義。否則不能贊一辭。若但合其中之單語解之，未有不齟齬者。（同上書）

王國維說的三點，第一是底本，第二是訓詁，第三還是訓詁。其實古經的難懂，不僅是單字，不僅是成語，還有更重要的文法問題。前人說經，都不注意古文語法，單就字面作詁訓，所以處處『強爲之說』，而不能滿人意。王念孫王引之父子的經傳釋詞，用比較歸納的方法，指出許多前人誤認的字是『詞，』（虛字）這是一大進步。但他們沒有文法學的術語可用只能用『詞』『語詞』『助詞』『語已詞』一類籠統的名詞，所以他們的最大努力還不能使讀者明瞭那些做古文字的脈絡條理的『詞』在文法上的意義和作用。況且他們用的比較的材料絕大部分還是古書的文字他們用的銅器文字是絕少的。這些缺陷現代的學者剛剛開始彌補：文法學的知識，從馬氏文通以來，因爲有了別國文法作參考，當然大進步了；銅器文字的研究，在最近幾十年中已有了長足的進展；甲骨文字的認識又使古經的研究添出了不少的比較的材料。所以今日可說是新經學的開始時期。路子有了，方向好像也對了，方法好像更精細了，只是工作剛開始，成績還說不上。離那了解古經的時期，還很遠哩！

正因爲今日的工具和方法都比前人稍進步了，我們今日對於古經的了解力的估計也許比王國維先生的估計還要更小心一點，更謙卑一點。王先生說他對詩經不懂的有十之一二，對尙書有十之五。我們在今日，嚴格的估計，恐怕還不能有他那樣的樂觀。尙書在今日，我們恐怕還不敢說懂得了十之五。詩經的不懂部分，一定不止十之一二，恐怕要加到十之三四吧。這並不是因爲我們比前人更笨，只是因爲我們今日的標準更嚴格了。試舉幾個例來做說明。(1)大誥開篇就說：

王若曰，猷大誥爾多邦。

微子之命開篇也說：

王若曰，猷殷王元子。

多方開篇也說：

> 周公曰，王若曰，猷告爾四國多方。

這個『猷』字古訓作『道』，清代學者也無異說。但我們在今日就不能這樣輕輕的放過他了。(2)又如『弗』『不』兩個字古人多不曾注意到他們的異同：但中央研究院的丁聲樹先生却尋出了很多的證據，寫了兩萬多字的長文，證明這兩個否定詞在文法上有很大的區別，『弗』字是『不之』兩字的連合省文，在漢以前這兩字是從不亂用的。(3)又如詩書裏常用的『誕』字，古訓作『大』，固是荒謬；世俗用作『誕生』解，固是更荒謬；然而王引之經傳釋詞裏解作『發語詞』，也還不能叫人明白這個字的文法作用。燕京大學的吳世昌先生釋『誕』爲『當』，然後我們懂得『誕彌厥月』就是當懷胎足月之時；『誕寘之隘巷』『誕寘之平林』就是當把他放在隘巷平林之時。這樣說去才可以算是認得這個字了。(4)又如詩經裏常見的『于以』二字：

> 于以采蘋，南澗之濱。
> 于以采藻，于彼行潦。
> 于以采蘩，于沼于沚。
> 于以用之，公侯之事。
> 于以求之，于林之下。

『于以』二字，誰不認得？然而清華大學的楊樹達先生指出這個『以』字應解作『何』字，就是『今王其如台』的『台』字。這樣一來，我們只消在上半句加個疑問符號（？）如下例：

于以求之？于林之下。

于以采蘩？于沼于沚。

這樣說經，才可算是『渙然冰釋，怡然順理』了。

我舉的例子，都是新經學提出的小小問題，都是前人說經時所忽略的，所認爲不須詁釋的。至於近二三十年中新經學提出的大問題和他們的新解決，那都不是這篇短文裏說得明白的，我們姑且不談。

總而言之，古代的經典今日正在開始受科學的整理的時期，孟眞先生說的『六經雖在專門家手中也是半懂半不懂的東西』眞是最確當的估計。詩，書，易，儀禮，固然有十之五是不能懂的，春秋三傳也都有從頭整理研究的必要；就是論語孟子也至少有十之一二是必須經過新經學的整理的。最近一二十年中，學校廢止了讀經的工課，使得經書的講授完全脫離了村學究的胡說，漸漸歸到專門學者的手裏，這是使經學走上科學的路的最重要的條件。二三十年後，新經學的成績積聚的多了，也許可以稍稍減低那不可懂的部分，也許可以使幾部重要的經典都翻譯成人人可解的白話，充作一般成人的讀物。

在今日妄談讀經或提倡中小學讀經，都是無知之談，不值得通人的一笑。

二十四，四，八。

大衆語在那兒

自從一些作家提出了『大衆語』的問題，常有朋友問我對這問題有什麽意見。我對於這個問題只有一個小意見：請大家先做點大衆語的作品出來，給我們看看。

在民國八年的八月裏，我的朋友李辛白先生來對我說：『你們辦的報是爲大學中學的學生看的，你們說的話是老百姓看不懂的。我現在要辦個報給老百姓看，名字就叫做「新生活」。今天來找你，是要你給我的報做一篇短文章老實說這一篇是借你的名字來做廣告的。以後我就不再請你做文章了：你們做的文章，老百姓看不懂。』

李辛白從前辦過安徽白話報，他一生最喜歡辦通俗小報；最近幾年中他在南京辦了一個老百姓，現在不知道怎樣了。

且說那一天，我答應了辛白的要求，就動手寫一篇要給老百姓看的短文章。題目也是辛白出的：『新生活是什麽？』我拿起筆來，才知道這個題目不好做，才知道這篇文章不容易寫。（十五年後，我才得讀國內賢豪的無數講新生活的大文章，可惜都不能救濟我十五年前的枯窘！）我勉强寫成了一篇短文，刪了又刪，改了又改，足足費了我一個整天的工夫，才寫定了一千多字，登在新生活的創刊號上。

這篇短文（胡適文存頁一〇一七；胡適文選頁五一）後來跑進了各種小學國語教科書裏，初中國語教科書第一冊也有選他的，要算是我的文章傳播最廣的一篇了。

我寫了那篇文章之後，新生活雜誌上就沒有我的文字了。過了一年多，有一天我見着李辛白，我對他說：「我看了這一年的新生活，只覺得你們的文章越寫越深了。你們當初嫌我不能做老百姓看的文章；所以我很想看看你們的文章，我好學學老百姓看得懂的文章應該怎麼做。可是我等了一年，還沒有看到一篇老百姓看得懂的文章。」辛白回答道：「糟極了！這一年之中，恐怕還只有你那篇文章是老百姓看得懂的！」

李辛白是提倡大衆語文學的老祖宗。可是他辦的報，儘管叫做「老百姓」，看的仍舊是中學堂裏的學生，始終不會跑到老百姓的手裏去。

那一次的一點經驗，給了我不少的教訓。後來又有一次經驗，也是我忘記不了的。

民國二十二年的冬天，我在武漢大學講演，同時在那邊的客人有唐擘黃，楊金甫，還有幾位，我記不清了。有一天，武漢大學的朋友說山上的小學和幼稚園的小孩子要招待我們喝茶。我們很高興的走到了那邊，才知道那班小主人還要每個客人「說幾句話。」這大概是武漢大學的朋友們佈置下的促狹計策，要考考我們能不能向小孩子說話，能不能說幼稚園裏的「大衆語！」

提到演說，我可以算是久經大敵的老將了。我曾在加拿大和美國的聯合廣播台上向整個北美洲的人演說過，毫不覺得心慌。可是這一天我考落第了！那天我們都想用全副力量來說幾句小孩子聽得懂的話：想他們懂得我們的話和話裏的意思。我說了一個故事，話是可以懂的，話裏的意思（因爲故事太深了）是他們不能完全了解的。我失敗了。那一天只有楊金甫說的一個故事是全體小主人都聽得懂，又都喜歡聽的。別的客人都考了個不及格。

我說了這兩次的經驗，爲的是要說明一個小小的意思。大衆語不是在白話之外的一種特別語言文字。大衆語只是一種技術，一種本領，只是那能夠把白話做到最大多數人懂得的本領。

這種技術不光靠挑用單簡明顯的字眼語句，也不光靠能剽竊一兩句方言土話。同是蘇州人說蘇州話，一樣有個好懂和不好懂的分別。這種技術的高低，全看我們對於所謂『大衆』的同情心的厚薄。凡是說話作文能叫人了解的人，都是富於同情心，能細心體貼他的聽衆（或讀者）的。『體貼』就是艷詞裏說的『換我心爲你心』；就是時時刻刻想到對面聽話的人那一個字聽不懂，那一句話不容易明白。能這樣體貼人，自然能說聽衆懂得的話，自然能做讀者懂得的文。

英國科學大家赫胥黎最會作通俗的科學講演，他能對一大羣工人作科學講演。他自己說他最得力於科學前輩法拉第的一句話。有人問法拉第：『你講演科學的時候，你能假定聽衆對於你講的題目先有了多少知識？』法拉第回答：『我假定他們全不知道。』這就是體貼的態度。我們必須先想像這班聽衆全不知道我要對他們說的題目，方才能夠細心體會用什麼法子選什麼字句，才可以叫那些最沒有根柢的人也能明白我要說的話。能夠體貼到聽衆裏面程度最低的一個人，然後能說大衆全聽得懂的話。

現在許多空談大衆語的人，自己就不會說大衆的話，不會做大衆的文，偏要怪白話不大衆化，這眞是不會寫字怪筆秃了。白話本來是大衆的話，決沒有不可以回到大衆去的道理。時下文人做的文字所以不能大衆化，只是因爲他們從來就沒有想到大衆的存在。因爲他們心裏眼裏全沒有大衆，所以他們亂用文言的成語套語，濫用許多不曾分析過的新名詞；文法是不中不西的，語氣是不文不白的；翻譯是硬譯，做文章是懶做。他們本來就沒有學會說白話，做白話，怪不得白話到了他們的手裏就不肯聽他們的指揮了。這樣嘴裏有大衆而心裏從來不肯體貼大衆的人，就是眞肯『到民間去』，他們也學不會說大衆話的。

所以我說：大衆語不是一個語言文字的問題，只是一個技術的問題。提倡大衆語的人，都應該先訓練自己做一種最大多數人看得懂，聽得懂的文章。『看得懂』是爲識字的大衆着想的；『聽得懂』是爲不識字的大衆着想的。我們如果眞有心做大衆語的文章，最好的訓練是時時想像自己站在無線電發音機面前，向那絕大多數的農村老百姓說話，要字字句句他們都聽得懂。用一個字，不要忘了大衆；造一句句子，不要忘了大衆；說一個比喻，不要忘了大衆。這樣訓練的結果，自然是大衆語了。

二十三，九，四。

試評所謂「中國本位的文化建設」

新年裏，薩孟武何炳松先生等十位教授發表的一個中國本位的文化建設宣言，在這兩三個月裏，很引起了國內人士的注意。我細讀這篇宣言，頗感覺失望，現在把我的一點愚見寫出來，請薩何諸先生指教，並請國內留意這問題的朋友們指教。

十教授在他們的宣言裏，曾表示他們不滿意於「洋務」「維新」時期的「中學爲體西學爲用」的見解。這是很可驚異的！因爲他們的「中國本位的文化建設」正是「中學爲體西學爲用」的最新式的化裝出現。說話是全變了，精神還是那位勸學篇的作者的精神。「根據中國本位」不正是「中學爲體」嗎？「採取批評態度，吸收其所當吸收」不正是「西學爲用」嗎？

我們在今日必須明白「維新」時代的領袖人物也不完全是盲目的抄襲，他們也正是要一種「中國本位的文化建設」。他們很不遲疑的「檢討過去」，指出八股小脚鴉片等等爲「可詛咒的不良制度」；同時他們也指出孔教三綱五常等等爲「可贊美的良好制度偉大思想。」他們苦心苦口的提倡「維新，」也正如薩何諸先生們的理想要「存其所當存，去其所當去。」

他們的失敗是薩何諸先生們在今日所應該引爲鑒戒的。他們的失敗只是因爲他們的主張裏含的保守的成分多過於破壞的成分，只是因爲他們太捨不得那個他們心所欲而口所不能言的『中國本位。』他們捨不得那個『中國本位，』所以他們的維新政綱到後來失敗了。到了辛亥革命成功之後，帝制推翻了，當年維新家所夢想的改革自然在那大變動的潮流裏成功了。辛亥的革命是戊戌維新家所不敢要求的，因爲推翻帝制，建立民主，豈不要毀了那個『中國本位』了嗎？然而在辛亥大革命之後，『中國本位』依然存在，於是不久大家又都安之若固有之了！

辛亥以來，二十多年了，中國經過五四時代的大震動，又經過民國十五六年國共合作的國民革命的大震動。每一次大震動，老成持重的人們，都疾首蹙額，悲歎那個『中國本位』有隕滅的危險。尤其是民十五六的革命，其中含有世界最激烈的社會革命思潮，所以社會政治制度受的震撼也最厲害。那激烈震盪在一刹那間過去了，雖然到處留下了不可磨滅的創痕，始終沒有打破那個『中國本位。』然而老成持重的人們却至今日還不曾擱下他們悲天憫人的遠慮。何鍵陳濟棠戴傳賢諸公的復古心腸當然是要維持那個『中國本位，』薩孟武何炳松諸公的文化建設宣言也只是要護持那個『中國本位。』何鍵陳濟棠諸公也不是盲目的全盤復古：他們購買飛機槍砲，當然也會挑選一九三五的最新模特兒；不過他們要用二千五百年前的聖經賢傳來教人做人罷了。這種精神，也正是薩何十教授所提倡的『存其所當存，吸收其所當吸收。』

我們不能不指出，十教授口口聲聲捨不得那個「中國本位」，他們筆下儘管宣言「不守舊」，其實還是他們的保守心理在那裏作怪。他們的宣言也正是今日一般反動空氣的一種最時髦的表現。時髦的人當然不肯老老實實的主張復古，所以他們的保守心理都托庇於折衷調和的烟幕彈之下。對於固有文化，他們主張「去其渣滓，存其精英」；對於世界新文化，他們主張「取長捨短，擇善而從」。這都是最時髦的折衷論調。陳濟棠何鍵諸公又何嘗不可以全盤採用十教授的宣言來做他的烟幕彈？他們並不主張八股小脚，他們也不反對工業建設，所以他們的新政建設也正是「取長捨短，擇善而從」，而他們的讀經祀孔也正可以掛起「去其渣滓，存其精英」的金字招牌！十教授的宣言，無一句不可以用來替何鍵陳濟棠諸公作有力的辯護的。何也？何陳諸公的中心理論也正是要應付「中國此時此地的需要」，建立一個中國本位的文化。

薩何十教授的根本錯誤在於不認識文化變動的性質。文化變動有這些最普遍的現象：第一，文化本身是保守的。凡一種文化既成為一個民族的文化，自然有他的絕大保守性，對內能抵抗新奇風氣的起來，對外能抵抗新奇方式的侵入。這是一切文化所公有的惰性，是不用人力去培養保護的。

第二，凡兩種不同文化接觸時，比較觀摩的力量可以摧陷某種文化的某方面的保守性與抵抗力的一部分。其被摧陷的多少，其抵抗力的強弱，都和那一個方面的自身適用價值成比例：最不適用的，抵抗力最弱，被淘汰也最快，被摧陷的成分也最多。如鐘表的替代銅壺滴漏，如槍礮的替代弓箭刀矛，是最明顯的例。如泰西曆法之替代中國與回回曆法，是經過一個時期的抵抗爭鬬而終於實現的。如飲食衣服，在材料方面雖不無變化，而基本方式則因本國所有也可以適用，所以至今沒有重大的變化：吃飯的，決不能都改吃『番菜』，用筷子的，決不能全改用刀叉。

第三，在這個優勝劣敗的文化變動的歷程之中，沒有一種完全可靠的標準可以用來指導整個文化的各方面的選擇去取。十教授所夢想的『科學方法』，在這種鉅大的文化變動上，完全無所施其技。至多不過是某一部分的主觀成見而美其名為『科學方法』而已。例如婦女放腳剪髮，大家在今日應該公認為合理的事。但我們不能濫用權力，武斷的提出標準來說：婦女解放，只許到放腳剪髮為止，更不得燙髮，不得短袖，不得穿絲襪，不得跳舞，不得塗脂抹粉。政府當然可以用稅則禁止外國奢侈品和化裝品的大量輸入，但政府無論如何聖明，終是不配做文化的裁判官的，因為文化的淘汰選擇是沒有『科學方法』能做標準的。

第四，文化各方面的激烈變動，終有一個大限度，就是終不能根本掃滅那固有文化的根本保守性。這就是古今來無數老成持重的人們所恐怕要隕滅的『本國本位』。這個本國本位就是在某種固有環境與歷史之下所造成的生活習慣；簡單說來，就是那無數無數的人民。那才是文化的『本位』。那個本位是沒有毀滅的危險的。物質生活無論如何驟變，思想學術無論如何改觀，政治制度無論如何翻造，日本人還只是日本人，中國人還只是中國人。試看今日的中國女子，腳是放了，髮是剪了，體格充分發育了，曲線美顯露了，但她無論如何摩登化，總還是一個中國女人和世界任何國的女人都絕不相同。一個澈底摩登化的都市女人尚且如此，何況那無數無數僅僅感受文化變動的些微震盪的整個民族呢？所以『中國本位』是不必勞十教授們的焦慮的。戊戌的維新，辛亥的革命，五四時期的潮流，民十五六的革命，都不曾動搖那個攀不倒的中國本位。在今日有先見遠識的領袖們，不應該焦慮那個中國本位的動搖，而應該焦慮那固有文化的惰性之太大。今日的大患並不在十教授們所痛心的『中國政治的形態，社會的組織，和思想的內容與形式，已經失去它的特徵。』我們的觀察，恰恰和他們相反。中國今日最可令人焦慮的，是政治的形態，社會的組織，和思想的內容與形式，處處都保持中國舊有種種罪孽的特徵，太多了，太深了，所以無論什麼良法美意，到了中國都成了踰淮之橘，失去了原有的良法美意。政治的形態，從娘子關到五羊城，從東海之濱到峨嵋山脚，何處不是中國舊有的把戲？社會的組織，從破敗的農村，到簇新的政黨組織，何處不具有『中國的特徵？』思想的內容與形式，從讀經祀孔，國術國醫，到滿街的性史，滿牆的春藥，滿紙的洋八股，何處不是『中國的特徵？』

我的愚見是這樣的：中國的舊文化的惰性實在大的可怕，我們正可以不必替『中國本位』擔憂。我們肯往前看的人們應該虛心接受這個科學工藝的世界文化和它背後的精神文明，讓那個世界文化充分和我們的老文化自由接觸，自由切磋琢磨，借它的朝氣銳氣來打掉一點我們的老文化的惰性和暮氣。將來文化大變動的結晶品，當然是一個中國本位的文化，那是毫無可疑的。如果我們的老文化裏眞有無價之寶，禁得起外來勢力的洗滌衝擊的，那一部分不可磨滅的文化將來自然會因這一番科學文化的淘洗而格外發輝光大的。

總之，在這個我們還只僅僅接受了這個世界文化的一點皮毛的時候，侈談『創造』固是大言不慚，而妄談折衷也是適足爲頑固勢力添一種時髦的烟幕彈。

二十四，三，三十。

充分世界化與全盤西化

二十年前，美國展望週報（The Outlook）總編輯阿博特（Lyman Abbott）發表了一部自傳，其第一篇裏記他的父親的談話說：『自古以來，凡哲學上和神學上的爭論，十分之九都只是名詞上的爭論。』阿博特在這句話的後面加上一句評論，他說：『我父親的話是不錯的。但我年紀越大，越感覺到他老人家的算術還有點小錯。其實剩下的那十分之一，也還只是名詞上的爭論。』

這幾個月裏，我讀了各地雜誌報章上討論『中國本位文化』『全盤西化』的爭論，我常常想起阿博特父子的議論。因此我又聯想到五六年前我最初討論這個文化問題時，因爲用字不小心引起的一點批評。那一年（一九二九）中國基督教年鑑（Christian Year-book）請我做一篇文字，我的題目是『中國今日的文化衝突』，我指出中國人對於這個問題，曾有三派的主張：一是抵抗西洋文化，二是選擇折衷，三是充分西化。我說，抗拒西化在今日已成過去，沒有人主張了。但所謂『選擇折衷』的議論，看去非常有理，其實骨子裏只是一種變相的保守論。所以我主張全盤的西化，一心一意的走上世界化的路。

那部年鑑出版後，潘光旦先生在中國評論週報裏寫了一篇英文書評，差不多全文是討論我那篇短文的。他指出我在那短文裏用了兩個意義不全同的字，一個是 Wholesale westernization，可譯爲『全盤西化』；一個是 Wholehearted modernization，可譯爲『一心一意的現代化』或『全力的現代化』或『充分的現代化』。潘先生說，他可以完全贊成後面那個字而不能接受前面那個字。這就是說，他可以贊成『全力現代化』而不能贊成『全盤西化』。

陳序經吳景超諸位先生大概不曾注意到我們在五六年前的英文討論。『全盤西化』一個口號所以受了不少的批評，引起了不少的辯論，恐怕還是因爲這個名詞的確不免有一點語病。這點語病是因爲嚴格說來，『全盤』含有百分之一百的意義，而百分之九十九還算不得『全盤』。其實陳序經先生的原意並不是這樣，至少我可以說我自己的原意並不是這樣。我贊成『全盤西化』，原意只是因爲這個口號最近於我十幾年來『充分』世界化的主張；我一時忘了潘光旦先生在幾年前指出我用字的疏忽，所以我不曾特別聲明『全盤』的意義不過是『充分』而已，不應該拘泥作百分之百的數量的解釋。

所以我現在很誠懇的向各位文化討論者提議：爲免除許多無謂的文字上或名詞上的爭論起見，與其說『全盤西化』，不如說『充分世界化』。『充分』在數量上卽是『儘量』的意思，在精神上卽是『用全力』的意思。

我的提議的理由是這樣的：

第一，避免了『全盤』字樣，可以免除一切瑣碎的爭論。例如我此刻穿着長袍，踏着中國緞鞋子，用的是鋼筆，寫的是中國字，談的是『西化』，究竟我有『全盤西化』的百分之幾，本來可以不生問題。這裏面本來沒有『折衷調和』的存心，只不過是爲了應用上的便利而已。我自信我的長袍和緞鞋和中國字，並沒有違反我主張『充分世界化』的原則。我看了近日各位朋友的討論，頗有太瑣碎的爭論，如『見女人脫帽子，』是否『見男人也應該脫帽子』；如我們『能吃番菜，』是不是我們的飲食也應該全盤西化；這些事我看都不應該成問題。人與人交際，應該『充分』學點禮貌；飲食起居，應該『充分』注意衛生與滋養；這就夠了。

第二，避免了『全盤』的字樣，可以容易得着同情的贊助。例如陳序經先生說：『吳景超先生既能承認了西方文化十二分之十以上，那麼吳先生之所異於全盤西化論者，恐怕是釐毫之間罷。』我卻以爲，與其希望別人犧牲那『毫釐之間』來牽就我們的『全盤』，不如我們自己拋棄那文字上的『全盤』來包羅一切在精神上或原則上贊成『充分西化』或『根本西化』的人們。依我看來，在『充分世界化』的原則之下，吳景超，潘光旦，張佛泉，梁實秋，沈昌曄……諸先生當然都是我們的同志，而不是論敵了。就是那發表『總答覆』的十教授，他們既然提出了『充實人民的生活，發展國民的生計，爭取民族的生存』的三個標準，而這三件事又恰恰都是必須充分採用世界文化的最新工具和方法的，那麼，我們在這三點上邊可以歡迎『總答覆』以後的十教授做我們的同志了。

第三，我們不能不承認，數量上的嚴格『全盤西化』是不容易成立的。文化只是人民生活的方式，處處都不能不受人民的經濟狀況和歷史習慣的限制，這就是我從前說過的文化惰性。你儘管相信『西菜較合衞生』，但事實上決不能期望人人都吃西菜，都改用刀叉。況且西洋文化確有不少的歷史因襲的成分，我們不但理智上不願採取，事實上也決不會全盤採取。你儘管說基督教比我們的道教佛教高明的多多，但事實上基督教有一兩百個宗派，他們自己就互相詆毀，我們要的是那一派？若說，『我們不妨採取其宗教的精神，』那也就不是『全盤』了。這些問題，說『全盤西化』則都成爭論的問題，說『充分世界化』則都可以不成問題了。

鄙見如此，不知各位文化討論者以爲如何？

二十四，六，二十二。

胡適論學近著

第一集　卷五

論春秋答錢玄同

玄同兄：

你可考倒我了。我這幾年壓根兒就沒有想過春秋的性質的問題，所以對於你的質問，我幾乎要交白卷。但你的信卻使我不能不想想這個問題，想想的結果略如下方寫出請你指教。

第一，孟軻說『晉之乘，楚之檮杌，魯之春秋，一也。其事則齊桓晉文，其文則史。孔子曰，「其義則丘竊取之矣。」』我想，『其文則史』一句似乎是說以文字體裁而論，春秋是一部史，與別國的史正是『一也』。試看齊國史官記『崔杼弒其君』，晉國史官記『趙盾弒其君』，其文字體裁正與春秋相同。況且『其義則丘竊取之矣』一句，從文法上嚴格說來，應譯作，『至於這裏面的意義，可是我偷了他們的了。』舊註以『竊取』為謙辭，我卻不肯放過這句話。我以為董狐，齊史，都在孔子之前，史官的威權已經成立了，故孔子自認竊取史官『書法』的意義，而建立正名的思想。

第二，所謂『孔子作春秋』者，至多不過是說，孔子始開私家學者作歷史的風氣。創業不易，故孔子的春秋（即使不全是今所傳本）也不見得比『斷爛朝報』高明多少。但私家可以記史事，確有使跋扈權臣擔憂之處，故有『亂臣賊子懼』的話。此事正不須有什麽『微言大義』，只要敢說老實話，敢記眞實事，便可使人注意（懼）了。今之爛汚報館，尙且有大官貴人肯出大捧銀子去收買，何況那位有點傻氣的孔二先生呢？我的英國朋友佗音比(Arnold Toynbee)每年編一册『國際關係調查』，頗能據事直書。這幾年中每年都有列國外交當局對他的記事表示很關切的注意，往往供給材料，請他更正。這便是『懼』字的『今誼』了。（崔浩修史的故事更可借來印證。）

第三，孔門的後人不能繼續孔子以私家學者作史的遺風，卻去向那部比斷爛朝報高明不多的春秋裏尋求老他人家的微言大義。於是越鑽越有可怪的議論發現，其實都是像禪宗和尙說的『某甲祇將花插香爐上，是和尙自疑別有什麽事。』（作左氏春秋的那位先生似是例外。）

第四，我們在今日無法可以證實或否證今本春秋是孔子作的；也不能證明此書是否荀子一派人作的。因爲簡短，故頗像『斷爛』；其實我們看慣了殷虛卜辭，更見了董狐齊史所記，似可以假定今本春秋不是晚出的書，也許眞是孔子倣古史書法而作的。我從前（哲學史一〇三）曾疑春秋有『後來被權門干涉，方才改了的』，現在看來，在那種時代，私家記載不能不有所忌諱，也是很平常的事。即使胡適之錢玄同在今日秉筆作國史，能眞正鐵面不避忌嗎？

毛子水兄恰好在我家中見了你的原書和我的答書的前半，他寫出了三條意見，如下：

（1）春秋的底子可以是孔子以前史官所記錄的。

（a）書法是可有的事。

（b）斷爛朝報的性質是古初的著作體裁使然，詳細的必是口傳而非文字。

（2）孔子可以得到這樣的紀錄，並且利用他。

（3）孔子也許公布古代史官的紀錄，並接續記載當時的事。

子水的意見和我相差不遠。

以上所說，不知能算是交卷了嗎？

謝謝你爲我的生日費了那麽多的工夫寫那篇長文。裱成時，還要請你簽字蓋章，使千百年後人可以省去考證的工夫。

適之 十九，十二，二十。

附錄　錢先生來書

適之兄：

今有一事要請問你：你對於春秋，現在究竟認牠是一部什麼性質的書？你的哲學史中說春秋不該當牠歷史看，應該以公穀所說爲近是，牠是孔子『正名』主義的書；後來你做北大國學季刊宣言，對於淸儒治春秋而回到公羊的路上，認爲太『陋』了，並且和治易回到『方士』的路上爲同等之譏評。我對於你這個論調，可以作兩種解釋：(一)你仍認春秋爲正名之書，仍以公穀所言爲近是；但對於莊劉龔康諸公的『春秋擴大會議派』動不動說『微言大義』『張三世』『通三統』『黜周王魯』這些話覺得太討厭了，離開眞相太遠了，所以用一個『陋』字來打倒牠。(二)你前後的見解不同了，你後來認爲春秋只是一部『斷爛朝報』，不但沒有那些微言大義，並且也不是孔子正名之著作。我這兩種解釋未知孰是，請你自己告我。

我現在的意見是主張你前一說而略有不同。我以爲春秋確是正名之書，但不見得就是孔子的筆削，(孔子一生，我以爲是並沒有著過書。) 大概是荀子一派喜歡『隆禮』『正名』的人們幹的把戲，作公羊傳者當是此筆削春秋者的數傳弟子之類。公羊所言已有些『擴大會議』的意味，到了董道士和何老爹越說越不可究詰了。至於淸代的先生們，則離題更遠甘脆一句話，他們是『託春秋而改制』罷了。我因爲覺得春秋的稱名上確有些奇怪：如整整齊齊的五等爵位，某也公，某也侯，……永遠不變，今證之於鐘鼎款識，實在覺得沒有這麼一回事；尤其是楚國，這『楚子』的稱呼，恐怕只是儒家的玩意兒罷了。此外如那樣的褒揚宋伯姬，也頗可疑。故鄙見以爲認春秋有爾許微言大義的說法，固然不對；若竟認爲是魯國的『政府公報』的原本，似亦未合。你以爲然否？希望賜答爲荷。

弟玄同白

十九，十二，十九。

司馬遷替商人辯護

一

中國的正統派經濟思想一面主張均田均產，一面主張重農抑商。凡井田之論，限民名田之議，以及王莽沒收私有土地實行均田之政策，皆屬於前者。凡挫辱商人，不許商人乘車衣絲，市井子孫不得仕宦，以及種種驅民歸農的政策，皆屬於後者。

均田均產的思想是由於渴想一種『調均』的社會。孔子說：『不患貧而患不均；』又說：『均無貧。』（論語作『不患寡而患不均』，今依漢人引文校改。）他雖然不曾發揮這個意思，到了孟子手裏，便有經界井田的主張出來了。後來封建制度完全消滅，政權全歸國家，土地全歸私有，私有資本主義更發達了。當時富人并兼貧人，必有很冷酷的不均現象，如董仲舒說的：『富者田連阡陌，貧者無立錐之地，』『貧者常衣牛馬之衣，而食犬彘之食。』儒家既以『調均』為理想，故多主張均田制度。漢文帝時博士所作王制便主張農夫每人分田百畝。董仲舒在春秋繁露的度制篇裏也主張『方里八家，一家百畝。』董生也明白井田制度不容易實行，故他對漢武帝說：『古井田法雖難猝行，宜少近古限民名田，以贍不足，塞幷兼之路。』哀帝時，儒生當國，師丹孔光等人便主張實行限田，貴族與平民私有田地皆不得過三十頃。當時貴族寵臣反對此議，遂不得實行。到王莽纔把天下私有土地全數收爲國有名曰『王田』不得買賣『其男口不盈八而田過一井者分餘田予九族鄰里鄉黨。故無田今當受田者，如制度。』均田之議遂見於制度，試行了三年而廢除。

重農抑商的主張起於一種錯誤的價値論，認商人爲不勞而獲的不生利階級，不但不生利，還得靠剝削農人爲謀利之道。如鼂錯說的商人『男不耕耘，女不蠶織，衣必文采食必粱肉，無農夫之苦，有阡陌之利』這是很普遍的見解。他們雖不曾明說勞動爲價値的原素，然而他們都深信古話所謂：『一夫不耕，或受之飢；一女不織，或受之寒』的原則，所以絕不能了解何以不耕不織的人可以衣食千百人。這是重農抑商的第一個理由。他們又不能了解貨幣的性質，故有一種最幼稚的貨幣理論，以爲貨幣越不方便越好；越方便越不好。故他們以爲五穀是交易有無的基本而金錢是有害無利的。如鼂錯說的：

夫珠玉金銀，飢不可食，寒不可衣。然而衆貴之者，以上用之故也。其爲物輕微易藏，在於把握，可以周海內而無飢寒之患。此令臣輕背其主，而民易去其鄉，盜賊有所勸，亡逃者得輕資也。粟米布帛生於地，長於時，聚於力，非可一日成也。數石之重，中人勿勝，不爲姦邪所利。一日弗得而飢寒至。是故明君貴五穀而賤金玉。

這也是重農抑商政策的一個理由。他們根本上不願人民『輕去其鄉，』更不願商人『千里游敖冠蓋相望，乘堅策肥，履絲曳縞。』他們根本上就不要一個商業發達的社會。所以他們處處想用法律壓迫商人，不准商人『衣錦繡綺縠絺紵罽操兵，（兵是兵器）乘騎馬』（高祖本紀八年）不准市井子弟做官。（食貨志）哀帝時孔光等議限田奏中有『賈人皆不得名田爲吏』這不但要禁止商人爲吏，還要禁止他們買田了！

這種種政策和他們背後的經濟思想都只是不承認那自然產生的私產制度的新社會，而要想用法律政治來矯正這個自然變遷，來壓制商人，來『使民務農。』這種干涉政策有什麽效果呢？我們可讓鼂錯自己回答：

今法律賤商人，商人已富貴矣。尊農夫，農夫已貧賤矣。故俗之所貴，主之所賤也，吏之所卑，法之所尊也。

干涉政策的成效如此，而干涉之論仍日出不窮。故重農抑商，均田均產，二千年中繼續爲儒生的正統經濟思想。

二

在那干涉的調均論最流行的時代，董仲舒的朋友司馬遷獨唱一種替資本主義辯護的論調。司馬遷受道家的自然無爲主義的影響很深，故他對於那貧富不均的社會並不覺得奇怪，也不覺得有干涉的必要。在他的眼裏，商人階級的起來不過是一種很自然的現象。他很平淡的說：

富者，人之情性所不學而俱欲者也。（以下均引史記一二九貨殖傳）

天下熙熙，皆爲利來；天下攘攘，皆爲利往。夫千乘之王，萬家之侯，百室之君，尚猶患貧，而況匹夫編戶之民乎？

這不但是自然的現象，並且是很有益於社會的。社會國家都少不得商人，商人階級是供給社會的需要而產生的。他說：

> 夫山西饒材竹穀纑旄玉石，山東多魚鹽漆絲聲色，江南出柟梓薑桂金錫連（鉛）丹沙犀瑇瑁珠璣齒革，龍門碣石北多馬牛羊旃裘筋角，銅鐵則千里往往山出棊置。此……皆中國人民所喜好謠俗被服飲食奉生送死之具也。故待農而食之，虞而出之，工而成之，商而通之。此寧有政教發徵期會哉？人各任其能，竭其力，以得所欲。故物賤之徵貴，貴之徵賤，各勸其業，樂其事，若水之趨下，日夜無休時，不召而自來，不求而民出之。豈非道之所符而自然之驗耶？周書曰：『農不出則乏其食，工不出則乏其事，商不出則三寶絕，虞不出則財匱少。財匱少而山澤不闢矣。』此四者，民所衣食之原也。原大則饒，原小則鮮。上則富國，下則富家。貧富之道，莫之奪予，而巧者有餘，拙者不足。

司馬遷在這裏把農工商虞（虞是經營山澤之利的，鹽鐵屬於此業）四個職業分的最清楚，『商而通之』一語更是明白指出商業的功用。同書裏曾說：

> 漢興，海內為一，開關梁，弛山澤之禁，是以富商大賈周流天下，交易之物莫不通，得其所欲。

這幾句簡單的話，使我們知道資本主義的發達是由於漢帝國初期的開放政策。政府儘管挫辱商人，不准商人乘車衣絲，但只要免除關市的苛捐雜稅，只要開放山澤之利，商業自然會發達的。商業的發達能使交易之物各得其所欲，這正是商人流通有無的大功用。

司馬遷的卓識能認清貧富不均是由於人的巧拙不齊，是自然的現象。他說：

貧富之道，莫之奪予，而巧者有餘，拙者不足。

又說：

無財，作力；少有，鬬智；既饒，爭時。

又說：

纖嗇筋力，治生之正道也。（此即所謂無財作力）而富者必用奇勝。（此即所謂鬬智爭時）田農，拙業，而秦陽以蓋一州。掘冢，姦事也，而曲叔以起。博戲，惡業也，而桓發用之富。行賈，丈夫賤行也，而雍樂成以饒。販脂，辱處也，而雍伯千金。賣漿，小業也，而張氏千萬。洒削，（治刀劍）薄技也，而郅氏鼎食。胃脯，（熮羊胃以末椒薑拌之，曬乾作脯。）簡微耳，濁氏連騎。馬醫，淺方，張里擊鍾。此皆誠壹之所致。由是觀之，富無經業，則貨無常主。能者輻湊，不肖者瓦解。

這都是說工商致富都靠自己的能力智術，不是偶然的，也不是不勞而得的。他引白圭的話道：

吾治生產，猶伊尹呂尚之謀，孫吳用兵，商鞅行法是也。是故其智不足與權變，勇不足以決斷，仁不能以取予，彊不能有所守，雖欲學吾術，終不告之矣。

故他贊白圭道：

白圭其有所試矣。能試有所長，非苟而已也。

這都是承認營利致富是智能的報酬，不是儻來之物。這是很替資本制度辯護的理論，在中國史上最是不可多得的。太史公不像董仲舒那樣『下帷講誦三年不窺園』而偏愛高談天下經濟問題的人，他少年時便出門遊歷，足跡遍於四方，故能有這種特殊的平恕的見解。他看不起那些迂腐儒生，

無巖處奇士之行，而長貧賤，好語仁義，亦足羞也。

司馬遷既認那農工虞商的資本主義的社會是『道之所符而自然之驗』，故他不主張干涉的政策，不主張重農抑商的政策，也不主張均貧富的社會主義。他說：

夫神農以前，吾不知已。至若詩書所述虞夏以來，耳目欲極聲色之好，口欲窮芻豢之味，身安逸樂而心誇矜勢能之榮，使俗之漸民久矣。雖戶說以眇（妙）論，終不能化。故善者因之，其次利導之，其次教誨之，其次整齊之，最下者與之爭。

這種自然主義的放任政策是資本主義初發達時代的政治哲學。歐洲十八世紀的經濟學者，大都傾向於這條路。但資本主義的社會自然產生貧富大不均平的現象，董生所謂『富者田連阡陌，而貧者無立錐之地』，『貧民常衣牛馬之衣，而食犬彘之食。』這種現象也自然要引起社會改革家的注意與抗議，故干涉的政策，均貧富的理想，

均田限田的計畫都一一的起來。董生和太史公同時相熟，而兩人的主張根本不同如此。後來的儒家比較佔勢力，而後來的道家學者又很少像司馬遷那樣周知社會經濟狀況的，故均貧富抑幷兼的均產主義漸漸成爲中國的正統思想。師丹限田之制失敗之後，王莽還要下決心實行均田之制。王莽失敗了，後世儒者儘管罵王莽，而對於社會經濟，卻大都是王莽的信徒。試看班固的貨殖傳，材料全鈔史記，而論斷完全不同了。我們試一比較這兩種貨殖傳，可以看出思想的變遷了。

十九年八月

談談詩經

這是民國十四年九月在武昌大學講演的大意，曾經劉大杰君筆記，登在藝林旬刊（晨報副刊之一）第二十期發表；又收在藝林社文學論集。筆記頗有許多大錯誤。現在我修改了一遍，送給顧頡剛先生發表在古史辨裏。

二十，九，十一。

詩經在中國文學上的位置，誰也知道牠是世界最古的有價值的文學的一部，這是全世界公認的。

詩經有十三國的國風，只沒有楚風。在表面上看來，湖北這個地方在詩經裏，似乎不能佔一個位置。但近來一般學者的主張，詩經裏面是有楚風的，不過沒有把牠叫做楚風，叫牠做周南召南罷了。所以我們可以說：周南召南就是詩經裏面的楚風。

我們說周南召南就是楚風，這有什麼證據呢？這是有證據的。我們試看看周南召南，就可以找着許多提及江水漢水汝水的地方。像『漢之廣矣，』『江之永矣，』『遵彼汝墳』這類的句子，想大家都是記得的。滿水江水汝水流域不是後來所謂『楚』的疆域嗎？所以我們可以說周南召南大半是詩經裏面的楚風了。

詩經既有楚風，我們在這裏談詩經，也就是欣賞『本地風光。』

我覺得用新的科學方法來研究古代的東西，確能得着很有趣味的效果。一字的古音，一字的古義，都應該拿正當的方法去研究的。在今日研究古書，方法最要緊；同樣的方法可以收同樣的效果。我今天講詩經，也是貢獻一點我個人研究古書的方法。在我未講研究詩經的方法以前，先講講對於詩經的幾個基本的概念。

（一）詩經不是一部經典。從前的人把這部詩經都看得非常神聖，說牠是一部經典，我們現在要打破這個觀念；假如這個觀念不能打破，詩經簡直可以不研究了。因為詩經並不是一部聖經，確實是一部古代歌謠的總集，可以做社會史的材料，可以做政治史的材料，可以做文化史的材料。萬不可說牠是一部神聖經典。

（二）孔子並沒有刪詩，『詩三百篇』本是一個成語。從前的人都說孔子刪詩書，說孔子把詩經刪去十分之九，只留下十分之一。照這樣看起來，原有的詩應該是三千首。這個話是不對的。唐朝的孔穎達也說孔子的刪詩是一件不可靠的事體。假如原有三千首詩，真的刪去了二千七百首，那在左傳及其牠的古書裏面所引的詩應該有許多是三百篇以外的，但是古書裏面所引的詩不是三百篇以內的，雖說有幾首，卻少得非常。大概前人說孔子刪詩的話是不可相信的了。

（三）詩經不是一個時代輯成的。詩經裏面的詩是慢慢的收集起來，成現在這麼樣的一本集子。最古的是周頌，次古的是大雅，再遲一點的是小雅，最遲的就是商頌，魯頌，國風了。大雅小雅裏有一部分是當時的卿大夫做的，有幾首並有作者的主名；大雅收集在前，小雅收集在後。國風是各地散傳的歌謠，由古人收集起來的。這些歌謠產生的時候大概很古，但收集的時候卻很晚了。我們研究詩經裏面的文法和內容，可以說詩經裏面包含的時期約在六七百年的上下。所以我們應該知道，詩經不是那一個人輯的，也不是那一個人做的。

（四）詩經的解釋。詩經到了漢朝，眞變成了一部經典。詩經裏面描寫的那些男女戀愛的事體，在那班道學先生看起來，似乎不大雅觀，於是對於這些自然的有生命的文學不得不另加種種附會的解釋。所以漢朝的齊魯韓三家對於詩經都加上許多的附會，講得非常的神祕。明是一首男女的戀歌，他們故意說是歌頌誰，諷刺誰的。詩經到了這個時代，簡直變成了一部神聖的經典了。這種事情，中外大概都是相同的，像那本舊約全書的裏面，也含有許多的詩歌和男女戀愛的故事，但在歐洲中古時代也曾被教會的學者加上許多迂腐穿鑿的解說，使他們不違背中古神學。後起的毛詩對於詩經的解釋又把從前的都推翻了，另找了一些歷史上的——左傳裏面的事情——證據，來做一種新的解釋。毛詩研究詩經的見解比齊魯韓三家確實是要高明一點，所以毛詩漸漸打倒了三家詩，成爲獨霸的權威。我們現在讀的還是毛詩。到了東漢，鄭康成讀詩的見解比毛公又要高明。所以到了唐朝，大凡研究詩經的人都是拿毛傳鄭箋做底子。到了宋朝，出了鄭樵和朱子，他們研究詩經，又打破毛公的附會，由他們自己作解釋。他們這種態度，比唐朝又不同一點，另外成了一種宋代說詩的風氣。清朝講學的人都是崇拜漢學，反對宋學的，他們對於考據訓詁是有特別的研究，但是沒有什麼特殊的見解。他們以爲宋學是不及漢學的，因爲漢在一千七八百年以前，宋只在七八百年以前。殊不知漢人的思想比宋人的確要迂腐的多呢！但在那個時候研究詩經的人，確實出了幾個比漢宋都要高明的，如著詩經通論的姚際恆，著讀風偶識的崔述，著詩經原始的方玉潤，他們都大膽地推翻漢宋的腐舊的見解，研究詩經裏面的字句和內容。照這樣看起來二千年來詩經的研究實是一代比一代進步的了。

詩經的研究，雖說是進步的，但是都不澈底，大半是推翻這部，附會那部；推翻那部，附會這部。我看對於詩經的研究想要澈底的改革，恐怕還在我們呢！我們應該拿起我們的新的眼光，好的方法，多的材料，去大膽地細心地研究；我相信我們研究的效果比前人又可圓滿一點了。這是我們應取的態度，也是我們應盡的責任。

上面把我對於詩經的概念說了一個大概，現在要談到詩經具體的研究了。研究詩經大約不外下面這兩條路：

（第一）訓詁　用小心的精密的科學的方法，來做一種新的訓詁工夫，對於詩經的文字和文法上都從新下註解。

（第二）解題　大膽地推翻二千年來積下來的附會的見解；完全用社會學的，歷史的，文學的眼光從新給每一首詩下個解釋。

所以我們研究詩經，關於一句一字，都要用小心的科學的方法去研究；關於一首詩的用意，要大膽地推翻前人的附會，自己有一種新的見解。

現在讓我先講了方法，再來講到訓詁罷。

清朝的學者最注意訓詁，如戴震，胡承珙，陳奐，馬瑞辰等等，凡他們關於詩經的訓詁著作，我們都應該看的。戴震有兩個高足弟子，一是金壇段玉裁，一是高郵王念孫及其子引之，都有很重要的著作，可為我們參考的。如段註說文解字，念孫所作讀書雜志廣雅疏證等；尤其是引之所作的經義述聞經傳釋詞，對於詩經更有很深的見解，方法亦比較要算周密得多。

前人研究詩經都不講文法，說來說去，終得不着一個切實而明瞭的解釋，並且越講越把本義攪昏昧了。清代的學者，對於文法就曉得用比較歸納的方法來研究。

如「終風且暴」，前人註是——終風，終日風也。但清代王念孫父子把「終風且暴」來比較「終溫且惠」，「終窶且貧」就可知「終」字應當作「旣」字解。有了這一個方法，自然我們無論碰到何種困難地方，只要把牠歸納比較起來，就一目瞭然了。

詩經中常用的「言」字是很難解的。漢人解作「我」字，自是不通的。王念孫父子知道「言」字是語詞，卻也說不出他的文法作用來。我也曾應用這個比較歸納的方法，把詩經中含有「言」字的句子抄集起來，便知「言」字究竟是如何的用法了。

我們試看：

彤弓弨兮，受言藏之。

駕言出遊。

陟彼南山，言采其蕨。

這些例裏，「言」字皆用在兩個動詞之間。「受而藏之，」「駕而出遊，」……豈不很明白清楚？（看我的詩三百篇言字解，十三版胡適文存頁三三五——三四〇）

蘇東坡有一首「日日出東門」詩，上文說「步尋東城游，」下文又說「駕言寫我憂。」他錯看了詩經「駕言出遊，以寫我憂」的「駕言」二字，以爲「駕言」只是一種語助詞。所以章子厚笑他說：「前步而後駕，何其上下紛紛也！」

上面是把虛字當作代名詞的。再有把地名當作動詞的，如「胥」本來是一個地名。古人解爲「胥，相也，」這也是錯了。我且舉幾個例來證明。大雅篤公劉一篇有「於胥斯原」一句，毛傳說：「胥，相也。」鄭箋說：「相此原地以居民。」但我們細看此詩共分三大段，寫公劉經營的三個地方，三個地方的寫法是一致的：

（1）于胥斯原。

（2）于京斯依。

（3）于豳斯館。

我們比較這三句的文法，就可以明白，「胥」是一個地方的名稱假使有今日的標點符號，只要打一個「|」兒

就明白了。緜篇中說太王「爰及姜女，聿來胥宇，」也是這個地方。

還有那個「于」字在詩經裏面更是一個很發生問題的東西。漢人也把牠解錯了，他們解爲「于，往也。」例如周南桃夭的「之子于歸，」他們誤解爲「之子往歸。」這樣一解，已經太牽強了，但還勉強解得過去；若把牠和別的句子比較起來解釋，如周南葛覃的「黃鳥于飛」解爲「黃鳥往飛，」大雅卷阿的「鳳凰于飛」解爲「鳳凰往飛，」邶風燕燕的「燕燕于飛」解爲「燕燕往飛，」這不是不通嗎？那末究竟要怎樣解釋纔對呢？我可以說，「于」字等於「焉」字，作「於是」解。「焉」字用在內動詞的後面，作「於是」解，這是人人可懂的。但在上古文法裏，這種文法是倒裝的。「歸焉」成了「于歸；」「飛焉」成了「于飛。」「黃鳥于飛」解爲「黃鳥在那兒飛，」「鳳凰于飛」解爲「鳳凰在那兒飛，」「燕燕于飛」解爲「燕燕在那兒飛，」這樣一解就可通了。

我們誰都認得「以」字。但這「以」字也有問題。如召南采蘩說：

于以采蘩？于沼于沚。于以用之？公侯之事。

于以采蘩？于澗之中。于以用之？公侯之宮。

這些句法明明是上一句問，下一句答。「于以」卽是「在那兒？」「以」字等於「何」字。（這個「以」字解爲「那兒？」我的朋友楊遇夫先生有詳說。）

在那兒采蘩呢？在沼在沚。又在那兒用呢？用在公侯之事。

在那兒采蘩呢？在澗之中。又在那兒用呢？用在公侯之宮。

像這樣解釋的時候，詩也說是通順的了。又如邶風擊鼓『于以求之？于林之下，』解爲『在那兒去求呢？在林之下。』所以『于以求之』的下面只要標一個問號（？）就一目瞭然了。

詩經中的『維』字，也很費解。這個『維』字在詩經裏面約有二百多個。從前的人都把牠解錯了。我覺得這個『維』字有好幾種用法。最普通的一種是應作『呵，呀』的感歎詞解。老子道德經也說『唯之與阿，相去幾何？』可見『唯』『維』本來與『阿』相近。如召南鵲巢的

維鵲有巢，維鳩居之。維鵲有巢，維鳩方之。

若拿『呵』字來解釋這一個『維』字，那就是『呵，鵲有巢！呵，鳩去住了！』此外的例，如『維此文王』即是『呵，這文王！』『維此王季』即是『呵，這王季！』你們記得人家讀祭文開首總是『維中華民國十有四年。』『維』字應頓一頓，解作『呵』字。

我希望大家對於詩經的文法細心地做一番精密的研究，要一字一句地把牠歸納和比較起來，纔能領略詩經裏面眞正的意義。清朝的學者費了不少的時間，終究得不着圓滿的結果，也就是因爲他們缺少文法上的知識和虛字的研究。

上面已把研究詩經訓詁的方法約略談過，現在要談到詩經每首詩的用意如何，應怎樣解釋纔對，便到第二

條路所謂解題了。

這一部詩經已經被前人鬧得烏煙瘴氣，莫名其妙了。詩是人的性情的自然表現，心有所感，要怎樣寫就怎樣寫，所謂『詩言志』是。詩經國風多是男女感情的描寫，一般經學家多把這種普遍眞摯的作品勉強拿來安到什麼文王武王的歷史上去；一部活潑潑的文學因爲他們這種牽強的解釋，便把牠的眞意完全失掉，這是很可痛惜的！譬如鄭風二十一篇，有四分之三是愛情詩，毛詩卻認鄭風與男女問題有關的詩只有五六篇，如雞鳴野有蔓草等。說來倒是我的同鄉朱子高明多了，他已認鄭風多是男女相悅淫奔的詩，但他亦多荒謬。關雎明明是男性思戀女性不得的詩，他卻在詩集傳裏說什麼『文王生有聖德，又得聖女姒氏以爲之配，』把這首情感眞摯的詩解得僵直不成樣了。

好多人說關雎是新婚詩，亦不對。關雎完全是一首求愛詩，他求之不得，便寤寐思服，輾轉反側，這是描寫他的相思苦情；他用了種種勾引女子的手段，友以琴瑟，樂以鐘鼓，這完全是初民時代的社會風俗，幷沒有什麼希奇。意大利西班牙有幾個地方至今男子在女子的窗下彈琴唱歌，取歡於女子。至今中國的苗民還保存這種風俗。

野有死麕的詩，也同樣是男子勾引女子的詩。初民社會的女子多歡喜男子有力能打野獸，故第一章：『野有死麕，白茅包之。』寫出男子打死野麕，包以獻女子的情形。『有女懷春，吉士誘之，』便寫出他的用意了。此種求婚獻野獸的風俗，至今有許多地方的蠻族還保存着。

『嘒彼小星』一詩，好像是寫妓女生活的最古記載。我們試看老殘遊記，可見黃河流域的妓女送舖蓋上店陪客人的情形。再看原文：

嘒彼小星，三五在東。肅肅宵征，夙夜在公。寔命不同。

嘒彼小星，維參與昴。肅肅宵征，抱衾與裯。寔命不猶。

我們看她抱衾裯以宵征，就可知道她的職業生活了。

芣苢詩沒有多深的意思，是一首民歌，我們讀了可以想見一羣女子，當着光天麗日之下，在曠野中采芣苢，一邊采，一邊歌。看原文：

采采芣苢，薄言采之。采采芣苢，薄言有之。

采采芣苢，薄言掇之。采采芣苢，薄言捋之。

采采芣苢，薄言袺之。采采芣苢，薄言襭之。

著詩，是一個新婚女子出來的時候，叫男子暫候，看看她自己裝飾好了沒有，顯出了一種很豔麗細膩的情景。原文：

俟我於著乎而？充耳以素乎而？尙之以瓊華乎而？

俟我於堂乎而？充耳以黃乎而？尙之以瓊英乎而？

我們試曼聲讀這些詩，是何等情景？唐代朱慶餘上張水部有一首詩，妙有這種情致。詩云：

洞房昨夜停紅燭，
待曉堂前拜舅姑。
妝罷低聲問夫壻，
『畫眉深淺入時無？』

你們想想，這兩篇詩的情景是不是很相像。

總而言之，你要懂得詩經的文字和文法，必須要用歸納比較的方法。你要懂得三百篇中每一首的題旨，必須撇開一切毛傳鄭箋朱注等等，自己去細細涵咏原文。但你必須多備一些參考比較的材料：你必須多研究民俗學，社會學，文學，史學。你的比較材料越多，你就會覺得詩經越有趣味了。

論詩經答劉大白

大白先生：

謝謝你二月十六日的信。

詩經新解請交與皖峰請他閱後寄還我。

你的批評，有許多我很佩服的，但也不能完全同意。如說『灼灼其華』『有蕡其實』的『其』字是一個形容詞的語尾，與『格』字有祖孫的關係，此說甚可通。但此等『其』字屬下作名詞前的主有形容詞，似也可通。（他的，牠的。）

如說芣苢和胚胎也許有關係，也富有暗示性。如說『螽斯羽』與『有兔斯首』同例，也很值得比較研究。

但有三點我不敢苟同。

（一）維字我也曾擬作『這個』解，但後來見『維此文王』（大明）『維此王季』（皇矣）等例，我不能不放棄此說。如說『啊，這王季，』似勝於說『這個這個王季。』『唯之與阿，相去幾何？』此語似可注意。又詩中『維』字往往可與『侯』字換用，似也可注意。

(二)言字我終認爲沒有『我』字之意。你的懷疑一文，我始終未見。我終以爲言字解的第三解或可議，前二說則決無可疑。漢廣二言字之上皆有『錯』『歸』二動詞，似無可疑。至於彤弓之『受言藏之』，更明顯了。古文中那有『受我藏之』的文法？我因爲此詩中有『我有嘉賓』的一句，故舉此詩爲例。來示列舉巷伯韓奕兩詩以證『戎』『女』可並用，『爾』『女』可並用。巷伯之『既其女遷』一句，太不易解，舊說單從『遷』字上着想，我怕『女』字或更有問題。我以爲此『女』也許不當作『汝』解；若作『汝』解，其用法必與『爾』稍不同。韓奕之『戎』『爾』二字用法不同，最爲易見。試比較他篇：

韓奕　纘戎祖考……虔共爾位……以佐戎辟。

江漢　肇敏戎公，用錫爾祉，釐爾圭瓚。

烝民　纘戎祖考。

(崧高『周邦咸喜，戎有良翰，』傅斯年先生說『戎』是『我』之訛，金文我戎極相似。)

於『祖考』『公』『辟』之上則尊稱爲『戎』，於其他名詞之上則通稱爲『爾』，此皆不是可以互換的。先生以爲如何？

(三)我最不贊成『某字無義，不過用以足句』之說。『義』字應該看的寬一點。凡有文法上的作用的，皆可說是有義，而文法卻不一定是我們今日所慣用的文法。如『侯薪侯蒸』『松耶柏耶』『蔣哪馮哪，』侯耶哪等字都不能說是無義。我解『有蕡其實』一句確有未當，因爲我忽略了『有』字。但此『有』字與『有捄棘匕』『彤管有煒』的『有』字，決不是無義的，其義當用歸納法推求出來。

以上略述鄙見，還乞指正。

胡適。二十，三，二十三。

附錄　劉大白先生來書

適之先生：

十三日從京回杭，得讀前月二十二日手書。詩經新解，我讀過七八次了。批評我哪里配？不過見解頗有異同，不妨說說。

葛覃注（2），『「維」是一種感嘆詞。』您是就『維』字底今音觀察而有此說的。我以爲『維』字是一種發語詞。因爲『維』『惟』『唯』三字底古音是屬定類的證據很多；最顯明的，就是它合『第』『地』『但』『獨』『特』『徒』『直』（古屬定類）『啻』（啇从啻聲，古也屬定類）等字同義。現在上海人發語詞用『迭個』，普通話用『這個』；『迭個』底『迭』，正合『維』字古代發音相同。所以『維葉萋萋』，就是『這個葉萋萋然。』

葛覃注（8），『此處三個「言」字，皆當作「乃」字解。』關於這『言』字的問題，我在一九二二年十二月間，曾經寫過一篇對於詩三百篇言字解的懷疑。對於您底以『言』作『而』作『乃』作『之』，表示懷疑；以爲以『言』作『我』，是不錯的。現在復看起來，誠然有許多是不對的，但是大作所說，也有可指摘之點。例如漢廣注（6），『言』訓爲『乃』，到底不大妥當；因『刈』和『秣』之上，沒有被挈合的動詞。其餘文繁不備舉。（您以爲『受言藏之』的『言』，『我有嘉賓』的『我』，同是主名，作詩者又何必用一『言』一『我』？其實這種例，毛詩裏面也常有的。例如韓奕篇：

『纘戎祖考，……虔共爾位，……以佐戎辟』這兩『戎』一『爾』同居偏次。又如巷伯篇『豈不爾受既其女遷』這一『爾』一『女』同居賓次。）

所以我以爲毛詩中的『言』字有一部分不妨仍作『我』解。——我疑心訓『我』的『言』，不是『从口辛聲』的『言』，而是『从口歫辛』的『𧥛』。我另有旁證，將來寫出就正。

螽斯注（1）（2），以『螽斯』相連，以『羽』字連下讀，說『羽』字似是動詞，作『飛』字解；我以爲此與『有兔斯首』句例相同，贊同陳奐的一說。『羽』字不必作『飛』字解。

桃夭注(3)『有蕡其實』是說『桃子有大的了』，是否以『有大』底『有』解『有蕡』底『有』？我以爲此『有』字無義，與『有捄棘匕』『彤管有煒』等句中的『有』字相同，不過是用以足句的。——又我以爲『灼灼其華』『有蕡其實』的『其』字，是一個形容詞底語尾，合現在江浙（江北和京鎭杭州除外）語系中的形容詞語尾『格』字有祖孫的關係。

芣苢注（1），『芣苢……不知究竟是什麽。』我以爲芣苢也許是古人所認爲合胚胎有關係的一種宜男草。因爲芣苢和胚胎所从的聲相同，古代發音也相同。——又我以爲『采』『有』『掇』『捋』『袺』『襭』六字大概有層次底不同。

我對於大著可說的見解不過如此而已。是否可採，還請指示。

詩經新解，儲皖峰先生要借閱，是否可以借給他而由他寄還？

祝安好！

劉大白。二月十六日。

論觀象制器的學說與頡剛書

頡剛兄：

頃讀你的周易卦爻辭中的故事，高興極了。這一篇是極有價值之作。不但是那幾個故事極有趣，你考定繫辭傳的著作年代也很有意思，引起我的興趣。世本所據傳說，必有一部分是很古的，但世本是很晚的書，繫辭不會在其後。繫辭說制器，尙不過泛舉帝王，至世本則一一列舉，更『像煞有介事』了。此亦世愈後而說愈詳之一例，不可不察。王胲固是很古，而蒼頡等則很今了。世本不採繫辭，也許是因爲繫辭所說制作器物太略了，不够過癮。繫辭那一章所說，只重在制器尙象，並不重在假造古帝王之名。若其時已有蒼頡沮誦作書契之傳說，又何必不引用而僅泛稱『後世聖人』呢？

至於淮南子氾論訓不明說引繫辭此段，也不足證明繫辭在淮南王書之後。我以爲氾論訓所說必是依據繫辭而稍加發揮。其所以不明白引用繫辭者，正爲繫辭所重在觀象制器，而淮南主旨在制器應用，同爲制器，而解釋制器之因根本不同，故淮南作者不能引用繫辭『來證實自己的說話』。

至於說司馬遷爲什麽不引用繫辭此段的黃帝堯舜制器的事呢？此一點似不難明白。繫辭傳只是說理之書，太史公從不曾把此書當作史實看，故不把這些話收入五帝本紀中去。然『伏羲作八卦……而天下治』日者列傳中有之，此則出自司馬季主口中，由他信口開河，不妨讓他存在，後世讀者必不會以為太史公認此言為史實也。三統曆引此文也不過『宓戲氏之所以順天地通神明，類萬物之情也』一語，此卽班書律曆志序所謂『伏羲畫八卦，由數起，』亦卽史記日者列傳所謂『伏羲畫八卦』也。若謂班志引劉歆此語卽足證劉歆之時已有繫辭此文，則我們也可說司馬季主與淮南王書之時已有此文了。

繫辭此文出現甚早，至少楚漢之間人已知有此書，可以陸賈新語道基篇為證。道基篇裏述古聖人因民人的需要，次第制作種種器物制度，頗似氾論訓，而文字多與繫辭接近，如云，『先聖乃仰觀天文，俯察地理，圖畫乾坤，以定人道；』又云『黃帝乃伐木構材，築作宮室，上棟下宇，以避風雨；』又云，『奚仲乃撓曲為輪，因直為轅，駕馬服牛，浮舟杖檝，以代人力。』新語一書，前人多疑之，四庫提要懷疑最力，故我從前不注意此書。去年偶讀龍谿精舍唐晏校補本，細細研究，始知此書不是偽書。其中甚多精義，大非作偽者所能為。提要說，穀梁傳晚出，而道基篇末有『穀梁傳曰，』時代尤相牴牾。但此書所引穀梁傳的話，今本穀梁傳實無其文；若新語作於穀梁傳出現之後，何不稱引晚出之書？

我的意思以為新語與氾論訓同受繫辭此文的暗示。兩書各有所主張，都不用『制器尚象』之義，故放膽發揮而不直引其文。兩書皆說理之作，故不妨自由去取。兩書之用此等制作之事，與先秦學者言必稱堯舜正同。司馬遷則是史家，不能如此自由，故他不用此文制作之事，正與他不用韓非陸賈淮南王書中的制作之事同一理由，似不足奇怪。

至於『觀象制器』之說，本來只是一種文化起源的學說，原文所謂『蓋取諸某象，』正如崔述所謂『不過言其理相通耳，非謂必規摹此卦然後能制器立法也。』繫辭本說『易者，象也；象也者，像也。』所謂觀象只是象而已，並不專指卦象，卦象只是象之一種符號而已。

故我在中國哲學史論『象，』把繫辭此章與全部六十四卦的象傳合看，（頁八五——八六）使人明白這個思想確是一個成系統的思想，不是隨便說說，確曾把全部易都打通了，細細想過，組成一個大理論。如說，『山下出泉，蒙，君子以果行育德，』此豈可說是僅觀卦象而已？又如說，『地中有山，謙，君子以捊多益寡，稱物平施，』此豈可說是僅觀卦象而已？凡此等等，卦象只是物象的符號，見物而起意象，觸類而長之，『見乃謂之象，形乃謂之器。』此學說側重人的心思智慧，雖有偏處，然大體未可抹殺。你的駁論（燕京學報第六期，頁一〇〇四）太不依據歷史上器物發明的程序，乃責數千年前人見了『火上水下』的卦象何以不發明汽船，似非史學家應取的態度。此意我曾以之責劉掞藜，不意今日乃用來質問你。事物之發明，固有次第，不能勉強。瓦特見水壺蓋衝動，乃想到蒸汽之力，此是觀象制器。牛敦見蘋果墜地，乃想到萬有引力，同是有象而後有制作。然瓦特有瓦特的歷史背景，牛敦有牛敦的歷史背景。若僅說觀象可以制器，則人人日日可見水壺蓋衝動，人人年年可見蘋果墜地，何以不制作呢？故可以說『觀象制器』之說不能完全解釋歷史的文化，然不可以人人觀象而未必制器，乃就謂此說完全不通，更不可以說『在繫辭傳以後也不曾有人做出觀象制器的事。』

現代哲學家 E. J. E. Woodbridge 曾說：

"He looks at a wilderness, but even as he looks beholds a garden."（他望着一片荒野，但就當他望的時候，他已看見了一個花園。）

心裏的『花園』的『象』，便規定了這片荒野的將來規模。制器尙象，不過如此。飛鳥之像，便是飛艇的祖宗。墨翟王莽以下，二千多年，凡夢想飛行者皆以飛鳥爲意象。到二十世紀初期始有『重於空氣』的飛機的發明。飛行始成功，然其原來的暗示仍出於飛鳥。不過後世機械之學已大明，故 Wright 弟兄能做出墨翟王莽所不能做的飛機耳。

制器尙象之說只是一種學說，本來不是歷史。六十四卦的象傳皆不明說某帝某王，只泛說『君子』『先王』而已。繫辭傳此章便坐實了某帝某王，可說有稍後出的可能。然象傳六十四條皆有觀象制作之意，與繫辭此章確是同一學說，同出於一個學派。

司馬遷不用此章作史料，是他的卓識。崔述用此章作唯一可信的上古史料，是他的偏見。你受了崔述的暗示，遷怒及於繫辭，也不是公平的判斷。至於你的講義中說制器尙象之說作於京房一流人，其說更無根據。京房死於西曆前三十七年，劉歆死於紀元後二十二年，時代相去太近。況且西漢易學無論是那一家，都是術數小道，已無復有『制器尚象』一類的重要學說。孟喜焦延壽京房之說雖然散失，而大旨尚存在史傳及輯佚諸書之中，可以覆按。

以上所說，於尊作本文毫不相犯，我所指摘皆是後半的餘論。至於本文的價值，此函開始已說過。我不願此文本論因餘論的小疵而掩大瑜，故草此長函討論。久不作長書，新年中稍有餘暇，遂寫了幾千字，千萬請指教。

胡適十九，二，一夜。

明成祖御製佛曲殘本跋

明僧幻輪編的釋氏稽古略續集卷三說：

己亥永樂十七年二月二十八日賜僧錄司右善世一如佛像二軸，……諸佛菩薩名稱歌曲大小三本。〔賜〕道成佛一軸，思擴佛一軸大小歌曲各三本。秋，御製佛曲成，併刊佛經以傳。

九月十二日欽頒佛曲至大報恩寺，當日夜本寺塔見舍利光如寶珠。……

續頒佛經佛曲至淮安給散，又現五色圓光。……

續又命尚書呂震，都御史王彰齎捧諸佛世尊如來菩薩尊者名稱歌曲往陝西河南頒給。神明協應，屢現卿雲圓光寶塔之祥，文武羣臣上表稱賀，上甚嘉悅。中官因是益重佛僧，建立梵剎以祈福者，遍兩京城內外云。

庚子永樂十八年三月初七日，頒御製經序十三篇佛菩薩讚跋十二篇，爲各經之首。聖朝佛菩薩名稱佛曲作五十卷，佛名作三十卷，神僧傳作九卷，俱入藏流行。

馬隅卿先生送我這一本佛曲殘本，正是幻輪所記的永樂佛曲。卷末有殘序，年代爲永樂十五年四月十七，

（一四一七）乃是諸佛世尊如來菩薩尊者名稱歌曲的原序。卷首十八年正月初一的序，乃是後序。這名稱歌曲的本文缺掉了，（隅卿有一部）只存這前後二序了。

此本所存，乃是原曲頌發後的感應歌曲四部。一部爲五台山頌曲後的瑞應，一部爲大報恩寺的瑞應，（十七年十月十五日序）一部爲淮安的瑞應，（十七年十一月初三日序）一部爲河南陝西的瑞應。（十八年四月十七日序）序中所說各地瑞應皆與幻輪所記相合，幻輪所據大概即是這些序。

成祖生於明太祖起兵之後八年，（一三六〇）眼見太祖的流氓手段，故他的行爲最像他老子。我讀這些感應曲和三篇序，自然想到太祖的周顛仙人碑，這眞是肖子的行爲。建文帝生於洪武十年，（一三七七）已在統一之後，他受的影響不同，故他的行爲不是個肖孫，怪不得不中他那流氓叔父的意了。

二十，三，十二。

讀王小徐先生的『佛法與科學』

王小徐先生把他的『佛法與科學』稿本和幾篇附錄送給我看，要我表示一點意見。他並且說，『我很歡迎反對的批評。』我卻不過他的誠意，大膽說幾句話。

我是研究歷史的人。在我的眼裏，一切學術思想都是史料而已。佛法只是人類的某一部分在某時代倡出的思想和信仰；科學也只是人類的某一部分在某時代研究出來的學術思想。這兩項材料在人類歷史上各有其相當的地位，但我們治歷史的人沒有把他們拉攏來做『搭題八股』的必要。

其實信仰佛法的人也大可以不必枉費精力來做這種搭題文章。王先生說佛弟子應守三歸依，其中歸依法卽是『不誦習外道經典』；歸依僧卽是『不聽信異教徒之謬說』。依此標準，科學家雖有實證的知識，終不能入眞正佛弟子的耳膜；至多不過摭拾一二偶合之點，供佛弟子宏法衞道之一助。這種工作，既夠不上科學家所謂『求眞』的戒律，也終『莫能迴科學家先入之見』。何則？科學家自有他的立場，並不靠這一二偶合之點為他增高身價。他在實驗室裏研究元子，電子，素子，並不因為古希臘有過元子論便增加他的信仰；也並不因為古印度有過極微論便取消他眼前的研究。他至多不過說，『很難得！古人沒有我們的設備，居然敢提出這樣大膽的假設！』

反過來說，佛弟子也自有他的立場。老實說，他的立場是迷信。他儘管擺出科學分析的架子，說什麼七識八識百法五百四十法，到頭來一切唯識的心理學和因明的論理學都只是那最下流的陀羅尼迷信的掩眼法！其實迷信咒術，崇拜生殖器，與七識八識有何交涉？與百法五百四十法又有何交涉？即使他證明了四大皆空，萬法唯識，他怎麼會一跳就跳上了這條下流的路？話到歸根，他本來早已上了這條路了，七識八識，百法五百四十法，不過是變把戲而已。他本來不靠這一套！

王小徐先生是絕頂聰明的人，但聰明的人也不免有時懵懂。聰明人濫用他的聰明，而不肯用嚴格的方法來裁制他的思考力，便不免陷入懵懂裏去了。王先生自己提出他的推理的原則如下：

(1)凡我人對於一事而懷疑，必此事在此時此處雖未爲我人所親歷，而在他時他處已曾爲我人所親歷者。

(2)又我人對於一事而可以推知，必此事在此時此處雖未爲我人所親歷其與某事並存或繼起，而在他時他處已曾爲我人所親歷其與某事並存或繼起者。

王先生用這兩條原則來『決定否認宇宙之客觀的存在。』他很大膽的說：

今我人決不能於何時何處可親歷有一客觀的宇宙，何得有所懷疑？

今我人更決不能於何時何處可親歷有一客觀的宇宙與種種現象並存或繼起，何得有所推知？

好大膽的推論！

然而王先生對於別的許多問題，卻不肯應用這種嚴格的論理，便很恭順的承認了。我們不能不問王先生：

你對於客觀的宇宙，既然決定否認，你爲什麼能相信『一切衆生輪迴六趣』呢？

你爲什麼能相信勤修觀行便『能得六種神通』呢？

你爲什麼能相信『六種神通，除漏盡外，餘之五通，外道鬼神亦多有之』呢？

這幾項之中，可有那一項是王先生『所親歷者？』可有那一項是『我人所親歷者？』王先生說：

故非親證眞現量，或依據佛及大菩薩之眞現量以爲前提，決不能立眞比量。……乃猶執迷不悟，反疑佛法證眞現量者所見之輪迴所獲之神通爲妄，何其太不自量乎？

如此說來，王先生的信仰也不過建築在『佛法證眞現量者所見』罷了。王先生何不稍稍應用他否認客觀宇宙的論理條件來批評他自己的信仰呢？王先生何嚴於彼而寬於此乎？我們不能不說，王先生也不過迷信『佛及大菩薩之眞現量』而已。

什麼叫做『眞現量？』王先生說：

例如眼見青山，但有青之感覺，尚無青之概念，更無大小方圓等概念，尤無山之概念，方爲眞現量。

我們請問，王先生證過這種『眞現量』沒有？我們沒有『親歷』過，不敢瞎說。但就王先生舉的例子看來，這不過是下等動物的知覺狀態，有了又何足貴？卽使有了這種眞現量，『以爲大前提，』難道我們就可以證知輪迴六道以及六神通了嗎？這裏面的論理關係，我們淺陋的人實在想不通。

以上所說，只是略舉一二事來說明佛弟子（包括王小徐先生）的立場是迷信。他們說『我』是妄，眼前的桌子是妄，手裏的筆也是妄。但他們卻深信輪迴六道是眞，六神通是眞，眞現量是眞，極樂世界是眞。他們的妄只是他們的妄；他們的眞只是他們的眞；他們所謂科學，也只是他們的科學而已。

胡適十九，六，二十。

參同契的年代

參同契一書的年代，頗不易考定。四庫提要（卷一四六）似信其爲後漢之書。提要於彭曉參同契通眞義條（頁三四）下論彭曉序云：

> 曉序謂伯陽先示青州徐從事，徐乃隱名而註之。至桓帝時，復以授同郡淳于叔通，遂行於世。而傳其訣者頗尠。其或然歟？

這裏還有懷疑之意。又於蔣一彪古文參同契集解（四十）條下云：

> 案參同契一書，自虞翻註易引其『日月爲易』一語外，（見李鼎祚周易集解）他家罕所稱引。其授受源流，諸書亦不具載。

今查李鼎祚集解，（雅雨堂叢書本）卷十三引

> 虞翻曰：『……日月爲象。』

又卷十五『易者象也』下引

> 虞翻曰：『易謂日月在天成八卦，象縣象著明莫大日月，是也。』

諸條皆不說是引參同契。惟陸德明經典釋文卷一『易』字下云：

> 此經名也。虞翻注參同契云字從日下月。

阮元校勘記云：

> 閩監本同。宋本下有『正从日勿』四字。

釋文的一句，前人讀錯了，以爲虞翻注易引參同契。張惠言周易虞氏義（皇清經解第一四一種）始更正舊說云：

> 參同契云：『日月爲易，』虞君注云：『易字從日下月。』

此說似得釋文原意。大概唐以前有一種本子，稱爲虞翻注本。隋書經籍志不載此書，虞翻本傳也不說他有參同契注。

提要（四一）又說：

> 參同契本末，漢魏遺書雖無文可證，若晉以來書，則葛洪神仙傳固云伯陽作參同契五行相類凡三卷；唐以來書，則舊唐書經籍志（案舊唐書著錄之書並據開元內外經錄）固云周易參同契二卷，魏伯陽撰，周易五相類一卷，魏伯陽撰矣。

神仙傳有魏伯陽傳，傳末云：

> 伯陽作參同契，五相類，凡二卷。其卷如似解釋周易，其實假借爻象以論作丹之意。而儒者不知神仙之事，

多作陰陽注之殊失其奧旨矣。（此依雲笈七籤本。太平廣記本『五相類』作『五行相類，』『二卷』作『三卷。』文字也有小差異。）

此言若眞是葛洪（死時約在三三〇）說的，其時已有參同契注本，則魏伯陽當是後漢晚年的人。（抱朴子卷十九遐覽篇列舉道書之目中有魏伯陽內經，而不提參同契。）

葛洪以前已有注本，則舊說徐從事作注，非不可能；虞翻作注，也非不可能。依李鼎祚所引，可見虞翻確承認『日月爲易』之說。神仙傳說伯陽是吳人，其弟子有姓虞的。虞翻也是一個怪人，他雖不信神仙，但他做了易注奏上孫權說：

> 臣郡吏陳桃夢臣與道士相遇，放髮被鹿裘，布易六爻，撓其三以飮臣，臣乞盡呑之。道士言『易道在天，三爻足矣。』豈臣受命應當知經？

這可見他也很有點『方士易』的臭味。故他作參同契注不是不可能的事。（虞翻死時約在二四〇）

參同契最重坎離，以坎離爲日月。虞翻注易也有『坎月離日』之說。參同契用京房『納甲』之法，虞氏易注也採納甲之法，故也說『甲乾乙坤，相得合木；……丙艮丁兌相得合火；……戊坎己離，相得合土；……庚震辛巽，相得合金；……天壬地癸，相得合水。』張惠言周易虞氏消息云，『戊己壬癸皆坎離也。』這都是東漢的方士易的風氣。

朱熹說：

參同契文章極好，蓋後漢之能文者爲之。讀得亦不枉。其用字皆根據古書，非今人所能解，以故，皆爲人枉解。（語類卷百二十五頁十四。）

朱熹作周易參同契考異，自跋云：

右周易參同契，魏伯陽所作。魏君，後漢人，篇題蓋放緯書之目，詞韻皆古奧雅難通。讀者淺聞，妄輒更改，故比他書尤多舛誤。……

朱熹勇於疑古，他對此書卻深信爲後漢人之作。

參同契用的韻也很古。但我們知道聲韻的變遷在時間上往往需要很長的時間，在地域上又有一個地方變了而別一個地方繼續保持古音的，所以用音韻來考證年代是很冒險的，不能算作可靠的根據。

我個人的意見頗傾向於承認參同契是一部二世紀晚期的書。

十七年十月十八日記。

廿四年十月一日改定。

辭通序

十年前，我最初得見朱丹九先生的辭通，當時我就很佩服這部書，曾介紹它給一家書店。不幸這一部三百萬字的大著在那個時代竟尋不着一個敢冒險的出版者去承印。現在開明書店的幾位先生竟敢擔負這部大書的印行，他們要我寫一篇序，我如何敢推託呢？

向來編纂字典辭書的人，都把這件事看作『爲人』的工作。眞能自己有創見的學者，往往輕視這一類的工作。到了清朝，王念孫，段玉裁，錢繹諸人整理廣雅說文方言一類的古辭典，都只是自己做學問，還不是做字典。到阮元計畫的經籍纂詁，那才是有意爲後來學者做一部辭典，才是有意的『爲人』的工作。經籍纂詁雖然有『統長言短言而並錄，合本訓轉訓而俱收』的宣言，但全書所收，重在單字；詁訓來源，限於古籍。朱駿聲的說文通訓定聲成於上述諸書之後，其體例與方法都稍勝前人。體例是一部表示聲音與訓詁變遷滋生的字典，是一部有創見的辭書；方法是特別注重『轉注』與『假借』，用爲訓詁演變與形聲變異的原則。朱氏認假借有四例八用。四例是：

（1）同音假借：如德之爲悳。

（2）疊韻假借：如冰之爲掤。

(3)雙聲假借：如利之爲賴，答之爲對。

(4)合音假借：如茺蔚爲蓷，蒺藜爲茨。

假借的八用是：

(1)同聲通寫：如气作氣，誼用義，衛爲帥。

(2)託名標幟：如戊癸。

(3)單辭形況：如『率爾』『皤然。』

(4)重言形況：如『朱朱』『關關。』

(5)疊韻連語：如『窈窕』『蒙戎。』

(6)雙聲連語：如『次且』『叢脞。』

(7)助語之詞：如『能』『爲』『於』『焉。』

(8)發聲之詞：如『乃』『若。』

右四例之中，疊韻雙聲合音都自然傾向於造成『連語。』八用之中，第七第八（助語與發聲之詞）都是有聲無字，其假借之字也都是『託名標幟』；故此二類實同於第二，而『託名標幟』其實又只是『同聲通寫，』故此四類單字的假借其實只是一大類而已。其餘四種用法，都是『連語。』在方法上，朱駿聲用假借（『依聲託字』爲假借）的原則來解釋連語，爲字典學上的一大進步。

朱丹九先生的辭通，在方法上只是繼承說文通訓定聲的『連語』部分，專收連語，而用同聲假借的原則來整理他們，解釋他們。這是辭通的主要方法。例如：

彬彬（論語）

份份（說文）

斌斌（晉書衛恆傳）

分分（荀子，儒效：『分分兮其有終始也』）

斑斑（太玄經）

這是『重言形況字』的例子。如此排列，讀者自能明白這五種異文都只是一個連語的同聲假借。楊倞注荀子，把『分分』讀作『名分』之『分，』也只是因爲他不懂得『分』字古音讀如『份，』即是彬字。又如：

繽紛　邠盼

闤闠　繽翻

翩翻　翩翾

翩幡

頻繁　頻煩

便煩　便蕃

便番　便繁

這是『雙聲連語』的例子。（古音『紛』『番』等字皆讀重脣音，故『繽紛』『便番』等等都是雙聲。）但本書指出，詩小雅采菽，『平平左右，亦是率從，』韓詩引作『便便左右，』左傳引作『便蕃左右』；漢書司馬相如傳的『翩幡互經，』史記本傳作『翩幡』：那就又可見這一類雙聲連語與重言連語往往可以互相通寫了。

用聲音通假的原則來統馭許多不同形的字，這是近二百年來學者在方法上的最大貢獻。其實『政者正也，』『仁者人也，義者宜也，禮者履也，』這種同聲相釋的方法本是古代哲人提倡過的。幾千年來，何以多數學者不敢發揮這種大聖賢提倡過的同聲互訓的方法呢？我想這是因爲這個方法，如果用的不謹愼，也可以產生許多可笑的謬論。例如董仲舒春秋繁露裏就常用這個方法：

『性』之名非『生』歟？

『心』之爲名『栣』也。

『民』之號，取之『瞑』也。

深察『王』號之大意，其中有五科：皇科，方科，匡科，黃科，往科：合此五科以一言，謂之『王』。

深察『君』號之大意，其中亦有五科：元科，原科，權科，溫科，羣科：合此五科以一言謂之『君』。（以上皆見『深察名號』篇）

這都不是從聲音通假上去尋求古訓詁，乃是從聲音上去傅會一些抽象名詞的意象。這個方法是很危險的。卽如『心』字，廣雅釋親說：

心，任也。

白虎通性情篇也說：

心之爲言任也，任於思也。

任的同音字很多，董仲舒卻單取那有禁制之義的『栣』字來解釋『心』字，說道：

栣衆惡於內，弗使得發於外者，心也。心之爲名栣也。人之受氣苟無惡者，心何栣哉？

『任』字可作『任使』解，可作『信任』解，可作『擔負』解，每一義用來解『心』字都可以得着一個新的心的界說。如今排除衆說，獨取一個『栣』字，就把『心』的作用看成禁制衆惡，又因此成立性惡之說。這一個灣豈不是轉的太大了嗎？

大概古代學者有見於這個方法濫用的危險，所以不敢信任同聲互訓的方法。後來學者捨字音而取字形，這個方法的來源也很古。如董仲舒既說『王』字的聲訓有五科，卻又說，『三畫而連其中謂之「王」；三畫者，天地與人也而連其中者，通其道也。』這就又是用字形來作詁訓了。又如『士者事也』是聲訓；『聞一知十之謂士』就是形訓了。形訓的困難在於（一）象形之字太少，（二）後世所傳字形往往已是隸書以後的變形，已不是最初的字形了。所以拘執字形來求字義，勢必至於望形生義，鬧出王安石的字說的許多笑話。最大的弊病在於用後起的思想來推說最初造字的意義。如『通天地人』爲王，『聞一知十』爲士，都是後起的見解，決不可用來作最初的字義。

清朝的學者精研聲韻詁訓之學，知道『訓詁之旨本於聲音』（王引之經籍纂詁序）雖然不可傅會聲音去做那深奧的哲學名詞的根據，至少可以使我們懂得許多僻字生字的極平常的意義。例如楚辭：

小腰秀頸，若鮮卑只。

『鮮卑』是帶鉤。戰國策作『師比，』史記匈奴傳作『胥紕，』漢書匈奴傳作『犀毗。』若依字形則爲四名；若依字聲則是一物。此如『佛陀』又譯作『浮屠，』『由旬』或譯作『由巡，』『南無』又譯作『南謨，』本無其字，依聲借用，若拘執字形，就不可通了。

朱丹九先生的這部書羅列一切連語，遍舉異形的假借字，使學者因此可以得着古字同聲相假借的原則，使他們因此可以養成『以聲求義』的習慣。朱先生是一個有方法有創見的學者，他著此書，不僅僅給了我們一部連語辭典而已，同時又給了我們許多訓詁學方法的教材。這是此書的最大功用。

『因聲求義』是辭通指示我們的最重要的方法。但朱先生在這書裏又指示我們一些附帶的校勘學方法。字形是容易錯誤的；寫的人可以有筆誤，鈔的人可以有眼誤手誤，刻書或排印的人也可以有種種錯誤。讀書的人，捧着誤書去笨想，就像韓非說的那個『舉燭』的笑話了。郢人要寫信給燕國的相國，晚上燭光不亮，他對那傍邊執燭的人說『舉燭！』他嘴裏說『舉燭，』筆下也就誤寫了『舉燭』兩個字。燕相國接到來書，不懂這兩個誤寫的字是何意思，就勉強解說道：『舉燭者，尚明也。尚明也者，舉賢而任之。』他的話雖有理，究竟不是寫信人的本意。辭通所校勘的誤字，都可以使初學的人明瞭校勘之學可以幫助訓詁，都可以使他們學一點校勘的方法。例如『循』字與『脩』字在古書裏往往互譌。辭通卷五頁七八——八〇三頁之中，就有許多例子：

伊循　誤作　伊脩

吳循　誤作　吳脩

休循　誤作　休脩

遵循　誤作　遵脩

准循　誤作　推脩

述循　誤作　述脩

又同卷頁五六有兩條很有趣的例子：

駢鄰（漢書，高惠高后文功臣表：「柏至靖侯許盎以駢鄰從。」）

駢憐（史記，高祖功臣表：「柏至以駢憐從。」索隱：「駢憐，猶比鄰也。」）

在這一條，史記的誤「隣」爲「憐」，可用漢書來校改。下一條例子就不容易看出來了：

邑鄰（後漢書，班昭傳：「聲譽曜于邑鄰。」）

邑憐（荀子，解蔽：「不慕往，不閔來，無邑憐之心。」）

楊倞注荀子此語云：

邑憐，未詳。或曰，邑與悒同；悒怏也。憐讀爲吝惜也。言弃無益之事，更無悒怏吝惜之心。此皆明不爲異端所蔽也。

朱丹九先生說此條云：

憐鄰古通用。「無邑鄰之心」者，言其謝絕往來，不與邑鄰交通也。楊注失之。

朱先生解說此句，也許還有可議之處。但他讀「邑憐」爲「邑鄰」，似乎遠勝於舊說了。（「鄰」是普通字，寫者誤作「憐」，這是校勘學的問題，不當認爲古字通假的一例。）

這種「形似而誤」的例子，大多數還容易校勘。有時歷世久遠，異形之字自成一個古典，自成一個意義，那就不容易校改了。辭通卷六（頁二三）有：

藩垣（詩，板：『价人維藩，大師維垣。』韓愈與邢尚書書：『今閤下爲君爪牙，爲國藩垣。』）

藩宣（韓詩外傳：『四國于藩，四方于宣。』）

蕃宣（詩，崧高：『四國于蕃，四方于宣。』舊五代史唐明宗紀：『世聯宗族，任重蕃宣。』）

鄭玄箋崧高篇說：『四國有難，則往扞禦之，爲之蕃屏；四方恩澤不至，則往宣暢之。』朱丹九先生說：

蕃爲藩字之省，宣爲垣字之叚，古讀亘字同宣。詩淇奧『赫咺』，韓詩作『赫宣』，其明證也。『于蕃于宣』猶『維藩維垣』……鄭氏釋『蕃』字不誤，讀『宣』爲宣暢之宣，則失之矣。

此處他用板詩的『价人維藩大師維垣』，來比較崧高詩的『四國于蕃，四方于宣。』這雖然是用一例來比一例，雖然只可稱爲『比例』的論證，其實也是一種『歸納法方法。』王念孫用『終溫且惠，』『終窶且貧』來比較『終風且暴，』就打倒『終風，終日風也』的舊說，而建立『終』爲虛字（旣風且暴）的新說。此種方法，同是比較個體的例子而求得一個通則；例子多，就是『歸納』；例子少，只可稱爲『例證。』其實在精神上都是歸納的方法。

朱先生以一個私人的精力，用三十多年的苦功，成此三百萬字的大書。書中雖不無細微可議之處，但他的方法是很可佩服的，很可效法的。十年前，他的同鄉學者王國維先生曾在北京大學研究所國學門提出『古文學中聯緜字之研究』一個題目，他說：

聯緜字合二字而成一語，其實猶一字也。前人騈雅別雅諸書，頗以義類部居聯緜字，然不以聲爲之綱領，其書蓋去類書無幾耳。……若集此類之字，經之以聲，而緯之以義，以窮其變化，而觀其會通，豈徒爲文學之助，抑亦小學上未有之事業也。

朱先生此書，其中的一部分固然只可作『類書』之用，但其中有一大部分確是王國維先生所期望的『小學上未有之事業』。只可惜王先生不能爲他的同鄉學者的這部大著作一種最有權威的評判了！

二十三，三，十三夜。

趙萬里校輯宋金元人詞序

趙萬里先生校輯宋金元人詞，計詞人七十家，凡得詞一千五百餘首，除一小部分（如稼軒詞丁集）之外，都是毛晉，王鵬運，江標，朱孝臧，吳昌綬諸家彙刻詞集所未收的。他自序說，『彙刻宋人樂章以長沙百家詞始，至余此編乃告一段落。』這話不是自誇，乃是很平實的估計。他給宋金元詞整理出這許多的新史料來，我們研究文學史的人，都應該對他表示深厚的感謝和敬禮。

這部書的長處，不僅在材料之多，而在方法和體例的謹嚴細密。簡單說來，有這幾點：

第一，輯佚書的方法，清朝學者用在各種方面，收效都極大，但詞集的方面，王鵬運，朱孝臧諸人都不曾充分試用過；有時偶爾用他，如四印齋的漱玉集，又都苟簡不細密。到萬里先生纔大規模的採用輯佚的方法來輯已散佚的詞集。他這書的成績，便是這方法有效的鐵證。

第二，輯佚書必須詳舉出處，使人可以覆檢原書，不但爲校勘文字而已，並且使人從原書的可靠程度上判斷所引文字的眞僞。清朝官書如全唐文與全唐詩皆不註出處，故眞僞的部分不易辨別。例如同爲詔敕，出於大唐詔令集的，與出於契嵩改本六祖壇經的，其可靠的程度自然絕不相同；若不註明來歷，必有人把僞作認爲史料。萬里先生此書每詞註明引用的原書，往往一首詞之下註明六七種來源，有時竟列舉十二三種來源，每書又各註明卷數。這種不避煩細的精神，是最可敬又最有用的。

第三，輯佚書因來源不同，文字上也往往有異同。萬里先生此書把每首詞的各本異文都一一註出，這是校書的常法，而在文學史料上這方法的功用最大，因爲文學作品裏一個字的推敲都不可輕易放過。卽如此書第一首詞——宋祁的好事近——的上半首各本作

睡起玉屛風，吹去亂紅猶落。天氣驟生輕暖，襯沉香帷箔。

陽春白雪本只換了四個字，便全不同了：

睡起玉屛空，鶯去亂紅猶落。天氣驟生輕暖，襯沉香羅薄。

從文義上看來，陽春白雪本遠勝於各本。在這種地方，雖有許多本子之相同，不可抹煞一個孤本的獨異。異文的可貴正在此。

第四，此書於可疑的詞，都列爲附錄，詳加考校，功力最勤。試舉漱玉詞作例。漱玉詞的散佚，是文學史上的絕大憾事，所以後人追思易安居士的文采，往往旁搜博採，總想越多越好。王鵬運說『吉光片羽，雖界在疑似，亦足珍也。』其實輯佚書所貴在於存眞，不在求多。萬里先生重輯漱玉詞，所收只有四十三首，餘十七首列入附錄。他所收的，也許還有一兩首可删的；但他所删的是決無可疑的。

第五，向來王朱諸刻都不加句讀，此書略採前人詞譜之例，用點表逗頓，用圈表韻脚，都可爲讀者增加不少便利，節省不少精力。

以上略述此書的貢獻。但此書亦有一二可以討論之點。此書所收詞人，除了極少數之外，多是普通讀者向來不大認得的。萬里先生既做了這一番輯逸鉤沉的大工作，一定收到了不少的傳記材料，他若能給每位詞人各撰一篇短傳使我們略知各人的生平事實，師友淵源，時代關係，以及各人所作其他著述的版本存佚，那就更可以增加這部書在文學史上的價值了。

還有一點也可以討論。詞與曲的分界，究竟在那裏？這個問題實在不容易解答。萬里先生所收的詞，有一些詞調是元人各種樂府選本如太平樂府和陽春白雪都收入的。既可以收黑漆弩，何以不可以收淸江引耍孩兒等等？朱孝臧先生既可以收史浩的大曲，萬里先生也可以收趙令畤的商調蝶戀花，何以不可以收金元人的套數？既可以收劉敏中盧疏齋，何以不可以收貫酸齋馬東籬等等？在文學演變史上，詞卽是前一個時代的曲，曲卽是後一個時代的詞，根本上並無分別。山谷少游都曾作俚俗的曲子；此書中的晁元禮閒齋琴趣，曹組的俳詞，與金元曲子有何種類上的分別呢？萬里先生精於版本目錄之學，所見的書極多，何不更進一步，打破詞與曲的界限，用同樣輯逸的方法，校輯金元人的曲子，合成一部『宋金元人樂府總集』呢？這是我個人的一點私願，不知萬里先生可有這興致麽？

二十，五，四。

書舶庸譚序

董授經先生於十五年的年底避禍遊日本，往來京都東京之間，十六年四月底歸國。我那時正從美洲回國，也在日本住了二十多日。董先生到過的地方，我也遊過不少；他見着的朋友，我也會着不少。但我在日本沒有日記，二十多日的印像感想遂都已模糊了；他有了這四卷的詳細記載，不但替他自己留下了永久的紀念，還使我們讀這書的人得着很大的益處。我在東京京都見的各位支那學家，人人都極口贊歎董先生功力之勤苦。現在我讀這四卷日記，想像這位六十歲的學者伏案校書的神情，眞使我這個少年人慚愧汗下了。

董先生在他的自序裏已說過他這書大恉有三點：第一是訪求古書。『凡遇舊槧孤本，記其版式，存其題識。七厄之餘，得覩珍笈，以語同癖，諒深忻慨。』第二是搜訪小說。董先生是近幾十年來搜羅民間文學最有功的人，他在這四卷書裏記錄了許多流傳在日本的舊本小說，使將來研究中國文學史的人因此知道史料的所在。第三，董先生是個多情的人，他的一生曾經過幾度很深刻的戀愛歷史；他在這日記裏留下許多情詩，記着幾番綺夢，——『春蠶理緒，垂死方休；秋蛩善啼，嚮宵彌咽，』——使我們約略窺見董先生的性情，知道他不僅是一個書蠹，不僅是一個法家，而是一個富於情緒的老少年。

我們先看這三點。

記載海外古書的工作，自從楊守敬先生以至董先生和傅沅叔先生最近的訪書記，都是嘉惠學者的事業，不用我在這裏特別贊揚。董先生的日記裏特別注重日本藏書的歷史，如金澤的略傳，如狩谷掖齋的詳傳，如佐伯獻書記，如增上寺三藏的歷史，如高野山的詳記，如祕閣藏書的源流表，都可以使我們明瞭日本先代貴族學者提倡文藝的歷史與精神。南葵，東洋，靜嘉堂諸文庫，不過是繼續這種愛好文藝的遺風而已。

關於小說戲曲的訪求和記載，董先生的書也有重要的貢獻。如內閣所藏小說中，有封神演義，是明刻本，編者爲許仲琳。此書作者的姓名，在中國久無可考，賴有此本可供考證。又如岳武穆演義，本子最多，最難考證；內閣目有明余應鰲編的八卷本，有明熊大木編的十卷本，又有十一卷的嘉靖三十一年本，前八卷爲熊大木編，後集三卷爲李春芳編。北京朱希祖先生藏有明刻本，編者爲理學名儒鄒元標，也和今本大不同。若合此諸本，將來定可以看出此書演變的線索了。又英烈傳也有種種不同的本子。內閣所藏也有三種明刻本，都可供比較的研究。

關於第三點，我也有點感想。日記屬於傳記文學，最重在能描寫作者的性情人格，故日記愈詳細瑣屑，愈有史料的價值。董先生此記，不但把他少年的逸事坦白示人，並且把他老年的夢境也詳細寫出。記中各夢，多可供心理學者的研究，例如柳絲一夢：

〔一月十三日〕夜夢柳絲隨一姥至，似初嫁來者，絮絮情話，並出一素縑索書。余題有『臂痕乍褪秦宮赤，眉嫵新留京兆妍』之句，忘其全律。

柳絲者，昔年金陵棘闈中所夢女子，懷中抱一兒，自言今名，與余前世結褵未久棄世，遺蛻葬某刹前柳樹下，囑爲改葬。自後每値患難，或病中，輒夢之。往歲漫遊，歐美往復，兩度夢之於橫濱港舟中……

董先生自己的解釋，我們可以不論。但此等材料，若遇弗洛得派的心理學者，便成了可寶貴的材料。記夢之作，必須記者誠實可信，方有價値。記得明朝成弘間有位理學家羅一峯所著文集後附夢稿二卷，紀夢多至三百餘首。今董先生雖向不談理學，平生治事素主篤實，他自記的綺夢豈有不可信的嗎？

以上申述董先生所指出的三點。三點之外，我以爲還有兩事値得讀者特別注意。其一事爲四月二十五日補記庚子拳禍一長篇，近三千字。董先生當時在圍城中，又是監斬徐承煜，啓秀的人，故他這篇記載雖作於近三十年後，應該還有史料的價値。

其一事爲四月二十三日記遊高野山柳之間而附錄豐臣秀次切腹事及秀次的姬妾被誅事，一日之記近七千字，可算是最長的日記。其中記秀次切腹事，最悲壯動人，最可令人想見大和民族的武士道。全文分六節：第一節記秀次聞切腹之命；第二節記和尙隆西堂自請從死；第三節記從死諸人分劍與題劍；第四節記最後之宴，及萬作，山田，山本三人切腹，秀次親爲他們『介錯』（切腹後，須斷其首，名爲介錯。）第五節記秀次與隆西堂同時切腹，淡路爲秀次介錯，心悸目眩，進三刀方才斷頭；第六節記淡路切腹：

淡路語二使曰：『技拙殊惶愧。今介錯者爲主公，目眩心悸，狼狽特甚。……余今奏技，請公等拭目若覆前轍，斯狼狽也。』即切腹作十字形，出其臟腑於兩股，置劍合掌。吉兵衞就而進刃焉。（卷四頁三六）

切腹是何等慘事，然而日本的武士卻把此事看作一種藝術，要做的悲壯淋漓，要做的美。他們不惜死，卻不願讓人笑他『技拙』，笑他死的不美。這眞是日本文化的最大特色。凡觀察一國的文化，須看這文化之下的人怎樣生活，更須看這文化之下的人怎樣死法。董先生一日發憤記七千字，只是要我們看看古日本武士怎樣死法。

董先生有柳之間弔秀次詩四章。我也和他一首小詩，題他這一日的日記：

一死不足惜，技拙乃可恥。
要堂堂的生，莫狼狽的死。

十九，六，二十八夜。

人權論集序

這幾篇文章討論的是中國今日人人應該討論的一個問題，——人權問題。前三篇討論人權與憲法。第四篇討論我們要的是什麽人權。第五六篇討論人權中的一個重要部分，——思想和言論的自由。第七篇討論國民黨中的反動思想，希望國民黨的反省。第八篇討論孫中山的知難行易說。這兩篇只是『思想言論自由』的實例：因爲我們所要建立的是批評國民黨的自由和批評孫中山的自由。上帝我們尚且可以批評，何況國民黨與孫中山？

第九篇與第十篇討論政治上兩個根本問題，收在這裏做個附錄。

周櫟園書影裏有一則很有意味的故事：

昔有鸚武飛集陀山。山中大火，鸚武遙見，入水濡羽，飛而灑之。天神言，『爾雖有志意，何足云也？』對曰，『嘗僑居是山，不忍見耳。』

今天正是大火的時候，我們骨頭燒成灰終究是中國人，實在不忍袖手旁觀。我們明知小小的翅膀上滴下的水點未必能救火，我們不過盡我們的一點微弱的力量，減少良心上的一點譴責而已。

十八，十二，十三。

卷五　人權論集序　　六二五

四十自述自序

我在這十幾年中因爲深深的感覺中國最缺乏傳記的文學，所以到處勸我的老輩朋友寫他們的自傳。不幸的很，這班老輩朋友雖然都答應了，終不肯下筆。最可悲的一個例子是林長民先生，他答應了寫他的五十自述作他五十歲生日的紀念；到了生日那一天，他對我說：『適之，今年實在太忙了，自述寫不成了；明年生日我一定補寫出來。』不幸他慶祝了五十歲的生日之後，不上半年，他就死在郭松齡的戰役裏，他那富於浪漫意味的一生就成了一部人間永不能讀的逸書了！

梁啓超先生也曾同樣的允許我。他自信他的體力精力都很強，所以他不肯開始寫他的自傳。誰也不料那樣一位生龍活虎一般的中年作家只活了五十五歲！雖然他的信札和詩文留下了絕多的傳記材料，但誰能有他那樣『筆鋒常帶情感』的健筆來寫他那五十五年最關重要又最有趣味的生活呢！中國近世歷史與中國現代文學就都因此受了一樁無法補救的絕大損失了。

我有一次見着梁士詒先生，我很誠懇的勸他寫一部自敍，因爲我知道他在中國政治史與財政史上都曾扮演過很重要的脚色，所以我希望他替將來的史家留下一點史料。我也知道他寫的自傳也許是要替他自己洗刷他的罪惡；但這是不妨事的，有訓練的史家自有防弊的方法；最要緊的是要他自己寫他心理上的動機，黑幕裏的線索，和他站在特殊地位的觀察。前兩個月，我讀了梁士詒先生的訃告，他的自敍或年譜大概也就成了我的夢想了。

此外，我還勸告過蔡元培先生，張元濟先生，高夢旦先生，陳獨秀先生，熊希齡先生，葉景葵先生。我盼望他們都不要叫我失望。

前幾年，我的一位女朋友忽然發憤寫了一部六七萬字的自傳，我讀了很感動，認爲中國婦女的自傳文學的破天荒的寫實創作。但不幸她在一種精神病態中把這部稿本全燒了。當初她每寫成一篇寄給我看時，我因爲尊重她的意思，不曾替她留一個副本，至今引爲憾事。

我的四十自述，只是我的『傳記熱』的一個小小的表現。這四十年的生活可分作三個階段，留學以前爲一段，留學的七年（一九一〇——一九一七）爲一段，歸國以後（一九一七——一九三二）爲一段。我本想一氣寫成，但因爲種種打斷，只寫成了這第一段的六章。現在我又出國去了，歸期還不能確定，所以我接受了亞東圖書館的朋友們的勸告，先印行這幾章。這幾章都先在新月月刊上發表過，現在我都從頭校改過，事實上的小錯誤和文字上的疏忽，都改正了。我的朋友周作人先生，葛祖蘭先生，和族叔堇人先生，都曾矯正我的錯誤，都是我最感謝的。

關於這書的體例，我要聲明一點。我本想從這四十年中挑出十來個比較有趣味的題目，用每個題目來寫一篇小說式的文字，略如第一篇寫我的父母的結婚。這個計畫曾經得死友徐志摩的熱烈的贊許，我自己也很高興，因爲這個方法是自傳文學上的一條新路子，並且可以讓我（遇必要時）用假的人名地名描寫一些太親切的情緒方面的生活。但我究竟是一個受史學訓練深於文學訓練的人，寫完了第一篇，寫到了自己的幼年生活，就不知不覺的拋棄了小說的體裁，回到了謹嚴的歷史敍述的老路上去了。這一變頗使志摩失望，但他讀了那寫家庭和鄉村教育的一章，也曾表示贊許；還有許多朋友寫信來說這一章比前一章更動人。從此以後，我就爽性這樣寫下去了。因爲第一章只是用小說體追寫一個傳說，其中寫那太子會頗有用想像補充的部分，雖經堇人叔來信指出，我也不去更動了。但因爲傳聞究竟與我自己的親見親聞有別，所以我把這一章提出，稱爲『序幕』。

我的這部自述雖然至今沒寫成，幾位舊友的自傳，如郭沫若先生的，如李季先生的，都早已出版了。自傳的風氣似乎已開了。我很盼望我們這幾個三四十歲的人的自傳的出世可以引起一班老年朋友的興趣，可以使我們的文學裏添出無數的可讀而又可信的傳記來。我們拋出幾塊磚瓦，只是希望能引出許多塊美玉寶石來；我們赤裸裸的敍述我們少年時代的瑣碎生活，爲的是希望社會上做過一番事業的人也會赤裸裸的記載他們的生活，給史家做材料，給文學開生路。

二三，六，二七，在太平洋上。

介紹我自己的思想（胡適文選自序）

我在這十年之中，出版了三集胡適文存，約計有一百四五十萬字。我希望少年學生能讀我的書，故用報紙印刷，要使定價不貴。但現在三集的書價已在七元以上，貧寒的中學生已無力全買了。字數近百五十萬，也不是中學生能全讀的了。所以我現在從這三集裏選出了二十二篇論文，印作一册，預備給國內的少年朋友們作一種課外讀物。如有學校教師願意選我的文字作課本的，我也希望他們用這個選本。

我選的這二十二篇文字，可以分作五組。

第一組六篇，泛論思想的方法。

第二組三篇，論人生觀。

第三組三篇，論中西文化。

第四組六篇，代表我對於中國文學的見解。

第五組四篇，代表我對於整理國故問題的態度與方法。

爲讀者的便利起見，我現在給每一組作一個簡短的提要，使我的少年朋友們容易明白我的思想的路徑。

一

第一組收的文字是：

演化論與存疑主義

杜威先生與中國

杜威論思想

問題與主義

新生活

新思潮的意義

我的思想受兩個人的影響最大：一個是赫胥黎，一個是杜威先生。赫胥黎教我怎樣懷疑，教我不信任一切沒有充分證據的東西。杜威先生教我怎樣思想，教我處處顧到當前的問題，教我把一切學說理想都看作待證的假設，教我處處顧到思想的結果。這兩個人使我明瞭科學方法的性質與功用，故我選前三篇介紹這兩位大師給我的少年朋友們。

從前陳獨秀先生曾說實驗主義和辨證法的唯物史觀是近代兩個最重要的思想方法，他希望這兩種方法能合作一條聯合戰線。這個希望是錯誤的。辨證法出於海格爾的哲學，是生物進化論成立以前的玄學方法。實驗主義是生物進化論出世以後的科學方法。這兩種方法所以根本不相容，只是因為中間隔了一層達爾文主義。達爾文的生物演化學說給了我們一個大教訓：就是教我們明瞭生物進化，無論是自然的演變，或是人為的選擇，都由於一點一滴的變異，所以是一種很複雜的現象，決沒有一個簡單的目的地可以一步跳到，更不會有一步跳到之後可以一成不變。辨證法的哲學本來也是生物學發達以前的一種進化理論；依他本身的理論，這個一正一反相毀相成的階段應該永遠不斷的呈現。但狹義的共產主義者卻似乎忘了這個原則，所以武斷的虛懸一個共產共有的理想境界，以為可以用階級鬭爭的方法一蹴即到，既到之後又可以用一階級專政方法把持不變。這樣的化複雜為簡單，這樣的根本否定演變的繼續，便是十足的達爾文以前的武斷思想，比那頑固的海格爾更頑固了。

實驗主義從達爾文主義出發，故只能承認一點一滴的不斷的改進是眞實可靠的進化。我在『問題與主義』和『新思潮的意義』兩篇裏，只發揮這個根本觀念。我認定民國六年以後的新文化運動的目的是再造中國文明，而再造文明的途徑全靠研究一個個的具體問題。我說：

文明不是攏統造成的，是一點一滴的造成的。進化不是一晚上攏統進化的，是一點一滴的進化的。現今的人愛談『解放』與『改造』，須知解放不是攏統解放，改造也不是攏統改造。解放是這個那個制度的解放，這種那種思想的解放，這個那個人的解放：都是一點一滴的解放。改造是這個那個制度的改造，這種那種思想的改造，這個那個人的改造：都是一點一滴的改造。

再造文明的下手工夫是這個那個問題的研究。再造文明的進行是這個那個問題的解決。（頁六八）

我這個主張在當時最不能得各方面的了解。當時（民國八年）承『五四』『六三』之後國內正傾向於談主義。我預料到這個趨勢的危險，故發表『多研究些問題，少談些主義』的警告。我說：

凡是有價值的思想，都是從這個那個具體的問題下手的。先研究了問題的種種方面的種種事實，看看究竟病在何處，這是思想的第一步工夫。然後根據於一生的經驗學問，提出種種解決的方法，提出種種醫病的丹方，這是思想的第二步工夫。然後用一生的經驗學問，加上想像的能力，推思每一種假定的解決法應該可以有什麼樣的效果，更推想這種效果是否眞能解決眼前這個困難問題。推想的結果，揀定一種假定的〔最滿意的〕解決，認爲我的主張，這是思想的第三步工夫。凡是有價值的主張，都是先經過這三步工夫來的。（頁三六）

我又說：

一切主義，一切學理，都該研究。但只可認作一些假設的〔待證的〕見解，不可認作天經地義的信條；只可認作參考印證的材料，不可奉爲金科玉律的宗教；只可用作啓發心思的工具，切不可用作蒙蔽聰明，停止思想的絕對眞理。如此方才可以漸漸養成人類的創造的思想力，方才可以漸漸使人類有解決具體問題的

能力，方才可以漸漸解放人類對於抽象名詞的迷信。（頁五〇）

這些話是民國八年七月寫的。於今已隔了十幾年，當日和我討論的朋友，一個已被殺死了，一個也頹唐了，但這些話字字句句都還可以應用到今日思想界的現狀。十幾年前我所預料的種種危險，——『目的熱』而『方法盲』，迷信抽象名詞，把主義用作蒙蔽聰明停止思想的絕對眞理，——一一都顯現在眼前了。所以我十分誠懇的把這些老話貢獻給我的少年朋友們，希望他們不可再走錯了思想的路子。

『新生活』一篇本是爲一個通俗週報寫的；十幾年來，這篇短文走進了中小學的教科書裏，讀過的人應該在一千萬以上了。但我盼望讀過此文的朋友們把這篇短文放在同組的五篇裏重新讀一遍。赫胥黎教人記得一句『拿證據來！』我現在教人記得一句『爲什麼？』少年的朋友們，請仔細想想：你進學校是爲什麼？你進一個政黨是爲什麼？你努力做革命工作是爲什麼？革命是爲了什麼而革命？政府是爲了什麼而存在？

請大家記得：人同畜生的分別，就在這個『爲什麼』上。

二

第二組的文字只有三篇：

科學與人生觀序

不朽

易卜生主義

這三篇代表我的人生觀，代表我的宗教。

易卜生主義一篇寫的最早，最初的英文稿是民國三年在康奈爾大學哲學會宣讀的，中文稿是民國七年寫的。易卜生最可代表十九世紀歐洲的個人主義的精華，故我這篇文章只寫得一種健全的個人主義的人生觀。這篇文章在民國七八年間所以能有最大的興奮作用和解放作用，也正是因爲牠所提倡的個人主義在當日確是最新鮮又最需要的一針注射。

娜拉拋棄了家庭丈夫兒女，飄然而去，只因爲她覺悟了她自己也是一個人，只因爲她感覺到她『無論如何，務必努力做一個人。』這便是易卜生主義。易卜生說：

我所最期望於你的是一種眞實純粹的爲我主義，要使你有時覺得天下只有關於你的事最要緊，其餘的都算不得什麼。……你要想有益於社會，最好的法子莫如把你自己這塊材料鑄造成器。……有的時候我眞覺得全世界都像海上撞沉了船，最要緊的還是救出自己。（頁一三〇）

這便是最健全的個人主義。救出自己的唯一法子便是把你自己這塊材料鑄造成器。

把自己鑄造成器，方才可以希望有益於社會。眞實的爲我，便是最有益的爲人。把自己鑄造成了自由獨立的人格，你自然會不知足，不滿意於現狀，敢說老實話，敢攻擊社會上的腐敗情形，做一個『貧賤不能移，富貴不能淫，威武不能屈』的斯鐸曼醫生。斯鐸曼醫生為了說老實話，為了揭穿本地社會的黑幕，遂被全社會的人喊作『國民公敵』但他不肯避『國民公敵』的惡名，他還要說老實話。他大膽的宣言：

世上最強有力的人就是那最孤立的人！

這也是健全的個人主義的眞精神。

這個個人主義的人生觀一面教我們學娜拉，要努力把自己鑄造成個人；一面教我們學斯鐸曼醫生，要特立獨行，敢說老實話，敢向惡勢力作戰。少年的朋友們，不要笑這是十九世紀維多利亞時代的陳腐思想！我們去維多利亞時代還老遠哩。歐洲有了十八九世紀的個人主義，造出了無數愛自由過於麵包，愛眞理過於生命的特立獨行之士，方才有今日的文明世界。

現在有人對你們說：『犧牲你們個人的自由，去求國家的自由！』我對你們說：『爭你們個人的自由，便是為國家爭自由！爭你們自己的人格，便是為國家爭人格！自由平等的國家不是一羣奴才建造得起來的！』

* * * * *

科學與人生觀序一篇略述民國十二年的中國思想界裏的一場大論戰的背景和內容。（我盼望讀者能參讀文存三集裏『幾個反理學的思想家』的吳敬恆一篇，頁一五一——一八六。）在此序的末段，我提出我所謂『自然主義的人生觀』

（頁九二——九五）這不過是一個輪廓，我希望少年的朋友們不要僅僅接受這個輪廓，我希望他們能把這十條都拏到科學教室和實驗室裏去細細證實或否證。

這十條的最後一條是：

根據於生物學及社會學的知識，叫人知道個人——『小我』——是要死滅的，而人類——『大我』——是不死的，不朽的；叫人知道『爲全種萬世而生活』就是宗教，就是最高的宗教；而那些替個人謀死後的天堂淨土的宗教乃是自私自利的宗教。

這個意思在這裏說的太簡單了，讀者容易起誤解。所以我把不朽一篇收在後面，專說明這一點。

我不信靈魂不朽之說，也不信天堂地獄之說，故我說這個小我是會死滅的。死滅是一切生物的普遍現象，不足怕，也不足惜。但個人自有他的不死不滅的部分：他的一切作爲，一切功德罪惡，一切語言行事，無論大小，無論善惡，無論是非，都在那大我上留下不能磨滅的結果和影響。他吐一口痰在地上，也許可以毀滅一村一族。他起一個念頭，也許可以引起幾十年的血戰。他也許『一言可以興邦，一言可以喪邦。』善亦不朽，惡亦不朽；功蓋萬世固然不朽，種一擔穀子也可以不朽，喝一杯酒，吐一口痰也可以不朽。古人說，『一出言而不敢忘父母，一舉足而不敢忘父母。』我們應該說，『說一句話而不敢忘這句話的社會影響，走一步路而不敢忘這步路的社會影響。』這才是對於大我負責任。能如此做，便是道德，便是宗教。

這樣說法，並不是推崇社會而抹煞個人。這正是極力抬高個人的重要。個人雖眇小，而他的一言一動都在社會上留下不朽的痕跡，芳不止流百世，臭也不止遺萬年，這不是絕對承認個人的重要嗎？成功不必在我，也許在我千百年後，但沒有我也決不能成功。毒害不必在眼前，『我躬不閱，遑恤我後！』然而我豈能不負這毒害的責任？今日的世界便是我們的祖宗積的德，造的孽。未來的世界全看我們自己積什麼德或造什麼孽。世界的關鍵全在我們手裏，眞如古人說的『任重而道遠，』我們豈可錯過這絕好的機會，放下這絕重大的擔子？

有人對你說，『人生如夢。』就算是一場夢罷，可是你只有這一個做夢的機會。豈可不振作一番，做一個痛痛快快轟轟烈烈的夢？

有人對你說，『人生如戲。』就說是做戲罷，可是，吳稚暉先生說的好，『這唱的是義務戲，自己要好看才唱的；誰便無端的自己扮做跑龍套，辛苦的出臺，止算做沒有呢？』

其實人生不是夢，也不是戲，是一件最嚴重的事實。你種穀子，便有人充飢；你種樹，便有人砍柴，便有人乘涼；你拆爛汚，便有人遭瘟；你放野火，便有人燒死。你種瓜便得瓜，種豆便得豆，種荊棘便得荊棘。少年的朋友們，你愛種什麼？你能種什麼？

三

第三組的文字，也只有三篇：

我們對於西洋近代文明的態度

漫遊的感想

請大家來照照鏡子

在這三篇裏，我很不客氣的指摘我們的東方文明，很熱烈的頌揚西洋的近代文明。

人們常說東方文明是精神的文明，西方文明是物質的文明，或唯物的文明。這是有誇大狂的妄人捏造出來的謠言，用來遮掩我們的羞臉的。其實一切文明都有物質和精神的兩部分：材料都是物質的，而運用材料的心思才智都是精神的。木頭是物質；而刳木為舟，構木為屋，都靠人的智力，那便是精神的部分。器物越完備複雜，精神的因子越多。一隻蒸汽鍋爐，一輛摩托車，一部有聲電影機器，其中所含的精神因子比我們老祖宗的瓦罐，大車，毛筆多的多了。我們不能坐在舢板船上自誇精神文明，而嘲笑五萬噸大汽船是物質文明。

但物質是倔強的東西，你不征服他，他便要征服你。東方人在過去的時代，也曾製造器物，做出一點利用厚生的文明。但後世的懶惰子孫得過且過，不肯用手用腦去和物質抗爭，並且編出『不以人易天』的懶人哲學，於是不久便被物質戰勝了。天旱了，只會求雨；河決了，只會拜金龍大王；風浪大了，只會禱告觀音菩薩或天后娘娘。荒年了，只好逃荒去；瘟疫來了，只好閉門等死；病上身了，只好求神許願。樹砍完了，只好燒茅草；山都精光了，只好對着歎氣。這樣又愚又懶的民族，不能征服物質，便完全被壓死在物質環境之下，成了一分像人九分像鬼的不長進民族。所以我說：

> 這樣受物質環境的拘束與支配，不能跳出來，不能運用人的心思智力來改造環境改良現狀的文明，是懶惰不長進的民族的文明，是眞正唯物的文明。（頁一五四）

反過來看看西洋的文明，

> 這樣充分運用人的聰明智慧來尋求眞理以解放人的心靈，來制服天行以供人用，來改造物質的環境，來改革社會政治的制度，來謀人類最大多數的最大幸福，——這樣的文明是精神的文明。（頁一五五）

這是我的東西文化論的大旨。

少年的朋友們，現在有一些妄人要煽動你們的誇大狂，天天要你們相信中國的舊文化比任何國高，中國的舊道德比任何國好。還有一些不曾出國門的愚人鼓起喉嚨對你們喊道『往東走！往東走！西方的這一套把戲是行不通的了！』

我要對你們說：不要上他們的當！不要拿耳朶當眼睛！睜開眼睛看看自己，再看看世界。我們如果還想把這個國家整頓起來，如果還希望這個民族在世界上佔一個地位，——只有一條生路，就是我們自己要認錯。我們必須承認我們自己百事不如人，不但物質機械上不如人，不但政治制度不如人，並且道德不如人，知識不如人，文學不如人，音樂不如人，藝術不如人，身體不如人。

肯認錯了，方才肯死心塌地的去學人家。不要怕模倣，因爲模倣是創造的必要預備工夫。不要怕喪失我們自己的民族文化，因爲絕大多數人的惰性已儘夠保守那舊文化了，用不着你們少年人去擔心。你們的職務在進取，不在保守。

請大家認淸我們當前的緊急問題。我們的問題是救國，救這衰病的民族，救這半死的文化。在這件大工作的歷程裏無論什麽文化，凡可以使我們起死回生，返老還童的，都可以充分採用，都應該充分收受。我們救國建國，正如大匠建屋，只求材料可以應用，不管他來自何方。

四

第四組的文字有六篇：

建設的文學革命論

嘗試集自序

文學進化觀念

國語的進化

文學革命運動

詞選自序

這裏有一部分是敍述文學革命運動的經過的，有一部分是我自己對於文學的見解。

我在這十幾年的中國文學革命運動上，如果有一點點貢獻，我的貢獻只在：

（1）我指出了『用白話作新文學』的一條路子。（頁一九四——二〇三；頁二三八——二四〇；頁二七七——二八三。）

（2）我供給了一種根據於歷史事實的中國文學演變論，使人明瞭國語是古文的進化，使人明瞭白話文學在中國文學史上佔什麼地位。（頁二四二——二八四；頁三〇四——三〇九。）

（3）我發起了白話新詩的嘗試。（頁二一七——二四一。）

這些文字都可以表出我的文學革命論也只是進化論和實驗主義的一種實際應用。

五

第五組的文字有四篇：

國學季刊發刊宣言

古史討論的讀後感

紅樓夢考證

治學的方法與材料

這都是關於整理國故的文字。

季刊宣言是一篇整理國故的方法總論，有三個要點：

第一，用歷史的眼光來擴大研究的範圍。

第二，用系統的整理來部勒研究的資料。

第三，用比較的研究來幫助材料的整理與解釋。

這一篇是一種概論，故未免覺的太懸空一點。以下的兩篇便是兩個具體的例子，都可以說明歷史考證的方法。古史討論一篇，在我的文存裏要算是最精采的方法論。這裏面討論了兩個基本方法：一個是用歷史演變的眼光來追求傳說的演變，一個是用嚴格的考據方法來評判史料。

顧頡剛先生在他的古史辨的自序裏曾說他從我的水滸傳考證和井田辨等文字裏得着歷史方法的暗示。這個方法便是用歷史演化的眼光來追求每一個傳說演變的歷程。我考證水滸的故事，包公的傳說，狸貓換太子的故事，井田的制度，都用這個方法。顧先生用這方法來研究中國古史，曾有很好的成績。顧先生說的最好：『我們看史蹟的整理還輕而看傳說的經歷卻重。凡是一件史事，應看他最先是怎樣，以後逐步逐步的變遷是怎樣。』其實對於紙上的古史蹟，追求其演變的步驟，便是整理他了。

在這篇文字裏，我又略述考證的方法，我說：

我們對於『證據』的態度是：一切史料都是證據。但史家要問：

(1)這種證據是在什麼地方尋出的？

(2)什麼時候尋出的？

(3)什麼人尋出的？

(4)依地方和時候上看起來，這個人有做證人的資格嗎？

(5)這個人雖有證人資格，而他說這句話時有作僞（無心的，或有意的）的可能嗎？（頁三四八——三四九）

紅樓夢考證諸篇只是考證方法的一個實例。我說：

我覺得我們做紅樓夢的考證，只能在『著者』和『本子』兩個問題上着手；只能運用我們力所能搜集的材料，參考互證，然後抽出一些比較的最近情理的結論。這是考證學的方法。我在這篇文章裏，處處想撇開一切先入的成見；處處存一個搜求證據的目的；處處尊重證據，讓證據做嚮導，引我到相當的結論上去。（頁四一一——四一二）

這不過是赫胥黎杜威的思想方法的實際應用。我的幾十萬字的小說考證，都只是用一些『深切而著明』的實例來教人怎樣思想。

試舉曹雪芹的年代一個問題作個實例。民國十年，我收得了一些證據，得着這些結論：

我們可以斷定曹雪芹死於乾隆三十年左右（約西曆一七六五）……我們可以猜想雪芹大約生於康熙末葉，（約一七一五——一七二〇）當他死時，約五十歲左右。（頁三八三）

民國十一年五月，我得着了四松堂集的原本見敦誠輓曹雪芹的詩題下注『甲申』二字，又詩中有『四十年華』的話，故修正我的結論如下：

曹雪芹死在乾隆二十九年甲申，（一七六四）……他死時只有『四十年華』，我們可以斷定他的年紀不能在四十五歲以上。假定他死時年四十五歲，他的生時當康熙五十八年。（一七一九）（頁四二〇）

但到了民國十六年，我又得了脂硯齋評本石頭記，其中有『壬午除夕，書未成，芹爲淚盡而逝』的話。壬午爲乾隆二十七年，除夕當西曆一七六三年二月十二日，和我七年前的斷定（『乾隆三十年左右，約西曆一七六五』）只差一年多。又假定他活了四十五歲，他的生年大概在康熙五十六年，（一七一七）這也和我七年前的猜測正相符合。（頁四三三）

考證兩個年代，經過七年的時間，方才得着證實。證實是思想方法的最後又最重要的一步。不曾證實的理論，只可算是假設；證實之後，才是定論，才是眞理。我在別處（文存三集頁二七三）說過：

我為什麼要考證紅樓夢？

在消極方面，我要教人懷疑王夢阮徐柳泉一班人的謬說。

在積極方面，我要教人一個思想學問的方法。我要教人疑而後信，考而後信，有充分證據而後信。

我為什麼要替水滸傳作五萬字的考證？我為什麼要替廬山一個塔作四千字的考證？

我要教人知道學問是平等的，思想是一貫的，……肯疑問『佛陀耶舍究竟到過廬山沒有』的人，方才肯疑問『夏禹是神是人』。有了不肯放過一個塔的眞僞的思想習慣，方才敢疑上帝的有無。

少年的朋友們，莫把這些小說考證看作我教你們讀小說的文字。這些都只是思想學問的方法的一些例子。在這些文字裏，我要讀者學得一點科學精神，一點科學態度，一點科學方法。科學精神在於尋求事實，尋求眞理。科學態度在於撇開成見，擱起感情，只認得事實，只跟着證據走。科學方法只是『大膽的假設，小心的求證』十個字。沒有證據，只可懸而不斷；證據不够，只可假設，不可武斷；必須等到證實之後，方才奉為定論。

少年的朋友們，用這個方法來做學問，可以無大差失；用這種態度來做人處事，可以不至於被人蒙着眼睛牽着鼻子走。

從前禪宗和尙曾說，『菩提達摩東來，只要尋一個不受人惑的人。』我這裏千言萬語，也只是要教人一個不受人惑的方法。被孔丘朱熹牽着鼻子走，固然不算高明；被馬克思列寧斯大林牽着鼻子走，也算不得好漢。我自己決不想牽着誰的鼻子走。我只希望盡我的微薄的能力，教我的少年朋友們學一點防身的本領，努力做一個不受人惑的人。

* * * * *

抱着無限的愛和無限的希望，我很誠摯的把這一本小書貢獻給全國的少年朋友！

十九，十一，二十七晨二時，將離開江南的前一日。胡適。

中華民國二十四年十二月初版

(84303·1)(精)

胡適論學近著第一集　一冊

精裝　每冊定價國幣肆元
外埠酌加運費匯費

著作者　胡適

發行人　王雲五　上海河南路

印刷所　商務印書館　上海河南路

發行所　商務印書館　上海及各埠

(本書校對者王煊蕃)

清末民初文獻叢刊

胡適論學近著

（上册）

胡適 著

朝華出版社
BLOSSOM PRESS

圖書在版編目（CIP）數據

胡適論學近著 ： 全2册 / 胡適著. -- 北京 ： 朝華出版社，2018.9
（清末民初文獻叢刊）
ISBN 978-7-5054-4307-5

Ⅰ. ①胡… Ⅱ. ①胡… Ⅲ. ①胡適（1891-1962）—文集 Ⅳ. ①C52

中國版本圖書館CIP數據核字(2018)第174136號

胡適論學近著（全二册）

作　　者　胡　適

選題策劃　楊麗麗　尚論聰
責任編輯　劉小磊
特約編輯　孫　開　王春蕾
責任印制　張文東　陸競贏
封面設計　劉敬偉

出版發行　朝華出版社
社　　址　北京市西城區百萬莊大街24號　　郵政編碼　100037
訂購電話　（010）68996618　68996050
傳　　真　（010）88415258（發行部）
聯系版權　j-yn@163.com
網　　址　http://zhcb.cipg.org.cn
印　　刷　藝堂印刷（天津）有限公司
經　　銷　全國新華書店
開　　本　880mm×1230mm　1/32　　字　　數　428千字
印　　張　21.25
版　　次　2018年9月第1版　2018年9月第1次印刷
裝　　別　精
書　　號　ISBN 978-7-5054-4307-5
定　　價　160.00元（全二册）

出版前言

中國自一八四〇年鴉片戰爭以來，傳統的農業文明在西方的堅船利炮轟擊之下徹底被顛覆，有擔當的知識分子苦苦追尋，思索社會改革的途徑。從最初的『師夷長技以制夷』到『民主制度，天下之公理』（梁啓超語），他們發現要『强國富民』，首先要『開啓民智』，衹有民衆擁有了獨立思想和批判精神，國家纔能實現真正的强大。在此後一百年的時間裏（一八四〇—一九四九），思想者們從社會變革深入到國民性的改造，用每一部作品見證着中國近代化的遞變歷程。這是一個極其重要的時代，《清末民初文獻叢刊》正是收録了這一時期的作品，大部分書籍都是早期版本，有着極高的文獻研究價值。

清末的中國經歷了『三千年來未有之大變局』（李鴻章語），大清王朝面對西方列强的艦炮，表現得驚慌失措。尤其是鴉片戰爭，使『天朝帝國萬世長存的迷信受到了致命的打擊，野蠻的、閉關自守的、與文明世界隔絶的狀態被打破了』（《馬克思恩格斯選集》）。一批士大夫知識分子，尤其是在歐美諸國擔任使臣或者游歷的知識分子最先覺醒，着眼于對西方國家的考察，進而反省本國政治制度的劣勢，可以視作『啓蒙』的端倪。如曾擔任駐英公使（兼任駐法公使）的郭嵩燾在《使西紀程》中以日記的形式記録了自己對歐西諸國的觀感，他在考察了英國的政治制度之後，發現英國政府官員收入超過三百磅者與普通老百姓一樣同等納税，他說：『此法誠善，然非民主之國，則勢有所不行。西洋所以享國長久，君民兼主國政故也。』他明確提出了『民主』，在國家的管理問題上，人民也有參與的權利。他在該書中所披露的西方政治、經濟、文化等領域優于大清帝國這一事實觸動了保守派的神經，立刻遭到保守派群起而攻之，進士何金壽彈劾他『有二心于英國，欲中國臣事之』，他家鄉湖南的民衆對他更是痛加詆毀，以至于滿城揭帖，誣蔑他『溝通洋人』，在這種群情洶洶的情況下，朝廷最後下旨將《使西紀程》毀版，從而使該書成了禁書。然而，書雖被毀版，却不能堵死民衆的傳播與閱讀的途徑，上海的《萬國公報》依舊連載該書，張佩綸曾說：『朝廷禁其書，而新聞紙接續刊刻，中外傳播如故也。』從某種意義上來說，啓蒙是時代的需要，盡管清政府發諭旨禁了該書，民衆乃至一些朝廷大員却依舊在私下閱讀，以便瞭解外部的世界。進步的社會是開放性的，任何企圖『閉關鎖國』的努力都意味着歷史的倒退，祇有開放，與整個世界文明保持同等的步伐，纔能實現真正的强國之夢。當大批知識分子走出閉鎖的國門，親歷了文明的洗禮之後，也就把啓蒙的智識帶回了中華大地。容閎的《西學東漸記》，梁啓超的《新大陸游記》，崔國因的《出使美日秘日記》等一大批作品介紹了海外諸國的政治、經濟、軍事、外交、文化。雖然這些作品在認識上仍然帶有時代的局限性，然而却是那時最爲珍貴的聲音。

另一方面，在學術上，中國文化母體内『經世致用』思想與資產階級思想相結合，也喚起了變革，以康有爲、梁啓超爲首的改良派試圖通過自上而下的革新以實現變革。康有爲的《新學僞經考》《孔子改制考》就是借經學之表論資產階級學説之裏的著作，康有爲的弟子梁啓超更是通過《新民説》一書提出國民性改造。與早期啓蒙者『師夷長技』的器物文明引進不同，梁啓超上升到形而上的精神領域，從文化心理上更加徹底地進行變革。梁氏是清朝末年到民國初年一個橋梁式的人物，被譽爲『輿論之驕子，天縱之文豪』，其影響力不但在學術領域，同時還在文學領域，他所倡導的『詩界革命』得到了譚嗣同、黃遵憲、丘逢甲等人的響應，黃遵憲的《日本雜事詩》，丘逢甲的《嶺雲海日樓詩鈔》都體現了這種主張。這一主張要求反映新的時代和新的思想，用『我手寫我口』（黃遵憲語）的方式直抒胸臆，對長期占詩壇主流的擬古主義、形式主義産生了巨大的衝擊，解放了寫作者的心靈和頭腦。

與社會變革同步的是早期對西方思想著作的翻譯，這裏面影響最大的是嚴復，他翻譯的《天演論》《社會通詮》等書直接孕育了民國一代的知識階層。魯迅、胡適等人在文章中都曾提到《天演論》對他們思想所産生的震撼。與嚴復略有不同的另一位翻譯家是林紓，他的譯作雖然參差不齊，但却在更細膩的心靈層次對讀者産生影響，許壽裳曾回憶，他和魯迅都熱衷于林譯的小説，如《巴黎茶花女遺事》《黑奴籲天録》《迦茵小傳》等作品。

辛亥革命之後，進步社會思潮成爲主流，比之清末思想啓蒙者『求存』的追求，民國以來的知識階層深入到了更加細微的肌理，一方面呼喚社會變革，另一方面進行點滴的建設，革命并不能使所有的一切一蹴而就，在更加深廣的領域，事物的改變是由微觀而宏觀。通俗地説，比之于革命，建設的意義更大。如《中國商業史》《中國教育史》《中國倫理學史》《中國哲學史大綱》《中國小説史略》等一大批作品都是進行系統的梳理與建設的理論作品。其中，以胡適和魯迅二人的影響最大，他們的作品一紙風靡，從而成爲新文化運動的主力人物。

《清末民初文獻叢刊》收録的文獻大致上可以分爲三個階段，其中龔自珍、張之洞、魏源、郭嵩燾、薛福成等人的作品可視爲『早期啓蒙』，康有爲、梁啓超、黄遵憲、嚴復、林紓等人的作品可視爲『中期啓蒙』，胡適、魯迅、蔡元培等人的作品可視爲『晚期啓蒙』。當然，這種劃分并非嚴格意義上的，大部分啓蒙思想者隨着時代的變化，其思想在不斷進步。縱觀整個近現代史，可以發現，要求變革不是在某一個領域，由某一類人發起和完成的，而是全社會的要求。變革，已經成爲全社會的共識。

從清末民初的文獻中，我們能够發現一種豐富性。這些作品涉及政治、經濟、軍事、教育、外交、宗教、心理、情感等方方面面，從内而外地净化着中國兩千年以來的封建積習。它不祇是對社會的改造，更是對人心靈的重塑；它首重國家社會之建設，同時亦重靈魂心智之唤醒；它是宏大的，也是微觀的；它是嚴肅莊重的，也是活潑靈動的；這些作品結構精巧，思想内容深刻，擁有濃厚的人文主義色彩，對推動社會主義建設，實現中國夢有重大意義，是近現代中國一百年來最宏富的智識與情感的寶藏。因此，整理這些文獻作品，無論是出于資料保存的目的，還是爲圖書館提供資料副本，都有不可估量的意義。

特定時代下的文獻，當它一旦形成（既指草擬，創作的完成，也指其成爲一個載體），就不可再複製了，也就意味着它將面對消亡。對于文獻資料而言，越接近歷史事件發生的時代記録，越具有研究價值。文獻本身具有不可再生性，它衹會消亡，而不會增多。盡管文獻本身的文字可以保留下來，并進行傳播，却失去了當時的時代氣息。當時的作品可能在技巧上，文字的成熟度上不及當代，但它所負載的信息，創作者的情感都反映了當時的歷史，也就是説，它具有不可替代的歷史意義。

影印的版本有三個特點，第一是擁有文獻的『原始性』；第二個特點是『未經改動的』；第三個特點是『歷史的原貌』。所謂『原始性』，也就是説，它是第一手資料，而非轉述的，回憶形成的；『未經改動的』，是指未被篡改、删節、挖補的；『歷史的原貌』是指在影印製作過程中，完全依照文獻的原來模樣……這樣製作出版的作品，無异延續了文獻的壽命。

近現代思想史上的一個最重大的思潮就是『開放』，從林則徐的『開眼看世界』到蔡元培的『兼容并包』，都是在倡導一種開放式的胸襟。而《清末民初文獻叢刊》最有魅力的部分就是『開放』這一主題，衹有融入到世界文明發展的進程中，中華文明纔能歷久彌新。

《清末民初文獻叢刊》編委會
二〇一七年四月十四日

凡例

一、《清末民初文獻叢刊》（以下簡稱『叢刊』）爲影印本，舉凡所用之底本，均爲該書之早期版本。有清末刊本，亦有民國印本。

二、《叢刊》均依底本影印，未予删改，僅代表作者個人觀點，不代表官方立場；原刊本有誤，不予校改，以保留文獻之原貌。

三、《叢刊》所用之底本，因時日久遠存在漫漶的情況，均進行了修復；底本闕文、印刷不清，均保留原貌。

四、爲讀者閱讀之便，《叢刊》中之舊底本目録未標記頁碼者，編了目次；原底本有頁碼和目録，未予重複編目。

五、爲保持文獻的原始風貌，影印本保留了原書書影（原書爲多册，則保留第一册書影）、扉頁等信息。所用底本無相應信息者，則不予妄添，以免錯訛。

目録

胡適論學近著

第一集

商務印書館發行

自序

這裏收集的一些文字大都是最近五年內隨時寫的，其中偶有三四篇是五年前寫的。這些文字差不多全是在各種刊物上發表過的。沒有發表過的只有這幾篇：

四十二章經考　和附錄三件

論六經不夠作領袖人才的來源

論春秋，答錢玄同

論詩經，答劉大白

明成祖御製佛曲殘本跋

參同契的年代

這一集本是『胡適文存第四集』的一部分。因爲有許多討論政治的文字——尤其是我這三四年來討論國際政治的文字，——在這個時候不便收集印行，所以我把其中關於學術思想的一部分抽出來，編成這一集『論學近著。』

這一集分五卷。第一卷只有三篇文字：『說儒』一篇提出中國古代學術文化史的一個新鮮的看法，我自信這個看法，將來大概可以漸漸得着史學家的承認，雖然眼前還有不少懷疑的評論。此外兩篇都是討論治學方法的：老子年代一篇是考證學的方法論；校勘學一篇是校勘學的方法論。

第二卷全是整理佛教史料的文字。只有『眞誥考』一篇是關於道教史料的，因爲眞誥牽涉到四十二章經，所以我把這一篇也收在這裏。第三卷全是整理小說史料的文字。『西遊記的第八十一難』是一篇遊戲之作，收在第三卷裏作個附錄。

第四卷是我近年對於國內幾個重要的思想問題發表的文字。青年的讀者若嫌這一集的考據文字太沉悶了，他們最好是先讀這一卷。這一卷的文字最容易讀；並且這裏提出的一些思想問題，也都是值得大家平心靜氣的想想的。

第五卷是一些雜文，只可算是全集的一個附錄。

五年之中只有這一點講學成績，我自己很感覺慚愧。如果這幾十篇文字可以引起國內外學者的討論和批評，那是我最歡迎的。

二十四，十，二十九日。

胡適論學近著 第一集

目錄

卷一

卷二

卷三

卷四

卷五

胡適論學近著

第一集

卷一

說儒

(一)問題的提出。

(二)論儒是殷民族的教士；他們的衣服是殷服，他們的宗教是殷禮，他們的人生觀是亡國遺民的柔遜的人生觀。

(三)論儒的生活：他們的治喪相禮的職業。

(四)論殷商民族亡國後有一個『五百年必有王者興』的預言；孔子在當時被人認爲應運而生的聖者。

(五)論孔子的大貢獻：(1)把殷商民族的部落性的儒擴大到『仁以爲己任』的儒；(2)把柔懦的儒改變到剛毅進取的儒。

(六)論孔子與老子的關係；論老子是正宗的儒。附論儒與墨者的關係。

一

二十多年前，章太炎先生作國故論衡，有原儒一篇，說『儒』有廣狹不同的三種說法：

儒有三科，關『達』，『類』，『私』之名：（墨子經上篇說名有三種：達，類，私。如『物』是達名，『馬』是類名，『舜』是私名。）

達名爲儒。儒者，術士也。（說文）太史公儒林列傳曰，『秦之季世阬術士，』而世謂之阬儒。司馬相如言『列僊之儒居山澤間，形容甚臞。』（漢書司馬相如傳語。史記儒作傳，誤。）……王充儒增，道虛，談天，說日，是應，舉『儒書』，所稱者有魯般刻鳶，由基中楊，李廣射寢石矢沒羽，……黃帝騎龍，淮南王犬吠天上，雞鳴雲中，日中有三足烏，月中有兔蟾蜍。是諸名籍道墨刑法陰陽神仙之倫，旁有雜家所記，列傳所錄，一謂之儒，明其皆公族。『儒』之名蓋出於『需』，需者雲上於天，而儒亦知天文，識旱潦。何以明之？鳥知天將雨者曰鷸，（說文）舞旱暵者以爲衣冠。鷸冠者亦曰術氏冠，（漢五行志注引禮圖）又曰圜冠。莊周言儒者冠圜冠者知天時，履句屨者知地形，緩佩玦者事至而斷。（田子方篇文。五行志注引逸周書文同。莊子圜字作鶌。續漢書輿服志云：『鶌冠前圜。』）明靈星舞子吁嗟以求雨者謂之儒。……古之儒知天文占候，謂其多技，故號徧施於九能，諸有術者悉晐之矣。

類名爲儒。儒者知禮樂射御書數。天官曰，『儒以道得民。』說曰，『儒，諸侯保氏有六藝以教民者。』地官曰，『聯師儒。』說曰，『師儒，鄉里教以道藝者。』此則躬備德行爲師，效其材藝爲儒。……

私名爲儒。七略曰，『儒家者流，蓋出於司徒之官，助人君順陰陽明教化者也。游文於六經之中，留意於仁義之際，祖述堯舜，憲章文武，宗師仲尼，以重其言，於道爲最高。』周之衰，保氏失其守，史籀之書，商高之算，蠭門之射，范氏之御，皆不自儒者傳。故孔子……自詭鄙事，言君子不多能，爲當世名士顯人隱諱。及儒行稱十五儒，七略疏晏子以下五十二家，皆粗明德行政教之趣而已，未及六藝也。其科于周官爲師，儒絕而師假攝其名。……

今獨以傳經爲儒，以私名則異，以達名類名則偏。要之題號由古今異，儒猶道矣。儒之名於古通爲術士，於今專爲師氏之守。道之名於古通爲德行道藝，於今專爲老聃之徒。……

太炎先生這篇文章在當時眞有開山之功，因爲他是第一個人提出『題號由古今異』的一個歷史見解，使我們明白古人用這個名詞有廣狹不同的三種說法。太炎先生的大貢獻在於使我們知道『儒』字的意義經過了一種歷史的變化，從一個廣義的包括一切方術之士的『儒』，後來竟縮小到那『祖述堯舜，憲章文武，宗師仲尼』的狹義的『儒』。這雖是太炎先生的創說，在大體上是完全可以成立的。論語記孔子對他的弟子說：

女爲君子儒，毋爲小人儒。

這可見當孔子的時候，『儒』的流品是很雜的，有君子的儒，也有小人的儒。向來的人多蔽於成見，不能推想這句話的涵義。若依章太炎的說法，當孔子以前已有那些廣義的儒，這句話就很明白了。

但太炎先生的說法，現在看來，也還有可以修正補充之處。他的最大弱點在於那『類名』的儒。（其實那術士通稱的『儒』才是類名。）他在那最廣義的儒之下，另立一類『六藝之人』的儒。此說的根據只有周禮的兩條鄭玄注。無論周禮是否可信，周禮本文只是一句『儒以道得民』和一句『聯師儒』，這裏並沒有儒字的定義。鄭玄注裏說儒是『有六藝以教民者，』這只是一個東漢晚年的學者的說法，我們不能因此就相信古代（周初）眞有那專習六藝的儒。何況周禮本身就很可疑呢？

太炎先生說『儒之名於古通爲術士，』此說自無可疑。但他所引證都是秦漢的材料，還不曾說明這個廣義的儒究竟起於什麼時代，他們的來歷是什麼，他們的生活是怎樣的，他們同那狹義的孔門的儒有何歷史的關係，他們同春秋戰國之間的許多思想潮流又有何歷史的關係。在這些問題上，我們不免都感覺不滿足。

若如太炎先生的說法，廣義的儒變到狹義的儒，只是因爲『周之衰，保氏失其守，』故書算射御都不從儒者傳授出來，而孔子也只好『自詭鄙事，言君子不多能，爲當世名士顯人隱諱。』這種說法，很難使我們滿意。如果周禮本不可信，如果『保氏』之官本來就是一種烏託邦的制度，這種歷史的解釋就完全站不住了。

太炎先生又有原道三篇，其上篇之末有注語云：

儒家法家皆出于道，道則非出于儒也。

若依此說，儒家不過是道家的一個分派，那麼，『儒』還夠不上一個『類名，』更夠不上『達名』了。若說這裏的『儒』只是那狹義的私名的儒，那麼，那個做儒法的共同源頭的『道』和那最廣義的『儒』可有什麼歷史關係沒有呢？太炎先生說，『儒法者流削小老氏以爲省，』（原道上）他的證據只有一句話：

孔父受業於徵藏史，韓非傳其書。（原道上）

姑且假定這個淵源可信，我們也還要問：那位徵藏史（老聃）同那廣義的「儒」又有什麼歷史關係沒有呢？

爲要補充引申章先生的說法，我現今提出這篇嘗試的研究。

二

「儒」的名稱，最初見於論語孔子說的

女爲君子儒，毋爲小人儒。

我在上文已說過，這句話使我們明白當孔子時已有很多的儒，有君子，有小人，流品已很雜了。我們要研究這些儒是什麼樣的人。

我們先看看「儒」字的古義。說文：

儒，柔也，術士之稱。從人，需聲。

術士是有方術的人；但爲什麼「儒」字有「柔」的意義呢？「需」字古與「耎」相通；廣雅釋詁：「耎，弱也。」耎即是今「輭」字，也寫作「軟」字。「需」字也有柔軟之意；考工記：「革，欲其荼白而疾澣之，則堅；欲其柔滑而腥脂之，則需。」鄭注云：「故書，需作劀。鄭司農云，『劀讀爲柔需之需，謂厚脂之韋革柔需。』」考工記又云：「厚其帤則木堅，薄其帑則需。」此兩處，「需」皆與「堅」對舉，需卽是柔耎之耎。柔軟之需，引伸又有遲緩濡滯之意。周易彖傳：「需，須也。」雜卦傳「需，不進也。」周易「澤上於天」（䷪）為夬，而「雲上於天」（䷄）為需。夬是已下雨了，故為決斷之象；而需是密雲未雨，故為遲待疑滯之象。左傳哀六年：「需，事之下也。」又哀十四年：「需，事之賊也。」

凡從需之字，大都有柔弱或濡滯之義。「嬬，弱也。」「孺，乳子也。」「儒，駑弱者也。」（皆見說文）孟子有「是何濡滯也。」凡從耎之字，皆有弱義。「偄，弱也」；（說文）段玉裁說偄卽是儒字。稻之軟而黏者為「稬」，卽今糯米的糯字。廣雅釋詁：「媆，弱也。」大概古時「需」與「耎」是同一個字，古音同讀如弩，或如糯。朱駿聲把從耎之字歸入「乾」韻，從「需」之字歸入「需」韻，似是後起的區別。

「儒」字從需而訓柔，似非無故。墨子公孟篇說：

公孟子戴章甫，搢忽，儒服，而以見子墨子。

又說：

公孟子曰，君子必古言服，然後仁。

又非儒篇說：

儒者曰，君子必古言服，然後仁。

荀子儒效篇說：

逢衣淺帶，（韓詩外傳作「博帶」）解果其冠，……是俗儒者也。

大概最古的儒，有特別的衣冠，其制度出於古代，（說詳下）而其形式——逢衣博帶，高冠搢笏——表出一種文弱迂緩的神氣，故有「儒」之名。

所以「儒」的第一義是一種穿戴古衣冠，外貌表示文弱迂緩的人。

從古書所記的儒的衣冠上，我們又可以推測到儒的歷史的來歷。墨子書中說當時的「儒」自稱他們的衣冠為「古服」。周時所謂「古」，當然是指那被征服的殷朝了。試以「章甫之冠」證之。士冠禮記云：

章甫，殷道也。

禮記儒行篇記孔子對魯哀公說：

丘少居魯，衣逢掖之衣；長居宋，冠章甫之冠。丘聞之也：君子之學也博，其服也鄉。丘不知儒服。

孔子的祖先是宋人，是殷王室的後裔，所以他臨死時還自稱為「殷人」。（見檀弓）他生在魯國，生於殷人的家庭，長大時還回到他的故國去住過一個時期。（史記孔子世家不記他早年居宋的事。但儒行篇所說無作偽之動機，似可信。）他是有歷史眼光的人，他懂得當時所謂「儒服」其實不過是他的民族和他的故國的服制。儒服只是殷服，所以他只承認那是他的「鄉」服，而不是什麼特別的儒服。

從儒服是殷服的線索上，我們可以大胆的推想最初的儒都是殷人，都是殷的遺民，他們穿戴殷的古衣冠，習行殷的古禮。這是儒的第二個古義。

我們必須明白殷商的文化的中心雖在今之河南——周之宋衞（衞卽殷字，古讀殷如衣，鄣韋古音皆如衣，卽殷字）——而東部的齊魯皆是殷文化所被，殷民族所居。左傳（晏子春秋外篇同）昭公二十年，晏嬰對齊侯說：『昔爽鳩氏始居此地，季萴因之，有逢伯陵因之，蒲姑氏因之，而後太公因之。』依漢書地理志及杜預左傳注，有逢伯陵是殷初諸侯，蒲姑氏（漢書作薄姑氏）是殷周之間的諸侯。魯也是殷人舊地。左傳昭公九年，周王使詹桓伯辭於晉曰：『……及武王克商，蒲姑商奄吾東土也。』孔穎達正義引服虔曰：『蒲姑，齊也；商奄，魯也。』又定公四年，衞侯使祝佗私於萇弘曰：『……昔武王克商，成王定之，……分魯公以大路大旂，夏后氏之璜，封父之繁弱，（大弓名）殷民六族——條氏，徐氏，蕭氏，索氏，長勺氏，尾勺氏——使帥其宗氏，輯其分族，將其類醜，（醜，衆也）以法則周公，用卽命于周，是使之職事于魯，以昭周公之明德。分之土田陪敦，祝宗卜史，備物典策，官司彝器。因商奄之民，命以伯禽，而封於少皞之虛。』這可見魯的地是商奄舊地，而又有新徙來的殷民六族。所以魯有許多殷人遺俗，如『亳社』之祀，屢見於春秋傳，斯年先生前幾年作『周東封與殷遺民』（附錄）一文，證明魯『爲殷遺民之國』。他說：

春秋及左傳有所謂『亳社』者，是一件很重要的事。『亳社』屢見于春秋經，以那樣一個簡略的二百四十年間之『斷爛朝報』所記皆是戎祀會盟之大事，而亳社獨佔一位置，則亳社在魯之重要可知。且春秋記

『亳社（公羊作蒲社）災』在哀公四年，去殷商之亡已六百餘年，（姑據通鑑外紀）……亳社猶有作用，是甚可注意之事實。且左傳所記亳社，有兩事尤關重要。哀七年『以邾子益來，獻于亳社。』……邾于殷爲東夷，此等獻俘，當與宋襄公『用鄫子于次睢之社，欲以屬東夷』一樣，周人諂殷鬼而已。又定六年，『陽虎又盟公及三桓於周社，盟國人于亳社。』這眞淸淸楚楚指示我們魯之統治者是周人，而魯之國民是殷人。殷亡六七百年後之情形尚如此！

傅先生此論，我認爲是最有見地的論斷。

從周初到春秋時代，都是殷文化與周文化對峙而沒有完全同化的時代。最初是殷民族仇視那新平定殷朝的西來民族，所以有武庚的事件，在那事件之中，東部的薄姑與商奄都加入合作。漢書地理志說：

齊地，……湯時有逢公柏陵，殷末有薄姑氏，皆爲諸侯，國此地。至周成王時，蒲姑氏與四國共作亂，成王滅之，以封師尙父，是爲太公。（史記周本紀也說：『東伐淮夷，殘奄，遷其君薄姑。』書序云：『成王旣踐奄，將遷其君於薄姑。周公告召公，作將蒲姑。』但皆無滅蒲姑以封太公的事。）

史記的周本紀與齊太公世家都說太公封於齊是武王時的事。漢書明白的拋棄那種舊說，另說太公封齊是在成王時四國亂平之後。現在看來，漢書所說，似近于事實。不但太公封齊在四國亂後；伯禽封魯也應該在周公東征四國之後。『四國』之說，向來不一致。詩毛傳以管，蔡，商，奄爲四國；孔穎達左傳正義說杜注的『四國』爲管，蔡，祿父

(武庚,)商奄。尚書多方開端即云:

惟五月丁亥,王來自奄,至於宗周。周公曰:『王若曰:猷告爾四國多方,惟爾殷侯尹民,……』

此時武庚管蔡已滅,然而還用『四國』之名,可見管蔡武庚不在『四國』之內。『四國』似是指東方的四個殷舊部,其一爲殷本部,其二爲商奄,(奄有大義,『商奄』猶言『大商』,猶如說『大羅馬』『大希臘』。)其三爲薄姑,其四不能確定,也許即是『徐方』。此皆殷文化所被之地。薄姑滅,始有齊國;商奄滅,始有魯國。而殷本部分爲二:其一爲宋,承殷之後,爲殷文化的直接繼承者;其一爲衞,封給康叔,是新朝用來監視那殘存的宋國的。此外周公還在洛建立了一個成周重鎭。

我們現在讀大誥,多士,多方,康誥,酒誥,費誓等篇,我們不能不感覺到當時的最大問題是鎭撫殷民的問題。在今文尚書二十九篇中,這個問題要佔三分之一的篇幅。(書序百篇之中,有將蒲姑,又有亳姑。)其問題之嚴重,可以想見。看現在的零碎材料,我們可以看出兩個步驟:第一步是倒殷之後,還立武庚,又承認東部之殷舊國。第二步是武庚四國叛亂之後,周室的領袖決心用武力東征,滅殷四國,建立了太公的齊國,周公的魯國。同時又在殷虛建立了衞國,在洛建立了新洛邑。然而周室終不能不保留一個宋國,大概還是承認那個殷民問題的嚴重性,所以不能不在周室宗親(衞與魯)外戚(齊)的包圍監視之下保存一個殷民族文化的故國。

所以在周初幾百年之間,東部中國的社會形勢是一個周民族成了統治階級,鎭壓着一個下層被征服被統治的殷民族。傅斯年先生說『魯之統治者是周人，而魯之國民是殷人。』（引見上文）這個論斷可以適用於東土全部。這形勢頗像後世東胡民族征服了中國，也頗像北歐的民族征服了羅馬帝國。以文化論，那新起的周民族自然比不上那東方文化久遠的殷民族，所以周室的領袖在那開國的時候也不能不尊重那殷商文化。康誥最能表示這個態度：

王曰，嗚呼，封，汝念哉！……往敷求于殷先哲王，用保乂民。汝丕遠惟商耇成人，宅心知訓。……

同時爲政治上謀安定也不能不隨順着當地人民的文化習慣。康誥說：

汝陳時臬司師，茲殷罰有倫。……

汝陳時臬事，罰蔽殷彝，用其義刑義殺。……

此可證左傳定公四年祝佗說的話是合於歷史事實的。祝佗說成王分封魯與衞，『皆啓以商政，疆以周索；』而他封唐叔於夏虛，則『啓以夏政，疆以戎索。』（杜注：『皆魯衞也。啓，開也。居殷故地，因其風俗，開用其政。疆理土地以周法。索，法也。』）但統治者終是統治者，他們自有他們的文化習慣，不屑模倣那被征服的民族的文化。況且新興的民族看見那老民族的滅亡往往由於文化上有某種不適於生存的壞習慣，所以他們往往看不起征服民族的風俗。酒誥一篇便是好例：

王曰，封，我西土……尙克用文王教，不腆于酒，故我至于今，克受殷之命。

這是明白的自誇西土民族的勝利是因爲沒有墮落的習慣。再看他說：

古人有言曰『人無於水監，當於民監。』今惟殷墜厥命，我其可不大監撫于時。

這就是說：我們不要學那亡國民族的壞榜樣！但最可注意的是酒誥的末段對于周的官吏有犯酒禁的，須用嚴刑：

汝勿佚，盡執拘以歸于周，予其殺。

但殷之舊人可以不必如此嚴厲辦理：

又惟殷之迪諸臣惟工，乃湎於酒，勿庸殺之，姑惟教之。

在這處罰的歧異裏，我們可以窺見那統治民族一面輕視又一面放任那被征服民族的心理。

但殷民族在東土有了好幾百年的歷史，人數是很多的；雖沒有政治勢力，他們的文化的潛勢力是不可侮視的。孔子說過：

周因於殷禮，所損益可知也。

這是幾百年後一個有歷史眼光的人的估計，可見周朝的統治者雖有『所損益』，大體上也還是因襲了殷商的制度文物。這就是說，『殪戎殷』之後幾百年之中，殷商民族文化終久逐漸征服了那人數較少的西土民族。

殷周兩民族的逐漸同化，其中自然有自覺的方式，也有不自覺的方式。不自覺的同化是兩種民族文化長期接觸的自然結果，一切民族都難逃免，我們不用說他。那自覺的同化，依我們看來，與『儒』的一個階級或職業很有重大的關係。

在那個天翻地覆的亡國大變之後，昔日的統治階級淪落作了俘虜，作了奴隸，作了受治的平民。左傳裏祝佗說：

> 分魯公以……殷民六族——條氏，徐氏，蕭氏，索氏，長勺氏，尾勺氏，——使帥其宗氏，輯其分族，將其類醜，以法則周公，用即命于周，是使之職事于魯，以昭周公之明德。分之土田陪敦，祝宗卜史，備物典策，官司彝器。……分康叔以……殷民七族——陶氏，施氏，繁氏，錡氏，樊氏，饑氏，終葵氏。……

這是殷商亡國時的慘狀的追述。這十幾族都有宗氏，都有分族類醜，自然是勝國的貴族了；如今他們都被分給那些新諸侯去『職事』於魯衞，——這就是去做臣僕。那些分封的彝器是戰勝者的俘獲品，那些『祝宗卜史』是亡國的俘虜。那戰勝的統治者吩咐他們道：

> 多士，昔朕來自奄，予大降爾四國民命。我乃明致天罰，移爾遐逖，比事臣我宗，多遜！……今予惟不爾殺，……亦惟爾多士攸服奔走臣我多遜，爾乃尚有爾土，爾乃尚寧幹止。爾克敬，天惟畀矜爾。爾不克敬，爾不啻不有爾土，予亦致天之罰于爾躬！（多士；參看多方。）

這是何等嚴厲的告誡奴虜的訓詞！這種奴虜的生活是可以想見的了。

但我們知道，希臘的智識分子做了羅馬戰勝者的奴隸，往往從奴隸裏爬出來做他們的主人的書記或家庭教師。北歐的野蠻民族打倒了羅馬帝國之後，終于被羅馬天主教的長袍教士征服了，倒過來做了他們的徒弟。殷商的智識分子——王朝的貞人太祝太史以及貴族的多士——在那新得政的西周民族之下，過的生活雖然是慘痛的奴虜生活，然而有一件事是殷民族的團結力的中心，也就是他們後來終久征服那戰勝者的武器，——那就是殷人的宗教。

我們看殷虛（安陽）出土的遺物與文字，可以明白殷人的文化是一種宗教的文化。這個宗教根本上是一種祖先教。祖先的祭祀在他們的宗教裏佔一個很重要的地位。喪禮也是一個重要部分。（詳下）此外，他們似乎極端相信占卜：大事小事都用卜來決定。如果鴻範是一部可信的書，那麽，占卜之法到了殷商的末期已起了大改變，用龜卜和用獸骨卜之法之外，還有用蓍草的筮法，與卜並用。

這種宗教需用一批有特別訓練的人。卜筮需用『卜筮人』；祭祀需用祝官；喪禮需用相禮的專家。在殷商盛時，祝宗卜史自有專家。亡國之後，這些有專門知識的人往往淪爲奴虜，或散在民間。因爲他們是有專門的知識技能的，故往往能靠他們的專長換得衣食之資。他們在殷人社會裏，仍舊受人民的崇敬；而統治的階級，爲了要安定民衆，也許還爲了他們自己也需要這種有知識技能的人，所以只須那些『多士攸服奔走臣我多遜，』也就不去過分摧殘他們。這一些人和他們的子孫，就在那幾百年之中，自成了一個特殊階級。他們不是那新朝的『士』；『士』是一種能執干戈以衞社稷的武士階級，是新朝統治階級的下層。他們只是『儒』。他們負背着保存故國文化的遺風，故在那幾百年社會驟變民族混合同化的形勢之中他們獨能繼續保存殷商的古衣冠，——也許還繼續保存了殷商的古文字言語。（上文引的墨子公孟篇與非儒篇都有『古言服』的話。我們現在還不明白殷周民族在語言文字上有多大的區別。）在他們自己民族的眼裏他們是『殷禮』（殷的宗教文化）的保存者與宣教師。在西周民族的眼裏，他們是社會上多材藝的人，是貴族階級的有用的清客顧問，是多數民衆的安慰者。他們雖然不是新朝的『士』，但在那成周宋衛齊魯諸國的絕大多數的民衆之中，他們要算是最高等的一個階級了。所以他們和『士』階級最接近，西周統治階級也就往往用『士』的名稱來泛稱他們。多士篇開端就說：

惟三月，周公初于新邑洛，用告商王士。

王若曰：爾殷遺多士！……

下文又說：

王若曰：爾殷多士！……

王曰：告爾殷多士！

多方篇有一處竟是把『殷多士』特別分開來了：

王曰：嗚呼，猷告爾有方多士，暨殷多士。

大雅文王之詩更可以注意。此詩先說周士：

陳錫哉周，侯（維）文王孫子。文王孫子，本支百世。凡周之士，不顯亦世。世之不顯，厥猶翼翼。思皇多士，生此王國。王國克生，維周之楨。濟濟多士，文王以寧。

次說殷士：

商之孫子，其麗不億。上帝既命，侯（維）于周服。侯服于周，天命靡常。

殷士膚敏，祼將于京。厥作祼將，常服黼冔。王之藎臣，無念爾祖。

前面說的是新朝的士，是『文王孫子，本支百世。』後面說的是亡國的士，是臣服于周的殷士。看那些漂亮的，手腕敏捷的殷士，在那王朝大祭禮裏，穿戴着殷人的黼冔（士冠禮記：『周弁，殷冔，夏收。』）捧着鬯酒，替主人送酒灌尸。這眞是一幕『青衣行酒』的亡國慘劇了！（毛傳以『殷士』爲『殷侯』，殊無根據。士冠禮記所謂『殷冔，』自是士冠。）

大概周士是統治階級的最下層，而殷士是受治遺民的最上層。一般普通殷民，自然仍舊過他們的農工商的生活，如多方說的『宅爾宅，畋爾田。』左傳昭十六年鄭國子產說，『昔我先君桓公與商人皆出自周，庸次比偶，以艾殺此地，斬之蓬蒿藜藋，而共處之。世有盟誓，以相信也，曰：「爾無我叛，我無強賈，毋或匄奪。爾有利市寶賄，我勿與知。」恃此質誓，故能相保，以至於今。』徐中舒先生曾根據此段文字說：『此「商人」卽殷人之後而爲商賈者。』又說，『商賈之名，疑卽由殷人而起。』（國學論叢一卷一號，頁一一一）此說似甚有理。『商』之名起于殷賈，正如『儒』之名起于殷士。此種遺民的士，古服古言，自成一個特殊階級；他們那種長袍大帽的酸樣子，又都是彬彬知禮的亡國遺民，習慣了『犯而不校』的不抵抗主義，所以得着了『儒』的渾名。儒是柔儒之人，不但指那逢衣博帶的文儸儸的樣子，還指那亡國遺民忍辱負重的柔道人生觀。（傅斯年先生疑心『儒』是古代一個階級的類名，亡國之後始淪爲寒士，漸漸得着柔懦的意義。此說亦有理，但此時尙未有歷史證據可以證明『儒』爲古階級。）

柔遜爲殷人在亡國狀態下養成的一種遺風，與基督教不抵抗的訓條出於亡國的猶太民族的哲人耶穌，似有同樣的歷史原因。左傳昭公七年所記孔子的遠祖正考父的鼎銘，雖然是宋國的三朝佐命大臣的話，已是很可驚異的柔道的人生觀了。正考父曾『佐戴武宣』三朝；據史記十二諸侯年表，宋戴公元年當周宣王二十九年（前七九九）武公元年當平王六年，（前七六五）宣公元年當平王二十四年。（前七四七）他是西歷前八世紀前半的人，離周初已有三百多年了。他的鼎銘說：

一命而僂，再命而傴，三命而俯，循牆而走，亦莫余敢侮。饘於是，鬻於是，以餬余口。

這是殷民族的一個偉大領袖的教訓。儒之古訓爲柔，豈是偶然的嗎？

不但柔道的人生觀是殷士的遺風，儒的宗教也全是『殷禮』。試舉三年之喪的制度作一個重要的例證。十幾年前，我曾說三年之喪是儒家所創，並非古禮；當時我曾舉三證：

（1）墨子非儒篇說儒者之禮曰：『喪父母三年……』此明說三年之喪是儒者之禮。

（2）論語記宰我說三年之喪太久了，一年已夠了。孔子弟子中尙有人不認此制合禮，可見此非當時通行之俗。

(3)孟子勸滕世子行三年之喪，滕國的父兄百官皆不願意，說道：『吾宗國魯先君莫之行，吾先君亦莫之行也。』魯爲周公之國，尚不曾行過三年之喪。（中國哲學史大綱上頁一三二）

我在五六年前還信此說，所以在『三年喪服的逐漸推行』（武漢大學文哲季刊第一卷二號）一篇裏，我還說『三年之喪只是儒家的創制。』我那個看法有一個大漏洞，就是不能解釋孔子對宰我說的

夫三年之喪，天下之通喪也。

如果孔子不說誑，那就是滕國父兄百官扯謊了。如果『魯先君莫之行，』如果滕國『先君亦莫之行，』那麼，孔子如何可說這是『天下之通喪』呢？難道是孔子扯了謊來傳教嗎？

傅斯年先生前幾年作『周東封與殷遺民，』他替我解決了這個矛盾。他說：

孔子之『天下，』大約卽是齊魯宋衛，不能甚大。……三年之喪，在東國，在民間，有相當之通行性，蓋殷之遺禮，而非周之制度。當時的『君子』（卽統治者）三年不爲禮，禮必壞；三年不爲樂，樂必崩』而士及其相近之階級則淵源有自，『齊以殷政』者也。試看關于大孝三年之喪及喪後三年不做事之代表人物，如太甲，高宗，孝己，皆是殷人，而『君薨，百官總己以聽于冢宰者三年，』全不見於周人之記載。

傅先生的說法，我完全可以接受，因爲他的確解答了我的困難。我從前說的話有一部分是不錯的，因爲三年之喪

確是『儒』的禮;但我因爲滕魯先君不行三年喪制就不信『天下之通喪』之說,就以爲是儒家的創制,而不是古禮,那就錯了。傅先生之說,一面可以相信滕魯的統治階級不曾行此禮,一面又可以說明此制行於那絕大多數的民衆之中,說它是『天下之通喪』也不算是過分的宣傳。

我可以替傅先生添一些證據。魯僖公死在他的三十三年十一月乙巳,(十二日)次年(文公元年)夏四月葬僖公,又次年(文公二年)冬『公子遂如齊納幣,』爲文公聘婦。左傳說,『禮也。』公羊傳說,『譏喪娶也。娶在三年之外,則何譏乎喪娶?三年之內不圖昏。』此可證魯侯不行三年喪。此一事,左傳認爲『禮也,』杜預解說道:『僖公喪終此年十一月,則納幣在十二月也。』然而文公死於十八年二月,次年正月『公子遂如齊逆女;三月,遂以夫人婦姜至自齊。』杜預注云:『不譏喪娶者,不待貶責而自明也!』此更是魯侯不行三年喪的鐵證了。左傳昭公十五年,

六月乙丑,王太子壽卒。

秋八月戊寅,王穆后崩。

十二月,晉荀躒如周葬穆后。籍談爲介。既葬,除喪,以文伯(荀躒)宴,樽以魯壺。王曰,『伯氏,諸侯皆有以鎮撫王室,晉獨無有,何也?』……籍談歸,以告叔向,叔向曰,『王其不終乎?吾聞之,所樂必卒焉。今王樂憂。……王一歲而有三年之喪二焉。(杜注:『天子絕期,唯服三年,故后雖期,通謂之三年。』)於是乎以喪賓宴,又求彝器,樂憂甚矣。

……三年之喪，雖貴遂服，禮也。王雖弗遂，宴樂以早，亦非禮也。……』

這可證周王朝也不行三年喪制。孟子所記滕國父兄百官的話可算是已證實了。周王朝不行此禮，魯滕諸國也不行此禮，而孔子偏大胆的說，『三年之喪，天下之通喪也。』論語記子張問：『書云，「高宗諒陰，三年不言。」何謂也？』孔子直對他說：『何必高宗？古之人皆然。君薨，百官總己以聽於冢宰，三年。』檀弓有這樣一段：

子張之喪，公明儀為志焉。褚幕，丹質，蟻結於四隅，殷士也。

孔子子張都是殷人，在他們的眼裏嘴裏『天下』只是那大多數的殷商民衆，『古之人』也只是殷商的先王。這是他們的民族心理的自然表現，其中自然也不免帶一點殷人自尊其宗教禮法的宣傳意味。到了孟子，他竟說三年喪是『自天子達於庶人，三代共之』的了。到禮記三年問的作者，他竟說三年喪『是百王之所同，古今之所壹也，未有知其所由來者也』！果然越到了後來越『未有知其所由來者也』，直到傅斯年先生方纔揭破了這一個歷史的謎！

三年之喪是『儒』的喪禮，但不是他們的創制，只是殷民族的喪禮——正如儒衣儒冠不是他們的創制，只是殷民族的鄉服。孟子記滕國的父兄百官反對三年之喪時，他們說：

且志曰，『喪祭從先祖，曰，吾有所受之也。』

這句話當然是古政治家息事寧人的絕好原則，最可以解釋當時殷周民族各自有其喪祭制度的政治背景。統治階級自有其周社，一般「國人」自有其亳社；前者自行其「既葬除服」的喪制，後者自行其「天下之通喪」。

三

我們現在要看看「儒」的生活是怎樣的。

孔子以前，儒的生活是怎樣的，我們無從知道了。但我疑心周易的「需」卦，似乎可以給我們一點線索。儒字從需，我疑心最初只有一個「需」字，後來始有從人的「儒」字。需卦之象爲雲上於天，爲密雲不雨之象，故有「需待」之意。（彖傳：需，須也。）象傳說此卦象爲「君子以飲食宴樂。」序卦傳說：「需者，飲食之道也。」彖傳說：

> 需須也。險在前也。剛健而不陷，其義不困窮矣。

程頤易傳說此節云：

> 以險在於前，未可遽進，故需待而行也。以乾之剛健，而能需待不輕動，故不陷於險，其義不至於困窮也。

這個卦好像是說一個受壓迫的人，不能前進，只能待時而動，以免陷於危險；當他需待之時，別的事不能做，最好是自餬其口，故需爲飲食之道。這就很像殷商民族亡國後的「儒」了。這一卦的六爻是這樣的：

> 初九，需于郊，利用恆，无咎。

象曰：「需于郊，」不犯難行也。「利用恆，无咎，」未失常也。

九二，需于沙，小有言，終吉。

象曰：「需于沙，」衍（愆）在中也。雖「小有言，」以吉終也。

九三，需于泥，致寇至。

象曰：「需于泥，」災在外也。自我「致寇，」敬愼不敗也。

六四，需于血，出自穴。

象曰：「需于血，」順以聽也。

九五，需于酒食，貞吉。

象曰：「酒食貞吉，」以中正也。

上六，入于穴，有不速之客三人來，敬之，終吉。

象曰：「不速之客來，敬之終吉，」雖不當位，未大失也。

這裏的「需，」都可作一種人解；此種人的地位是很困難的，是有「險在前」的，是必須「剛健而不陷」的。儒在郊，完全是在野的失勢之人，必須忍耐自守，可以无咎。儒在沙，是自己站不穩的，所以說「衍（愆）在中也。」儒在泥，是陷在危險困難裏了，有了外侮，只有敬愼可以不敗。儒在血，是衝突之象，他無力和人爭，只好柔順的出穴讓人，故象傳說爲『順以聽也。』儒在酒食，是有飯吃了，是他最適宜的地位。他回到穴裏去，也還有麻煩，他還得用敬愼的態度去應付。——『需』是『須待』之象，他必須能忍耐待時，時候到了，人家『須待』他了，彼此相『需』了，他就有飯吃了。

周易制作的時代已不可考了。繫辭傳有兩處試提出作易年代的推測，一處說：

> 易之興也，其當殷之末世，周之盛德邪？當文王與紂之事邪？是故其辭危。危者使平，易者使傾。其道甚大，百物不廢，懼以終始，其要无咎。此之謂易之道也。

又一處說：

> 易之興也，其於中古乎？作易者其有憂患乎？是故履，德之基也；謙，德之柄也；復，德之本也；恆，德之固也；損，德之脩也；益，德之裕也；困，德之辨也；井，德之地也；巽，德之制也。履和而至，謙尊而光，復小而辨於物，恆雜而不厭，損先難而後易，益長裕而不設，困窮而通，井居其所而不遷，巽稱而隱。履以和行，謙以制禮，復以自知，恆以一德，損以遠害，益以興利，困以寡怨，井以辯義，巽以行權。

易卦爻辭已有『箕子之明夷』（明夷五爻）『王用享于岐山』（升四爻）的話，似乎不會是『文王與紂』的時代的作品。『文王囚居羑里而作易』的說法也是更後起之說。繫辭還是猜度的口氣，可見得繫辭以前尚沒有文王作易的說法。繫辭的推測作易年代，完全是根據於易的內容的一種很明顯的人生觀，就是『其辭危』『懼以終始，其要無咎。』從第一卦的『君子終日乾乾，夕惕若厲，无咎，』到第六十四卦的『有孚于飲酒，无咎，』全書處處表現一種憂危的人生觀，教人戒懼修德，教人謙卑巽順，其要歸在於求『无咎』，在於『履虎尾不咥人。』繫辭的作者認清了這一點，所以推測『作易者其有憂患乎？』這個觀察是很有見地的。我們從這一點上也可以推測易的卦爻辭的制作大概在殷亡之後，殷民族受周民族的壓迫最甚的一二百年中。書中稱『帝乙歸妹，』（泰五爻）『高宗伐鬼方，三年克之，』更可見作者是殷人。所謂『周易』原來是殷民族的卜筮書的一種。經過了一個不短的時期，方才成爲一部比較最通用的筮書。易的六十四卦，每卦取自然界或人事界的一個現象爲題，其中無甚深奧的哲理，而有一些生活常識的觀察。『需』卦所說似是指一個受壓迫的智識階級，處在憂患險難的環境，待時而動，謀一個飲食之道。這就是『儒』。（『蒙』卦的初爻說：『發蒙，利用刑人，用說（脫）桎梏以往，吝。』這裏說的也很像希臘的俘虜在羅馬貴族家裏替他的主人教兒子的情形。）

孔子的時候，有『君子儒』，也有『小人儒』。我們先說『小人儒』的生活是怎樣的。

墨子非儒篇有一段描寫當時的儒：

> 夫（夫即彼）繁飾禮樂以淫人，久喪僞哀以謾親，立命緩貧而高浩居，（畢沅據孔子世家解浩居爲傲倨）倍本棄事而安怠傲。貪於飲食，惰於作務，陷於飢寒，危於凍餒，無以違（避）之。是若人氣，鼸鼠藏，而羝羊視，賁彘起。（賁即奔字）君子笑之，怒曰，『散人焉知良儒！』

夫（彼）□□□□，（孫詒讓校，此處疑脫『春乞□□』四字）夏乞麥禾。五穀既收，大喪是隨，子姓皆從，得厭飲食。畢治數喪，足以至□矣。因人之家𧶼（財）以爲□，恃人之野以爲尊。富人有喪，乃大說喜曰：『此衣食之端也！』

這雖然是一個反儒的宗派說的話，卻也有儒家自己的旁證。荀子儒效篇說：

逢衣淺（韓詩外傳作博）帶，解果其冠，（楊倞注引說苑淳于髡述『鄰圃之祠田，祝曰，蟹螺者宜禾，汙邪者百車。』『蟹螺蓋高地也，今冠蓋亦比之。』）略法先王而足亂世術；繆學雜舉，不知法後王而壹制度，不知隆禮義而殺詩書。……呼先王以欺愚者而求衣食焉，得委積足以揜其口，則揚揚如也。隨其長子，事其便辟，舉（王念孫云：舉讀爲相與之與）其上客，億然若終身之虜而不敢有他志。——是俗儒者也。

用戰國晚期荀卿的話來比較墨子的話，我們可以相信在春秋時期與戰國時期之間，已有這種俗儒，大概就是孔子說的『小人儒。』

從這種描寫上，我們可以看出他們的生活有幾個要點：第一，他們是很貧窮的，往往『陷於飢寒，危於凍餒；』這是因爲他們不務農，不作務，是一種不耕而食的寄生階級。第二，他們頗受人輕視與嘲笑，因爲他們的衣食須靠別人供給；然而他們自己倒還有一種倨傲的遺風，『立命，緩貧，而高浩居，』雖然貧窮，還不肯拋棄他們的寄食——甚至於乞食——的生活。第三，他們也有他們的職業，那是一種宗教的職業：他們熟悉禮樂，人家有喪祭大事，都得請教他們。因爲人們必須請他們治喪相禮，所以他們雖然貧窮，卻有相當崇高的社會地位。罵他們的可以說他們

『久喪』之制的，而他們最重要的謀生技能是替人家『治喪』他們正是那殷民族的祖先教的教士，這是儒的本業。

從這種『小人儒』的生活裏，我們更可以明白『儒』的古義：儒是殷民族的教士，靠他們的宗教知識爲衣食之端。

其實一切儒，無論君子儒與小人儒，品格儘管有高低，生活的路子是一樣的。他們都靠他們的禮教的知識爲衣食之端，他們都是殷民族的祖先教的教士，行的是殷禮，穿的是殷衣冠。在那殷周民族雜居已六七百年，文化的隔離已漸漸泯滅的時期，他們不僅僅是殷民族的教士，竟漸漸成了殷周民族共同需要的教師了。

左傳昭公七年記孟僖子自恨不能相禮，『乃講學之，茍能禮者從之。』左傳又說孟僖子將死時，遺命要他的兩個兒子何忌與說去跟着孔子『學禮焉以定其位。』孔子的職業是一個教師，他說：

自行束脩以上，吾未嘗無誨焉。

束脩是十脡脯，是一種最薄的禮物。檀弓有『古之大夫，束脩之問不出竟』的話，可證束脩是贈禮。孔子有『博學』『知禮』的名譽，又有『學而不厭，誨人不倦』的精神，故相傳他的弟子有三千之多。這就是他的職業了。

孔子也很注重喪祭之禮，他作中都宰時，曾定制用四寸之棺，五寸之槨。（見檀弓有若的話）他承認三年之喪爲『天下之通喪，』又建立三年之喪的理論，說這是因爲『子生三年然後免於父母之懷。』（論語十七）這都可表示他是殷民族的宗教的辯護者，正是『儒』的本色。檀弓記他臨死之前七日，對他的弟子子貢說：

夏后氏殯於東階之上，則猶在阼也。殷人殯於兩楹之間，則與賓主夾之也。周人殯於西階之上，則猶賓之也。而丘也殷人也。予疇昔之夜，夢坐奠於兩楹之間。夫明王不興，而天下其孰能宗予？予殆將死也？

看他的口氣，他不但自己臨死還自認是殷人，並且還有『天下宗予』的教主思想。（看下章）

他和他的大弟子的生活，都是靠授徒與相禮兩種職業。大概當時的禮俗，凡有喪事，必須請相禮的專家。檀弓說：

杜橋之母之喪，宮中無相，君子以爲沽也。（七經考文引古本足利本有『君子』二字，他本皆無。）

『沽』是寒賤之意。當時周民族已與殷民族雜居了六百年，同化的程度已很深了，所以魯國的大夫士族也傳染到了注重喪禮的風氣。有大喪的人家，孝子是應該『昏迷不復自知禮』了，所以必須有專家相導。這正是儒的『衣食之端』。杜橋之母之喪，竟不用『相』，就被當時的『君子』譏爲寒傖了。

孔子爲人相喪禮，見於檀弓，（參看下文第六章引曾子問記孔子『從老聃助葬』）

國昭子之母死，問於子張曰：『葬及墓，男子婦人安位？』子張曰：『司徒敬子之喪，夫子相，男子西鄉，婦人東鄉。』

據檀弓，司徒敬子是衛國大夫。孔子在衛國，還爲人相喪禮，我們可以推想他在魯國也常有爲人家相喪禮的事。檀弓說：

孔子之故人曰原壤，其母死，夫子助之沐槨。原壤登木曰：『久矣予之不託於音也。』歌曰：

貍首之斑然，

執女手之卷然。

夫子爲弗聞也者而過之。從者曰，『子未可以已乎？』夫子曰：『丘聞之，親者毋失其爲親也，故者毋失其爲故也。』

這一個不守禮法的朋友好像不很歡迎孔二先生的幫忙；但他顧念故人，還要去幫他治槨。

他的弟子爲人家相禮，檀弓記載最多。上文引的國昭子家的母喪，卽是子張爲相。檀弓說：

有若之喪，悼公弔焉。子游擯，由左。

擯卽是相。又說：

子蒲卒，哭者呼『滅！』子臯曰，『若是野哉！』哭者改之。

這似是因爲子臯相禮，所以他糾正主人之失。檀弓又記：

孔子之喪，公西赤爲志焉。飾棺牆，置翣設披，周也。設崇，殷也。綢練設旐，夏也。

子張之喪，公明儀爲志焉。褚幕丹質，蟻結于四隅，殷士也。

按士喪禮的既夕禮飾柩，設披，都用『商祝』爲之。可見公西赤與公明儀爲『志』，乃是執行士喪禮所說的『商祝』的職務。（鄭玄注，『志謂章識』。當參考既夕禮，可見鄭注不確。）從此點上可以推知當時的『儒』不但是『殷士』，其實又都是『商祝』。墨子非儒篇寫那些儒者靠爲人治喪爲衣食之端，此點必須和檀弓與士喪禮既夕禮合併起來看，我們方才可以明白。士喪禮與既夕禮（即士喪禮的下篇）使我們知道當時的喪禮須用『祝』，其職務最繁重。士喪禮二篇中明說用『商祝』凡十次，用『夏祝』凡五次，泛稱『祝』凡二十二次。舊注以爲泛稱『祝』者都是『周祝』，其說甚無根據。細考此兩篇，絕無用周祝之處；其泛稱『祝』之處有一處確指『夏祝』（『祝受巾巾之』）有兩處確指『商祝』（『祝又受米，奠于貝北』；又下篇『祝降，與夏祝交于階下』。）其他不明說夏與商之處，大概都是指『商祝』，因爲此種士喪禮雖然偶有雜用夏周禮俗之處，其根本的禮節仍是殷禮，故相禮的祝人當然以殷人爲主。明白了當時喪禮裏『商祝』的重要，我們才可以明白檀弓所記喪家的『相』，不僅是賓來弔時的『擯者』（士喪禮另有『擯者』）也不僅是指導禮節的顧問，其實還有那最繁重的『祝』的職務。因爲這種職務最繁重，所以那些儒者可以靠此爲『衣食之端』。

在檀弓裏我們已可以看見當孔子的大弟子的時代，喪禮已有了不少的爭論。

（一）小斂之奠，子游曰，『於東方。』曾子曰，『於西方。』

（二）衞司徒敬子死，子夏弔焉，主人未小斂，絰而往。子游弔焉，主人既小斂，子游出，絰而反哭。子夏曰，『聞之也歟？』曰，『聞諸夫子：主人未改服，則不絰。』

（三）曾子襲裘而弔，子游裼裘而弔。曾子指子游而示人曰，『夫夫也，爲習於禮者，如之何其裼裘而弔也！』主人既小斂，袒，括髮，子游趨而出，襲裘帶絰而入。曾子曰，『我過矣，我過矣，夫夫是也。』

（四）曾子弔於負夏，主人既祖，塡池，（鄭注，塡池當爲奠徹聲之誤也。）推柩而反之，降婦人而后行禮。從者曰，『禮與？』曾子曰，『夫祖者，且也。且，胡爲其不可以反宿也？』從者又問諸子游曰，『禮與？』子游曰，『飯於牖下，小斂於戶內，大斂於阼，殯於客位，祖於庭，葬於墓，所以卽遠也。故喪事有進而無退。』

（五）公叔木有同母異父之昆弟死，問於子游，子游曰，『其大功乎？』狄儀有同母異父之昆弟死，問於子夏，子夏曰，『我未之前聞也。魯人則爲之齊衰。』狄儀行齊衰。今之齊衰，狄儀之問也。

我們讀了這些爭論，眞不能不起『累壽不能盡其學，當年不能行其禮』的感想。我們同時又感覺這種儀節上的斤斤計較頗不像孔子的學風。孔子自己是能了解『禮之本』的，他曾說：

禮，與其奢也，寧儉。喪，與其易也，寧戚。（『易』字舊說紛紛，朱子根據孟子『易其田疇』一句，訓易爲治，謂『節文習熟』。）

論語的記者似乎沒有完全了解這兩句話，所以文字不大淸楚。但一位心粗膽大的子路却聽懂了，他說：

吾聞諸夫子：喪禮，與其哀不足而禮有餘也，不若禮不足而哀有餘也。祭禮，與其敬不足而禮有餘也，不若禮不足而敬有餘也。（檀弓）

這才是孔子答林放問的『禮之本。』還有一位『堂堂乎』的子張也聽懂了，他說：

士見危授命，見得思義，祭思敬，喪思哀，其可已矣。（論語十九）

『祭思敬，喪思哀』也就是『禮之本。』我們看孔子對子路說：『啜菽飲水盡其歡，斯之謂孝；斂手足形，還葬而無椁，稱其財，斯之謂禮；』（檀弓，同書裏，孔子答子游問喪具，與此節同意。）又看他在衞國時，遇舊館人之喪，『一哀而出涕，』就『脫驂而賻之，』——這都可見他老人家是能見其大的，不是拘泥儀文小節的。最可玩味的是檀弓記的這一件故事：

孔子在衞，（也是一個殷文化的中心。）有送葬者，而夫子觀之，曰：『善哉！足以爲法矣。……其往也如慕，其反也如疑。』子貢曰，『豈若速反而虞乎？』（既葬，『迎精而反，日中祭之於殯宮以安之』爲虞祭。）子曰，『小子識之，我未之能行也。』

孔子歎賞那人的態度，而他的弟子只能計較儀節的形式。所以他那些大弟子，都是『習於禮者，』只能在那些達官富人的喪事裏指手畫腳的評量禮節，較量襲裘與裼裘的得失，辨論小斂之奠應在東方或在西方。檀弓所記，已夠使人厭倦，使人失望，使人感覺孔子的門風眞是及身而絕了！

我們讀了這種記載，可以想像那些儒者的背景。孔子和這班大弟子本來都是殷儒商祝，孔子只是那個職業裏出來的一個有遠見的領袖，而他的弟子仍多是那個治喪相禮的職業中人，他們是不能完全跳出那種『因人之野以爲尊』的風氣之外的孔子儘管教訓他們：

　　女爲君子儒，毋爲小人儒。

但『君子』『小人』的界限是很難畫分的。他們既須靠治喪相禮爲『衣食之端』，就往往不能講氣節了。如齊國國昭子之母之喪，他問子張：

　　喪及墓，男子婦人安位？

子張說：

　　司徒敬子之喪，夫子相，男子西鄉，婦人東鄉。

可是主人不贊成這個辦法，他說：

　　噫，毋曰我喪也斯沾。（此句鄭玄讀：『噫，毋曰我喪也斯沾。』說曰：『噫，不寤之聲。毋者，禁止之辭。斯，盡也。沾讀曰覘，覘，視也。國昭子自謂齊之大家，有事人盡視之。』陳澔從鄭說。郝敬與姚際恆讀『我喪也斯沾爾專之』爲一句，釋『沾爾』爲沾沾爾，見杭大宗續禮記集說。我不能贊成舊說，改擬如此讀法。他好像是說：『噫，別叫人說咱家的喪事那麼貧樣！』沾當是『沽』的小誤。檀弓說：『杜橋之母之喪，宮中無相，君子以爲沽也。』）爾專之，賓爲賓焉，主爲主焉。婦人從男子，皆西鄉。

主人要那麼辦，『夫子』的大帽子也壓不住，那位『堂堂乎張也』也就沒有法子，只好依着他去做了。其實這班大儒自己也實在有招人輕侮之道。檀弓又記着一件很有趣的故事：

季孫之母死，哀公弔焉。曾子與子貢弔焉。閽人爲君在，弗內也。曾子與子貢入於其廄而脩容焉。子貢先入，閽人曰，「鄉者已告矣。」曾子後入，閽人辟之。涉內霤，卿大夫皆辟位，公降一等而揖之。——君子言之曰：「盡飾之道，斯其行者遠矣。」

季孫爲當時魯國的最有權力的人，他的母喪眞可說是「大喪」了。這兩位大儒巴巴的趕來，不料因國君在內，閽人不讓他們進去，他們就進季孫的馬廄裏去脩容；子貢修飾好了，還瞞不過閽人，不得進去；曾子裝飾得更好，閽人不敢攔他，居然混進去了。裏面的國君與大夫看見此時有弔客進來，料想必是尊客，都起來致敬，國君還降一等揖客。誰想這不過是兩位改裝的儒者趕來幫主人治喪相禮的呵！我們看了這種聖門的記載，再回想墨子非儒篇描寫的「五穀既收，大喪是隨，子姓皆從，得厭飲食，」「富人有喪，乃大說喜」的情形，我們眞不能不感覺到「君子儒」與「小人儒」的區別是很微細的了！

以上記「儒」的生活，我們只用那些我們認爲最可信的史料，有意毀謗儒者而描寫不近情理的材料，如莊子記「大儒以詩禮發冢」的文字，我們不願意引用。如果還有人覺得我在上文描寫「儒」的生活有點近於有心毀謗孔門聖賢，那麼，我只好請他平心靜氣想想孔子自己說他的生活：

出則事公卿，入則事父兄，喪事不敢不勉，不爲酒困，——何有於我哉？（論語九）

在這裏，我們可以看見一個「儒」的生活的概略。縱酒是殷民族的惡習慣，（參看前章引酒誥一段）論語裏寫孔子

『不爲酒困，』『唯酒無量不及亂，』還可見酗酒在當時還是一個社會問題。『喪事不敢不勉，』是『儒』的職業生活。『出則事公卿，』也是那個不學稼圃的寄生階級的一方面。

四

在前三章裏，我們說明了『儒』的來歷。儒是殷民族的禮教的教士，他們在很困難的政治狀態之下，繼續保存着殷人的宗教典禮，繼續穿戴着殷人的衣冠。他們是殷人的教士，在六七百年中漸漸變成了絕大多數人民的教師。他們的職業還是治喪，相禮，教學；但他們的禮教已漸漸行到統治階級裏了，他們的來學弟子已有周魯公族的子弟了；（如孟孫何忌南宮适）向他們問禮的，不但有各國的權臣，還有齊魯衞的國君了。

這才是那個廣義的『儒』。儒是一個古宗教的教師，治喪相禮之外，他們還要做其他的宗教職務。論語記孔子的生活，有一條說：

鄉人儺，『孔子』朝服而立於阼階。

儺是趕鬼的儀式。檀弓說：

歲旱，穆公召縣子而問焉，曰，『天久不雨，吾欲暴尫而奚若？』曰，『天久不雨而暴人之疾子，毋乃不可與？』『然則吾欲暴巫而奚若？』曰，『天則不雨而望之愚婦人，於以求之，毋乃已疏乎？』『徙市則奚若？』曰，『天子崩，巷市七日。諸侯薨，巷市三日。為之徙市，不亦可乎？』

縣子見於檀弓凡六次，有一次他批評子游道：『汰哉叔氏，專以禮許人！』這可見縣子大概也是孔子的一個大弟子。（史記仲尼弟子傳有縣成，字子祺。檀弓稱縣子瑣。）天久不雨，國君也得請教於儒者。這可見當時的儒者是各種方面的教師與顧問。喪禮是他們的專門，樂舞是他們的長技，教學是他們的職業，而鄉人打鬼，國君求雨，他們也都有事，——他們眞得要無所不知，無所不能的了。論語記達巷黨人稱孔子『博學而無所成名』，孔子對他的弟子說：

吾何執？執御乎？執射乎？吾執御矣。

論語又記：

大宰問於子貢曰，『夫子聖者歟？何其多能也？』子貢曰，『固天縱之將聖，又多能也。』子聞之曰，『大宰知我乎？吾少也賤，故多能鄙事。君子多乎哉？不多也。』

儒的職業需要博學多能，故廣義的『儒』為術士的通稱。

但這個廣義的來源甚古的『儒』，怎樣變成了孔門學者的私名呢？這固然是孔子個人的偉大成績，其中也有很重要的歷史的原因。孔子是儒的中興領袖，而不是儒教的創始者。儒教的伸展是殷亡以後五六百年的一個偉大的歷史趨勢；孔子只是這個歷史趨勢的最偉大的代表者，他的成績也只是這個五六百年的歷史運動的一個莊嚴燦爛的成功。

這個歷史運動是殷遺民的民族運動。殷商亡國之後，在那幾百年中人數是衆多的，潛勢力是很廣大的，文化是繼續存在的。但政治的勢力都全在戰勝的民族的手裏，殷民族的政治中心只有一個包圍在『諸姬』的重圍裏的宋國。宋國的處境是很困難的；我們看那前八世紀宋國一位三朝佐命的正考父的鼎銘：『一命而僂，再命而傴，三命而俯，循牆而走。』這是何等的柔遜謙卑！宋國所以能久存，也許是靠這種祖傳的柔道。周室東遷以後，東方多事，宋國漸漸抬頭。到了前七世紀的中葉，齊桓公死後，齊國大亂，宋襄公邀諸侯的兵伐齊，納齊孝公。這一件事成功（前六四二）之後，宋襄公就有了政治的大欲望，他想繼承齊桓公之後作中國的盟主。他把滕子嬰齊捉了；又叫邾人把鄫子捉了，用鄫子來祭次睢之社，『欲以屬東夷。』用人祭社，似是殷商舊俗。左傳昭公十年，『季平子伐莒，取郠，獻俘，始用人於亳社。』這樣恢復一個野蠻的舊俗，都有取悅於民衆的意思。宋襄公眼光注射在東方的殷商舊土，所以要恢復一個殷商宗教的陋俗來巴結東方民衆。那時東方無霸國，無人與宋爭長，他所慮者只有南方的楚國。果然在盂之會，楚人捉了宋襄公去，後來又放了他。他還不覺悟，還想立武功，定霸業。泓之戰（前六三八）楚人大敗宋兵，宋襄公傷股，幾乎做了第二次的俘虜。當泓之戰之前，

大司馬固諫（大司馬是公子目夷，即子魚。『固』是形容『諫』字的副詞。杜預誤解『固』為公孫固，史記宋世家作子魚諫，不誤。）曰：『天之棄商久矣，君將興之，弗可赦也已。』（杜預誤讀『弗可赦也已。』此五字當作一句讀。子魚先反對襄公爭盟，到了將戰，他卻主張給楚兵一個痛快的打擊，故下文力主趁楚師未既濟時擊之。丁聲樹先生說『弗』字乃『不之』二字之合。此句所含『之』字，

正指敵人。既要做中興殷商的大事，這回不可放過敵人了。）

這裏忽然提出復興殷商的大問題來，可見宋襄公的野心正是一個復興民族的運動。不幸他的『婦人之仁』使他錯過機會；大敗之後，他還要替自己辨護說，

君子不重傷，不禽二毛。……寡人雖亡國之餘，不鼓不成列。

『亡國之餘』，這也可見殷商後人不忘亡國的慘痛。三百年後，宋君偃自立為宋王，東敗齊，南敗楚，西敗魏，也是這點亡國遺憾的死灰復燃，也是一個民族復興的運動。但不久也失敗了。殷商民族的政治的復興終於無望了。

但在那般商民族亡國後的幾百年中，他們好像始終保存着民族復興的夢想，漸漸養成了一個『救世聖人』的預言，這種預言是亡國民族裏常有的，最有名的一個例子就是希伯來（猶太）民族的『彌賽亞』（Messiah）降生救世的懸記，後來引起了耶穌領導的大運動。這種懸記（佛書中所謂『懸記』，即預言）本來只是懸想一個未來的民族英雄起來領導那久受亡國苦痛的民衆，做到那復興民族的大事業。但年代久了，政治復興的夢想終沒有影子，於是這種預言漸漸變換了內容，政治復興的色彩漸漸變淡了，宗教或文化復興的意味漸漸加濃了。猶太民族的『彌賽亞』原來是一個復興英雄，後來却變成了一個救世的教主。這是一變；一個狹義的民族的中興領袖，後來却變成了一個救度全人類的大聖人。這一變更遠大了。我們現在觀察殷民族亡國後的歷史，似乎他們也曾有過一個民族英雄復興殷商的懸記，也曾有過一個聖人復起的預言。

我們試撇開一切舊說，來重讀商頌的玄鳥篇：

天命玄鳥，降而生商，宅殷土芒芒。古帝命武湯，正域彼四方。

方命厥后，奄有九有。商之先后，受命不殆，在武丁孫子。

武丁孫子——武王靡不勝。龍旂十乘，大糦是承。

邦畿千里，維民所止。肇域彼四海，四海來假。

來假祁祁，景員維河。殷受命咸宜，百祿是何。

此詩舊說以為是祀高宗的詩。但舊說總無法解釋詩中的『武丁孫子』，也不能解釋那『武丁孫子』的『武王』。鄭玄解作『高宗之孫子有武功有王德於天下者，無所不勝服。』朱熹說：『武王，湯號，而其後世亦以自稱也。言武丁孫子，今襲湯號者，其武無所不勝。』這是誰呢？殷自武丁以後，國力漸衰；史書所載，已無有一個無所不勝服的『武王』了。我看此詩乃是一種預言：先述那『正域彼四方』的武湯，次預言一個『肇域彼四海』的『武丁孫子——武王』。『大糦』，舊說有二：韓詩說糦為『大祭』，鄭玄訓糦為『黍稷』，都是臆說。（朱駿聲說文通訓定聲誤記商頌烈祖有『大糦是承』，訓黍稷；又玄鳥有『大糦是承』，韓詩訓為大祭。其實烈祖無此句。）我以為『糦』字乃是『囏』字，即是『艱』字。艱字籀文作囏，字損為糦。周書大誥，『有大艱於西土，西土人亦不靜。』『大艱』即是大難。這個未來的『武王』能無所不勝，能用『十乘』的薄弱武力，而承擔『大艱』；能從千里的邦畿而開國於四海。這就是殷民

族懸想的中興英雄。（鄭玄釋『十乘』爲『二王後，八州之大國，』每國一乘，故爲十乘）

但世代久了，這個無所不勝的『武王』始終沒有出現，宋襄公中興殷商的夢是吹破的了。於是這個民族英雄的預言漸漸變成了一種救世聖人的預言。左傳（昭公七年）記孟僖子將死時，召其大夫曰：

吾聞將有達者曰孔丘，聖人之後也，而滅於宋。其祖弗父何以有宋而授厲公。及正考父佐戴武宣，三命茲益共，故其鼎銘云：『一命而僂，再命而傴，三命而俯。循牆而走，亦莫敢余侮。饘於是，鬻於是，以餬余口。』其共也如是。臧孫紇有言曰：『聖人有明德者，若不當世，其後必有達人。』今其將在孔丘乎？

孟僖子死在昭公二十四年，（紀元前五一八）其時孔子已是三十四歲了。如果這種記載是可信的，那就可見魯國的統治階級那時已注意到孔子的聲望，並且注意到他的家世；說他是『聖人之後，』並且說他是『聖人之後』的『達者。』孟僖子引臧孫紇的話，臧孫紇自己也是當時人稱爲『聖人』的。左傳（襄公二十二年）說：

臧武仲雨過御叔，御叔在其邑，將飲酒，曰：『焉用聖人！我將飲酒而已。雨行，何以聖爲！』

臧孫紇去國出奔時，孔子只有兩歲。他說的『聖人有明德者，若不當世，其後必有達人，』當然不是爲孔丘說的。不過是一種泛論。但他這話也許是受了當時魯國的殷民族中一種期待聖人出世的預言的暗示。這自然只是我的一個猜想；但孟僖子說『吾聞將有達者曰孔丘，』這句話的涵義是說：『我聽外間傳說，將要有一位達人起來，叫做孔丘。』這可見他聽見了外間民衆紛紛說到這個殷商後裔孔丘是一位將興的達者或聖人；這種傳說當然與臧孫紇的預言無關，但看孟僖子的口氣，好像民間已有把那個三十多歲的孔丘認做符合某種懸記的話，所以他想到那位不容於魯國的聖人臧孫紇的懸記，說『今其將在孔丘乎？』這就是說這個預言要應在孔丘身上了。這就是說民間已傳說這個孔丘是一位將興的達者了，臧孫紇也有過這樣的話，現在要應驗了。

所以我們可以假定，在那多數的東方殷民族之中，早已有一個『將有達者』的大預言，在這個預言的流行空氣裏，魯國『聖人』臧孫紇也就有一種『聖人之後必有達者』的預言。我們可以猜想那個民間預言的形式大概是說：『殷商亡國後五百年，有個大聖人出來。』我們試讀孟子，就可以知道『五百年』不是我的瞎說。孟子在他離開齊國最不得意的時候，對他的弟子充虞說：

> 五百年必有王者興，其間必有名世者。由周而來，七百有餘歲矣。以其數則過矣；以其時考之則可矣。夫天未欲平治天下也。如欲平治天下，當今之世，舍我其誰也？（公孫丑下）

在這一段話裏，我們可以看出『五百年必有王者興』乃是古來一句流行的預言，所以孟子很詫異這個『五百年』的預言何以至今還不靈驗。但他始終深信這句五百年的懸記。所以孟子最後一章又說：

> 由堯舜至於湯，五百有餘歲。……由湯至於文王，五百有餘歲。……由文王至於孔子，五百有餘歲。……由孔子而來至於今，百有餘歲。去聖人之世若此其未遠也，近聖人之居若此其甚也，然而無有乎爾，則亦無有乎爾！（盡心下）

這樣的低徊追憶不是偶然的事，乃是一個偉大的民族傳說幾百年流行的結果

孔子生於魯襄公二十二年（前五五一）上距殷武庚的滅亡，已有五百多年。大概這個『五百年必有王者興』的預言由來已久，所以宋襄公（泓之戰在前六三八）正當殷亡後的第五世紀，他那復興殷商的野心也正是那個預言之下的產兒。到了孔子出世的時代，那預言的五百年之期已過了幾十年，殷民族的渴望正在最高度。這時期，忽然殷宋公孫的一個嫡系裏出來了一個聰明睿知的少年，起於貧賤的環境裏，而貧賤壓不住他；生於『野合』的父母，甚至於他少年時還不知道其父的墳墓，然而他的多才多藝使他居然戰勝了一個當然很不好受的少年處境，使人們居然忘了他的出身，使他的鄉人異口同聲的贊歎他：

大哉孔子！博學而無所成名！

這樣一個人，正因爲他的出身特別微賤，所以人們特別驚異他的天才與學力之高，特別追想到他的先世遺澤的長久而偉大。所以當他少年時代，他已是民間人望所歸了；民間已隱隱的紛紛的傳說：『五百年必有聖者興，今其將在孔丘乎！』甚至於魯國的貴族權臣也在背後議論道：『聖人之後，必有達者，今其將在孔丘乎！』

我們可以說，孔子壯年時，已被一般人認作那個應運而生的聖人了。這個假設可以解決論語裏許多費解的談話。如云：

子曰：天生德於予，桓魋其如予何？

如云

子畏於匡，曰：文王既沒，文不在茲乎？天之將喪斯文也，後死者不得與於斯文也。天之未喪斯文也，匡人其如予何？

如云：

子曰：鳳鳥不至，河不出圖，吾已矣夫！

這三段說話，我們平時都感覺難懂。但若如上文所說，孔子壯年以後在一般民衆心目中已成了一個五百年應運而興的聖人，這些話就都不難懂了。因爲古來久有那個五百年必有聖者興的懸記，因爲孔子生當殷亡之後五百餘年，因爲他出於一個殷宋正考父的嫡系，因爲他那出類拔萃的天才與學力早年就得民衆的崇敬，就被人期許爲那將興的達者——因爲這些原故，孔子自己也就不能避免一種自許自任的心理。他是不滿意於眼前社會政治的現狀的，

斗筲之人，何足算也！

他是很有自信力的，

苟有用我者，期月而已可也，三年有成。

他對於整個的人類是有無限同情心的，

鳥獸不可與同羣，吾非斯人之徒與而誰與？天下有道，丘不與易也。

所以他也不能不高自期許，把那五百年的擔子自己挑起來。他有了這樣大的自信心，他覺得一切阻力都是不足畏懼的了：『桓魋其如予何！』『匡人其如予何！』『公伯寮其如命何！』他雖不能上應殷商民族歌頌裏那個『肇域彼四海』的『武王，』難道不能做一個中興文化的『文王』嗎！

鳳鳥與河圖的失望，更可以證明那個古來懸記的存在。那個『五百年必有王者興』的傳說當然不會是那樣乾淨簡單的，當然還帶着許多幼稚的民族神話。『天命玄鳥，降而生商，』正是他的祖宗的『感生帝』的傳說。鳳鳥之至，河之出圖，麒麟之來，大概都是那個五百年應運聖人的預言的一部分。民衆當然深信這些；孔子雖然『不語怪力亂神，』但他也不能完全脫離一個時代的民族信仰。他到了晚年，也就不免有時起這樣的懷疑：

鳳鳥不至，河不出圖，吾已矣夫！

『春秋絕筆於獲麟，』這個傳說，也應該作同樣的解釋。公羊傳說：

有以告者曰，『有麕而角者。』孔子曰：『孰爲來哉！孰爲來哉！』反袂拭面，涕沾袍。顏淵死，子曰，『噫，天喪予！』子路死，子曰，『噫，天祝予！』西狩獲麟，孔子曰，『吾道窮矣！』

史記節取左傳與公羊傳，作這樣的記載：

魯哀公十四年春，狩大野，叔孫氏車子鉏商獲獸，以爲不祥。仲尼視之，曰，『麟也。』取之。曰，『河不出圖，雒不出書，吾已矣夫！』顏淵死，孔子曰，『天喪予！』及西狩見麟，曰，『吾道窮矣！』

孔子的談話裏時時顯出他確有點相信他是受命於天的。『天生德於予，』『天之未喪斯文也，』『天喪予，』『下學而上達，知我者其天乎！』此等地方，若依宋儒『天卽理也』的說法，無論如何講不通。若用民俗學的常識來看此等話語，一切就都好懂了。檀弓記孔子將死的一段，也應該如此看法：

孔子蚤作，負手曳杖，消搖於門，歌曰：

泰山其頹乎？

梁木其壞乎？

哲人其萎乎？

既歌而入，當戶而坐。子貢聞之，曰：『泰山其頹，則吾將安仰？梁木其壞，哲人其萎，則吾將安放？夫子殆將病也。』遂趨而入。夫子曰：『賜，爾來何遲也！夏后氏殯於東階之上，則猶在阼也。殷人殯於兩楹之間，則與賓主夾之也。周人殯於西階之上，則猶賓之也。而丘也，殷人也。予疇昔之夜，夢坐奠於兩楹之間。夫明王不興，而天下其孰能宗予？予殆將死也。』蓋寢疾七日而歿。

看他將死之前，明知道那『天下宗予』的夢想已不能實現了，他還自比於泰山梁木。在那『明王不興，天下其孰能宗予』的慨歎裏，我們還可以聽見那『五百年必有王者興』的古代懸記的尾聲，還可以聽見一位自信為應運而生的聖者的最後絕望的歎聲。同時，在這一段話裏，我們也可以看見他的同時人，他的弟子，和後世的人對他的敬仰的一個來源。論語記那個儀封人說：

二三子何患於喪（喪是失位，是不得意）乎？天下之無道也久矣。天將以夫子爲木鐸。

論語又記一件很可玩味的故事：

南宮适問於孔子曰：『羿善射，奡盪舟，俱不得其死焉。禹稷躬稼而有天下。』孔子不答。南宮适出，子曰：『君子哉若人！尙德哉若人！』

南宮适是孟僖子的兒子，是孔子的姪女壻。他問這話，隱隱的表示他對於某方面的一種想望。孔子雖不便答他，卻很明白他的意思了。再看論語記子貢替孔子辯護的話：

仲尼，日月也。……人雖欲自絕，其何傷於日月乎？多見其不知量也。

夫子之不可及也，猶天之不可階而升也。夫子之得邦家者，所謂立之斯立，道之斯行，綏之斯來，動之斯和；其生也榮，其死也哀——如之何其可及也！

這是當時的人對他的崇敬。一百多年後，孟子追述宰我，子貢，有若贊頌孔子的話，宰我說：

以予觀於夫子，賢於堯舜遠矣！

子貢說：

> 見其禮而知其政，聞其樂而知其德，由百世之後，等百世之王，莫之能違也。自生民以來，未有夫子也。

有若說：

> 豈惟民哉？麒麟之於走獸，鳳皇之於飛鳥，太山之於丘垤，河海之於行潦，類也。聖人之於民，亦類也。出於其類，拔乎其萃，自生民以來，未有盛於夫子也。

孟子自己也說：

> 自生民以來，未有孔子也。

後來所謂『素王』之說在這些話裏都可以尋出一些淵源線索。孔子自己也曾說過：

> 文王既沒，文不在茲乎？

這就是一個無冠帝王的氣象。他自己擔負起文王以來五百年的中興重擔子來了，他的弟子也期望他像『禹稷耕稼而有天下』，說他『賢于堯舜遠矣』，說他爲生民以來所未有，這當然是一個『素王』了。孔子是一個熱心想做一番功業的人，本來不甘心做一個『素王』的。我們看他議論管仲的話：

> 管仲相桓公，霸諸侯，一匡天下，民到于今受其賜。微管仲，吾其被髮左衽矣。豈若匹夫匹婦之爲諒也，自經於溝瀆而莫之知也？

這一段話最可以表示孔子的救世熱腸，也最可以解釋他一生栖栖皇皇奔走四方的行爲。檀弓記他的弟子有若的觀察：

昔者夫子失魯司寇，將之荆，蓋先之以子夏，又申之以冉有。以斯知不欲速貧也。

論語裏有許多同樣的記載：

子欲居九夷。或曰，『陋，如之何？』子曰，『君子居之，何陋之有？』

子曰，『道不行，乘桴浮於海，從我者其由歟？』

論語裏記着兩件事，曾引起最多的誤解。一件是公山弗擾召孔子的事：

公山弗擾以費叛，召子欲往。子路不說，曰，『末之也已，何必公山氏之之也？』子曰：『夫召我者，而豈徒哉？如有用我者，吾其爲東周乎？』

一件是佛肸召孔子的事：

佛肸召，子欲往。子路曰：『昔者由也聞諸夫子曰：「親於其身爲不善者，君子不入也。」佛肸以中牟畔，（佛肸是晉國趙簡子的中牟邑宰，據中牟以叛。）子之往也，如之何？』子曰；『然，有是言也。不曰堅乎，磨而不磷？不曰白乎，涅而不緇？吾豈匏瓜也哉？焉能繫而不食？』

後世儒者用後世的眼光來評量這兩件事，總覺得孔子決不會這樣看重兩個反叛的家臣，決不會這樣熱中。疑此兩事的人，如崔述，（洙泗考信錄卷二）根本不信此種記載爲論語所有的；那些不敢懷疑論語的人，如孔穎達，（論語正儀十七）如程頤張栻，（引見朱熹論語集註九）都只能委曲解說孔子的動機。其實孔子的動機不過是贊成一個也許可以嘗試有爲的機會。從事業上看，『吾其爲東周乎？』這就是說，也許我可以造成一個『東方的周帝國』哩。從個人的感慨上說，『吾豈匏瓜也哉？焉能繫而不食？』這就是說，我是想做事的，我不能像那串葫蘆掛在那兒擺樣子，可是不中喫的。這都是很近情理的感想，用不着什麼解釋的。（王安石有中牟詩：『頹城百雉擁高秋，驅馬臨風想聖丘。此道門人多未悟，爾來千載判悠悠。』）

他到了晚年，也有時感慨他的壯志的消磨。最動人的是他的自述：

甚矣吾衰也！久矣吾不復夢見周公！

這寥寥兩句話裏，我們可以聽見一個『烈士暮年，壯心未已』的長歎。周公是周帝國的一個最偉大的創始者，東方的征服可說全是周公的大功。孔子想造成的『東周』，不是那平王以後的『東周』，（這個『東周』乃是史家所用名稱，當時無用此名的。）乃是周公平定四國後造成的東方周帝國。但這個偉大的夢終沒有實現的機會，孔子臨死時還說：

夫明王不興，而天下其孰能宗予？予殆將死也？

不做周公而僅僅做一個『素王』，是孔子自己不能認爲滿意的。但『五百年必有王者興』的懸記終於這樣不滿意的應在他的身上了。

猶太民族亡國後的預言也曾期望一個民族英雄出來，『做萬民的君王和司令』（以賽亞書五五章四節）『使雅各衆復興使以色列之中得保全的人民能歸回——這還是小事——還要作外邦人的光，推行我（耶和華）的救恩，直到地的盡頭。』（同書四九章，六節）但到了後來，大衞的子孫裏出了一個耶穌，他的聰明仁愛得了民衆的推戴，民衆認他是古代先知預言的『彌賽亞』，稱他爲『猶太人的王』。後來他被拘捕了，羅馬帝國的兵『給他脫了衣服，穿上一件朱紅色袍子，用荊棘編作冠冕戴在他頭上，拿一根葦子放在他右手裏；他們跪在他面前，戲弄他說：「恭喜猶太人的王阿！」』戲弄過了，他們帶他出去，把他釘死在十字架上。猶太人的王『使雅各衆復興，使以色列歸回』的夢想就這樣吹散了。但那個釘死在十字架上的殉道者，死了又『復活』了：『好像一粒芥菜子，這原是種子裏最小的，等到長起來，卻比各樣菜都大，且成了一株樹，天上的飛鳥來宿在他的枝上：』他眞成了『外邦人的光，直到地的盡頭。』

孔子的故事也很像這樣的。殷商民族亡國以後，也曾期望『武丁孫子』裏有一個無所不勝的『武王』起來，『大糦是承』『肇域彼四海。』後來這個希望漸漸形成了一個『五百年必有王者興』的懸記，引起了宋襄公復興殷商的野心。這一次民族復興的運動失敗之後，那個偉大的民族仍舊把他們的希望繼續寄託在一個將興的聖王身上。果然，亡國後的第六世紀裏，起來了一個偉大的『學而不厭，誨人不倦』的聖人。這一個偉大的人不久就得着了許多人的崇敬，他們認他是他們所期待的聖人；就是和他不同族的魯國統治階級裏也有人承認那個聖人將興的預言要應在這個人身上。和他接近的人，仰望他如同仰望日月一樣；相信他若得着機會，他一定能『立之斯立，道之斯行，綏之斯來，動之斯和。』他自己也明白人們對他的期望，也以泰山梁木自待，自信『天生德於予，』自許要作文王周公的功業。到他臨死時，他還做夢『坐奠於兩楹之間。』他抱着『天下其孰能宗予』的遺憾死了，但他死了也『復活』了：『人能弘道，非道弘人，』他打破了殷周文化的藩籬，打通了殷周民族的畛域，把那含有部落性的『儒』抬高了，放大了，重新建立在六百年殷周民族共同生活的新基礎之上：他做了那中興的『儒』的不祧的宗主；他也成了『外邦人的光，』『聲名洋溢乎中國，施及蠻貊，舟車所至，人力所通，……凡有血氣者莫不尊親。』

五

孔子所以能中興那五六百年來受人輕視的『儒，』是因爲他認淸了那六百年殷周民族雜居，文化逐漸混合的趨勢，他知道那個富有部落性的殷遺民的『儒』是無法能拒絕那六百年來統治中國的周文化的了，所以他大膽的衝破那民族的界限，大膽的宣言：『吾從周！』他說：

> 夏禮吾能言之，杞不足徵也。殷禮吾能言之，宋不足徵也。文獻不足故也。足，則吾能徵之矣。

這就是說，夏殷兩個故國的文化雖然都還有部分的保存，——例如士喪禮裏的夏祝商祝，——然而民族雜居太長久了，後起的統治勢力的文化漸漸湮沒了亡國民族的老文化，甚至於連那兩個老文化的政治中心，杞與宋，都不能繼續保存他們的文獻了。杞國的史料現在已無可考。就拿宋國來看，宋國在那姬周諸國包圍之中早就顯出被周文化同化的傾向來了。最明顯的例子是謚法的採用。殷人無謚法，檀弓說：

幼名，冠字，五十以伯仲，死謚，周道也。

今考宋世家，微子啓傳其弟微仲，微仲傳子稽，稽傳丁公申，丁公申傳湣公共，共傳弟煬公熙，湣公子鮒祀弑煬公而自立，是爲厲公。這樣看來，微子之後，到第四代已用周道，死後稱謚了。——舉此一端，可見同化的速度在五六百年中，文獻的喪失，大概是由於同化久了，雖有那些保存古服古禮的『儒』，也只能做到一點抱殘守缺的工夫，而不能挽救那自然的趨勢。可是那西周民族却在那五六百年中充分吸收東方古國的文化；西周王室雖然漸漸不振了，那些新建立的國家，如在殷商舊地的齊魯衞鄭，如在夏后氏舊地的晉，都繼續發展，成爲幾個很重要的文化中心。所謂『周禮』，其實是這五六百年中造成的殷周混合文化。舊文化裏灌入了新民族的新血液，舊基礎上築起了新國家的新制度，很自然的呈顯出一種『粲然大備』的氣象。檀弓有兩段最可玩味的記載：

有虞氏瓦棺，夏后氏塈周，殷人棺槨，周人牆置翣。周人以殷人之棺槨葬長殤，以夏后氏之塈周葬中殤下殤，以有虞氏之瓦棺葬無服之殤。

仲憲言於曾子曰：『夏后氏用明器，……殷人用祭器，……周人兼用之。……』

這都是最自然的現象。我們今日看北方的出殯，其中有披蔴帶孝的孝子，有和尚，有道士，有喇嘛，有軍樂隊，有紙紮的汽車馬車，和檀弓記的同時有四種葬法，是一樣的文化混合。孔子是個有歷史眼光的人，他認清了那個所謂『周禮』並不是西周人帶來的，乃是幾千年的古文化逐漸積聚演變的總成績，這裏面含有絕大的因襲夏殷古文化的成分。他說：

殷因於夏禮，所損益，可知也。周因於殷禮，所損益，可知也。

這是很透闢的『歷史的看法』。有了這種歷史見解，孔子自然能看破，並且敢放棄那傳統的『儒』的保守主義。所以他大膽的說：

周監於二代，郁郁乎文哉！吾從周。

在這句『吾從周』的口號之下，孔子擴大了舊『儒』的範圍，把那個做殷民族的祝人的『儒』變做全國人的師儒了。『儒』的中興，其實是『儒』的放大。

孔子所謂『從周』，我在上文說過，其實是接受那個因襲夏殷文化而演變出來的現代文化。所以孔子的『從周』不是絕對的，只是選擇的，只是『擇其善者而從之，其不善者而改之。』論語裏說：

顏淵問爲邦，子曰：『行夏之時，乘殷之輅，服周之冕，樂則韶舞。放鄭聲，遠佞人；鄭聲淫，佞人殆。』

這是很明顯的折衷主義。論語又記孔子說：

麻冕，禮也；今也純，儉，吾從衆。拜下，禮也；今拜乎上，泰也。雖違衆，吾從下。

這裏的選擇去取的標準更明顯了。檀弓裏也有同類的記載：

孔子曰『拜而后稽顙，頹乎其順也。（鄭注，此殷之喪拜也。）稽顙而后拜，頎乎其至也。（鄭注，此周之喪拜也。）三年之喪，吾從其至者。』

殷既封而弔，周反哭而弔。孔子曰，『殷已慤，吾從周。』

殷練而祔，周卒哭而祔。孔子善殷。

這都是選擇折衷的態度。檀弓又記：

孔子之喪，公西赤為志焉：飾棺牆，置翣，設披，周也。設崇，殷也。綢練設旐，夏也。

子張之喪，公明儀為志焉：褚幕丹質，蟻結於四隅，殷士也。

這兩家的送葬的禮式不同，更可以使我們明瞭孔子和殷儒的關係。子張是『殷士』，所以他的送葬完全沿用殷禮。孔子雖然也是殷人，但他的教義早已超過那保守的殷儒的遺風了，早已明白宣示他的『從周』的態度了，早已表示他的選擇三代禮文的立場了，所以他的送葬也含有這個調和三代文化的象徵意義。

孔子的偉大貢獻正在這種博大的『擇善』的新精神。他是沒有那狹義的畛域觀念的。他說：

君子周而不比。

又說：

　　君子羣而不黨。

他的眼光注射在那整個的人羣，所以他說：

　　君子之於天下也，無適也，無莫也，義之與比。

他認定了教育可以打破一切階級與界限，所以曾有這樣最大膽的宣言：

　　有教無類。

這四個字在今日好像很平常；但在二千五百年前，這樣平等的教育觀必定是很震動社會的一個革命學說。因爲『有教無類』，所以孔子說：『自行束脩以上，吾未嘗無誨焉』；所以他的門下有魯國的公孫，有貨殖的商人，有極貧的原憲，有在縲絏之中的公冶長。因爲孔子深信教育可以摧破一切階級的畛域，所以他終身『爲之不厭，誨人不倦』。

孔子時時提出一個『仁』字的理想境界。『仁者人也』，這是最妥貼的古訓。『井有仁焉』就是『井有人焉』。『仁』就是那用整個人類爲對象的教義。最淺的說法是

　　樊遲問仁，子曰，『愛人。』

進一步的說法，『仁』就是要盡人道，做到一個理想的人樣子，這個理想的人樣子也有淺深不同的說法：

　　樊遲問仁，子曰，『居處恭，執事敬，與人忠，雖之夷狄，不可棄也。』

這是最低限度的說法了。此外還有許多種說法：

樊遲問仁，子曰，『仁者先難而後獲，可謂仁矣。』（比較孔子在別處對樊遲說的『先事後得。』）

司馬牛問仁，子曰，『仁者其言也訒。爲之難，言之得無訒乎？』

顏淵問仁，子曰，『克己復禮爲仁。』

仲弓問仁，子曰，『出門如見大賓，使民如承大祭。己所不欲，勿施於人。在邦無怨，在家無怨。』

其實這都是『居處恭，執事敬，與人忠』引伸的意義。仁就是做人。用那理想境界的人做人生的目標，這就是孔子的最博大又最平實的教義。我們看他的大弟子曾參說的話：

士不可以不弘毅，任重而道遠。仁以爲己任，不亦重乎？死而後已，不亦遠乎？

『仁以爲己任，』就是把整個人類看作自己的責任。耶穌在山上看見民衆紛紛到來，他很感動，說道：『收成是好的，可惜做工的人太少了。』曾子說的『任重而道遠，』正是同樣的感慨。

從一個亡國民族的教士階級，變到調和三代文化的師儒；用『吾從周』的博大精神，擔起了『仁以爲己任』的絕大使命，——這是孔子的新儒教。

* * * * *

『儒』本來是亡國遺民的宗教，所以富有亡國遺民柔順以取容的人生觀，所以『儒』的古訓爲柔懦。到了孔子，他對自己有絕大信心，對他領導的文化教育運動也有絕大信心，他又認淸了那六百年殷周民族同化的歷史實在是東部古文化同化了西周新民族的歷史，—西周民族的新建設也都建立在那『周因於殷禮』的基礎之上—所以他自己沒有那種亡國遺民的柔遜取容的心理。『士不可以不弘毅，任重而道遠，』這是這個新運動的新精神，不是那個『一命而僂，再命而傴，三命而俯』的柔道所能包涵的了。孔子說：

志士仁人，無求生以害仁，有殺身以成仁。

他的弟子子貢問他伯夷叔齊餓死在首陽山下，怨不怨呢？孔子答道：

求仁而得仁，又何怨？

這都不是柔道的人生哲學了。這裏所謂『仁，』無疑的，就是做人之道。孟子引孔子的話道：

志士不忘在溝壑，勇士不忘喪其元。

我頗疑心孔子受了那幾百年來封建社會中的武士風氣的影響，所以他把那柔懦的儒和殺身成仁的武士合併在一塊，造成了一種新的『儒行。』論語說：

子路問成人，子曰：『若臧武仲之知，公綽之不欲，卞莊子之勇，冉求之藝，文之以禮樂，亦可以爲成人矣。』曰：『今之成人者何必然。見利思義，見危授命，久要不忘平生之言，亦可以爲成人矣。』

『成人』就是『成仁，』就是『仁』。綜合當時社會上的理想人物的各種美德，合成一個理想的人格，這就是『君子儒,』這就是『仁。』但他又讓一步說『今之成人者』的最低標準,這個最低標準正是當時的『武士道』的信條。他的弟子子張也說:

士見危致命見得思義,祭思敬,喪思哀,其可已矣。

曾子說:

可以託六尺之孤,可以寄百里之命,臨大節而不可奪也。君子人歟?君子人也。

這就是『見危致命』的武士道的君子。子張又說:

執德不弘,信道不篤,焉能爲有?焉能爲亡?

子張是『殷士,』而他的見解已是如此,可見孔子的新教義已能改變那傳統的儒,形成一種弘毅的新儒了。孔子曾說:

剛毅木訥近仁。

又說:

巧言令色,鮮矣仁。

他提倡的新儒行只是那剛毅勇敢,擔負得起天下重任的人格。所以說:

仁者己欲立而立人,己欲達而達人。

又說：

> 君子……脩己以敬，……脩己以安人，……脩己以安百姓。

這是一個新的理想境界，絕不是那治喪相禮以爲衣食之端的柔懦的儒的境界了。

孔子自己的人格就是這種弘毅的人格。論語說：

> 子曰：『君子道者三，我無能焉：仁者不憂，知者不惑，勇者不懼。』子貢曰，『夫子自道也。』
>
> 子曰：『不怨天，不尤人，下學而上達。知我者其天乎！』
>
> 葉公問孔子於子路，子路不對。子曰：『汝奚不曰「其爲人也，發憤忘食，樂以忘憂，不知老之將至云爾？」』

論語又記着一條有風趣的故事：

> 子路宿於石門，晨門曰，『奚自？』子路曰，『自孔氏。』曰，『是知其不可而爲之者歟？』

這是當時人對於孔子的觀察。『知其不可而爲之』是孔子的新精神。這是古來柔道的儒所不曾夢見的新境界。

但柔道的人生觀在孔門也不是完全沒有相當地位的。曾子說：

> 以能問於不能，以多問於寡；有若無，實若虛；犯而不校：昔者吾友嘗從事於斯矣。

這一段的描寫，原文只說『吾友』，東漢的馬融硬說『友謂顏淵』，從此以後，註家也都說是顏淵了。（現在竟有人說道家出於顏回了。）其實『吾友』只是我的朋友，或我的朋友們，二千五百年後人只可以『闕疑』，不必費心去猜測。如果這些話可以指顏淵，那麼我們也可以證明這些話是說孔子。論語不說過嗎？

子入太廟，每事問。或曰：『孰謂鄹人之子知禮乎？入太廟，每事問！』子聞之曰，『是禮也。』

這不是有意的『以能問於不能，以多問於寡』嗎？這不是『有若無，實若虛』嗎？

子曰，『吾有知乎哉？無知也。有鄙夫問於我，空空如也。我叩其兩端而竭焉。』

這不是『以能問於不能，以多問於寡；有若無，實若虛』嗎？論語又記孔子贊歎『伯夷叔齊不念舊惡，怨是用希，』這不是『犯而不校』嗎？爲什麼我們不可以說『吾友』是指孔子呢？爲什麼我們不可以說『吾友』只是泛指曾子『昔者』接近的某些師友呢？爲什麼我們不可以說這是孔門某一個時期（『昔者』）所『嘗從事』的學風呢？

大概這種謙卑的態度，虛心的氣象，柔遜的處世方法，本來是幾百年來的儒者遺風，孔子本來不曾抹煞這一套，他不過不承認這一套是最後的境界，也不覺得這是唯一的境界罷了。（曾子的這一段話的下面，卽是『可以託六尺之孤』一段；再下面就是『士不可以不弘毅』一段。這三段話，寫出三種境界，最可供我們作比較。）在那個標舉『成人』『成仁』爲理想境界的新學風裏，柔遜謙卑不過是其一端而已。孔子說得好：

恭而無禮則勞，愼而無禮則葸，勇而無禮則亂，直而無禮則絞。

恭與愼都是柔道的美德，——孟僖子稱正考父的鼎銘爲『共（恭）』——可是過當的恭愼就不是『成人』的氣象了。鄉黨一篇寫孔子的行爲何等恭愼謙卑！鄉黨開端就說：

> 孔子於鄉黨，恂恂如也，似不能言者。其在宗廟朝廷，便便言，唯謹爾。（鄭註：便便，辯也。）

論語裏記他和當時的國君權臣的問答，語氣總是最恭愼的，道理總是守正不阿的。最好的例子是魯定公問一言可以興邦的兩段：

> 定公問：『一言而可以興邦，有諸？』
>
> 孔子對曰：『言不可以若是其幾也。人之言曰，「爲君難，爲臣不易。」如知爲君之難也，不幾乎一言而興邦乎？』
>
> 曰：『一言而喪邦，有諸？』
>
> 孔子對曰：『言不可以若是其幾也。人之言曰，「予無樂乎爲君，唯其言而莫予違也。」如其善而莫之違也，不亦善乎？如不善而莫之違也，不幾乎一言而喪邦乎？』

他用這樣婉轉的辭令，對他的國君發表這樣獨立的見解，這最可以代表孔子的『溫而厲，』『與人恭而有禮』的人格。

中庸雖是晚出的書，其中有子路問強一節，可以用來做參考資料：

> 子路問強。子曰：『南方之強歟？北方之強歟？抑而強歟？

「寬柔以教，不報無道，南方之強也。君子居之。
「衽金革，死而不厭，北方之強也。而強者居之。
「故君子和而不流，強哉矯。中立而不倚，強哉矯。國有道，不變塞焉，強哉矯。國無道，至死不變，強哉矯。」

這裏說的話，無論是不是孔子的話，至少可以表示孔門學者認淸了當時有兩種不同的人生觀，又可以表示他們並不非薄那「寬柔以教不報無道」（即是「犯而不校」）的柔道。他們看準了這種柔道也正是一種「強」道。當時所謂「南人」，與後世所謂「南人」不同。春秋時代的楚與吳，雖然更南了，但他們在北方人的眼裏還都是「南蠻」，夠不上那柔道的文化。古代人所謂「南人」似乎都是指大河以南的宋國魯國，其人多是殷商遺民，傳染了儒柔的風氣，文化高了，世故也深了，所以有這種寬柔的「不報無道」的教義。

這種柔道本來也是一種「強」，正如周易彖傳說的「謙尊而光，卑而不可踰」。一個人自信甚堅強，自然可以不計較外來的侮辱；或者他有很強的宗教信心，深信「鬼神害盈而福謙」，他也可以不計較偶然的橫暴。謙卑柔遜之中含有一種堅忍的信心，所以可說是一種君子之強。但他也有流弊。過度的柔遜恭順，就成了懦弱者的百依百順，沒有獨立的是非好惡之心了。這種人就成了孔子最痛恨的「鄉原」。「原」是謹愿，鄉愿是一鄉都稱爲謹愿好人的人。論語說：

子曰：「鄉原，德之賊也。」

孟子末篇對這個意思有很詳細的說明：

孟子曰：『……孔子曰：「過我門而不入我室，我不憾焉者，其惟鄉原乎？鄉原，德之賊也。」』

萬章曰：『何如斯可謂之鄉原矣？』

曰：『何以是嘐嘐也！言不顧行，行不顧言，則曰，「古之人！古之人！行何爲踽踽涼涼？生斯世也，爲斯世也，善斯可矣。」閹然媚於世也者，是鄉原也。』

萬章曰：『一鄉皆稱原人焉，無所往而不爲原人，孔子以爲德之賊，何哉？』

曰：『非之，無舉也；刺之，無刺也。同乎流俗，合乎汙世。居之似忠信，行之似廉潔。衆皆悅之，自以爲是，而不可與入堯舜之道。故曰德之賊也。孔子曰：「惡似而非者。惡莠，恐其亂苗也。惡佞，恐其亂義也。惡利口，恐其亂信也。惡鄭聲，恐其亂樂也。惡紫，恐其亂朱也。惡鄉原，恐其亂德也。」』

這樣的人的大病在於只能柔而不能剛；只能『同乎流俗，合乎汚世，』『閹然媚於世，』而不能有踽踽涼涼的特立獨行。

孔子從柔道的儒風裏出來，要人『柔而能剛，』『恭而有禮。』他說：

衆好之，必察焉。衆惡之，必察焉。

鄉原決不會有『衆惡之』的情況的。凡『衆好之』的人，大概是『同乎流俗，合乎汙世』的人。論語另有一條說此意最好：

子貢問曰『鄉人皆好之何如？』

子曰，『未可也。』

『鄉人皆惡之何如？』

子曰『未可也。不如鄉人之善者好之，其不善者惡之。』

這就是論語說的『君子和而不同』；也就是中庸說的『君子和而不流，中立而不倚。』這才是孔子要提倡的那種弘毅的新儒行。

禮記裏有儒行一篇，記孔子答魯哀公問『儒行』的話，其著作年代已不可考，但其中說儒服是魯宋的鄉服，可知作者去古尚未遠，大概是戰國早期的儒家著作的一種。此篇列舉『儒行』十六節，其中有一節云：

儒有衣冠中，動作愼；其大讓如慢，小讓如僞；大則如威，（畏）小則如愧；其難進而易退也，粥粥若無能也。

這還是儒柔的本色。又一節云：

儒有博學而不窮，篤行而不倦，……禮之以和爲貴，……舉賢而容衆，毁方而瓦合，其寬裕有如此者。

這也還近於儒柔之義。但此外十幾節，如云，

愛其死以有待也，養其身以有爲也。

非時不見，非義不合。見利不虧其義，見死不更其守。其特立有如此者。

儒有可親而不可刧也，可近而不可迫也，可殺而不可辱也。其過失可微辨而不可面數也。其剛毅有如此者。

身可危也而志不可奪也。雖危，起居竟信（伸）其志，猶將不忘百姓之病也。其憂思有如此者。

患難相死也，久相待也，遠相致也。

儒有澡身而浴德，陳言而伏。……世治不輕，世亂不沮。同弗與，異弗非也。其特立獨行有如此者。

儒有上不臣天子，下不事諸侯，愼靜而尙寬，強毅以與人，……砥厲廉隅，雖分國，如錙銖。……其規爲有如此者。

這就都是超過那柔順的儒風，建立那剛毅威嚴，特立獨行的新儒行了。

以上述孔子改造的新儒行：他把那有部落性的殷儒擴大到那『仁以爲己任』的新儒；他把那亡國遺民的柔順取容的殷儒抬高到那弘毅進取的新儒。這眞是『振衰而起懦』的大事業。

六

我們現在可以談談『儒』與『道』的歷史關係了。同時也可以談談孔子與老子的歷史關係了。

『道家』一個名詞不見於先秦古書中，在史記的陳平世家，封禪書，太史公自序裏，我們第一次見着『道家』一個名詞。司馬談父子所謂『道家，』乃是一個『因陰陽之大順，采儒墨之善，撮名法之要』的混合學派。因爲是個混合折衷的學派，他的起源當然最晚，約在戰國的最後期與秦漢之間。這是毫無可疑的歷史事實。（我別有論『道家』的專文。）

最可注意的是秦以前論學術派別的，沒有一個人提到那個與儒墨對立的『道家。』孟子在戰國後期論當時的學派，只說『逃墨必歸於楊，逃楊必歸於儒。』韓非死在秦始皇時，他也只說『世之顯學，儒墨也。』那麼，儒墨兩家之外，那極端傾向個人主義的楊朱可以算是自成一派，其餘的許多思想家——老子，莊周，愼到，田駢，騶衍等，——都如何分類呢？

依我的看法，這些思想家都應該歸在儒墨兩大系之下。

宋牼尹文惠施公孫龍一些人都應該歸於『墨者』一個大系之下。宋牼（宋鈃）尹文主張『見侮不辱，救民之鬭，禁攻寢兵，救世之戰，』他們正是墨教的信徒，這是顯而易見的。惠施主張『氾愛萬物，』又主張齊梁兩國相推爲王，以維持中原的和平；公孫龍到處勸各國『偃兵，』這也是墨教的遺風。至於他們的名學和墨家的名學也有明顯的淵源關係，那更是容易看出的。

其餘的許多思想家無論是齊魯儒生，或是燕齊方士在先秦時代總稱爲『儒，』都屬於『儒者』的一大系。所以齊宣王招致稷下先生無數而鹽鐵論泛稱爲『諸儒；』所以秦始皇阬殺術士而世人說他『阬儒。』莊子說劍篇（僞書）也有莊子儒服而見趙王的傳說。

老子也是儒。儒的本義爲柔而老子書中的教義正是一種『寬柔以教不報無道』的柔道。『弱之勝強，柔之勝剛，天下莫不知莫能行。』『上善若水，水利萬物而不爭。』『夫唯不爭故天下莫與之爭。』『報怨以德。』『強梁者不得其死。』『曲則全，枉則直，窪則盈。』……這都是最極端的『犯而不校』的人生觀。如果『儒，柔也』的古訓是有歷史意義的，那麽，老子的教義正代表儒的古義。

我們試回想到前八世紀的正考父的鼎銘，回想到周易裏謙，損，坎，巽等等教人柔遜的卦爻詞，回想到曾子說的『昔者吾友嘗從事』的『犯而不校，』回想到論語裏討論的『以德報怨』的問題，——我們不能不承認這種柔遜謙卑的人生觀正是古來的正宗儒行。孔子早年也從這個正宗儒學裏淘鍊出來所以曾子說：

以能問於不能，以多問於寡；有若無，實若虛；犯而不校：昔者吾友嘗從事於斯矣。

後來孔子漸漸超過了這個正統遺風，建立了那剛毅弘大的新儒行，就自成一種新氣象。論語說：

或曰：『以德報怨，何如？』

子曰：『何以報德？——以直報怨；以德報德。』

這裏『或人』提出的論點，也許就是老子的『報怨以德』，也許只是那個柔道遺風裏的一句古訓。這種柔道比『不報無道』更進一層，自有大過人處，自有最能感人的魔力，因爲這種人生觀的基礎是一種大過人的宗教信心，——深信一個『無爲而無不爲』『不爭而善勝』的天道。但孔子已跳過了這種『過情』的境界，知道這種違反人情的極端教義是不足爲訓的，所以他極力回到那平實中庸的新教義：『以直報怨，以德報德。』

這種討論可以證明孔子之時確有那種過情的柔道人生觀。信老子之書者，可以認爲當時已有老子之書或老子之教的證據。即有倘懷疑老子之書者，他們若平心想想，也決不能否認當時實有『犯而不校』的柔道，又實有『以德報怨』的更透進一層的柔道。如果連這種重要證據都要抹煞，硬說今本老子裏的柔道哲學乃是戰國末年世故已深時宋鈃尹文的思想的餘波，那種人的固執是可以驚異的，他們的理解是不足取法的。

還有那個孔子問禮於老聃的傳說，向來懷疑的人都學韓愈的看法，說這是老子一派的人要自尊其學，所以捏造『孔子，吾師之弟子也』的傳說。（姚際恆禮記通論論曾子問一篇，說『此爲老莊之徒所作無疑』。）現在依我們的新看法，這個古傳說正可以證明老子是個『老儒』，是一個殷商老派的儒。

關於孔子見老子的傳說，約有幾組材料的來源：

(1)禮記的曾子問篇，孔子述老聃論喪禮四事。

(2)史記孔子世家記南宮敬叔與孔子適周問禮，『蓋見老子云』一段。

(3)史記老莊申韓列傳，「孔子適周，將問禮於老子，老子曰……」一段。

(4)莊子中所記各段。

我們若依這個次序比較這四組的材料，可以看見一個最可玩味的現象，就是老子的人格的驟變，從一個最拘謹的喪禮大師，變到一個最恣肆無禮的出世仙人。最可注意的是史記兩記此事，在孔子世家裏老子還是一個很謙恭的柔道學者，而在老子列傳裏他就變做一個盛氣拒人的狂士了。這個現象其實不難說明。老子的人格變化只代表各時期的人對於老子的看法不同。作曾子問的人絕對不曾夢見幾百年後的人會把老聃變成一個謾罵無禮的狂士，所以他只簡單的記了老聃對於喪禮的幾條意見。這個看法當然是最早的；因為如果曾子問眞是後世「老莊之徒所作，」請問這班「老莊之徒」為什麼要把老子寫成這樣一個拘謹的喪禮專門大師呢？若如姚際恆所說，曾子問全書是「老莊之徒所作無疑，」那麼，這班「老莊之徒」揑造了這五十條喪禮節目的討論，插入了四條老聃的意見，結果反把老聃變成了一個儒家喪禮的大師，這豈不是「賠了夫人又折兵」的大笨事嗎？——這類的說法既說不通了，我們只能承認那作曾子問的人生在一個較早的時期，只知道老子是一位喪禮大師，所以他老老實實的傳述了孔子稱引老聃的喪禮意見。這是老孔沒有分家的時代的老子。

司馬遷的孔子世家是史記裏最謹慎的一篇，所以這一篇記孔子和老子的關係也還和那最早的傳說相去不遠：

〔孔子〕適周問禮，蓋見老子云。辭去，而老子送之曰：『吾聞富貴者送人以財，仁人者送人以言。吾不能富貴，竊仁人之號，送子以言曰：「聰明深察而近於死者，好議人者也。博辯廣大危其身者，發人之惡者也。為人子者，毋以有己。為人臣者，毋以有己。」』

這時代的人已不信老子是個古禮專家了，所以司馬遷說『適周問禮，蓋見老子云，』這已是很懷疑的口氣了。但他在這一篇只採用了這一段臨別贈言，這一段話還把老子看作一個柔道老儒，還不是更晚的傳說中的老子。

到了老莊列傳裏，就大不同了！

孔子適周，將問禮於老子。老子曰：『子所言者，其人與骨皆已朽矣。獨其言在耳。……』

這就是說，孔子『將』要問禮，就碰了一個大釘子，開不得口。這就近於後世傳說中的老子了。

至於莊子列子書中所記孔子見老子的話，離最古的傳說更遠，其捏造的時代更晚，更不用說了。如果老子眞是那樣一個倨傲謾罵的人，而孔子却要借車借馬遠道去『問禮，』他去碰釘子挨罵，豈非活該！

總之，我們分析孔子問禮於老子的傳說，剝除了後起的粉飾，可以看出幾個要點：

(1)古傳說認老子為一個知禮的大師。這是問禮故事的中心，不可忽視。

(2)古傳說記載老子是一位喪禮的專家。曾子問記孔子述他的禮論四條，其第二條最可注意：

孔子曰：昔者吾從老聃助葬於巷黨，及堩，日有食之，老聃曰：『丘，止柩就道右，止哭以聽變。既明反而後行。』曰『禮也。』反葬而丘問之曰：『夫柩不可以反者也日有食之，不知其已之遲數，則豈如行哉？』老聃曰：『諸侯朝天子，見日而行，逮日而舍奠。大夫使，見日而行，逮日而舍。夫柩不蚤出，不莫宿。見星而行者，唯罪人與奔父母之喪者乎？日有食之，安知其不見星也？且君子行禮，不以人之親痁患。』吾聞諸老聃云。

這種議論，有何必要而須造出一個老師的權威來作證？豈非因為老聃本是一位喪禮的權威，所以有引他的必要嗎？

(3)古傳說裏，老子是周室的一個『史』：老子列傳說他是『周守藏室之史』，張湯列傳說他是『柱下史。』史是宗教的官，也需要知禮的人。

(4)古傳說又說他在周，成周本是殷商舊地，遺民所居。(古傳說又說他師事商容，—一作常樅，汪中說為一人—可見古說總把他和殷商文化連在一塊，不但那柔道的人生觀一項而已。)

這樣看來，我們更可以明白老子是那正宗老儒的一個重要代表了。

聰明的汪中(述學補遺老子考異)也承認曾子問裏的老聃是『孔子之所從學者，可信也。』但他終不能解決下面的疑惑：

夫助葬而遇日食，然且以見星為嫌，止柩以聽變，其謹於禮也如是。至其書則曰：『禮者，忠信之薄而亂之首也。』下殤之葬，稱引周召史佚，其尊信前哲也如是。(此一條也見曾子問。)而其書則曰：『聖人不死，大盜不止。』

彼此乖違甚矣。故鄭注謂『古壽考者之稱，』黃東發日鈔亦疑之，而皆無以輔其說。（汪中列舉三疑，其他二事不關重要，今不論。）

博學的汪中誤記了莊子僞書裏的一句『聖人不死，大盜不止，』硬說是老子裏的贓物！我們不能不替老子喊一聲寃枉。老子書裏處處抬高『聖人』作個理想境界，全書具在，可以覆勘。所以汪中舉出的兩項『乖違，』其一項已不能成立了。其他一項，『禮者，忠信之薄而亂之首，』正是深知禮制的人的自然的反動，本來也沒有可疑之處。博學的汪中不記得論語裏的同樣主張嗎？孔子也說過：

> 人而不仁，如禮何？人而不仁，如樂何？

又說過：

> 禮云，禮云，玉帛云乎哉？樂云，樂云，鐘鼓云乎哉？

論語又有兩條討論『禮之本』的話：

> 林放問禮之本。子曰：『大哉問！禮，與其奢也，寧儉。喪，與其易也，寧戚。』（說詳上文第三章）

> 子夏問曰：『「巧笑倩兮，美目盼兮，素以爲絢兮，」何謂也？』子曰：『繪事後素。』曰：『禮後乎？』子曰：『啓予者商也，始可與言詩已矣。』

檀弓述子路引孔子的話，也說：

喪禮，與其哀不足而禮有餘也，不若禮不足而哀有餘也。祭禮，與其敬不足而禮有餘也，不若禮不足而敬有餘也。

這樣的話，都明明的說還有比『禮』更爲根本的在，明明的說禮是次要的，（『禮後』）正可以解釋老子『禮者忠信之薄而亂之首』的一句話。老子孔子都是深知禮意的大師，所以他們能看透過去，知道『禮之本』不在那禮文上。孔子看見季氏舞八佾，又旅於泰山，也跳起來歎口氣說：『嗚呼！曾謂泰山不如林放乎！』後世的權臣搭起禪讓台來欺人寡婦孤兒，搶人的天下，行禮已畢，點頭讚歎道：『舜禹之事吾知之矣！』其實那深知禮意的老聃孔丘早已看透了！檀弓裏還記一位魯人周豐對魯哀公說的話：

殷人作誓而民始畔，周人作會而民始疑。苟無禮義忠信誠愨之心以涖之，雖固結之民，其不解乎？

這又是老子的話的註腳了。

* * * * *

總之，依我們的新看法，老子出在那個前六世紀，毫不覺得奇怪。他不過是代表那六百年來以柔道取容於世的一個正統老儒；他的職業正是殷儒相禮助葬的職業，他的教義也正是論語裏說的『犯而不校』『以德報怨』的柔道人生觀。古傳說裏記載着孔子曾問禮於老子，這個傳說在我們看來，絲毫沒有可怪可疑之點。儒家的書記載孔子『從老聃助葬於巷黨』，這正是最重要的歷史證據，和我們上文說的儒的歷史絲毫沒有矛盾衝突。孔子和老子本是一家，本無可疑。後來孔老的分家，也絲毫不足奇怪。老子代表儒的正統，而孔子早已超過了那正統的儒。老子仍舊代表那隨順取容的亡國遺民的心理，孔子早已懷抱着『天下宗予』的東周建國的大雄心了。老子的人生哲學乃是千百年的世故的結晶，其中含有絕大的宗教信心——『常有司殺者殺』，『天網恢恢，疏而不失』——所以不是平常一般有血肉骨幹的人所能完全接受的。孔子也從這種教義裏出來，他的性情人格不容許他走這條極端的路，所以他漸漸回到他所謂『中庸』的路上去，要從剛毅進取的方面造成一種能負荷全人類擔子的人格。這個根本上有了不同，其他教義自然都跟着大歧異了。

那個消極的柔儒要『損之又損，以至於無』；而這個積極的新儒要『學如不及，猶恐失之』，『學而不厭，誨人不倦』。那個消極的儒對那新興的文化存着絕大的懷疑，要人寡欲絕學，回到那『無知無欲』的初民狀態；而這個積極的儒卻謳歌那『郁郁乎文哉』的周文化，大膽的宣言『吾從周！』那個消極的儒要人和光同塵，泯滅是非與善惡的執着；而這個剛毅的新儒卻要人『無求生以害仁，有殺身以成仁』，要養成一種『篤信好學，守死善道』，『造次必於是，顛沛必於是』的人格。

在這個新儒的運動卓然成立之後，那個舊派的儒就如同滿天的星斗在太陽的光燄裏，存在是存在的，只是不大瞧得見了。可是我們已說過，那柔道的儒，尤其是老子所代表的柔道，自有他的大過人處，自有他的絕堅強的宗教信心，自有他的深於世故的人生哲學和政治態度。這些成分，初期的孔門運動並不曾完全抹煞。如孔子也能欣賞那『寬柔以教，不報無道』的柔道，也能儘量吸收那傾向自然主義的天道觀念，也能容納那無爲的政治理想。所以孔老儘管分家，而在外人看來，——例如從墨家看來——他們都還是一個運動，一個宗派。試看墨家攻擊儒家的四大罪狀：

> 儒之道足以喪天下者四政焉：儒以天爲不明，以鬼爲不神，天鬼不說，此足以喪天下。又厚葬久喪，……此足以喪天下。又弦歌鼓舞，習爲聲樂，此足以喪天下。又以命爲有，貧富壽夭，治亂安危有極矣，不可損益也。爲上者行之，必不聽治矣；爲下者行之，必不從事矣。此足以喪天下。（墨子公孟篇）

我們試想想這裏的第一項和第四項，是不是把孔老都包括在裏面？所謂『以天爲不明，以鬼爲不神，』現存的孔門史料都沒有這種極端言論，而老子書中却有『天地不仁，』『其鬼不神』的話。儒家（包括孔老）承認天地萬物都有一定的軌跡，如老子說的自然無爲，如孔子說的『天何言哉？四時行焉，百物生焉，』這自然是社會上的常識積累進步的結果。相信一個『無爲而無不爲』的天道，即是相信一個『莫之爲而爲』的天命：這是進一步的宗教信心。所以老子孔子都是一個知識進步的時代的宗教家。但這個進步的天道觀念是比較的太抽象了，不是一般民衆都能了解的，也不免時時和民間祈神事鬼的舊宗教習慣相衝突。既然相信一個『獨立而不改，周行而不殆』的天道，當然不能相信祭祀事神可以改變事物的趨勢了。孔子說：

> 獲罪於天，無所禱也。

又說：

敬鬼神而遠之

老子說：

以道蒞天下，其鬼不神。

論語又記一事最有意味：

子疾病，子路請禱。子曰：『有諸？』子路對曰：『有之。誄曰：「禱爾於上下神祇。」』子曰：『丘之禱久矣。』

子路尚且不能了解這個不禱的態度，何況那尋常民衆呢？在這些方面，對於一般民間宗教，孔老是站在一條戰線上的。

我們在這裏還可以進一步指出老子孔子代表的儒，以及後來分家以後的儒家與道家，所以都不能深入民間，都只能成爲長袍階級的哲學，而不能成爲影響多數民衆的宗教，其原因也正在這裏。

汪中曾懷疑老子若眞是曾子問裏那個喪禮大師，何以能有『禮者忠信之薄而亂之首』的議論。他不曾細細想想，儒家講喪禮和祭禮的許多聖賢，可曾有一個人是深信鬼神而講求祭葬禮文的？我們研究各種禮經禮記，以及論語檀弓等書，不能不感覺到一種最奇怪的現狀：這些聖人賢人斤斤的討論禮文的得失，無論是拜上或拜下，無論是麻冕或純冕，無論是裼裘而弔或襲裘而弔，甚至於無論是三年之喪或一年之喪，他們都只注意到禮文應該如何如何或禮意應該如何如何，卻全不談到那死了的人或受弔祭的鬼神！他們看見別人行錯了禮，只指着那人嘲笑道：

夫夫也爲習於禮者！

他們要說某項節文應該如何做，也只說：

禮也。

就是那位最偉大的領袖孔子也只能有一種自己催眠自己的祭祀哲學：

祭如在；祭神如神在。

這個「如」的宗教心理學在孔門的書裏發揮的很詳盡。中庸說：

齋明盛服以承祭祀，洋洋乎如在其上，如在其左右。

祭義說的更詳細：

齋之日，思其居處，思其笑語，思其志意，思其所樂，思其所嗜。齋三日，乃見其所爲齋者。祭之日，入室，僾然必有見乎其位；周還出戶，肅然必有聞乎其容聲；出戶而聽，愾然必有聞乎其歎息之聲。

這是用一種精神作用極力催眠自己，要自己感覺得那受祭的人「如在」那兒。這種心理狀態不是人人都訓練得到的，更不是那些替人家治喪相禮的職業的儒所能做到的。所以我們讀檀弓所記，以及整部儀禮禮記所記，都感覺一種不眞實的空氣，檀弓裏的聖門弟子也都好像士喪禮裏的夏祝商祝，都只在那裏唱戲做戲，台步一步都不錯，板眼一絲都不亂，——雖然可以博得『弔者大悅』，然而這裏面往往沒有一點眞的宗教感情。就是那位氣度最可愛的孔子，也不過能比一般職業的相禮祝人忠厚一等而已：

子食於有喪者之側，未嘗飽也。

喪事不敢不勉，不爲酒困。

子於是日哭，則不歌。

這種意境都只是體恤生人的情緒，而不是平常人心目中的宗教態度。

所以我們讀孔門的禮書，總覺得這一班知禮的聖賢很像基督教福音書裏耶穌所攻擊的猶太『文士』(Scribes)和『法利賽人』(Pharisees)。（『文士』與『法利賽人』都是歷史上的派別名稱，本來沒有貶意。因爲耶穌攻擊過這些人，歐洲文字裏就留下了不能磨滅的成見。這兩個名詞就永遠帶着一種貶意。我用這些名詞，只用他們原來的歷史意義，不含貶議。）猶太的『文士』和『法利賽人』都是精通古禮的，都是『習於禮』的大師，都是猶太人的『儒』。耶穌所以不滿意於他們，只是因爲他們熟於典禮條文，而沒有眞摯的宗教情感。中國古代的儒，在知識方面已超過了那民衆的宗教，而在職業方面又不能不爲民衆做治喪助葬的事，所以他們對於喪葬之禮實在不能有多大的宗教情緒。老子已明白承認『禮者忠信之薄而亂之首』了，然而他還是一個喪禮大師，還不能不做相喪助葬的職業。孔子也能看透『喪與其易也寧戚』了，然而他也還是一個喪禮大師，也還是『喪事不敢不勉。』他的弟子如『堂堂乎』的子張也已宣言『祭思敬，喪思哀，其可已矣』了，然而他也不能不替貴族人家做相喪助葬的事。苦哉！苦哉！這種智識與職業的衝突，這種理智生活與傳統習俗的矛盾，就使這一班聖賢顯露出一種很像不忠實的俳優意味。

我說這番議論，不是責備老孔諸人，只是要指出一件最重要的歷史事實。『五百年必有聖者興，』民間期望久了，誰料那應運而生的聖者卻不是民衆的眞正領袖：他的使命是民衆的『彌賽亞，』而他的理智的發達卻接近那些『文士』與『法利賽人。』他對他的弟子說：

未能事人，焉能事鬼？

未知生，焉知死？

他的民族遺傳下來的職業使他不能不替人家治喪相禮，正如老子不能不替人家治喪相禮一樣。但他的理智生活使他不能不維持一種嚴格的存疑態度：

知之爲知之，不知爲不知，是知也。

這種基本的理智的態度就決定了這一個儒家運動的歷史的使命了。這個五百年應運而興的中國『彌賽亞』的使命是要做中國的『文士』階級的領導者，而不能直接做那多數民衆的宗教領袖。他的宗教只是『文士』的宗教，正如他的老師老聃的宗教也只是『文士』的宗教一樣。他不是一般民衆所能了解的宗教家。他說：

君子不憂不懼內省不疚，夫何憂何懼！

他雖然在那『吾從周』的口號之下，不知不覺的把他的祖先的三年喪服和許多宗教儀節帶過來，變成那殷周共同文化的一部分了，然而那不過是殷周民族文化結婚的一份賠嫁粧奩而已。他的重大貢獻並不在此，他的心也不在此，他的歷史使命也不在此。他們替這些禮文的辯護只是社會的與實用的，而不是宗教的：『愼終追遠，民德歸厚矣。』所以他和他的門徒雖然做了那些喪祭典禮的傳人，他們始終不能做民間的宗教領袖。

民衆還得等候幾十年方才有個偉大的宗教領袖出現。那就是墨子。

墨子最不滿意的就是那些儒者終生治喪相禮，而沒有一點眞摯的尊天信鬼的宗教態度。上文所引墨者攻擊儒者的四大罪狀，最可以表現儒墨的根本不同。墨子公孟篇說：

公孟子曰：『無鬼神。』又曰：『君子必學祭祀。』

這個人正是儒家的絕好代表：他一面維持他的嚴格的理智態度，一面還不能拋棄那傳統的祭祀職業。這是墨子的宗教熱誠所最不能容忍的。所以他駁他說：

執無鬼而學祭禮，是猶無客而學客禮也，是猶無魚而爲魚罟也。

懂得這種思想和『祭如在』的態度的根本不同，就可以明白墨家所以興起和所以和儒家不相容的歷史的背景了。

二十三，三，十五開始寫此文。二十三，五，十九夜寫成初稿。

附錄一　周東封與殷遺民

傅斯年

此我所著『古代中國與民族』一書中之一章也。是書經始於五年以前，至民國二十年夏，寫成者將三分之二矣。日本侵遼東，心亂如焚，中輟者數月。以後公私事紛至，繼以大病，至今三年，未能殺青，慚何如之！此章大約寫於十九年冬或二十年春，與其他數章於二十年十二月持以求正於胡適之先生。適之先生謬爲稱許，囑以送刊於北大國學季刊。余以此文所論多待充實，逡巡未果。今春適之先生已於同一道路上作成豐偉之論文，此文更若爝火之宜息矣。而適之先生勉以同時刊行，俾讀者有所參考。今從其命，並志同聲之欣悅焉。

二十三年六月。

商朝以一個六百年的朝代，數千里的大國，在其亡國前不久帝乙時，猶是一個強有兵力的組織，而初亡之後，王子祿父等依然能一次一次的反抗周人，何以到周朝天下事大定後，封建者除區區二三百里之宋，四圍以諸姬環之以外，竟不聞商朝遺民尚保存何部落，何以亡得那麼乾淨呢？那些殷商遺民，除以『頑』而遷雒邑者外，運命是怎麼樣呢？據逸周書世俘篇『武王遂征四方，凡憝國九十有九國，馘磿億有十萬七千七百七十有九，俘人三億萬有二百三十，凡服國六百五十有二。』果然照這樣子『憝』下去，再加以周公成王之『善繼人之志，善述人之事，』眞可以把殷遺民『憝』完。不過那時候的農業還不曾到鐵器深耕的時代，所以絕對沒有這麼許多人可『憝』，可以『馘磿，』所以這話竟無辯探的價值，只是戰國人的一種幻想而已。且佶屈聱牙的周誥上明明記載周人對殷遺是用一種相當的懷柔政策，而近發見之白懋父敦蓋（中央研究院歷史語言研究所藏器）記『王命伯懋父以殷八自征東夷。』然則周初東征的部隊中當不少有范文虎留夢炎洪承疇吳三桂一流的漢奸。周人以這樣一個『臣妾之』之政策固速成其王業，而殷民藉此亦可延其不尊榮之生存。左傳定四年記周以殷遺民作東封，其說如下：

昔武王克商，成王定之，選建明德，以藩屏周。故周公相王室，以尹天下，於周為睦。分魯公以大路大旂，夏后氏之璜，封父之繁弱，殷民六族：條氏，徐氏，蕭氏，索氏，長勺氏，尾勺氏，使帥其宗氏，輯其分族，將其類醜，以法則周公，用卽命於周。是使之職事於魯，以昭周公之明德。分之土田陪敦，祝宗卜史，備物典策，官司彝器。因商奄之民，命以伯禽，而封於少皞之虛。分康叔以大路，少帛，綪茷，旃旌，大呂，殷民七族：陶氏，施氏，繁氏，錡氏，樊氏，饑氏，終葵氏。封畛土略，自武父以南，及圃田之北竟，取於有閻之土，以共王職，取於相土之東都，以會王之東蒐。聃季授土，陶叔授民。命以康誥，而封於殷虛。皆啓以商政，疆以周索。分唐叔以大路，密須之鼓，闕鞏，沽洗，懷姓九宗，職官五正。命以唐誥，而封於夏虛。啓以夏政，疆以戎索。

可見魯衞之國為殷遺民之國，晉為夏遺民之國。這裏說得淸淸楚楚。所謂『啓以商政，疆以周索』者，尤顯然是一種殖民地政策，雖取其統治權，而仍其舊來禮俗，故曰『啓以商政，疆以周索。』這話的絕對信實更有其他確證。現分述魯衞齊三國之情形如下。

魯春秋及左傳有所謂『亳社』者，是一件很重要的事。『亳社』屢見於春秋經。以那樣一個簡略的二百四十年間之『斷爛朝報』所記皆是戎祀會盟之大事而『亳社』獨佔一位置，則『亳社』在魯之重要可知。且春秋記『亳社（公羊作蒲社）災』在哀四年，去殷商之亡已六百餘年，已與現在去南宋之亡差不多。（共和前無確切之紀年，姑據通鑑外紀，自武王元年至哀四年爲六百三十一年。宋亡於祥興二年（一二七九），去中華民國二十年（一九三一）凡六百五十二年。相差甚微。）『亳社』在殷亡國後六百餘年猶有作用，是甚可注意之事實。且左傳所記『亳社』中有兩事尤關重要。哀七，『以邾子益來獻於亳社，』杜云，『以其亡國與殷同。』此眞謬說。邾於殷爲東夷，此等獻俘，當與宋襄公『用鄫子於次睢之社，欲以屬東夷』一樣，周人諂殷鬼而已。又定六年，『陽虎又盟公及三桓於周社，盟國人於亳社。』這眞淸淸楚楚指示我們魯之統治者是周人，而魯之國民是殷人。殷亡六七百年後之情形尙如此，則西周時周人在魯不過僅是少數的統治者，猶欽察汗金騎之於俄羅斯諸部，當更無疑問。

說到這裏，有一件很重要的事當附帶着說。孔子所代表之儒家，其地理的及人衆的位置在何處，可以借此推求。以儒家在中國文化進展上的重要，而早年儒教的史料僅僅論語檀弓孟子荀子幾篇，使我們對於這個宗派的來源不明瞭，頗是一件可惜的事。孫星衍重修之孔子集語，材料雖多，幾乎皆不可用。論語與檀弓在語言上有一件特徵，即『吾』『我』『爾』『汝』之分別頗顯，此爲胡適之先生之重要發見。（莊子齊物等篇亦然。）檀弓與論語既爲一系，且看檀弓中孔子自居殷人之說於論語有證否。

（檀弓）孔子蚤作，負手曳杖，消搖於門，歌曰，『泰山其頹乎？梁木其壞乎？哲人其萎乎？』既歌而入，當戶而坐。子貢聞之曰：『泰山其頹，則吾將安仰？梁木其壞，哲人其萎，則吾將安放？夫子殆將病也。』遂趨而入。夫子曰：『賜，爾來何遲也？夏后氏殯於東階之上，則猶在阼也。殷人殯於兩楹之間，則與賓主夾之也。周人殯於西階之上，則猶賓之也。而丘也殷人也。予疇昔之夜，夢坐奠於兩楹之間。夫明王不興，而天下其孰能宗予？予殆將死也！』蓋寢疾七日而沒。

這話在論語上雖不曾重見，（檀弓中有幾段與論語同的）然論語檀弓兩書所記孔子對於殷周兩代之一視同仁態度是全然一樣的。

（論語）行夏之時，乘殷之輅，服周之冕，樂則韶舞。

殷因於夏禮，所損益可知也；周因於殷禮，所損益可知也。其或繼周者，雖百世可知也。

周監於二代，郁郁乎文哉！吾從周。

夏禮，吾能言之，杞不足徵也。殷禮，吾能言之，宋不足徵也。文獻不足故也。足，則吾能徵之矣。

（檀弓）殷既封而弔，周反哭而弔。孔子曰：『殷已慤，吾從周。』

殷練而祔，周卒哭而祔。孔子善殷。（此外檀弓篇中記三代異制而折衷之說甚多，不備錄。）

這些話都看出孔子對於殷周一視同仁，殷為勝國，周為王朝，卻毫無宗周之意。所謂從周，正以其『後王燦然』之故，不曾有他意。再看孔子是否有失忠於周室之心。

（論語）公山弗擾以費畔，召子欲往。子路不說，曰，『末之也已，何必公山氏之之也？』子曰：『夫召我者，而豈徒哉？如有用我者，吾其爲東周乎？』（陽貨章。又同章，佛肸召子欲往。）

子畏於匡，曰『文王既沒，文不在茲乎？天之將喪斯文也，後死者不得與於斯文也。天之未喪斯文也，匡人其如予何？』

這話直然要繼衰周而造四代。雖許多事要以周爲師，卻絕不以周爲宗。公羊家義所謂『故宋』者，證以論語，當是儒家之本原主義。然則孔子之請討弒君，只是欲維持當時的社會秩序，孔子之稱管仲，只是稱他曾經救了文明，免其沉淪，所有『丕顯文武』一類精神的話語不曾說過一句，而明說『其或繼周者』。（曾國藩一輩人傳檄討太平天國，只是護持儒教與傳統之文明，無一句護持滿洲，頗與此類。）又孔子但是自比於老彭，老彭是殷人，又稱師摯，亦殷人，稱高宗不冠以殷商字樣，直曰『書曰：』稱殷三仁，尤有餘音繞梁之趣，頗可使人疑其有『故國舊墟』『王孫芳草』之感。此皆出於最可信的關於孔子之史料，而這些史料統計起來是這樣，則孔子儒家與殷商有一種密切之關係，可以曉然。

尤有可以證成此說者，即三年之喪之制。如謂此制爲周之通制，則左傳國語所記周人之制毫無此痕跡。孟子鼓動滕文公行三年之喪，而滕國卿大夫說：『吾先君莫之行，吾宗國魯先君亦莫之行也。』這話清清楚楚證明三年之喪非周禮。然而論語上記孔子曰：『夫三年之喪，天下之通喪也。』這話怎講？孔子之天下，大約卽是齊魯宋衞，不能甚大，可以『登太山而小天下』爲證。然若如『改制託古』者之論，此話非删之便須諱之，實在不是辦法。惟一可以解釋此困難者，卽三年之喪在東國，在民間，有相當之通行性，蓋殷之遺禮，而非周之制度。當時的『君子』（卽統治者）三年不爲禮，禮必壞；三年不爲樂，樂必崩；』而士及其相近之階級則淵源有自，齊以殷政者也。試看關於大孝三年之喪及喪後三年不做事之代表人物，如太甲，高宗，孝己，皆是殷人。而『君薨，百官總己以聽於冢宰者三年』，全不見於周人之記載。說到這裏，有論語一章，向來不得其解者，似可以解之：

子曰：『先進于禮樂，野人也；後進于禮樂，君子也。如用之，則吾從先進。』

此語作何解？漢宋詁經家說皆迂曲不可通。今釋此語，須先辯其中名詞含義若何。『野人』者，今俗用之以表不開化之人，此爲甚後起之義。詩『我行其野，芃芃其麥。』明野爲農田。又與論語同時書之左傳記僖二十三年『晉公子重耳……出于五鹿，乞食于野人。野人與之塊。』然則野人卽是農夫，孟子所謂『齊東野人』者，亦當是指農夫。彼時齊東開闢已甚，已無荒野。且孟子歸之于齊東野人之堯與瞽叟北面朝舜，舜有慚色之一件文雅傳說，亦只能是田畝間的故事，不能是深山大澤中的神話。孟子說到『與木石居，與鹿豕遊，』便須加深山於野人之上方足以盡之。（孟子盡心章『其所以異於深山之野人者幾希。』）可見彼時所謂野人，非如後人用之以對『斯文』而言。論語中君子有二義：一謂卿大夫階級，卽統治階級，二謂合於此階級之禮度者。此處所謂君子者，自當是本義。先進後進自是先到後到之義。禮樂自是泛指文化，不專就玉帛鐘鼓而言。名詞既定，試翻做現在的話如下：

那些先到了開化的程度的，是鄉下人；那些後到了開化程度的，是『上等人』。如問我何所取，則我是站在先開化的鄉下人一邊的。

先開化的鄉下人自然是殷遺，後開化的上等人自然是周宗姓婚姻了。

宋 衞 宋爲商之轉聲，衞之名衞由於豕韋。宋爲商之宗邑，韋自湯以來爲商屬。宋之立國始於微子，固是商之子遺。衞以帝乙帝辛之王都，康叔以殷民七族而立國。此兩處人民之爲殷遺，本不待論。

齊 齊民之爲殷遺有二證。一，書序，『成王既踐奄，將遷其君于蒲姑。周公告召公，作將蒲姑。』左傳昭九，『王使詹桓伯辭于晉曰，「薄姑商奄，吾東土也。」』又昭二十，晏子對景公曰：『昔爽鳩氏始居此地，季萴因之，有逢伯陵因之，蒲姑氏因之，而後太公因之。』漢書地理志云：『齊地，殷末有薄姑氏，至周成王時，薄姑與四國共作亂，成王滅之，以封師尚父。』二，請再以齊宗教爲證。王靜安曰：『曰「貞方帝卯一牛之南□」，曰「貞[illegible]尞于東」，曰「己巳卜王尞于東」，曰「尞于西」，曰「貞尞于西」，曰「癸酉卜中貞三牛」，曰「方帝」，曰「東」，曰「西」，曰「中」疑卽五方帝之祀矣。』（增訂殷墟書契考釋下六十葉。）然則荀子所謂『按往舊造說謂之五行』者，其所由來久遠，雖是戰國人之推衍，並非戰國人之創作，此一端也。周人逐紂將飛廉于海隅而戮之，飛廉在民間故事中曰黃飛虎，黃飛虎之祀，至今在山東與玄武之祀同樣普徧。太公之祀不過偶然有之，並且是文士所提倡，不與民間信仰有關係。

我們可說至今山東人仍祭商朝的文信國鄭延平，此二端也。至于亳之在山東，泰山之有湯跡，前章中已詳論，今不更述。

然則商之宗教，其祖先崇拜在魯獨發展，而爲儒學，其自然崇拜在齊獨發展，而爲五行方士，各得一體，派衍有自。試以西洋史爲比：西羅馬之亡，帝國舊土分爲若干蠻族封建之國。然遺民之數遠多於新來之人，故經千餘年之紊亂，各地人民以方言之別而成分化，其居意大利、法蘭西、西班牙半島、意大利西南部二大島以及多腦河北岸今羅馬尼亞國者，仍成拉丁民族，未嘗爲日耳曼人改其文化的、語言的、民族的系統。地中海南岸若非因亞拉伯人努力其宗教之故，恐至今仍在拉丁範圍中。遺民之不以封建改其民族性也如是。商朝本在東方，西周時東方或以被征服而暫衰，入春秋後文物富庶又在東方，而魯宋之儒墨、燕齊之神仙、惟孝之論、五行之說，又起而主宰中國思想者二千餘年。然則謂殷商爲中國文化之正統，殷遺民爲中國文化之重心，或非孟浪之言。戰國學者將一切神話故事充分的倫理化、理智化，於是不同時代不同地方之宗神合爲一個人文的『全神堂』，遂有皋陶謨一類君臣賡歌的文學。在此全神堂中居『敬敷五教』之任者，偏偏不是他人，而是商之先祖契，則商人爲禮教宗信之寄象，或者不是沒有根據的吧。

附錄二　毛西河論三年之喪爲殷制

我的朋友丁聲樹先生替我校讀『說儒』的初印本用力最勤。今年夏間，他讀毛西河合集，發現毛西河有三年喪爲殷制之說，他很高興，寫信告訴我。我因他的指示，遍翻毛西河合集和四書改錯，把他討論這個問題的幾條文字全鈔出來，做一個附錄。　二十四，十，十四夜。

一　孟子定三年之喪（見毛奇齡四書索解卷一）

歲癸未（康熙四十二年，一七〇三）春，陳緘菴編修以母喪請予作題主陪事。坐客各問喪禮。予曰：『僕亦有一問。滕文公以然友反命定爲三年之喪，豈三年喪制定自孟子耶？』少頃，孝廉馬素菴曰：『以戰國久不行而今行之，似更定也。』曰：『不然。據父兄百官皆不欲，曰「吾宗國魯先君莫行，」是周公伯禽不行也。「吾先君亦莫行，」是滕叔繡亦不行也。此明指周初，非戰國也。然且嗜嗜曰「至於子之身而反之，」曰「喪祭從先祖，」一似乎叛朝典亂祖制者。豈狂言乎？』時一堂十二席五十餘人，各嘿然如瘖者。

次日，坐客有踵門來復謂魯先君不行，是近代先君，不是周公伯禽也。不知此又出高頭講章之言，然亦非是也。魯自春秋至戰國，無不行三年喪者，僖公三十三年薨，文公二年納幣，相距再期，然猶以喪娶譏之。成公三年喪畢然後朝晉，胡氏猶以不朝周刺其非禮。昭公居三年喪不哀，叔向曰，『有三年之喪而無一日之慼。』則近代先君何嘗不行？

且本文明曰，『喪祭從先祖。』先祖者，始祖，非近代祖也。

二　滕文公問孟子始定爲三年之喪（見毛奇齡四書賸言卷三）

滕文公問孟子，始定爲三年之喪，固是可怪。豈戰國諸侯皆不行三年喪乎？若然，則齊宣欲短喪，何歟？然且曰『吾宗國魯先君不行，吾先君亦不行，』則是魯周公伯禽滕叔繡並無一行三年喪者。註者固瞶瞶，特不知天下學人何以皆耐之而並不一疑？此大怪事也。

予嘗謂學貴通經，以爲卽此經可通彼經也。往讀論語，子張問『高宗三年不言，』夫子曰：『何必高宗？古之人皆然。』遂疑子張此問夫子此答其在周制，當必無此事可知。何則？子張以高宗爲創見，而夫子又云『古之人，』其非今制昭然也。

及讀周書康王之誥，成王崩方九日，康王遽卽位，冕服出命令，誥諸侯，與三年不言絕不相同。

然猶曰此天子事耳。後讀春秋傳晉平初即位，即改服命官而通列國盟戒之事，始悟孟子所定三年之喪引三年不言爲訓，而滕文奉行，即又曰，『五月居廬，未有命戒，』皆是商以前之制，並非周制，周公所制禮，並無有此。故侃侃然曰，周公不行，叔繡不行，悖先祖，違授受，歷歷有詞，而世讀其書而通不察也。蓋其云『定三年之喪，』謂定三年之喪制也。

然則孟子何以使行商制？曰，使滕行助法，亦商制也。

三　定爲三年之喪（見毛奇齡四書改錯卷九）

孟子滕文公篇『滕定公薨』章，朱子註云：

謂二國不行三年之喪者，乃其後世之失，非周公之法本然也。……引志之言而釋其意，以爲所以如此者，蓋爲上世以來有所傳受，雖或不同，不可改也。然志所言本謂先王之世，舊俗所傳，禮文小異而可以通行者耳。不謂後世失禮之甚者也。

此則周章之甚者。以三年之喪而謂定自孟子，則裁聞此語，便該吃驚。況父兄百官亦已多入，一齊曰，魯先君莫行，滕先君莫行，則以周公造禮之人，與其母弟叔繡裁封國行禮之始，而皆莫之行，則無此禮矣。乃茫然不解，忽委其罪于後君，曰『後世之失。』夫後世，則春秋戰國盡之矣。戰國齊宣欲短喪，猶且不敢。若春秋則魯僖以再期納幣，即譏喪聘。昭公居喪不哀，叔向便責其有三年之喪而無一日之戚。誰謂三年不行起于後世？況明曰『先君，』且明曰『從先祖。』先祖者，始祖也。

乃又依回其詞，謂『上世以來，雖或不同；舊俗相傳，禮文小異。』夫此無容有不同有小異者。試問其所云不同與小異者是幾年與幾個月且是何等禮文，當分明指定。

嘗于康熙癸未歲在杭州陳編修家作題主陪事，座客論喪禮，以此詢之，一堂十二席，嘿若瘖者。最後錄其說入四書索解中，徧索解人，而終無一應。

不知此在本文自曉，讀書者總爲此註本作錮蔽耳。本文明云『君薨，聽于冢宰，卽位而哭，』而世子之行之者，卽曰『五月居廬，未有命戒，』此非周制也。子張問『高宗諒陰三年不言』而不知所謂，則必近世無此事；而夫子告之以『古之人，』其非今制可知矣。及讀周書康王之誥，成王崩方九日，康王遽卽位，冕服出命令告諸侯，然且居翼室而並不居廬，與諒陰與三年不言之制絕不相同。然猶曰此天子事耳。後讀春秋傳，晉平初卽位，卽改服命官，遽會溴梁，與列國通盟戒之事，始悟孟子所言與滕文所行，皆是商以前之制，並非周制，在周公所制禮並無有此。故侃侃然曰，周公不行，叔繡不行，悖先典，違授受，歷歷有詞。而世惑傳註，而總不察也。蓋其云『定三年之喪，』謂定三年之喪制也。

然則孟子何以使行商制？曰，使滕行助法，亦商制也。

四　章甫（附）（見毛奇齡四書改錯卷六）

朱子註論語『端章甫』云『章甫，禮冠。』

章甫，註疏謂諸侯朝服，固大錯。集註謂是禮冠，亦錯。考章甫，商冠也。以質素而反言曰章。孔子冠章甫而衣縫掖，荀子哀公問儒者服章甫絢屨，皆以弇陋爲言。故莊子孔子冠枝木之冠，卽章甫也。夫章甫何以爲枝木？古者喪冠厭而不邸，惟吉冠必邸，如皮弁邸象類。今章甫邸以木枝，則弇陋已極，可謂之禮冠乎？然則赤之舉此，正以夫子哂由故而謙言之也。

或曰，冠必與服配。端章甫者，以冠配服之稱，猶袞衣配冕曰『袞冕』，玄端配委貌冠曰『端委』也。冠既配端，豈非禮冠？曰，不然。端無配前代冠者。毋追，夏冠；委貌，周冠。冠必配昭代。故凡言配冠，必是委貌。泰伯端委而治吳，晏平仲端委立虎門，晉侯端委以入武宮，皆是也。世無稱端毋追者，而端配章甫，則遍考諸書，惟此一稱。得毋公西謙言或假前代冠以爲不必然之事乎？如此，則直曰商冠已矣，何禮爲？

附錄三　三年喪服的逐漸推行

胡適

漢初幾十年中帝國的宗教上有一個最重大的變化，就是『以孝治天下』的觀念成爲國教的一部分。漢帝國的創立者多是無賴粗人，其中雖有天才的領袖，但知道歷史掌故制度的人卻不多。在這個當兒，叔孫通便成了一個極有用的人才。叔孫通制定了漢帝國的朝儀，又制定了宗廟儀法；他是孝惠帝的師傅，孝惠帝特別請他專管先帝園陵寢廟的事，故他所定的宗廟儀法和改定的漢朝『諸儀法』很含有儒家倫理的色彩。他的朝儀是『辨上下，定民志』的制度，而他的宗廟儀法是『以孝治天下』的制度。如皇帝謚法上加一個『孝』字，大概即是叔孫通的創制。漢書六八霍光傳說，霍光召丞相御史將軍列侯中二千石大夫博士會議昌邑王的事，

田延年前離席按劍曰，『……漢之傳謚常爲「孝」者，以長有天下，令宗廟血食也。』

謚法用『孝』字的意義，只在這裏有明文。史記說：

惠帝爲東朝長樂宮，（太后所居）及間往，數蹕煩民，（蹕是清道止人行）乃作複道，方築武庫南。叔孫生奏事，因請間曰，『陛下何自築複道？高寢衣冠月出遊高廟，高廟漢太祖，奈何令後世子孫乘宗廟道上行哉？』（舊注：三輔黃圖，高寢在高廟西。高祖衣冠藏在高寢，月出遊於高廟，其道值所作複道，故言乘宗廟道上行。）孝惠帝大懼曰，『急壞之。』叔孫生曰，『人主無過舉。今已作，百姓皆知之。今壞此，則示有過舉。願陛下爲原廟渭北，衣冠月出遊之。益廣多宗

廟，大孝之本也。』上乃詔有司立原廟。原廟起以複道故。

孝惠帝曾春出游離宮，叔孫生曰，『古者有春嘗果。方今櫻桃熟，願陛下出，因取櫻桃獻宗廟。』上許之。諸果獻由此興。（史記九九，參漢書四三。）

這都是這位『漢家儒宗』建立的『孝』的宗教的內容的一斑。

這個孝的宗教在漢朝很有勢力。如袁盎說漢文帝之孝：

陛下居代時，太后嘗病三年，陛下不交睫不解衣，湯藥非陛下口所嘗弗進。夫曾參以布衣猶難之，今陛下親以王者脩之，過曾參孝遠矣。（史記一〇一）

三年目不交睫，這是絕不可能的事。但在這段談話裏，我們可以看出當時已有曾參等孝子的故事在社會上作『孝的宗教』的宣傳品，略如後世的『二十四孝』故事。我們看後世出土的漢人墳墓裏有曾參等孝子故事的壁畫，也可以見當日孝的宗教的流行。

孝的宗教包括養生送死的種種儀節，在漢朝都漸漸成爲公認的制度。如喪服一項，在古代本無定制。三年之喪只是儒家的創制；孔子的弟子宰我便有反對的言論；（論語十七）墨家很明白的說三年之喪是儒者之禮；（墨子非儒篇）孟子勸滕文公行三年之喪，滕國的父兄百官皆不贊成，說『吾宗國魯先君莫之行，吾先君亦莫之行也。』

但儒家的宗教傳到的地方，三年之喪漸有人行。這是儒教的一種宗教儀式，還不能行於儒家以外的人家。淮南齊俗訓說：

夫三年之喪，是強人所不及而以僞輔情也。三月之服，是絕哀而迫切之性也。夫儒墨不原人情之終始，而務以行相反之制。

可見淮南王時代的人都知道三年之喪是儒家的服制，三月之服是墨者的服制。漢文帝雖是個孝子，他的竇后卻是個道家信徒，大概很能明白叔孫通所定喪禮有種種不近人情地方，故文帝遺詔說：

朕聞，蓋天下萬物之萌生，靡不有死。死者天地之理，物之自然，奚爲甚哀？當今之時，世咸嘉生而惡死，厚葬以破業，重服以傷生，吾甚不取。

這可見其時在儒生所定的國喪禮制上已有『重服』的規定了。遺詔又說：

且朕既不德，無以佐百姓，今崩又使重服久臨，以罹寒暑之數，哀人之父子，傷長幼之志，損其飲食，絕鬼神之祭祀，以重吾不德也。

在這幾句話裏，我們可以看出叔孫通所定的『宗廟儀法』的野蠻不近人情。叔孫通已把儒家的喪禮定爲國教了。漢文帝竇后等決心反抗，取消舊制中一切最不合理的辦法：

令天下吏民，令到出臨三日，皆釋服。毋禁取婦嫁女祠祀飲酒食肉者。自當給喪事服臨者，皆無跣；經帶無過三寸；毋布車及兵器。毋發人男女哭臨宮殿。

這裏面所謂『毋』的，都是叔孫通的野蠻儀法的內容。遺詔又規定短喪之制：

宮殿中當臨者，皆以旦夕十五舉聲，禮畢罷。……已下，（柩已下葬）服大紅十五日，小紅十四日，纖七日，釋服。（紅是以紅爲領緣。纖是細布衣。此制共服三十六日。）他不在令中者，皆以此令比率從事。

這個三十六日的服制眞是一大改革。以後更垂爲定制。霍光傳記昌邑王居喪時的罪過，也只說他：

居道上不素食；……始至謁見，常私買雞豚食；……大行在前殿，擊鼓歌吹作俳倡，會下（下葬），還上前殿，擊鐘磬，鼓吹歌舞，悉奏衆樂。……詔太官上乘輿食如故。食監奏未釋服未可御故食，復詔太官趣具，無關食監。太官不敢具，即使從官出買雞豚，詔殿門內（納）以爲常。

昌邑王立僅二十七日，故未滿三十六日釋服之期。三十六日之後，此種限制都可免除了。

至於私家服制也絕少行三年之喪的。公孫弘的後母死，他服喪三年，（史記一一二，漢書五八）這是儒生自行其教，並非通行的風俗，故史家特記其事。公孫弘爲博士時年已六十，故後母之喪當在他貧賤時。漢朝定制，官吏都不得告假持喪服。故翟方進作丞相（紀元前一五）時，

後母終，既葬三十六日，除服起視事，以爲身備漢相，不敢踰國家之制。（漢書八四）

翟方進的前任丞相薛宣也不主張三年喪服。薛宣傳說：

初，宣有兩弟修，明。……後母常從修居官，宣爲丞相時，（紀元前二〇——一六）修爲臨菑令；宣迎後母，修不遣。後母病死，修去官持服。宣謂修，『三年服少能行之者。兄弟相駁不可。』修遂竟服。由是兄弟不和。（漢書八三）

這件事很可以注意。一家之中兄弟主張可以不同，弟去官持三年喪，兄仍可繼續做丞相，可見在當時這個問題完全由個人自由決定。薛宣說『三年服少能行之者，』這也是重要史實。薛宣翟方進兩個宰相都不行三年喪；薛宣本不是儒生，故他的兄弟儘管行此禮而他可以不行。翟方進是經學大師，他不行三年服，便覺得有點不好看，故必須聲明『身備漢相，不敢踰國家之制。』這便可見元帝成帝時代儒者當國，儒教的勢力已很大，久喪之制已漸漸有人行了。

薛宣不贊成他的兄弟薛修行三年喪服，以致弟兄不和。這點嫌隙後來竟鬧成一件大案子：

久之，哀帝初即位，（前六）博士申咸給事中，毀宣不供養行喪服，薄於骨肉。……宣子況爲右曹侍郎，數聞其語，賕客楊明，欲令創咸面目，使不居位。會司隸缺，況恐咸爲之，遂令明遮斫咸宮門外，斷鼻脣，身八創。事下有司，御史中丞衆等奏，『……明當以重論，及況皆棄市。』廷尉眞以爲……況以父見謗發忿怒，無他大惡。……明當以賊傷人不直，況與謀者皆『有』爵減完爲城旦。……況竟減罪一等，徙敦煌。宣坐免爲庶人。

不行喪服便要受博士們的毀謗，這已是儒教勢力之下的新風氣了。哀帝從小受儒家教育，他的大臣孔光師丹等又多是經學大師，故申咸逢迎意旨用十多年前的事來毀謗薛宣。試看哀帝即位之年即有詔曰：

> 河間王良喪太后三年，爲宗室儀表益封萬戶。……博士弟子父母死，予寧三年。（寧是告假回家，予寧即後世的丁憂。）

這便是有意提倡三年喪服了。但行三年之喪而可得萬戶的褒賞，還可見當時行此禮者實在很難得。博士弟子是服習儒教經典的，故此詔准他們丁憂三年。博士是冷官閒曹，故可行此制。其他官吏還不在此例。

直到王莽專政時代，儒教經典都成了王莽詐欺的工具，儒教的喪制也被他用作欺世盜國的釣鈎。他毒殺了漢平帝，（紀元五年）然後徵召『明禮者宗伯鳳等』來定死皇帝的新喪服：

> 定天下吏六百石以上皆服喪三年。（漢書九九）

這是完全推翻漢文帝的短喪制度。但過了幾年之後，（紀元八年）王莽的母親功顯君死了，他正在興高采烈的想做眞皇帝，很不願意回家去做三年孝子，於是令太皇太后下詔議他的服制，於是劉歆與博士諸儒七十餘人議曰：

> 禮庶子爲後，爲其母緦。傳曰與尊者爲體，不敢服其私親也。攝皇帝（王莽）以聖德承天之命，受太后之詔，居攝踐阼，奉漢大宗之後，上有天地社稷之重，下有元元萬機之憂，不得顧其私親。……攝皇帝當爲功顯君緦，縗弁而加麻環絰。（漢書九九）

王莽自己遂行此禮，卻令他的孫子新都侯王宗代他主喪，服喪三年。

光武帝中興之後，新經大亂，國政多趨向簡易方便，故有詔大臣不許『告寧』，故三年喪制無從實行。（後漢書列傳三六）直到安帝永初三年，（紀元一一六）鄧太后臨朝，始又提倡三年喪制。後漢書劉愷傳說：

舊制，公卿二千石刺史不得行三年喪，由是內外衆職並廢喪禮。元初中，鄧太后詔長吏以下不爲親行服者，不得典城選舉。

時有上言，牧守宜同此制。詔下公卿，議者以爲不便。愷獨議曰：『……刺史一州之表，二千石千里之師，……尤宜尊重典禮，以身先之。而議者不尋其端，至於牧守，則云不宜。是猶濁其源而望流淸，曲其形而欲影直，不可得也。』太后從之。（後漢書列傳二九）

故又有詔：大臣得行三年喪，服闋還職。（後漢書列傳三六）漢律有『不爲親行三年服，不得選舉』之文，見應劭注漢書揚雄傳，此當是鄧太后時的詔令，而成爲律文的。鄧太后的喪制，不久也就廢止了。後漢書陳忠傳說：

建光中，（一二一）尙書令祝諷，尙書孟布等奏，以爲孝文皇帝定約禮之制，光武皇帝絕告寧之典，貽則萬世，誠不可改，宜復建武故事。

陳忠上疏力爭，但

宦豎不便之，竟寢忠奏，而從諷布議，遂著於令。（後漢書列傳三六）

後世學者（如何焯，如近人程樹德先生）都以爲漢制但不許大官告寧丁憂，而士人小吏卻都行三年之喪。他們的意思似乎以爲一般民人更容易行喪禮了。但我們看上文所引各條記載，可以看出歷史演進的痕跡並不如此。三年之喪在西漢晚年還是絕希有的事。光武以後，不准官吏丁憂，此制更無法行了。直到二世紀上半，鄧太后始著於詔令，長吏不爲父母行服者不得典城不得選舉；又有詔許大臣行三年喪。但久喪實在太不方便，故幾年之後，大官丁憂之制仍取消了。只剩『不行三年服，不得選舉』一條律文，漢末的應劭還引此文。大官既不行此禮，小吏士人也必須用禁令去消極鼓勵，小百姓自然不行此禮了。久喪不便於做官，更不便於力田行商的小百姓。劉愷不曾說嗎？『濁其源而望流清，曲其形而欲影直，不可得也。』但安帝以後，三年之喪已成爲選舉的一種資格，故久而久之，漸成爲風俗，這是淮南王書所謂『以僞輔情』的結果。千百年後，風氣已成，人都忘了歷史演變沿革的事實，遂以爲三年之喪眞是『天下之通喪』，眞是『三代共之』的古禮了！殊不知這種制度乃是漢朝四百年的儒教徒逐漸建立的呵！

我舉此一端，以表見『孝的宗教』在漢朝逐漸推行的歷史。

十九年七月。

評論近人考據老子年代的方法

一

近十年來，有好幾位我最敬愛的學者很懷疑老子這個人和那部名為『老子』的書的時代。我並不反對這種懷疑的態度；我只盼望懷疑的人能舉出充分的證據來使我們心悅誠服的把老子移後，或把老子書移後。但至今日，我還不能承認他們提出了什麼充分的證據。馮友蘭先生說的最明白：

不過我的主要的意思是要指明一點：就是現在所有的以老子之書是晚出之諸證據，若只舉其一，則皆不免有邏輯上所謂『丐辭』之嫌。但合而觀之，則老子一書之文體學說及各方面之旁證，皆可以說老子是晚出，此則必非偶然也。（二十年六月八日大公報）

這就是等於一個法官對階下的被告說：

現在所有原告方面舉出的諸證據，若逐件分開來看，都『不免有邏輯上所謂「丐辭」之嫌』。但是『合而觀之』，這許多證據都說你是有罪的，『此則必非偶然也。』所以本法庭現在判決你是有罪的。

積聚了許多『邏輯上所謂「丐辭」』居然可以成爲定案的證據，這種考據方法，我不能不替老子和『老子』書喊一聲『青天大老爺，小的有冤枉上訴！』聚蚊可以成雷，但究竟是蚊不是雷；證人自己已承認的『丐辭』究竟是『丐辭，』不是證據。

二

我現在先要看看馮友蘭先生說的那些『丐辭』是不是『丐辭。』在論理學上，往往有人把尚待證明的結論預先包含在前提之中，只要你承認了那前提，你自然不能不承認那結論了：這種論證叫做丐辭。譬如有人說：『靈魂是不滅的，因爲靈魂是一種不可分析的簡單物質。』這是一種丐辭，因爲他還沒有證明(1)凡不可分析的簡單物質都是不滅的，(2)靈魂確是一種不可分析的簡單物質。

又如我的朋友錢玄同先生曾說過：『凡過了四十歲的人都該殺。』假如有人來對我說：『你今年四十一歲了，你該自殺了，』這也就成了一種丐辭，因爲那人得先證明（1）凡過了四十歲的人在社會上都無益而有害，(2)凡於社會無益而有害的人都該殺。

丐辭只是丐求你先承認那前提，你若接受那丐求的前提，就不能不接受他的結論了。

馮友蘭先生提出了三個證據，沒有一個不是這樣的丐辭。

（一）『孔子以前無私人著述之事，』所以老子書是孔子以後的作品。你若承認孔子以前果然無私人著述之事，自然不能不承認老子書是晚出的了。但是馮先生應該先證明老子確是出於孔子之後然後可以得『孔子以前無私人著述』的前提。不然，我就可以說：『孔子以前無私人著述，老子之書是什麼呢？』

（二）『老子非問答體，故應在論語孟子後。』這更是丐辭了。這裏所丐求的是我們應該先承認『凡一切非問答體的書都應在論語孟子之後』一個大前提。左傳所引的史佚周任軍志的話，論語所引周任的話，是不是問答體呢？論語本身的大部分是不是問答體呢？（論語第一篇共十六章，問答只有兩章；第四篇共二十六章，問答只有一章；第七篇共三十七章，問答只有七章。其餘各篇，也是非問答體居多數。）周易與詩三百篇似乎也得改在論語孟子之後了。

（三）『老子之文爲簡明之「經」體，可見其爲戰國時之作品。』這更是丐辭了。這裏所丐求的是我們先得承認『凡一切簡明之「經」體都是戰國時的作品』一個大前提。至於什麼是簡明的『經』體，更不容易說了。『道可道，非常道；名可名，非常名』是『經』體。那麼，『道之以政，齊之以刑，民免而無恥；道之以德，齊之以禮，有恥且格』這就不是『簡明之經體』了嗎？所以這裏還有一個丐辭，就是我們還得先承認，『論語雖簡明而不是「經」體；左傳所引軍志周任的話雖簡明而也不是「經」體；只有老子一類的簡明文體是戰國時產生的「經」體。』我們能不能承認呢？

三

還有許多所謂證據，在邏輯上看來，他們的地位也和上文所引的幾條差不多。我現在把他們總括作幾個大組。

第一組是從『思想系統』上，或『思想線索』上，證明老子之書不能出於春秋時代，應該移在戰國晚期。梁啓超，錢穆，顧頡剛諸先生都曾有這種論證。這種方法可以說是我自己『始作俑』的，所以我自己應該負一部分的責任。我現在很誠懇的對我的朋友們說：這個方法是很有危險性的，是不能免除主觀的成見的，是一把兩面鋒的劍，可以兩邊割的。你的成見偏向東，這個方法可以幫助你向東；你的成見偏向西，這個方法可以幫助你向西。如果沒有嚴格的自覺的批評，這個方法的使用決不會有證據的價值。

我舉一個最明顯的例。論語裏有孔子頌贊『無爲而治』的話，最明白無疑的是：

> 無爲而治者，其舜也歟？夫何爲哉？恭己正南面而已矣。（論語十五）

這段話大概是梁錢顧諸先生和我一致承認爲可靠的。用這段話作出發點，可以得這樣相反的兩種結論：

（1）論語書中這樣推崇『無爲而治』，可以證明孔子受了老子的影響。——這就是說，老子和老子書在孔子之前。（胡適中國哲學史大綱頁七九注）

（2）顧頡剛先生卻得着恰相反的結論：『論語的話儘有甚似老子的。如顏淵篇中季康子的三問，（適按，這不如引衞靈公篇的『無爲而治』一章）這與老子上的「以正治國」……「我無爲而民自化」……「民之難治，以其上之有爲，是以難治」何等相像！……若不是老子的作者承襲孔子的見解，就是他們的思想偶然相合。』（史學年報第四期，頁二八）

同樣的用孔子說『無爲』和老子說『無爲』相比較，可以證老子在孔子之前，也可以證老子的作者在三百年後承襲孔子！所以我說這種所謂『思想線索』的論證法是一把兩面鋒的劍，可以兩邊割的。

錢穆先生的『關於老子成書年代之一種考察』（燕京學報第七期）完全是用這種論證法。我曾指出他的方法的不精密，（清華週刊卷三七第九—十期，頁一〇九四—一〇九五）。如他說：

> 以思想發展之進程言，則孔墨當在前，老莊當在後。否則老已先發道爲帝先之論，孔墨不應重爲天命天志之說。何者？思想上之線索不如此也。

我對他說：

> 依此推斷，老莊出世之後，便不應有人重爲天命天志之說了嗎？難道這二千年中之天命天志之說，自董仲舒班彪以下，都應該排在老莊以前嗎？這樣的推斷，何異於說，『幾千年來人皆說老在莊前，錢穆先生不應說老在莊後。何者？思想上之線索不如此也？』

思想線索是最不容易捉摸的。如王充在一千八百多年前，已有了很有力的無鬼之論；而一千八百年來信有鬼論者何其多也！如荀卿已說『天行有常，不爲堯存，不爲桀亡，』而西漢的儒家大師斤斤爭說災異，舉世風靡，不以爲妄。又如詩經的小序經宋儒的攻擊，久已失其信用；而幾百年後的清朝經學大師又都信奉毛傳及序，不復懷疑。這種史事，以思想線索來看，豈不都是奇事？說的更大一點，中國古代的先秦思想已達到很開明的境界，而西漢一代忽然又陷入幼稚迷信的狀態；希臘的思想已達到了很高明的境界，而中古的歐洲忽然又長期陷入黑暗的狀態；印度佛教也達到了很高明的境界，而大乘的末流居然淪入很黑暗的迷霧裏。我們不可以用後來的幼稚來懷疑古代的高明，也不可以用古代的高明來懷疑後世的墮落。

最奇怪的是一個人自身的思想也往往不一致，不能依一定的線索去尋求。十餘年前，我自己曾說，老子書裏不應有『天地相合，以降甘露』一類的話，因爲這種思想『不合老子的哲學』（哲學史頁六一註）我也曾懷疑論語裏不應有『鳳鳥不至，河不出圖，吾已矣夫！』一類的話。十幾年來，我稍稍閱歷世事，深知天下事不是這樣簡單。現代科學大家如洛箕(Sir Oliver Lodge) 也會深信有鬼，哲學大家如詹姆士(W. James)也會深信宗教。人各有最明白的地方，也各有最懵懂的地方；在甲點上他是新時代的先驅者，在乙點上他也許還是舊思想的產兒。所以梭格拉底(Socrates) 一生因懷疑舊信仰而受死刑，他臨死時最後一句話卻是託他的弟子向醫藥之神厄斯克勒比(Asclepias)還一隻鷄的許願。

我們明白了這點很淺近的世故，就應該對於這種思想線索的論證稍稍存一點謹慎的態度。尋一個人的思想線索，尚且不容易，何況用思想線索來攷證時代的先後呢？

四

第二組是用文字，術語，文體等等來證明老子是戰國晚期的作品。這個方法，自然是很有用的，孔子時代的采桑女子不應該會做七言絕句，關羽不應該會吟七言律詩，這自然是無可疑的。又如關尹子裏有些語句太像佛經了，決不是佛教輸入以前的作品。但這個方法也是很危險的，因爲（1）我們不容易確定某種文體或術語起於何時；（2）一種文體往往經過很長期的歷史，而我們也許只知道這歷史的某一部分；（3）文體的評判往往不免夾有主觀的成見，容易錯誤。試舉例子說明如下：

梁啓超先生曾辨牟子理惑論爲僞書，他說：

此書文體一望而知爲兩晉六朝鄉曲人不善屬文者所作，漢賢決無此手筆，稍明文章流別者自能辨之。

（梁任公近著第一輯，中卷頁二二）

然而牟子一書，經周叔迦先生（牟子叢殘）和我（論牟子書，北平圖書館館刊五卷四號）的考證，證明是漢末的作品，決無可疑。即以文體而論，我沒有梁先生的聰明，不能『一望而知』；但我細讀此書，才知道此書的『文字甚明暢謹嚴，時時作有韻之文也都沒有俗氣。此書在漢魏之間可算是好文字。』同是一篇文字，梁啓超先生和我兩人可以得這樣絕相反的結論，這一件事不應該使我們對於文體的考證價値稍稍存一點敬愼的態度嗎？

梁先生論牟子的話，最可以表明一般學者輕易用文體作考證標準的危險。他們預先存了一種主觀的謬見，以爲『漢賢』應該有何種『手筆』，兩晉人應該作何種佳文，六朝人應該有何種文體，都可以預先定出標準來。這是根本的錯誤。我們同一時代的人可以有百十等級的『手筆』；同作古文，同作白話，其中都可以有能文不能文的絕大等差。每一個時代，各有同樣的百十等級的手筆。班固與王充同時代，然而論衡與漢書何等不同！論衡裏面也偶有有韻之文，比起兩都賦，又何等不同！所謂『漢賢手筆』，究竟用什麼作標準呢？老實說來，這種標準完全是主觀的，完全是梁先生或胡某人讀了某個某個作家而懸想的標準。這種標準是沒有多大可靠性的。

假如我舉出這兩句詩：

歷覽前賢國與家，成由勤儉敗由奢。

你們試猜，這是什麼時代的詩？多數人一定猜是明末的歷史演義小說裏的開場詩。不知道此詩的人決不會猜這是李商隱的詩句。又如寒山拾得的白話詩，向來都說是初唐的作品，我在十年前不信此說，以爲這種詩體應該出在晚唐。但後來發見了王梵志的白話詩，又考出了王梵志是隋唐間人，我才不敢堅持把寒山拾得移到晚唐的主張了。（白話文學史上頁二四二—二四九）近年敦煌石窟所藏的古寫本書的出現，使我們對於文體的觀念起一個根本的變化。有好些俗文體，平常認為後起的，敦煌的寫本裏都有很早出的鐵證。如敦煌殘本季布歌中有這樣的句子：

季布驚憂而問曰：
只今天使是何人？
周氏報言官御史，
姓朱名解受皇恩。

如敦煌殘本昭君出塞有這樣的句子：

昭軍（君）昨夜子時亡，
突厥今朝發使忙。
三邊走馬傳胡命，
萬里非（飛）書奏漢王。

這種文體，若無敦煌寫本作證，誰不『一望而知』決不是『唐賢手筆。』

總而言之，同一個時代的作者有巧拙的不同，有雅俗的不同，有拘謹與豪放的不同，還有地方環境（如方言之類）的不同，決不能由我們單憑個人所見材料，懸想某一個時代的文體是應該怎樣的。同時記梭格拉底的死，而柏拉

一二二

圖記的何等生動細緻，齊諾芬(Xenophon)記的何等樸素簡拙！我們不能拿柏拉圖來疑齊諾芬，也不能拿齊諾芬來疑柏拉圖。

閒話少說，言歸老子。馮友蘭先生說老子的文體是『簡明之經體，』故應該是戰國時作品。(說見上)但顧頡剛先生說『老子一書是用賦體寫出的；然而賦體固是戰國之末的新興文體呵！』(史學年報第四期，頁二四，參看頁一九)同是一部書，馮先生側重那些格言式的簡明語句，就說他是『經體』；顧先生側重那些有韻的描寫形容的文字，就可以說他是『用賦體寫出的。』單看這兩種不同的看法，我們就可以明白這種文體標準的危險性了。

我們可以先看看顧先生說的『賦體』是個什麽樣子。他舉荀卿的賦篇(荀子第二十六)作例，賦篇現存五篇，其題爲禮，知，雲，蠶，箴。總觀此五篇，我們可以明白當時所謂『賦，』只是一種有韻的形容描寫，其體略似後世的詠物詩詞，其劣者略似後世的笨謎。顧先生舉荀卿的雲賦作例，他舉的語句如下：

忽兮其極之遠也，攭兮其相逐而反也，卬卬兮天下之咸蹇也。德厚而不捐，五采備而成文。往來惛憊，通於大神。出入甚極，莫知其門。天下失之則滅，得之則存。

這是荀子的『賦體』。顧先生說：

此等文辭實與老子同其型式。

他舉老子第十五章和二十章作例：

豫焉（河上公本作與兮）若冬涉川，猶兮若畏四鄰，儼兮其若容，（河上公本作客）渙兮若冰之將釋，敦兮其若樸，曠兮其若谷，渾兮其若濁。（老子十五）

我獨泊兮其未兆，如嬰兒之未孩；儽儽兮若無所歸。……澹兮其若海，飂兮若無止。……（老子二十）

這是老子的『賦體』。

顧先生又說，老子這兩章的文體又很像呂氏春秋的士容和下賢兩篇，我們也摘鈔那兩篇的一部分：

故君子之容，……淳淳乎謹慎畏化而不肯自足，乾乾乎取舍不悅而心甚素樸。（士容）

得道之人，貇乎其誠自有也，覺乎其不疑有以也，桀乎其必不渝移也，循乎其與陰陽化也，悤悤乎其心之堅固也，空空乎其不爲巧故也，……昏乎其深而不測也。……（下賢）

這是呂氏春秋的『賦體』。

顧先生說：

這四段文字，不但意義差同，卽文體亦甚相同，形容詞及其形容的姿態亦甚相同，惟助詞則老子用『兮』，呂書用『乎』爲異。大約這是方言的關係。

我們看了顧先生的議論，可以說他所謂『文體』或『型式』上的相同，大概不外乎下列幾點：

(1)同是形容描寫的文字。

一一三

(2)同用有『兮』字或『乎』字語尾的形容詞。

(3)『形容詞及其形容的姿態亦甚相同。』

依我看來，這些標準都不能考定某篇文字的時代。用這種帶『兮』字或『乎』字的形容詞來描寫人物，無論是韻文或散體，起源都很早。最早的如春秋早期的鄘風君子偕老詩，衞風碩人詩，齊風猗嗟詩，都是很發達的有韻的描寫形容。在論語裏，我們也可以見着這種形容描畫的散文：

子曰大哉堯之爲君也！巍巍乎唯天爲大，唯堯則之。蕩蕩乎民無能名焉。巍巍乎其有成功也。煥乎其有文章。（論語八）

子曰，巍巍乎，舜禹之有天下也而不與焉。（論語八）

我們試用這種語句來比荀子的賦篇和呂氏春秋的士容下賢兩篇，也可以得到『形容詞及其形容的姿態亦甚相同』的結論。你瞧：

（論語）巍巍乎唯天爲大，唯堯則之。
蕩蕩乎民無能名焉。
巍巍乎其有成功也。
煥乎其有文章。

（老子）渙兮若冰之將釋。

儽儽兮若無所歸。

淡乎其無味。（三十五章。文子道德篇引此句作『淡兮』。）

（荀子）忽兮其極之遠也。

卬卬兮天下之咸蹇也。

（呂覽）淳淳乎謹慎畏化而不肯自足。

乾乾乎取舍不悅而心甚素樸。

覺乎其不疑有以也。

桀乎其必不渝移也。

悤悤乎其心之堅固也。

空空乎其不爲巧故也。

昏乎其深而不測也。

這些形容詞及其形容的姿態，何等相同！何等相似！其中論語與呂覽同用『乎』字，更相像了。

如果這等標準可以考定老子成書的年代，那麼，我們也可以說論語成書也該移在呂不韋時代或更在其後了！

文體標準的不可靠，大率如此。這種例證應該可以使我們對於這種例證存一點特別戒懼的態度。

* * * * *

至於摭拾一二個名詞或術語來做考證年代的標準，那種方法更多漏洞，更多危險。顧頡剛先生與梁啓超先生都曾用此法。如顧先生說：

更就其所用名詞及仿語觀之：「公」這一個字，古書中只用作制度的名詞，（如公侯，公田等）沒有用作道德的名詞的。（如公忠，公義等）呂氏春秋有貴公篇，又有「清淨以公」等句，足見這是戰國時新成立的道德名詞。荀子與呂書同其時代，故書中言「公」的也很多。可見此種道德在荀子時最重視。老子言「容乃公，公乃王，」（十六章）正與此同。（史學年報四頁二五）

然而論語裏確曾把「公」字作道德名詞用：

「寬則得衆，信則民任焉，敏則有功，公則悅。」（論語二十）

老子書中有「公」字，就應該減壽三百年。論語也有「公」字，也應該減壽三百年，貶在荀卿與呂不韋的時代了。

任公曾指出「仁義」對舉彷彿是孟子的專賣品。然而他忘了左傳裏用仁義對舉已不止一次了。（如莊二十二年，如僖十四年。）任公又曾說老子在春秋時不應該說「侯王」「王公」「王侯」「取天下」「萬乘之主」等等名詞。然而周易蠱卦已有『不事王侯』坎卦彖辭與離卦象辭都有『王公』了。論語常用『天下』字樣，如『管仲一匡天下，』如『禹稷躬稼而有天下，』如『泰伯三以天下讓。』其實稷何嘗有天下？泰伯又那有『天下』可讓？老子書中有『取天下，』『天下』也不過此種泛稱，有何可怪？『天下』『王』等名詞既可用，爲什麽獨不可用『萬乘之主？』論語可以泛說『道千乘之國，』老子何以獨不可泛說『萬乘之主』呢？（河上公注：『萬乘之主謂王。』）凡持此種論證者，胸中往往先有一個『時代意識』的成見。此種成見最爲害事。孔子時代正是諸侯力征之時，豈可以高談『無爲？』然而孔子竟歌頌『無爲而治，』提倡『居敬而行簡』之政治。時代意識又在那裏呢？

五

最後，我要討論顧頡剛先生的『從呂氏春秋推測老子之成書年代』（史學年報四頁一三—四六）的考據方法。此文的一部分我在上節已討論過了。現在我要討論的是他用呂氏春秋引書的『例』來證明呂不韋著書時老子還不曾成書。

顧先生此文的主要論證是這樣的：

第一，呂氏春秋『所引的書是不憚舉出它的名目的。所以書中引的詩和書甚多，易也有，孝經也有，商箴周箴也有，皆列舉其書名。又神農黃帝的話，孔子墨子的話，……亦皆列舉其人名。』這是顧先生說的呂書『引書例。』

第二，然而『呂氏春秋的作者用了老子的文詞和大義這等多，簡直把五千言的三分之二都吸收進去了，但始終不曾吐出這是取材於老子的。』

因此顧先生下了一個假設：『在呂氏春秋著作的時代，還沒有今本老子存在。』

我對於顧先生的這種考據方法，不能不表示很深的懷疑。我現在把我的懷疑寫出來供他的考慮。

第一，替古人的著作做『凡例』，那是很危險的事業，我想是勞而無功的工作。古人引書，因爲沒有印本書，沒有現代人檢查的便利；又因爲沒有後世學者謹嚴的訓練，錯落幾個字不算什麼大罪過，不舉出書名和作者也不算什麼大罪過，所以沒有什麼引書的律例可說。如孟子引孔子的話，其與論語可以相對勘的幾條之中，有絕對謹嚴不異一字的，（如卷三『里仁爲美，擇不處仁，焉得智。』）有稍稍不同的，（如卷五『大哉堯之爲君』一章）有自由更動了的，（如卷五『君薨，聽于冢宰』一章，又卷六『陽貨欲見孔子』一章，又卷十四『孔子在陳』一章）也有明明記憶錯誤的。（如卷三『夫子聖矣乎』一段對話的人，論語作公西華，孟子作子貢，文字也稍不同。又如卷五『生事之以禮，死葬之以禮，祭之以禮』，論語作孔子告樊遲的話，而孟子作曾子說的話。）我們若試作孟子引書凡例，將從何處作起？

即以呂氏春秋引用孝經的兩處來看，就有絕對不同的義例：

（1）察微篇（卷十六）：

孝經曰，高而不危，所以長守貴也。滿而不溢，所以長守富也。富貴不離其身，然後能保其社稷，而和其民人。

（孝經諸侯章）

（2）孝行覽（卷十四）

故愛其親不敢惡人，敬其親不敢慢人。愛敬盡於事親，光燿加於百姓，究於四海。此天子之孝也。（孝經天子章）

前者明舉『孝經曰』，而後者不明說是引孝經。呂氏春秋的『引書例』究竟在那裏？

第二，顧先生說呂氏春秋『簡直把老子五千言的三分之二都吸收進去了』，這是駭人聽聞的控訴！我也曾熟讀五千言，但我讀呂氏春秋時，從不感覺『到處碰見』老子。所以我們不能不檢查顧先生引用的材料是不是眞贓實據。

顧先生引了五十三條呂氏春秋，其中共分幾等：

（甲）他認爲與老子書『同』的，十五條。

（乙）他認爲與老子書『義合』的或『意義差同』的，三十五條。

（丙）他認爲與老子書『甚相似』的，二條。

（丁）他認爲與老子書『相近』的，一條。

最可怪的是那絕大多數的乙項『義合』三十五條。『義合』只是意義相合，或相近。試舉幾個例：

(1)〔老〕爲道日損，損之又損，以至於無爲。（四八）

〔呂〕故至言去言，至爲無爲。（精諭）

(2)〔老〕不自見故明。（二二）自見者不明。（二四）

〔呂〕去聽無以聞則聰，去視無以見則明。（任數）

(3)〔老〕重爲輕根。……是以聖人終日行不離輜重。（二六）

〔呂〕以重使輕，從。（愼勢）

這種斷章取義的辦法，在一部一百六十篇的大著作裏，挑出這種零碎句子，指出某句與某書『義合，』已經是犯了『有意周內』的毛病了。如第(3)例原文爲

故以大畜小，吉；以小畜太，滅。以重使輕，從；以輕使重，凶。

試讀全篇，（愼勢篇）乃是說『欲定一世，安黔首之命，其勢不厭尊，其實不厭多。』國愈大，勢愈尊，實力愈多，然後成大業愈易。所以滕費小國不如鄒魯，鄒魯不如宋鄭，宋鄭不如齊楚。『所用彌大，所欲彌易。』此篇的根本觀念和老子書中的『小國寡民』的理想可說是絕對相反。顧先生豈不能明白此篇的用意？不幸他被成見所蔽，不顧全篇的『義反，』只尋求五個字的『義合，』所以成了『斷章取義』了！他若平心細讀全篇，就可以知道『以重使輕，從』一句和老子的『重爲輕根，靜爲躁君』一章決無一點『義合』之處了。

其他三十多條『義合』，絕大多數是這樣的斷章取義，強爲牽合。用這種牽合之法，在那一百六十篇的呂氏春秋之內，我們無論要牽合何人何書，都可以尋出五六十條『義合』的句子。因爲呂氏春秋本是一部集合各派思想的雜家之言。無論是莊子，荀子，墨子，慎到，韓非，（是的，甚至於韓非！）都可以在這裏面尋求『義合』之句。即如上文所舉第（1）例的兩句話，上句『至言去言』何妨說是『義合』於論語的『予欲無言』一章？下句『至無爲爲』何妨說是『義合』於論語的『無爲而治』一章？

所以我說，『義合』的三十多條，都不夠證明什麼，都不夠用作證據。至多只可說有幾條的單辭隻字近於今本老子而已。

再看看顧先生所謂『同』或『甚相似』的十幾條。這裏有三條確可以說是『同』於老子的。這三條是：

（4）大智不形大器晚成大音希聲。（呂樂成篇）

大器晚成，大音希聲大象無形。（老四一章）

（5）故禍兮福之所倚，福兮禍之所伏。聖人所獨見，衆人焉知其極？（呂制樂篇）

禍兮福之所倚，福兮禍之所伏。孰知其極？（老五八章）

（6）故曰不出戶而知天下，不窺於牖而知天道。其出彌遠者其知彌少。（呂君守篇）

太上反諸己，其次求諸人，其索之彌遠者其推之彌疏，其求之彌彊者失之彌遠。（呂論人篇）

不出於門戶而天下治者，其惟知反於己身者乎？（呂先己篇）

不出戶知天下，不窺牖見天道。其出彌遠，其知彌少。（老四七章）

除了這三條之外，沒有一條可說是『同』於老子的了。試再舉幾條顧先生所謂『同』於老子的例子來看看：

（7）道也者，視之不見，聽之不聞，不可爲狀。有知不見之見，不聞之聞，無狀之狀者，則幾於知之矣。道也者至精也，不可爲形，不可爲名，彊爲之，謂之太一。（呂大樂篇）

視之不見名曰夷，聽之不聞名曰希，搏之不得名曰微。此三者不可致詰，故混而爲一。其上不皦，其下不昧，繩繩不可名，復歸於無物。是謂無狀之狀，無物之象，是爲惚恍。……（老十四章）

有物混成，先天地生。寂兮寥兮，獨立不改，周行而不殆，可以爲天下母。吾不知其名，字之曰道，強爲之名曰大。（老二五章）

（8）天地大矣，生而弗子，成而弗有，萬物皆被其利而莫知其所由始。（呂貴公篇）

全乎萬物而不宰，澤被天下而莫知其所自始。（呂審分篇）

萬物作焉而不辭，生而不有，爲而不恃。（老十二章）

生之畜之，生而不有，爲而不恃，長而不宰。（老十章）

大道汜兮其可左右，萬物恃之而生而不辭，功成不名有，衣養萬物而不爲主。（老三四章）

(9)天下，重物也，而不以害其生，又況於它物乎？惟不以天下害其生者也，可以託天下。（呂貴生篇）

故貴以身為天下，若可寄天下。愛以身為天下，若可託天下。（老十三章）

（適按，老子此章以有身為大患，以無身為無患，與貴生篇義正相反。但呂書不侵篇也曾說：『天下輕於身，而士以身為人。以身為人者如此其重也！』必須有此一轉語，呂書之意方可明瞭。）

這幾條至多只可以說是每條有幾個字眼頗像今本老子罷了。此外的十多條，都是這樣的單辭隻字的近似，絕無一條可說是『同』於老子，或『甚相似。』如行論篇說：

詩曰，『將欲毀之，必重累之。將欲踣之，必高舉之。』其此之謂乎？

顧先生說，『這兩句詩實在和老子三十六章太吻合了。』老子三十六章說：

將欲歙之，必固張之。將欲弱之，必固強之。將欲廢之，必固興之。將欲奪（韓非喻老篇作取）之，必固與之。是謂微明。

兩段文字中的動詞，沒有一個相同的，我們可以說是『吻合』嗎？呂書明明引『詩曰，』高誘注也只說是『逸詩，』這本不成問題。頡剛說，

若認為取自老子，那是犯了以後證前的成見。（史學年報四，頁一二三）

這是頡剛自己作繭自縛。從高誘以來，本無人『認為取自老子』的。

又如呂氏春秋任數篇引申不害批評韓昭侯的話：

何以知其聾？以其耳之聰也。何以知其盲？以其目之明也。何以知其狂？以其言之當也。

這是當時論虛君政治的普通主張，教人主不要信任一己的小聰明。此篇的前一篇（君守）也有同樣的語句：

故有以知君之狂也，以其言之當也。有以知君之惑也，以其言之得也。君也者，以無當爲當，以無得爲得者也。故善爲君者無識，其次無事。有識則有不備矣，有事則有不恢矣。

若以呂書引申不害爲可信，我們至多可以說君守篇的一段是用任數篇申不害的話，而稍稍變動其文字，引伸其意義。然而頡剛說：

這一個腔調與老子十二章所云『五色令人目盲，五音令人耳聾，五味令人口爽，馳騁田獵令人心發狂』甚相似。

這幾段文字那有一點相似？難道老子書中有了目盲耳聾，別人就不會再說目盲耳聾了嗎？說了目盲耳聾，就成了老子腔調了嗎？

這樣看來，頡剛說的老子五千言有三分之二被吸收在呂氏春秋裏，是不能成立的。依我的檢查，呂氏春秋的語句只有三條可算是與老子很相同的（『大器晚成』條，『禍兮福之所倚』條，君守篇『不出戶而知天下』條）。此外那四十多條，至多不過有一兩個字眼的相同，都沒有用作證據的價值。

第三，我們要問：呂氏春秋裏有這三條與老子很相同的文字，還偶有一些很像套用老子字眼的語句，但都沒有明說是引用老子，——從這一點上，我們能得到何種結論嗎？

我的答案是：

（1）呂氏春秋既沒有什麼「引書例，」那三條與今本老子很相合的文字，又都是有韻之文，又都有排比的節奏，最容易記憶著書的人隨筆引用記憶的句子，不列舉出處，這一點本不足引起什麼疑問，至少不夠引我們到「那時還沒有今本老子」的結論。因為我們必須先證明「那時確沒有今本老子，」然後可以證明「呂氏春秋中的那三段文字確不是引用老子。」不然，那就又成了「丐辭」了。

（2）至於那些偶有一句半句或一兩個字眼近似老子的文字，更不夠證明什麼了。顧頡剛自己也曾指出淮南子的原道訓「把老子的文辭，成語，和主義融化在作者自己的文章之中而不一稱「老子曰」。然而他寫到後來，吐出一句「故老聃之言曰天下之至柔馳騁天下之至堅，出於無有入於無間，吾是以知無為之有益，」」（史學年報四頁十六。）顧頡剛何不試想假使原道一篇的前段每用一句老子都得加「老子曰，」那還成文章嗎？我們試舉上文所引呂氏春秋的第（8）例來看看：

天地大矣，生而弗子，成而弗有，萬物皆被其利而莫知其所由始。

假定這種裏面真是套了老子的「生而不有，為而不恃，」請問：如果此文的作者要想標明來歷，他應該如何標明？

他有什麼法子可以這樣標明?頡剛所舉的五十條例子，所謂『同，』所謂『義合，』所謂『甚相似，』至多不過是這樣把老子的單辭隻字『融化在作者自己的文章之中，』在行文的需要上，決沒有逐字逐句標明『老子曰』的道理，也決沒有逐字逐句標明來歷的方法。所以我說，這些例子都不夠證明什麼。如果他們能證明什麼，至多只能夠暗示他們套用了老子的單辭隻字，或套用了老子的腔調而已。李侯佳句往往似陰鏗，他雖不明說陰鏗，然而我們決不能因此證明陰鏗生在李白之後。

* * * * *

顧先生此文的後半，泛論戰國後期的思想史，他的方法完全是先構成一個『時代意識，』然後用這『時代意識』來證明老子的晚出。這種方法的危險，我在前面第(三)(四)兩節已討論過了。

六

我已說過，我不反對把老子移後，也不反對其他懷疑老子之說。但我總覺得這些懷疑的學者都不曾舉出充分的證據。我這篇文字只是討論他們的證據的價值，並且評論他們的方法的危險性。中古基督教會的神學者，每立一論，必須另請一人提出駁論，要使所立之論因反駁而更完備。這個反駁的人就叫做『魔的辯護士』(Advocatus diaboli)。我今天的責任就是要給我所最敬愛的幾個學者做一個『魔的辯護士，』魔高一尺，希望道高一丈。我攻擊他們的方法，是希望他們的方法更精密；我批評他們的證據，是希望他們提出更有力的證據來。

至於我自己對於老子年代問題的主張，我今天不能細說了。我只能說：我至今還不曾尋得老子這個人或老子這部書有必須移到戰國或戰國後期的充分證據。在尋得這種證據之前，我們只能延長偵查的時期，展緩判決的日子。

一九三三年元旦改稿

懷疑的態度是值得提倡的。但在證據不充分時肯展緩判斷(Suspension of judgement)的氣度是更值得提倡的。

附錄一　與錢穆先生論老子問題書

胡適

賓四先生：

去年讀先生的向歆父子年譜，十分佩服。今年在燕京學報第七期上讀先生的舊作『關於老子成書年代之一種考察』，我覺得遠不如向歆譜的謹嚴。其中根本立場甚難成立。我想略貢獻一點意見，請先生指教。

此文的根本立場是『思想上的線索』。但思想線索實不易言。希臘思想已發達到很『深遠』的境界了，而歐洲中古時代忽然陷入很粗淺的神學至近千年之久。後世學者豈可據此便說希臘之深遠思想不當在中古之前嗎？又如佛教之哲學已到很『深遠』的境界，而大乘末流淪爲最下流的密宗，此又是最明顯之例。試即先生所舉各例，略說一二事。如云：

說卦『帝出于震』之說，……其思想之規模，條理及組織，盛大精密，皆遜老子，故謂其書出老子後，襲老子語也。以下推斷率仿此。

然先生已明明承認大宗師已有道先天地而生的主張了。『仿此推斷，』何不可說『其書出老子後，襲老子語也』呢？

又如先生說：

以思想發展之進程言，則孔墨當在前，老莊當在後。否則老已先發道爲帝先之論，孔墨不應重爲天命天志之說。何者？思想上之線索不如此也。

依此推斷，老莊出世之後便不應有人重爲天命天志之說了嗎？難道二千年中之天命天志之說，自董仲舒班彪以下，都應該排在老莊以前嗎？

這樣的推斷，何異於說『幾千年來人皆說老在莊前，錢穆先生不應說老在莊後，何者？思想上之線索不如此也？』

先生對於古代思想的幾個重要觀念，不曾弄明白，故此文頗多牽強之論。如天命與天志當分別而論。天志是墨教的信條，故墨家非命；命是自然主義的說法，與尊天明鬼的宗教不能並存。（後世始有『司命』之說，把『命』也做了天鬼可支配的東西。）

當時思想的分野：老子倡出道爲天地先之論，建立自然的宇宙觀，動搖一切傳統的宗教信仰，故當列爲左派。孔子是左傾的中派，一面信『天何言哉？四時行焉，百物生焉』的自然無爲的宇宙論，又主『存疑』的態度，『知之爲知之，不知爲不知』『未能事人，焉能事鬼』皆是左傾的表示；一面又要『祭如在，祭神如神在』，則仍是中派。孔孟的『天』與『命』，皆近於自然主義；『莫之爲而爲，莫之致而致』皆近於老莊。此孔孟老莊所同，而尊天事鬼的宗教所不容。墨家起來擁護那已動搖的民間宗教，稍稍加以刷新，輸入一點新的意義，以天志爲兼愛，明天鬼爲實有，而對於左派中派所共信的命定論極力攻擊。這是極右的一派。

思想的線索必不可離開思想的分野。凡後世的思想線索的交互錯綜，都由於這左、中、右、三線的互爲影響。荀卿號稱儒家，而其天論乃是最健全的自然主義。莊子蔽於天而不知人，其大宗師一篇已是純粹宗教家的哀音，已走到極右的路上去了。

老子書中論『道，』尚有「吾不知其名字之曰道，強爲之名曰大』的話，是其書早出最強有力之證。這明明說他初得着這個偉大的見解，而沒有相當的名字，只好勉強叫他做一種歷程—道—或形容他叫做『大。』

這個觀念本不易得多數人的了解，故直到戰國晚期才成爲思想界一部分人的中心見解。但到此時期，—如莊子書中，—這種見解已成爲一個武斷的原則，不是那『強爲之名』的假設了。

我並不否認『老子晚出』之論的可能性。但我始終覺得梁任公馮芝生與先生諸人之論證無一可使我心服。若有充分的證據使我心服，我決不堅持老子早出之說。

匆匆草此，深盼

指教。

胡適 廿，三，十七。

附錄二　致馮友蘭書

胡適

芝生吾兄：

承你寄贈『中國哲學史講義』一八三頁，多謝多謝。連日頗忙，不及細讀，稍稍翻閱，已可見你功力之勤，我看了很高興。將來如有所見，當寫出奉告，以酬遠道寄贈的厚意。

今日偶見一點，不敢不說。你把老子歸到戰國時的作品，自有見地；然講義中所舉三項證據，則殊不足推翻舊說。第一，『孔子以前無私人著述之事，』此通則有何根據？當孔子生三歲時，叔孫豹已有三不朽之論，其中『立言』已爲三不朽之一了。他並且明說『魯有先大夫曰臧文仲，既沒，其言立。』難道其時的立言者都是口說傳授嗎？孔子自己所引，如周任之類，難道都是口說而已？至於鄧析之書，雖不是今之傳本，豈非私人所作？故我以爲這一說殊不足用作根據。

第二，『老子非問答體，故應在論語孟子後。』此說更不能成立。豈一切非問答體之書，皆應在孟子之後嗎？孟子以前的墨子等書豈皆是後人假託的？況且『非問答體之書應在問答體之書之後』一個通則又有什麼根據？以我所知，則世界文學史上均無此通則。老子之書韵語居多，若依韵語出現於散文之前一個世界通則言之，則老子正應在論語之前。論語檀弓一類魯國文學始開純粹散文的風氣，故可說純散文起於魯文學，可也；說其前不應有老子式的過渡文體，則不可也。

第三，『老子之文爲簡明之一「經」體可見其爲戰國時之作品。』此條更不可解。什麼樣子的文字才是簡明之「經」體？是不是格言式的文體？孔子自己的話是不是往往如此？翻開論語一看，其問答之外，是否章章如此？『巧言令色，鮮矣仁』，『道千乘之國，敬事而信，節用而愛人，使民以時』；『行夏之時，乘殷之輅，服周之冕』……這是不是『簡明之「經」體？』

懷疑老子，我不敢反對，但你所舉的三項，無一能使我心服，故不敢不爲牠一辯。推翻一個學術史上的重要人，似不是小事，不可不提出較有根據的理由。

任公先生所舉證據，張怡蓀兄曾有駁文，今不復能記憶了。今就我自己所能見到之處，略說於此。任公共舉六項：

(一)孔子十三代孫能同老子的八代孫同時。此一點任公自己對我說，他梁家便有此事，故他是大房，與最小房的人相差五六輩。我自己也是大房，我們族裏的排行是『天德錫禎祥洪恩育善良』十字，我是『洪』字輩，少時常同『天』字輩人同時；今日我的一支已有『善』字輩了，而別的一支還只到『祥』字輩。這是假定史記所記世系可信。何況此兩個世系都大可疑呢？

（二）孔子何以不稱道老子？我已指出論語「以德報怨」一章是批評老子。此外「無爲而治」之說也似是老子的影響。

（三）曾子問記老子的話與老子五千言精神相反，這是絕不了解老子的話。老子主張不爭，主張柔道，正是拘謹的人。

（四）史記的神話本可不論，我們本不根據史記。

（五）老子有許多話太激烈了，不像春秋時人說的。試問鄧析是不是春秋時人？做那「伐檀」「碩鼠」的詩人又是什麼時代人？

（六）老子所用「侯王」「王公」「王侯」「萬乘之君」「取天下」等字樣，不是春秋時人所有。他不記得易經了嗎？蠱上九有「不事王侯。」坎彖辭有「王公設險，」離象辭有「離王公也。」孔子可以說「千乘之國」，而不許老子說「萬乘之君，」豈不奇怪？至於「偏將軍」等官名，也不足據。漢書郊祀志不說「杜主，故周之右將軍」嗎？

以上所說，不過略舉一二事，說明我此時還不曾看見有把老子挪後的充分理由。

至於你說，道家後起，故能采各家之長。此言甚是。但「道家」乃是秦以後的名詞，司馬談所指乃是那集衆家之長的道家。老子莊子的時代並無人稱他們爲道家。故此言雖是，却不足推翻老子之早出。

以上所寫，匆匆達意而已，不能詳盡，甚望指正。

* * * * *

近日寫中古哲學史，已有一部分脫稿，擬先付油印，分送朋友指正。寫印成時，當寄一份請教。

胡適 十九，三，二十夜。

校勘學方法論

——序陳垣先生的元典章校補釋例*——

陳援菴先生（垣）在這二十多年之中，搜集了幾種很可寶貴的元典章鈔本；民國十四年故宮發見了元刻本，他和他的門人曾在民國十九年夏天用元刻本對校沈家本刻本，後來又用諸本互校，前後費時半年多，校得沈刻本譌誤衍脫顚倒之處凡一萬二千餘條，寫成元典章校補六卷，又補闕文三卷，改訂表格一卷。（民國二十年北京大學研究所國學門刊行）校補刊行之後，援菴先生又從這一萬二千多條錯誤之中挑出一千多條，各依其所以致誤之由，分別類例，寫成元典章校補釋例六卷。我和援菴先生做了幾年的鄰舍，得讀釋例最早，得益也最多。他知道我愛讀他的書，所以要我寫一篇釋例的序。我也因爲他這部書是中國校勘學的一部最重要的方法論，所以也不敢推辭。

* * * * *

校勘之學起於文件傳寫的不易避免錯誤。文件越古，傳寫的次數越多，錯誤的機會也越多。校勘學的任務是

*元典章校補釋例六卷，新會陳垣著，中央研究院歷史語言研究所專刊之一，定價二元。

要改正這些傳寫的錯誤，恢復一個文件的本來面目，或使他和原本相差最微。校勘學的工作有三個主要的成分：一是發見錯誤，二是改正，三是證明所改不誤。

發見錯誤有主觀的，有客觀的。我們讀一個文件，到不可解之處，或可疑之處，因此認爲文字有錯誤，這是主觀的發見錯誤。因幾種『本子』的異同而發見某種本子有錯誤，這是客觀的。主觀的疑難往往可以引起『本子』的搜索與比較；但讀者去作者的時代既遠，偶然的不解也許是由於後人不能理會作者的原意，而未必眞由於傳本的錯誤。況且錯誤之處未必都可以引起疑難，若必待疑難而後發見錯誤，而後搜求善本，正誤的機會就太少了。況且傳寫的本子，往往經『通人』整理過；若非重要經籍，往往經人憑己意增删改削，成爲文從字順的本子了。不學的寫手的本子的錯誤是容易發見的，『通人』整理過的傳本的錯誤是不容易發見的。試舉一個例子爲證。坊間石印聊齋文集附有張元所作『柳泉蒲先生墓表』，其中記蒲松齡『卒年八十六』。這是『卒年七十六』之誤，有國朝山左詩鈔所引墓表及原刻碑文可證。但我們若單讀『卒年八十六』之文而無善本可比較，決不能引起疑難，也決不能發見錯誤。又山左詩鈔引這篇墓表，字句多被删節，如云：

〔先生〕少與同邑李希梅及余從父歷友結郢中詩社。

此處無可引起疑難；但淸末國學扶輪社鉛印本聊齋文集載墓表全文，此句乃作：

與同邑李希梅及余從伯父歷視友，旋結爲郢中詩社。（甲本）

依此文，『歷視』爲從父之名，『友』爲動詞，『旋』爲『結』之副詞，文理也可通。石印本聊齋文集即從扶輪社本出來但此本的編校者熟知聊齋志異的掌故，知道『張歷友』是當時詩人，故石印本墓表此句改成下式：

與同邑李希梅及余從伯父歷友親旋結爲郢中詩社（乙本）

最近我得墓表的拓本，此句原文是：

與同邑李希梅及余從伯父歷友視旋諸先生結爲郢中詩社。（丙本）

視旋是張履慶，爲張歷友（篤慶）之弟，其詩見山左詩鈔卷四十四。他的詩名不大，人多不知道『視旋』是他的表字；而『視旋』二字出於周易履卦『視履考祥，其旋元吉，』很少人用這樣罕見的表字。甲本校者竟連張歷友也不認得，就妄倒『友視』二字，而删『諸先生』三字，是爲第一次的整理。乙本校者知識更高了，他認得『張歷友』，而不認得『視旋，』所以他把『視友』二字倒回來，而妄改『視』爲『親，』用作動詞，是爲第二次的整理。此兩本文理都可通，雖少有疑難，都可用主觀的論斷來解決。倘我們終不得見此碑拓本，我們終不能發見甲乙兩本的眞錯誤。這個小例子可以說明校勘學的性質。校勘的需要起於發見錯誤，而錯誤的發見必須倚靠不同本子的比較。古人稱此學爲『校讎』，劉向別錄說：『一人讀書校其上下得謬誤爲校；一人持本，一人讀書，若怨家相對，爲讎。』其實單讀一個本子，『校其上下，』所得謬誤是很有限的；必須用不同的本子對勘，『若怨家相對，』一字不放過，然後可以『得謬誤。』

改正錯誤是最難的工作。主觀的改定，無論如何工巧，終不能完全服人之心。大學開端『在親民』，朱子改『親』爲『新』，七百年來雖有政府功令的主持，終不能塞反對者之口。校勘學所許可的改正，必須是在幾個不同的本子之中選定一個最可靠或最有理的讀法。這是審查評判的工作。我所謂『最可靠』的讀法，當然是最古底本的讀法。如上文所引張元的聊齋墓表乙本出於甲本，而甲本又出於丙本，丙本爲原刻碑文，刻於作文之年，故最可靠。我所謂『最有理』的讀法問題就不能這樣簡單了。原底本既不可得，或所得原底本仍有某種無心之誤，（如韓非說的郢人寫書而多寫了『舉燭』二字，如今日報館編輯室每日收到的草稿。）或所得本子都有傳寫之誤，或竟無別本可供校勘，——在這種情形之下，改正謬誤沒有萬全的方法。約而言之，最好的方法是排比異同各本，考定其傳寫的先後，取其最古而又最近理的讀法，標明各種異讀，並揣測其所以致誤的原因。其次是無異本可互勘，或有別本而無法定其傳授的次第，不得已而假定一個校者認爲最近理的讀法，而標明原作某，一作某，今定作某，是根據何種理由。如此校改，雖不能必定恢復原文，而保守傳本的眞相以待後人的論定，也可以無大過了。

改定一個文件的文字，無論如何有理，必須在可能的範圍之內提出證實。凡未經證實的改讀，都只是假定而已，臆測而已。證實之法，最可靠的是根據最初底本，其次是最古傳本，其次是最古引用本文的書。萬一這三項都不可得，而本書自有義例可尋，前後互證，往往也可以定其是非，這也可算是一種證實。此外，雖有巧妙可喜的改讀，只是校者某人的改讀，足備一說，而不足成爲定論。例如上文所舉張元墓表之兩處誤字的改正，有原刻碑文爲證，這是第一等的證實。又如道藏本淮南內篇原道訓：『是故鞭噬狗，策蹏馬，而欲教之，雖伊尹造父弗能化。欲寅之心亡於中則飢虎可尾，何況狗馬之類乎？』這裏『欲寅』各本皆作『欲害。』王念孫校改爲『欲宎。』他因爲明劉績本注云『古肉字，』所以推知劉本原作『宎』字，只因草書『害』字與『宎』相似，世人多見『害，』少見『宎』，故誤寫爲『害。』這是指出所以致誤之由，還算不得證實。他又舉二證：（1）吳越春秋勾踐陰謀外傳『斷竹續竹，飛土逐宎』今本宎作害；（2）論衡感虛篇『廚門木象生肉足，』今本風俗通義肉作害，害亦宎之誤。這都是類推的論證，因論衡與吳越春秋的『宎』誤作『害，』可以類推淮南書也可以有同類的誤寫。類推之法由彼例此，可以推知某種致誤的可能，而終不能斷定此誤必同於彼誤。直到顧廣圻校得宋本，果作『欲宎，』然後王念孫得一古本作證，他的改讀就更有力了。因爲我們終不能得最初底本，又因爲在義理上『欲害』之讀並不遜於『欲肉』之讀，（文子道原篇作『欲害之心忘乎中』）所以這種證實只是第二等的，不能得到十分之見。又如淮南同篇：『上游於霄雿之野，下出於無垠之門，』王念孫校，『無垠』下有『鄂』字。他舉三證：（1）文選西京賦『前後無有垠鄂』的李善注：『淮南子曰，出於無垠鄂之門。許慎曰，垠鄂，端崖也。』（2）文選七命的李善注同。（3）太平御覽地部二十：『淮南子曰，下出乎無垠鄂之門。高誘曰，無垠鄂，無形之貌也。』這種證實，雖不得西漢底本，而可以證明許慎高誘的底本如此讀，這就可算是第一等的證實了。

所以校勘之學無處不靠善本：必須有善本互校，方才可知謬誤；必須依據善本，方才可以改正謬誤；必須有古本的依據，方才可以證實所改的是非。凡沒有古本的依據，而僅僅推測某字與某字『形似而誤』，某字『涉上下文而誤』的，都是不科學的校勘。以上三步工夫，是中國與西洋校勘學者共同遵守的方法，運用有精有疏，有巧有拙，校勘學的方法終不能跳出這三步工作的範圍之外。援菴先生對我說，他這部書是用『土法』的。我對他說：在校勘學上，『土法』和海外新法並沒有多大的分別。所不同者，西洋印書術起於十五世紀，比中國晚了六七百年，所以西洋古書的古寫本保存的多，有古本可供校勘，是一長。歐洲名著往往譯成各國文字，古譯本也可供校勘，是二長。歐洲很早就有大學和圖書館，古本的保存比較容易，校書的人借用古本也比較容易，所以校勘之學比較普及，只算是治學的人一種不可少的工具，而不成爲一二傑出的人的專門事業。這是三長。在中國則刻印書流行以後，寫本多被拋棄了；四方鄰國偶有古本的流傳，而無古書的古譯本；大學與公家藏書又都不發達，私家學者收藏有限，故工具不夠用，所以一千年來，夠得上科學的校勘學者，不過兩三人而已。

中國校勘之學起原很早，而發達很遲。呂氏春秋所記『三豕涉河』的故事，已具有校勘學的基本成分。劉向劉歆父子校書，能用政府所藏各種本子互勘，就開校讎學的風氣。漢儒訓註古書，往往注明異讀，是一大進步。經典釋文廣收異本，徧舉各家異讀，可算是集古校勘學之大成。晚唐以後，刻印的書多了，古書有了定本，一般讀書人往往過信刻板書，校勘之學幾乎完全消滅了。十二世紀晚期，朱子斤斤爭論程氏遺書刻本的是非；十三世紀之初，周必大校刻文苑英華一千卷，在自序中痛論『以印本易舊書，是非相亂』之失，又略論他校書的方法；彭叔夏作文苑英華辨證十卷，詳舉他們校讐的方法，淸代校勘學者顧廣圻稱爲『校讐之楷模』彭叔夏在自序中引周必大的話：

校書之法，實事是正，多聞闕疑。

他自己也說：

叔夏年十二三時，手鈔太祖皇帝實錄，其間云『興衰治□之源』闕一字，意謂必是『治亂』後得善本，乃作『治忽』。三折肱爲良醫信知書不可以意輕改。

這都是最扼要的校勘方法論。所以我們可以說十二三世紀之間是校勘學的復興時代。

但後世校書的人，多不能有周必大那樣一個退休宰相的勢力來『徧求別本』也沒有他那種『實事是正，多聞闕疑』的精神，所以十三世紀以後，校勘學又衰歇了。直到十七世紀方以智顧炎武諸人起來方纔有考訂古書的新風氣。三百年中，校勘之學成爲考證學的一個重要工具。然而治此學者雖多，其中眞能有自覺的方法，把這門學問建築在一個穩固的基礎之上的，也不過寥寥幾個人而已。

縱觀中國古來的校勘學所以不如西洋，甚至於不如日本，其原因我已說過，都因爲刻書太早，古寫本保存太少；又因爲藏書不公開，又多經劫火，連古刻本都不容易保存。古本太缺乏了，科學的校勘學自不易發達。王念孫段玉裁用他們過人的天才與功力，其最大成就只是一種推理的校勘學而已。推理之最精者，往往也可以補版本的不足。但校讎的本義在於用本子互勘，離開本子的搜求而費精力於推敲，終不是校勘學的正軌。我們試看日本佛教徒所印的弘教書院的大藏經及近年的大正新修大藏經的校勘工作，就可以明白推理的校勘不過是校勘學的一個支流，其用力甚勤而所得終甚微細。

* * * * *

陳援菴先生校元典章的工作，可以說是中國校勘學的第一偉大工作，也可以說是中國校勘學的第一次走上科學的路。前乎此者，只有周必大彭叔夏的校勘文苑英華差可比擬。我要指出援菴先生的元典章校補及釋例有可以永久作校勘學的模範者三事：第一，他先搜求善本，最後得了元刻本，然後用元人的刻本來校元人的書；他拚得用極笨的死工夫，所以能有絕大的成績。第二，他先用最古刻本對校，標出了所有的異文，然後用諸本互校，廣求證據，定其是非，使我們得一個最好的，最近於祖本的定本。第三，他先求得了古本的根據，然後推求今本所以致誤之由，作爲『誤例』四十二條，所以他的『例』都是已證實的通例，是校後歸納所得的說明，不是校前所假定的依據。此三事都足以前無古人，而下開來者，故我分開詳說如下：

第一，援菴先生是依據同時代的刻本的校勘，所以是科學的校勘，而不是推理的校勘。沈刻元典章的底本，乃是間接的傳鈔本，沈家本跋原鈔本說『此本紙色分新舊者每半頁十五行，當是影鈔元刻本；新者每半頁十行，當是補鈔者，蓋別一本。』但他在跋尾又說：『吾友董綬金赴日本見是書，據稱從武林丁氏假鈔者。』若是從丁氏假鈔的；如何可說是『影鈔元刻本』呢？這樣一部大書底本既是間接又間接的了，其中又往往有整幾十頁的闕文，校勘的工作必須從搜求古本入手。援菴先生在這許多年中先後得見此書的各種本子，連沈刻共有六本。我依他的記載，參以沈家本原跋，作成此書底本源流表：

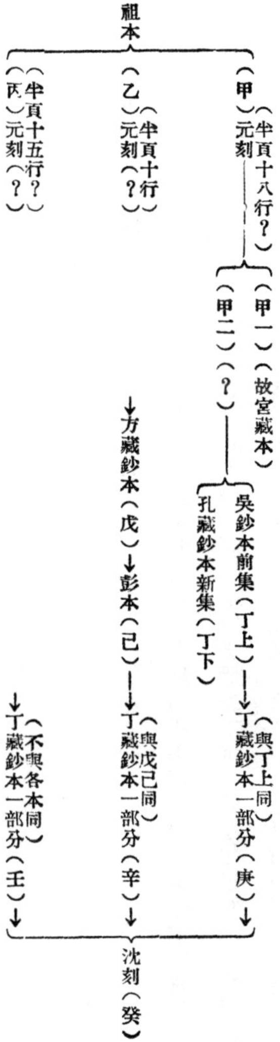

援菴先生的校補，全用故宮元刻本（甲一）作根據，用孔本（丁下）補其所闕祭祀門，又用各本互校，以補這兩本的不足。因爲他用一個最初的元刻本來校一部元朝的書，所以能校得一萬二千條的錯誤，又能補得闕文一百零二頁之多！試用這樣偉大的成績，比較他二十年前『無他本可校』時所『確知爲譌誤者若干條』，其成績的縣絕何止百倍？他在本書第四十三章裏，稱此法爲『對校法』，他很謙遜的說：

此法最簡便，最穩當，純屬機械法；其主旨在校異同，不校是非，故其短處在不負責任，雖祖本或別本有訛，亦照式錄之。而其長處則在不參己見；得此校本，可知祖本或別本之本來面目。故凡校一書，均須先用對校法，然後再用其他校法。

他又指出這個法子的兩大功用：

一、有非對校不知其誤者，以其表面上無誤可疑也。例如：

元關本錢二十定　元刻作　二千定

大德三年三月　元刻作　五月

二、有知其誤，非對校無以知爲何誤者。例如：

每月五十五日　元刻作　每五月十五日。

此外，這個對校法還有許多功用，如闕文，如錯簡，如倒葉，如不經見的人名地名或不經見的古字俗字，均非對校無從猜想。故用善本對校是校勘學的靈魂，是校勘學的唯一途徑。向來學者無力求善本，又往往不屑作此種『機械』的笨工作，所以校勘學至今不曾走上科學的軌道。援菴先生和他的幾位朋友費了八十日的苦工，從那機械的對校裏得着空前的大收穫，使人知道校書『必須先用對校法』，這是他奠定新校勘學的第一大功。

第二，他用無數最具體的例子來教我們一個校勘學的根本方法，就是：先求得底本的異同，然後考定其是非。是非是異文的是非，沒有異文，那有是非？向來中國校勘學者往往先舉改讀之文，次推想其致誤之由，最後始舉古本或古書引文爲證。這是不很忠實的記載，並且可以迷誤後學。其實眞正校書的人往往是先見古書的異文，然後定其是非；他們偏要倒果爲因，先列己說，然後引古本異文爲證，好像是先有了巧妙的猜測，而忽得古本作印證似的！所以初學的人，看慣了這樣的推理，也就以爲校勘之事是應該先去猜想而後去求印證的了！所以我們可以說，古來許多校勘學者的著作，其最高者如王念孫王引之的，也只是教人推理的法門，而不是校書的正軌；其下焉者，只能引學者走上捨版本而空談校勘的迷途而已。校勘學的不發達，這種迷誤至少要負一部分的責任。援菴先生的校補，完全不用這種方法，他只根據最古本，正其誤，補其闕；其元刻誤而沈刻不誤者，一概不校；其有是非不易決定者，姑仍其舊。他的目的在於恢復這書的元刻本來面目，而不在於炫示他的推理的精巧。至於如何定其是非，那是無從說起的。他的一部釋例，只是對我們說：要懂得元朝的書，必須多懂得元朝的特殊的制度習俗語言文字。這就是說：要懂得一個時代的書，必須多懂得那個時代的制度習俗語言文字。那是個人的學問知識的問題，不是校勘學本身的問題。校勘的工作只是嚴密的依據古本，充分的用我們所用的知識學問來決定那些偶有疑問的異文的是非，要使校定的新本子至少可以比得上原來的本子，甚至於比原來的刻本還更好一點。如此而已！援菴先生的工作，不但使我們得見元典章的元刻的本來面目，還參酌各本，用他的淵博的元史知識，使我們得着一部比元刻本更完好的元典章。這是新校勘學的第一大貢獻。

第三，援菴先生的四十二條『例』，也是新校勘學的工具，而不是舊校勘學的校例。校勘學的『例』只是最普通的致誤之由校書所以能有通例，是因爲文件的誤寫都由寫人的無心之誤或有心之誤；無心之誤起於感官（尤其是視官）的錯覺有心之誤起於有意改善一個本子而學識不夠，就以不誤爲誤。這都是心理的現象，都可以有心理的普通解釋，所以往往可以歸納成一些普通致誤的原因，如『形似而誤』『涉上文而誤』『兩字誤爲一字』『一字誤分作兩字』『誤收旁注文』等等。彭叔夏作文苑英華辨證，已開校例之端。王念孫讀淮南內篇的第二十二卷是他的自序『推其致誤之由』，列舉普通誤例四十四條，又因誤而失韻之例十八條，逐條引淮南子的誤文作例子。後來俞樾作古書疑義舉例，其末三卷裏也有三十多條校勘的誤例，逐條引古書的誤文作例子。俞樾在校勘學上的成績本來不很高明，所以他的『誤例』頗有些是靠不住的，而他舉的例子也往往是很不可靠的。例如他的第一條『兩字義同而衍例』，就不成一條通例，因爲寫者偶收旁注同義之字，因而誤衍，或者有之；而無故誤衍同義之字是很少見的。他舉的例子，如硬删周易履六三『跛能履，不足以與行也』的『以』字；如硬删左傳隱元年『有文在其手曰爲魯夫人』的『曰』字；如硬删老子六十八章『是謂配天古之極』的『天』字，都毫無底本的根據，硬斷爲『兩字義同而衍』，都是臆改古書，不足爲校勘學的誤例。王念孫的六十多條『誤例』，比俞樾的高明多了。他先校正了淮南子九百餘條，然後從他們歸納出六十幾條通例，故大體上都還站得住。但王念孫的誤例分類太細碎，是一可議；淮南是古書，古本太少，王氏所校頗多推理的校勘，而不全有古書引文的依據，是二可議；論字則草書隸書篆文雜用，論韻則所謂『古韻部』本不是嚴格的依據，是三可議。校勘的依據太薄弱了，歸納出來的『誤例』也就不能完全得人的信仰。

所謂『誤例』不過是指出一些容易致誤的路子，可以幫助解釋某字何以譌成某字，而絕對不夠證明某字必須改作某字。前人校書，往往引一個同類的例子，稱爲『例證』，是大錯誤。俞樾自序古書疑義舉例，說：『使童蒙之子習知其例，有所據依，或亦讀書之一助乎？』這正是舊日校勘家的大病。例不是證，不夠用作『據依』。而淺人校書隨意改字，全無版本的根據，開口卽是『形似而誤』，『聲近而誤』，『涉上文而誤』，好像這些通常誤例就可證實他們的臆改似的！中國校勘學所以不上軌道，多由於校勘學者不明『例』的性質，誤認一個個體的事例爲有普遍必然性的律例，所以他們不肯去搜求版本的眞依據，而僅僅會濫用『誤例』的假依據。

援菴先生的釋例，所以超越前人，約有四端：第一，他的校改是依據最古刻本的，誤是眞誤，故他的『誤例』是已證實了的誤例。第二，他是用最古本校書，而不是用『誤例』校書。他的『誤例』是用來『疏釋』已校改的謬誤的。第三，他明明白白的說他的校法只有四個，此外別無用何種『誤例』來校書的懶法子。第四，他明說這些『誤例』不過是用來指示『一代語言特例，並古籍竄亂通弊。』他所舉的古書竄亂通弊不過那最普通的七條，（十二至十八）而全書的絕大部分，自第十九例以下，全是元代語言特例，最可以提醒我們，使我們深刻的了解一代有一代的語言習慣，不可憑藉私見淺識來妄解或妄改古書。他這部書的教訓，依我看來，只是要我們明白校勘學的最可靠的依據全在最古的底本；凡版本不能完全解決的疑難，只有最淵博的史識可以幫助解決。書中論

『他校法』一條所舉『納失失』及『竹忽』兩例是最可以供我們玩味的

我們慶賀援菴先生校補元典章的大工作的完成，因爲我們承認他這件工作是『土法』校書的最大成功，也就是新的中國校勘學的最大成功。

二十三，十，八。

胡適論學近著

第一集　卷二

論牟子理惑論

——寄周叔迦先生——

一

叔迦先生:

前承先生賞飯，因事不能到，想能蒙先生原諒。

今日細讀大作牟子叢殘，佩服之至。梁任公先生的辨僞，未免太粗心，殊爲賢者之累。如云此書「一望而知爲兩晉六朝鄉曲人不善屬文者所作，」這眞是寃枉之至了！理惑論文字甚明暢謹嚴，時時作有韻之文，也都沒有俗氣。此書在漢魏之間可算是好文字。任公大概先存僞書之見，不肯細讀耳。先生考得交州牧爲朱符，因證明原序中「牧弟豫章太守爲笮融所殺」即是朱儁之子朱皓，這是一大發現。任公不曾細考，遂以爲文義不相屬。至於原序是誰所作，先生斷爲蒼梧太守所作，似不然。原序是牟子自述，似不用疑。鄙意以爲原書舊題大概是「蒼梧牟子博傳，」而後人誤加「太守」二字。先生駁任公的幾點，我皆贊同。只有第二點或有可討論之處。王度說漢魏皆禁漢人不得出家，此語不應無所據。鄙意以爲理惑論中所說「沙門，」皆不曾明說是中國人所說「被赤布，日一食，」

固像印度人；而『取賤賣貴，專行詐紿』必是指印度商人。大概南方海道來的『沙門』，不限於受戒的僧侶；而『好酒漿，畜妻子，取賤賣貴』的印度商人在中國人看來也都叫做『沙門』；而不知這種人雖皈依佛教，卻和那些『日一食，閉六情』的和尚大不相同。

或者極南方的中國人先有出家做沙門的，而王度所說只指北中國而言。

此意不知有可取否，乞指教。

胡適。二十，三，二十六。

二

叔迦先生：

前讀大著牟子叢殘，曾寄一書，略表敬意。今天讀三國志，又替先生尋得一證，不敢不奉告。

先生說交州刺史朱符是朱儁之子，或是他的姪子。此說根據有三：

（1）後漢書陶謙傳：笮融殺豫章太守朱皓。

（2）又朱儁傳：子皓，官至豫章太守。

（3）吳志士燮傳：交州刺史朱符爲夷賊所殺。

先生綜合此三事，用來解釋牟子自序中『牧弟爲豫章太守，爲中郎將笮融所殺』一語，斷定交州牧爲朱符，於是這一篇自序遂成爲有歷史可證的文字。此序有了歷史的證實，於是全部理惑論也成爲可信的史料了。

此事關鍵在於兩點：（一）牟子時的州牧是否朱符，（二）朱符是否朱雋的子姪。今天我讀吳志薛綜傳，見薛綜上孫權疏，敍交州民俗史事最詳，記後漢末年交州之亂尤詳，其中云：

> 又故刺史會稽朱符多以鄉人虞褒劉彥之徒分作長吏，侵虐百姓，彊賦於民。黃魚一枚，收稻一斛。百姓怨叛，山賊並出，攻州突郡，符走入海，流離喪亡。

此劉彥即是牟子自序中州牧『遣騎都尉劉彥將兵赴之』的劉彥，可證當時州牧爲朱符。

又朱符是會稽人，朱雋正是會稽上虞人；我們雖不能確證他是朱雋的子姪，但似無可疑了。又雋傳稱朱皓『亦有才行』；（吳志劉繇傳注引獻帝春秋，許子將謂繇曰，『朱文明（皓）善推誠以信人。』可見皓之爲人。） 據薛綜所記，朱符是個無才行的貪官，故雋傳不載。

匆匆報告，乞賜教正。

胡適。二十，五，七。

* * * * *

頃草一書，意有未盡，又補一頁。

薛綜傳云『少依族人避地交州，從劉熙學。』綜是沛郡竹邑人。又程秉傳云：『程秉，汝南南頓人也，逮事鄭玄；

後避亂交州，與劉熙考論大義，遂博通五經。』又士燮傳云：『燮（時爲交阯太守）體器寬厚，謙虛下士，中國士人往依避難者以百數。』陳國袁徽與荀彧書曰：『交阯士府君處大亂之下，保全一郡二十餘年，疆場無事，民不失業，羈旅之徒皆蒙其慶。』此皆可證牟子自序中『靈帝崩後，天下擾亂，獨交州差安，北方異人咸來在焉』的話。劉熙當卽是作釋名之北海劉熙，也是避亂交州的一位學者。此又可補前人所未考。

又士燮傳云：『燮兄弟並爲列郡，（士壹領合浦，士䵋領九眞，士武領海南）雄長一州，偏在萬里，威尊無上，鳴鐘磬，備具威儀，笳簫鼓吹，車騎滿道。胡人夾轂焚燒香者，常有數十。』試想交阯的『胡人』是不是印度波斯的商人？這些夾轂焚香的胡人卽是牟子所見的『剃頭髮，被赤布』『耽好酒漿，或畜妻子，取賤賣貴，專行詐紿』的『沙門』也。

胡適。

陶弘景的眞誥考

這是我整理道藏的第一次嘗試，敬獻給蔡子民先生六十五歲生日紀念論文集。一九三三，四，十。

一

陶弘景的眞誥分七篇共二十卷：

運題象第一分四卷，記楊羲和許多『眞靈』會遇的故事。

甄命授第二分四卷，記衆『眞靈』的訓戒，『詮導行學，誡厲愆怠。』

協昌期第三分二卷，記衆眞所說『修行條領，服御制度。』

稽神樞第四分四卷，記道教的地理，『區貫山水，宣敍洞宅。』

闡幽微第五分二卷，『並鬼神宮府官司氏族，明形識不滅，善惡無遺。』

握眞輔第六分二卷，『此卷是三君（楊羲，許謐，許翽）在世自所記錄，及書疏往來，非眞誥之例。』

翼眞檢第七分二卷，爲『眞誥敍錄』，也『非眞誥之例。』

這二十卷中，『其十六卷是眞人所誥，四卷是在世記述。』七篇之題目是陶弘景『仰範緯候，取其義類，以三言爲題。』

在敍錄裏，陶弘景說：

『眞誥』者，眞人口授之誥也，猶如佛經皆言佛說。而顧玄平謂爲『眞迹』，當言眞人之手書迹也，亦可言眞人之所行事迹也。若以手書爲言，眞人不得爲隸字。若以事迹爲目，則此迹不在眞人爾，且書此之時未得稱『眞』。旣於義無旨，故不宜爲號。

此段不但說明書名的意義，並且使我們知道此書舊有顧玄平的本子，原題爲『眞迹』。『眞誥』之書名乃是陶弘景改作此書後新題的。顧玄平卽是顧歡，（南史七五，顧歡一字玄平，死時約當四八五年。）是一個有大名的道士，隱居於剡天台山，

晚節服食，不與人通。每旦出戶，山鳥集其掌取食。事黃老道，解陰陽書，爲術數多效驗。（南齊書五四）

顧歡曾著夷夏論，很偏袒道教。他說：

佛道齊乎達化，而有夷夏之別。……理之可貴者，道也；事之可賤者，俗也。捨華效夷，義將安取？若以道耶？道固符合矣。若以俗耶？俗則大乖矣。

他答袁粲的駁論，曾說：

佛道實貴，故戒業可遵。戎俗實賤，故言貌可棄。

這都是有意的排斥佛教裏的外國成分；這種思想最可代表當日的道教運動的思想背景。道教運動的意義只是要造出一個國貨的道教來抵制那外來的佛教，要充分採納佛教的『道』而充分排斥佛教裏的『戎俗』。顧歡傳中說他講老子可以捉精魅，又教人恭敬孝經，可以治邪病。（南史七五）據陶弘景的記載，顧歡曾抄寫道教經典，又到處訪求道經。他答袁粲論中極力誇道教的偉大：

> 神仙是大化之總稱，非窮妙之至名。至名無名，其有名者二十七品。仙變成眞，眞變成神，或謂之聖，各有九品。品極則入空寂，無爲無名。（南史七五，南齊書五四。）

他編纂的眞迹，卽是記一些仙眞降授楊羲的事迹。陶弘景的姪兒陶翊也說：

> 眞誥一秩七卷，並是晉興寧中衆眞降授楊許手書遺迹。顧居士已撰，多有漏謬，更詮次敍注之爾。（華陽隱居本起錄）

這是陶弘景生時所記，也與本書敍錄互相印證。在敍錄中，我們還可以考見顧歡眞迹的大致體例。如云：

> 按衆眞辭旨皆有義趣，或詩或戒，互相酬配。而顧所撰眞迹，枝分類別，各爲部卷，致語用乖越，不復可領。今並還依本事，幷日月紙墨相承貫者，以爲詮次。

又如云：

按此書所記，以眞降為先，然後衆事繼述。眞降之顯在乎九華。（九華是書中下嫁楊羲的紫清上宮九華眞妃，姓安，故書中又稱安妃。）而顧撰最致末卷。

又如云：

先生（書中稱『先生』者為許邁，小名映，後改名玄，字遠遊，王羲之的朋友，晉書八十有傳。）事迹未近『眞』階，尙不宜預在此部。而顧遂載王右軍父子書傳（王羲之作許邁傳，事見於晉書八十。傳文似即雲笈七籤一〇六所收之許邁傳，其文甚佳，不似平常道士追記之作。）並於事為非。又以安記（即安妃下降事）第一，省除許傳，別充外書神仙之例。惟先生成仙之後與弟書一篇（此書載於雲笈七籤一〇六許邁傳之末）留在下卷。（現在眞誥握眞輔卷二，今本頗多割裂，當用七籤本校之。）

我們看這幾條，可見陶弘景改動顧歡的眞迹的情形。

敍錄又說：

又按起居寶神及明堂夢祝述敍諸法十有餘條，乃多是抄經，而無正首尾，猶如日芒月象玄白服霧之屬。而顧獨不撰用，致令遺逸。今並詮錄，各從其例。

此處所指寶神經中起居修法及明堂玄眞上經祝法，現均收在眞誥第三篇中。依上條所記，這一篇中的材料大概全是顧本所無，是陶弘景加入的。敍錄又說：

又眞誥凡有紫書大字者，皆隱居（陶弘景自稱『華陽隱居』）別抄取三君手書經中雜事各相配類，共為證明。諸經既非聊爾可見，便於例致隔。今同出在此，則易得尋究。

這又是他增添的部分，分量當不少。現在原書的『紫書大字』都一律變成了墨書，也就無從辨別了。又第六篇中的材料，一部分是顧本所有，一部分是陶氏所添，這也是敍錄中承認的。

這樣看來，陶本眞誥雖是源出於顧本眞迹，已有了很大的改動，又有很多部分是陶弘景增添的。

二

眞誥所記衆眞靈降授的話，據陶弘景說都是楊義所記；其中有嘐許長史（許謐，又名穆）及許掾（許翽，小名玉斧）的話，都是楊義轉達的。據眞誥末卷所附『眞胄世譜』

許謐死於晉孝武甯康元年。（三七三）

許翽死時年三十，約當太和五年。（三七〇）

楊義死年不可考，所記衆眞降授之年爲哀帝興寧三年。（三六五）

這都是四世紀的人物。顧歡死於五世紀晚期，已在他們之後一百多年了。陶弘景與顧歡先後同時，而年輩更晚；他生於宋孝建三年（四五六）死於梁武帝大同二年。（五三五）他的姪兒陶翊做他的本起錄，是一部同時人的傳記，其中有這樣的記載：

先生以甲子乙丑丙寅（四八四——四八六）三年之中，就興世館主東陽孫遊嶽（死於四八九）咨稟道家符圖經法。雖相承皆是眞本，而經歷模寫，意所未愜者，於是更博訪遠近以正之。

戊辰年（四八八）始往茅山，便得楊許手書眞跡，欣然感激。至庚午年（四九〇）又啓假東行浙越，處處尋求靈異。至會稽大洪山，謁居士婁慧明，（賈嵩陶隱居內傳及眞誥敍錄皆作樓惠明）又到餘姚太平山，謁居士杜京產，又到始寧岊山，（眞誥作峪山）謁法師（內傳不知此是女子，誤作「沙門」）鍾義山，又到始豐天台山，謁諸僧標，（眞誥作朱，此似誤作諸。）及諸處宿舊道士，並得眞人遺跡十餘卷。

這是道教中的「求經」事業。

本起錄所記經本來源，皆與眞誥敍錄相印證。

當時「求經」的運動起於什麼動機呢？原來東晉晚期有兩大組道教新經典出現於江左，其一組爲葛洪的後人葛巢甫所傳出的靈寶經，眞誥敍錄中所謂「葛巢甫造構靈寶，風教大行」是也。另一組爲楊義與許家父子祖孫所傳出的上淸大洞眞經以及附屬的符籙圖經等。楊義自稱是南嶽魏夫人下降親授與他的，他用隸字寫出，傳與二許，更由許翽的兒子許黃民（敍錄中稱「許丞」）傳授下去。後來又有一個王靈期傳得許黃民的鈔本道經，放手改削增飾，傳寫於世，「流布京師及江東數郡，略無人不有。」宋齊之間，經典大出，人人說是楊許所傳眞本。顧歡與陶弘景也都是寫經造經之人，他們要尊崇他們自己所傳的經典，所以都要造作一部傳經故事的書。顧氏的眞迹就是這樣的一部書，陶氏的眞誥也是這樣的一部書。

顧歡是宋齊兩朝的一位大名士。陶弘景要改造他的書，不能不抬出更有力的根據來。所以陶弘景不能不東奔西走，到處搜求所謂楊許三人的手書眞迹。他自負有鑒別法書的特別眼力，一見就能辨別手稿的眞僞。他說：

隱居昔見張道恩善別法書，歎其神識。今覩三君跡，一字一畫，便望影懸了。自思非智藝所及，特天假此監，令有以顯悟爾。（華陽陶隱居集有與梁武帝往復諸啓，皆是考辨晉人手書眞跡的討論，可以參看。）

在那個很早的時期，在那個考證校勘之學未成立的時期，陶弘景編纂眞誥的方法眞是很可以嚇倒人的精密的考訂方法！看此書開卷第一行的校勘：

瓊林蔚蕭森口（原注）『此一字被墨濃黵不復可識。正中抽一脚出下，似是羊字，其人名權。』

這是何等謹嚴的校勘記！以下常有這樣的校記：

右三條，楊君草書於紙上。

右二條有長史（許謐）寫。

右一條，楊書，又有長史寫。

右一條，楊書後被割不盡。

右八條，楊書，又有掾（許翽）寫。

這樣詳細記載材料的性質，使人不能不感覺編書者的科學的精神！

他在敍錄裏詳細標出他的方法，如云：

又按三君手書，今既不摹，則混寫無由分別，故各注條下。若有未見眞手，不知是何君書者，注云『某書』。又有四五異手書，未辨為同時使寫，為後人更寫，既無姓名，不證眞僞，今並撰錄，注其條下，以甲乙丙丁各甄別之。

如云：

又按三君手書作字有異今世者。……鬼魔字皆作摩，淨潔皆作盛潔，盛貯皆作請貯。凡大略如此，亦不可備記。恐後人以世手傳寫，必隨世改動，故標示其例，令相承謹按爾。

又按三君書字有不得體者，於理乃應治易，要宜全其本跡，不可從實闕改，則澆流散亂，不復固眞。今並朱郭疑字而注其下。

這都是最謹嚴的校勘方法。

用這樣精密謹嚴的方法來編纂一部記天神仙女降授的語言，這是最矛盾的現象。這書裏的材料，自從開卷記仙女愕綠華事以下，自然全是鬼話。用最謹嚴的方法來說鬼話，雖不能改變鬼話的性質，倒也可以使一般讀者覺得方法這樣謹嚴的人應該不至於說謊作僞！所以我們看了陶弘景的校訂方法那麼自覺的謹嚴，眞不能不格外疑心他或者是一個『讀書萬餘卷』的大傻子，或者是一個『好著述，尙奇異』的大騙子。他自己著有周氏冥通記，記一個十九歲的道士周子良感降仙眞的事，性質與眞誥最相像。我們可以懸想那個中古時代的迷信空氣裏，那樣出類拔萃的學者也不能完全逃出這種迷信的勢力。陶弘景的母親郝氏就是一個最虔誠的佛教弟子，他自幼就生養在那佛教道教混合的空氣裏，所以他大概眞心相信周氏冥通的故事，也眞心相信仙眞降授楊許的故事。在這一方面，我們可以說他不過是一個博學的愚人。這是最忠厚的看法。但他又恐怕別人不相信他的記載，所以有心做出那一大套的校勘考訂的架子來，抬高那些鬼話的可信的程度。在這一點上，卽使他是被宣傳教義的虔誠心所驅使，他總不能逃避有心詐欺的罪名。

這就是說，陶弘景相信那舊本記載的衆仙眞降授的故事，那也許是時代的影響，不完全是他的過失；可是他有心要把一大堆鬼話編成一部道教傳經始末的要典，所以特別誇炫他的材料如何眞實，方法如何謹嚴，這就是存心欺詐了。

三

眞誥爲傳經而作，其著作動機卽有詐欺性質，已如上述。今舉一組最無可疑的證據，使人更明白此書的編撰者確是有意作僞。

眞誥全書多是半通半不通的鬼話，很少可讀的部分。但其中第二篇（甄命授）的第二卷裏忽然有十幾條很有趣味的文字，也都是最尊貴的『高眞』說的議論。我讀這十幾條時，覺得文字怪順口，好像是我曾經念熟的，可是我一時想不起在那裏見過。後來我重讀到『惡人害賢,猶仰天而唾』一條,忽然大悟這是全抄四十二章經的。我檢出四十二章經來對勘,纔知道這十幾條全是抄襲四十二章經的四十二章之中有二十章整個兒的被偷到眞誥裏來了!

我現在把這二十條都抄在這裏,把四十二章經的原文也抄在這裏,眞誥裏的校注也全抄在這裏,請大家看看:

眞誥

(1)方諸青童君告曰:……視諸侯之位如過客,視金玉之寶如磚石,視紈綺如幣帛者始可謂能問道耳。

(2)方諸青童君曰:人之爲道,……喩牛負重行泥中,疲極不敢左右顧,趣欲離泥以蘇息。道士視情欲,甚於彼泥中,直心念道,可免衆苦,亦得道矣。

(原注:謹案上相都無降受事,唯有此二告及歌詩一首,恐未必是楊君親所瞻奉受記也。)

四十二章經(用高麗藏本)

(42)佛言吾視諸侯之位如過客,視金玉之寶如礫石,視氎素之好如弊帛。

(41)佛言諸沙門行道,當如牛負重行深泥中,疲極不敢左右顧,趣欲離泥以自蘇息。沙門觀情欲甚於彼泥,直心念道,可免衆苦。

(3)西城王君告曰：夫人離三惡道得爲人難，也。既得爲人，去女爲男難也。既得爲男六情四體完具難也。六情既具得生中國，難也。既處中國，値有道父母國君難也。既得値有道之君，生學道之家，有慈仁善心難也。善心既發信道德長生者，難也。既信道德長生，値太平壬辰之運爲難也。可不勗哉？

(4)太上問道人曰：人命在幾日間？或對曰，在數日之間。太上曰子未能爲道。或對曰人命在飯食之間。太上曰，子去矣，未謂爲道。或對曰，在呼吸之間。太上曰，善哉，可謂爲道者矣！吾昔聞此言，今以告子。子善學道，庶可免此呼吸。

弟子雖去吾教（原注：教應作校字，皆猶差懸也）千萬里，心存吾戒，必得道矣。研玉經寶書，必得仙也。處吾左側者，意在邪行，終不得道也。

---

(36)佛言：人離三惡道，得爲人難。既得爲人，去女卽男難。既得爲男，六情完具難。六根已具，生中國難。既處中國，値奉佛道難。既奉佛道，値有道之君難。既値有道之君，生菩薩家難。既生菩薩家，以心信三尊値佛世難。

(37)佛問諸沙門，人命在幾間？對曰，在數日間。佛言，子未能爲道。復問一沙門，人命在幾間？對曰，在飯食間。佛言子未能爲道。復問一沙門，人命在幾間？對曰，呼吸之間。佛言，善哉！子可謂爲道者矣。

(38)佛言：弟子去吾數千里，意念吾戒，必得道。在吾左側，意在邪，終不得道。

人之爲道，讀道經行道事者，譬若食蜜，遍口皆甜，六腑皆美而有餘味。能行如此者，得道矣。（原注：上宰亦無降楊事。）

（5）太虛眞人南岳赤君告曰：人有衆惡而不自悔，頓止其心，罪來赴身，如川歸海，日成深廣耳。有惡知非，悔過從善，罪滅善積，亦得道也。

（6）又告曰：惡人害賢，猶仰天而唾，唾不汚天，還汚己刑（原注：刑字應作形）逆風揚塵，塵不汚彼，還灌其身。道不可毀，禍必滅己。

（7）太虛眞人曰：飯凡人百，不如飯一善人。飯善人千，不如飯一學道者。寒栖山林者，益當以爲意。（原注：赤君亦無復別授事。）

（8）紫元夫人告曰：天下有五難：貧窮惠施，難也；豪富學道，難也；制命不死，難也；得見洞經，難也；生

（39）佛言：人爲道，猶若食蜜，中邊皆甜。吾經亦爾。其義皆快，行者得道矣。

（4）佛言：人有衆過而不自悔，頓止其心，罪來歸身，猶水歸海，自成深廣矣。有過知非，改惡得善，罪日消滅，後會得道也。

（7）惡人害賢者，猶仰天而唾，唾不汙天，還汙己身；逆風坋人，塵不汙彼，還坋己身。賢者不可毀，禍必滅己也。

（9）佛言：飯凡人百，不如飯一善人。飯善人千，不如飯持五戒者一人。飯持五戒者萬人，不如飯一須陀洹。……

（10）佛言：天下有五難：貧窮布施難，豪貴學道難，制命不死難，得覩佛經難，生值佛世難。

值壬辰後聖世，難也。

（9）我昔問太上，何緣得識宿命？太上答曰：道德無形，知之無益。要當守志行道，譬如磨鏡，垢去明存，卽自見形。斷六情守空淨，亦見道之眞，亦知宿命矣。

（10）紫微夫人告曰：爲道者譬彼持火入冥室中，其冥卽滅，而明獨存。學道存正，愚癡卽滅，而正常存也。

財色之於己也，譬彼小兒貪刀刃之蜜，其甜不足以美口，亦卽有截舌之患。

（11）玄清夫人告曰：夫人係於妻子寶宅之患，甚於牢獄桎梏。牢獄桎梏會有原赦，而妻子情慾雖有虎口之禍，（原注：有此一異手寫本無此十九字，恐是脫漏。）己猶甘心投焉，其罪無赦。

（11）有沙門問佛，以何緣得道，奈何知宿命？佛言：道無形，知之無益。要當守志行，譬如磨鏡，垢去明存，卽自見形。斷欲守空，卽見道眞，知宿命矣。

（14）佛言：夫爲道者，譬如持炬火入冥室中，其冥卽滅，而明猶在。學道見諦，愚癡都滅，得無不見。

（20）佛言：財色之於人，譬如小兒貪刀刃之蜜，甜不足一食之美，然有截舌之患也。

（21）佛言：人繫於妻子寶宅之患，甚於牢獄桎梏。鋃鐺牢獄有原赦，妻子情欲雖有虎口之患，己猶甘心投焉，其罪無赦。

情累於人也，猶執炬火逆風行也。愚者不釋炬，火必燒手。貪慾恚怒愚癡之毒，（原注：又闕此十五字，於辭有不應爾。貪嗔癡所謂三毒。）處人身中，不早以道除斯禍者，必有危殆。愚癡者火燒手之謂也。

爲道者猶木在水，尋流而行，亦不左觸岸，亦不右觸岸，不爲人所取，不爲鬼神所遮，又不腐敗，吾保其入海矣。人爲道，不爲穢慾所惑，不爲衆邪所誑，精進不疑，吾保其得道矣。

(12)南極夫人曰：人從愛生憂，憂生則有畏，無愛則無憂，無憂則無畏。

昔有一人夜誦經甚悲，悲至意感，忽有懷歸之哀。太上眞人忽作凡人，徑往問之：子嘗彈琴耶？答曰，在家時嘗彈之。眞人曰：絃緩何如？答曰，不鳴不悲。又問：絃急何如？答曰，聲絕而傷悲。又問：緩急得中如何？

(23)愛欲之於人，猶執炬火逆風而行，愚者不釋炬，必有燒手之患。貪淫恚怒愚癡之毒處在人身，不早以道除斯禍者，必有危殃，猶愚貪執炬自燒其手也。

(25)佛言：夫爲道者猶木在水，尋流而行，不左觸岸，亦不右觸岸，不爲人所取，不爲鬼神所遮，不爲洄流所住，亦不腐敗，吾保其入海矣。人爲道，不爲情欲所惑，不爲衆邪所誑，精進無疑，吾保其得道矣。

(31)佛言：人從愛欲生憂，從憂生畏。無愛則無憂，不憂卽無畏。

(33)有沙門夜誦經甚悲，意有悔疑，欲生思歸。佛呼沙門問之：汝處於家將何修爲？對曰，恆彈琴。佛言：絃緩何如？曰，不鳴矣。絃急何如？曰，聲絕矣。急緩得中何如？對曰，諸音普矣。（『矣』字麗本作『悲』。此從宋

眞誥	四十二章經
答曰，衆音妙合，八音奏矣。眞人曰：學道亦然。執心調適，亦如彈琴，道可得矣。	元本。）佛言：學道猶然。執心調適，道可得矣。
愛欲之大者莫大於色，其罪無外，其事無赦。賴其有一；若復有二，普天之民莫能爲道者也。	(22)愛欲莫甚於色。色之爲欲，其大無外。賴有一矣。假其二，普天之民無能爲道者！
(13)有人惡我者，我不納惡，惡自歸己，將禍而歸身中，猶景（原注：應作影字）響之隨形聲矣。 右衆靈教戒所言。 按此三男眞，二女眞，並高眞之尊貴者，降集甚希。恐此是諸降者敍說其事，猶如秋分日瑤臺四君吟耳，非必親受楊君也。	(6)有人聞佛道守大仁慈，以惡來，以善往，故來罵佛。佛默然不答。愍之癡冥狂愚使然，罵止，問曰：『子以禮從人，其人不納，寶（此從宋元本。麗本作實。）禮如之乎？』曰：『持歸。』『今子罵我，我亦不納，子自持歸，禍子身矣。猶響應聲，影之追形，終無免離。愼爲惡也。』

（附註）經文各條上的數目字是我依高麗藏本的次第加上去的。這次第與通行本稍不同。

以上十三條（其實是二十條）全抄四十二章經，這是毫無可疑的。陶弘景的校注及跋語都是很分明的要我們相信這十三條都不是他補做的，都是他根據舊有的寫本轉寫的。在這十三條之後幾行又有一條校注：

從前卷『有待』歌詩十篇接戒來至此，凡八紙，並更手界紙書。後截半行書字，卽是楊書『淨觀天地』行。此前當並有楊續書後人更寫別續之耳。所以前脫三十四字。楊所書今未知何事。

這一條校語很可怪。此中有不很可解的字句但大意是很明白的：陶弘景要告訴我們，從『有待』歌詩至此，凡八紙，（古人寫書用紙計算，一紙往往可寫二三千字。）沒有楊義的手稿，是『更手』書寫的。然而我們翻看此十三條以前各條皆注明『楊書』或『長史書』或『掾書』，都很分明，只有這十三條未注明有楊許寫本。這十三條既是『更手』寫的，既無楊許寫本可校，那麼上文第十一條脫文兩處，一處十九字，一處十五字，共三十四字，又是用什麼本子校補的呢？陶弘景在那兩處脫文之下注的很奇怪。一處他說：

有此一異手寫本無此十五字，恐是脫漏。

然則不止一個『更手』寫本，還有一個『異手寫本』可供校勘了。另一處他說：

又闕此十五字，於辭有不應爾。

上文說『恐是脫漏，』此處說『於辭有不應爾，』這又像是說無別本可校，只是陶弘景揣摹文義補足這三十四字的了。究竟這校補的三十四字是依據別本呢？還是因爲陶氏覺得『於辭有不應爾』而補足的呢？

其實他既無『異手寫本』可據，也不是揣摩文義『於辭有不應爾。』他依據的是當時的一部四十二章經，他校補的三十四個字都與現存最古本四十二章經完全符合。最可注意的是他校補的脫文內的『貪嗔癡三毒』

也正是佛家的術語。他自抄，自闕，自校，自補，又自己做出那種故設迷陣的注語來欺一世與後世的讀者。這兩段脫文的校補是最無可疑的鐵證，證明了陶弘景不僅僅自己補足了這三十四個字的脫文，他簡直是這二十條的作僞者。他採取了四十二章經的二十章，把『佛言』都改作了道教高眞的話，文字也有了極微細的改動，又故意加上了兩個誤字的校勘和兩處脫文的校補——擺出他的十足的謹嚴方法的架子——使人知道他是有所本的。然而四十二章經是久已流行的佛書，儘管顚倒次第，儘管改佛爲仙眞，儘管改竄文字，終不免有被人搜出娘家的危險。所以陶弘景不敢把這生吞活剝的二十條歸到楊許的眞迹，也不敢說是顧歡舊本所有，只說了許多迷離恍惚的鬼話，好像連他自己也不很相信似的！這樣的費大勁繞大灣子，豈非作僞心勞日拙嗎？

四十二章經有後漢譯本，見於梁僧祐所見的『舊錄』。桓帝延熹九年（一六六）襄楷上書引『桑下不三宿』及『革囊盛血』二事，似是引用舊本四十二章經。後漢末年牟子博作理惑論，也提及此經。隋費長房歷代三寶記又著錄吳支謙譯的一部四十二章經，注云：『第二出，與摩騰譯者小異，文義允正，辭句可觀。』此支謙譯本（或改本）似即是現存的本子。高僧傳的竺法蘭傳說他與攝摩騰同來，他所譯的五部經，

四部失本，不傳江左。唯四十二章經今見在，可二千餘言。漢地見存諸經，唯此爲始也。

湯錫予先生（用彤）疑心當時江左所傳本即是支謙本。然考費長房所記，似當時實有『小異』的兩種本子。陶弘景生於佛教的家庭，他又是博學的人，不見得不曾讀過此經。大概他受了此經的文字的引誘，決心要把經中要義

改成道教高眞的訓戒，所以他一口氣偷了二十章。他的博學高名，他的謹嚴的校訂方法，都使人不疑心他作僞，所以這二十條居然經過了一千四百年沒有被人偵查出來！

其實整部道藏本來就是完全賊贓，偷這二十短章又何足驚怪！我所以詳細敍述這二十章的竊案，只是要人看看那位當年『脫朝服掛神虎門』『辭世絕俗』的第一流博學高士的行徑也不過是如此而已。

一九三三，三，廿九夜寫完。
三，卅夜改定。
四，九日改定末段。

參考書目：

陶弘景：眞誥，道藏本，道藏輯要本。
又 周氏冥通記，道藏本。
陶翊：華陽隱居先生本起錄，雲笈七籤一〇七。
賈嵩：華陽陶隱居內傳，道藏本，葉德輝觀古堂彙刻書本。
雲笈七籤卷三至卷四；（敍靈寶上清兩系道經始末）又卷五；（李渤的眞系）又卷一〇六。（許邁傳，楊羲傳）
四十二章經，縮刷大藏經（藏字五）本。（金陵刻經處及其他流行本改竄太多，不可用。）
南齊書卷五四；又南史卷七五。（顧歡傳）

後記

昨夜傅孟眞先生告訴我，陳寅恪先生說朱子語錄中也曾指出眞誥有鈔襲四十二章經之處。我聽了很高興，就檢出朱子語類的『老氏』『釋氏』兩卷查看，在『釋氏』一卷中（卷百二六）檢得這一條：

……道書中有眞誥，末後有道授篇，卻是竊四十二章經之意爲之。……

此條是輔廣所錄，他似未覆檢眞誥原書，故有小誤兩點：鈔襲四十二章經的一篇名『甄命授』，不稱『道授篇』，其篇第在七篇之第二，不在『末後』。朱子說此篇是『竊四十二章經之意爲之』，也是不曾細考，其實是囫圇盜竊四十二章經的文字，不僅是竊其意旨而已。

我在本文裏曾說陶弘景偷了這二十條，居然經過了一千四百年沒有被人偵探出來。現在得此一條，始知我的一位同鄉先哲在七百多年前已偵探出這一件竊案了。我很感謝陳寅恪先生的指示。

記此條後，我又想四庫提要也許有考證眞誥的話，因檢提要子部道家類眞誥條（卷一四六）下，果然也引朱子語錄云：

眞誥甄命篇卻是竊佛家四十二章經爲之。至如地獄託生妄誕之說，皆是竊佛教中至鄙至陋者爲之。

此條即是上文我引的補廣錄的一條，而顯然有妄改妄刪之處：『道授篇』改爲『甄命篇』，此是覆檢眞誥篇名而改語錄原文的；又刪去『竊四十二章經之意爲之』一句中『之意』二字。此條下文『至如地獄託生妄誕之說』一段，似是朱子泛論道書，不是論眞誥，故下文說：

某嘗謂其徒曰自家有個大寶珠被他竊去了，卻不照管，亦都不知卻去他牆根壁角竊得個破瓶破罐用，此甚好笑！

提要誤把這段泛論也認作考訂眞誥的了。

提要又引黃伯思東觀餘論云：

眞誥『衆靈教戒』條後方圓諸條，皆與佛四十二章經同，後人所附。

今檢津逮祕書本東觀餘論卷下，有『跋眞誥衆靈教戒條後』一則，其文云：

此下方圜諸條皆與佛四十二章經同，恐後人所附益，非楊許書。

『方圜諸條』，提要妄改爲『方圓諸條。』『方圜』大概是黃伯思校讀後用筆作『方圜』鈎出的諸條。黃伯思死於政和八年（一一一八），又遠在朱子之前了。

據李綱的黃公墓志銘，黃伯思『廣讀佛書，恍若有悟，遂篤好之；嘗作西方淨土發願記，以述見聞及家世歸依之意，甚詳。將沒之夕，沐浴易衣，西向修念佛三昧而逝。』但他『亦好道家之言，自號雲林子，別字霄賓。其再至京師，夢人告之曰，「子非久人間。上帝有命，典司文翰。」覺而書之册。不踰月，遂謝世。』他既好道，又信佛；既想替道教的上帝典司文翰，又要修『念佛三昧』想往生西方淨土。這個人最像陶弘景，所以他最佩服陶弘景，東觀餘論中論及眞誥的有六條之多，其『跋崇寧所書眞誥册後』云：

眞誥所載楊許三公往反書牘，語存而蹟逸，深可嗟慨，故聊書之，殊愧詞翰不倫也。然予書格本出魏晉，知者觀之亦可以求古人之筆意。丙戌歲（一一〇六）三月二十日書。

又『跋所書眞誥數紙後』云：

數日夜旦考校，殊無間功，今日已竟，燈前觀陶華陽眞誥，戲書此數條。吾於書字，比今人差知古意，非於漢魏晉諸人書中游心者不愛。大觀戊子（一一〇八）八月十九日夜。

又『跋陶隱居書後』云：

陶隱居書故自入流，其在華陽，得楊許三眞君眞蹟最多而學之，故蕭遠澹雅若其爲人。……政和乙未歲。（一一一五）

我們讀這幾條，可知黃伯思深信陶弘景確曾得着楊許三君的手書眞蹟，只可惜『語存而蹟逸』，所以他自己有時還想在六百年後追想他們的筆意，另寫一種眞誥本！

因爲他深信陶弘景，所以他不疑『衆靈教戒』諸條是陶弘景僞作的，他只說『恐後人所附益，非楊許書。』

這就是說，此諸條是與四十二章經全同，但鈔來附益是在楊許之後，陶弘景之前。黃伯思也被陶弘景的校語欺騙了：他相信眞誥是陶弘景根據楊許眞蹟的原本，不過這些衆靈教戒非楊許書，恐是後人所附益，而陶弘景不曾刪去的。四庫提要妄刪「非楊許書」一句，就失去黃氏的本意了。

一九三三，五，十。

四十二章經考

四十二章經的眞僞是曾經成爲問題的。梁任公先生有『四十二章經辨僞』一文，說此經撰人應具下列三條件：

（一）在大乘經典輸入以後，而其人頗通大乘教理者。

（二）深通老莊之學，懷抱調和釋道思想者。

（三）文學優美者。

他說：『故其人不能於漢代譯家中求之，只能向三國兩晉著作家中求之。』

梁先生引費長房歷代三寶記云：

舊錄云『本是外國經抄元出大部，撮要引俗，似此孝經十八章。』

他又引僧祐出三藏集記云：

四十二章經，『舊錄云，「孝明皇帝四十二章，」安法師所撰錄闕此經。』

梁先生結論云：

道安與苻堅同時，安既不見此經，則其出固在東晉之中晚矣。

湯錫予先生（用彤）論此事曾說：

梁氏斷定漢代未有四十二章經之繙譯，則似亦不然。蓋桓帝延熹九年，襄楷詣闕上書，內引佛道有曰『浮屠不三宿桑下』，似指四十二章經內『樹下一宿』之言。疏謂『天神遺浮屠以好女，浮屠曰此但革囊盛血。』而經亦云『天神獻玉女於佛，佛云革囊衆穢，爾來何爲。』據此則襄楷之疏似引彼經。然襄疏所引文字樸質現存之經文辭華茂。梁氏據此，謂非漢人譯經所可辦。則是亦可有說。

蓋開元錄載孫吳支謙亦譯四十二章經一卷。並注言『文義允正，辭旨可觀。』則是經乃前後有二譯：一則出於漢桓帝以前，爲襄楷所見。一則譯自支謙，想卽現存之本。後人誤傳，標爲漢譯，故其文筆不似出漢人手也。

東晉道安經錄未列入四十二章經而祐錄著錄者，則亦有其說。蓋高僧傳曰，竺法蘭所譯，唯四十二章經流行江左。江左爲支謙譯經所在地，故僧祐慧皎均得見之，而道安未至江左，未見支譯，故未著錄。是漢譯此經必在此前已罕見，而僧祐慧皎之時，支譯早誤指爲漢譯矣。（漢魏兩晉南北朝佛教史講義，頁二一——三）

我相信湯錫予先生之說大致不誤，所以我不懷疑四十二章經有漢譯本，也不懷疑現存之本爲支謙改譯本。

前天陳援菴先生（垣）給我一封信，說：

大著……信四十二章經為漢譯，似太過。樹下一宿，革囊盛穢，本佛家之常談。襄楷所引，未必卽出於四十二章經。

且襄楷上書，永平詔令，皆言浮屠，未嘗言佛。故袁宏後漢記釋曰：『浮屠，佛也。』後漢書西域傳論言『佛道神化，興自身毒，而二漢方志莫有稱焉。張騫但著「地多暑溼，乘象而戰」，班勇雖列其奉浮圖不殺伐，而精文善法導達之功靡所稱述。』據此則范蔚宗所搜集之後漢史料實未見有佛之名詞及記載。因佛之初譯為浮屠或浮圖，猶耶穌之初譯為移鼠或夷數，謨罕默德之初譯為摩訶末或麻霞勿也。今四十二章經不言浮屠，或浮圖，而數言佛，豈初譯所應爾耶？

陳先生此書有一小誤。我只認四十二章經有漢譯本（或輯本）襄楷在桓帝延熹九年上書已引用經文兩事了。我並未指定現存的本子卽是漢譯本。

四十二章經有漢譯本似無可疑。牟子理惑論作於漢末，已說漢明帝『遣使者……於大月支寫佛經四十二章，藏在蘭臺石室第十四間。』牟子博與支謙略同時，（支謙譯經在吳黃武元年至建興中，西曆二二二——二三五）而理惑論作於極南方，作者所指四十二章經當然是指支謙以前的本子。蘭臺石室之說自然是一種不足深信的傳說，但此種傳說也可以表示漢末的人對於此經的崇敬。

至於襄楷上書所說『浮屠不三宿桑下』及『革囊盛血』兩條，其第二事的文字與今本四十二章經之第二十六章太相近了，故唐人注此傳卽引經文為注。『不三宿桑下，』今本作『樹下一宿，愼勿再矣。使人愚蔽者，愛與欲也。』陳援菴先生以為此二事『本佛家之常談，襄楷所引，未必卽出於四十二章經。』此二事在後世成為佛家常談，然而在後漢時，似未必已成常談；依我所知，現存漢譯諸經中除四十二章經外，亦無有此二事。故襄楷引此二事，雖未必卽是引此經，然亦未必不卽是引此經。

陳先生指出後漢人稱佛皆言浮屠，或浮圖，而今本四十二章經稱佛。此是甚可注意之一點。也許襄楷所見的經文裏佛皆稱浮屠，這是可能的。然而我們檢查現存的一切後漢三國的譯經，從安世高到支謙，沒有一部經裏不是稱『佛』的；沒有一部經裏佛稱為浮屠的。難道這些譯經都不可信為後漢三國的譯本嗎？或者，難道這些舊譯本都經過了後世佛教徒的改正，一律標準化了嗎？或者，後漢時期佛教徒自己已不用浮屠浮圖復豆等等舊譯名，而早已逐漸統一，通用『佛』的名稱了嗎？

這三種假定的解釋之中，我傾向於接受第三個解釋。最明顯的證據是漢末的牟子博已用『佛』『佛道，』『佛經』『佛寺，』『佛家』等名詞，不須解釋了。大概浮屠與浮圖都是初期的譯名，因為早出，故教外人多沿用此稱。但初譯之諸名，浮屠，浮圖，復豆，（魚豢魏略作復立，世說注引作復豆，立是豆之誤。）都不如『佛陀』之名。『佛』字古音讀 but，譯音最近原音；況且『佛』字可單用，因為佛字已成有音無義之字，最適宜做一個新教之名；而『浮』『復』等字皆有通行之本義，皆不可單行，『浮家』『浮道』亦不免混淆。故諸譯名之中，佛陀最合於『適者生存』的條件其戰勝舊譯決非無故。（試比較『基督』『耶穌』『天主』等字，其中只有『耶』字可以作單行的省稱，『基督』『天主』皆不能省稱。『移鼠』『夷數』之被淘汰，與此同理。）

所以我可以大膽的猜想：『佛』之名稱成立於後漢譯經漸多信徒漸衆的時期。安世高與支婁迦讖諸人譯經皆用此名；佛字就成爲標準譯名，也成爲教中信徒的標準名稱。從此以後，浮屠浮圖之稱漸漸成爲教外人相沿稱呼佛教與佛之名，後來展轉演變，浮圖等名漸失其本義而變成佛教塔寺之名。

總之，陳先生謂『范蔚宗所搜集之後漢史料實未見有佛之名詞及記載，』此說實不能成立。第一，現存之後漢譯經無不稱佛，說已見前。第二，牟子理惑論亦稱佛，說亦已見前。第三，袁宏後漢紀於永平十三年楚王英條下說：『浮屠者佛也，』這還可說是晉人的話。但同書延平元年記西域事，引班勇所記身毒國『修浮圖道，不殺伐，弱而畏戰，』其下云：

本傳曰，西域郭俗造浮圖，本佛道，故大國之衆內數萬，小國數千，而終不相兼并。

惠棟說，『本傳』謂東觀記西域傳也。此說如果不誤，東觀記起於明帝時，成於靈帝時，自是後漢人著作，而已有『佛道』之稱了。第四，三國志劉繇傳記笮融

大起浮圖祠，……可容三千餘人，悉課讀佛經，令界內及旁郡人有好佛者聽受道，復其他役以招致之。……每浴佛，多設酒飯，布席於路，經數十里。……

此等記載，若是完全孤證，尚可說是陳壽用的新名詞；但證以後漢譯經與牟子，我們不能不承認佛之譯名久已成立，故陳壽在魏晉之間（生蜀漢建興元年，死晉元康七年，二二三——二九七）屢用佛字，正是用後漢通用的名詞記後漢的史事。——凡此四事皆是後漢史料。其實范書西域傳論只是說兩漢方志不記佛道之『精文善法導達之功，』與佛教徒所誇說的『神化』大不相同，爲可疑耳。我們不當因此致疑後漢無佛之名詞及記載。

現在回到四十二章經本題。

梁僧祐出三藏集記云：

舊錄云：孝明皇帝四十二章。安法師所撰錄闕此經。

隋開皇十四年（五九四）法經的衆經目錄列四十二章經於『佛滅度後抄錄集』之『西域聖賢抄集分』之下：

四十二章一卷，後漢永平年竺法蘭等譯。

隋開皇十七年（五九七）費長房歷代三寶記著錄此經最詳：

舊錄云：『本是外國經抄元出大部，撮要引俗，似此孝經一十八章。』道安錄無。出舊錄及朱士行漢錄。僧祐出三藏集記又載。

梁任公先生很懷疑這部舊錄，他以爲道安以前並無著經錄之人，但他又推定舊錄殆即支敏度的經論都錄。他說：

考祐錄阿述達經，大六向拜經兩條下引『舊錄，』長房錄所引文全同，而稱爲『支錄，』則凡僧祐所謂

『舊錄』殆即支敏度之經論都錄。若吾所推定不謬，則四十二章經之著錄實自『支錄』始矣。（適按長房錄明說舊錄與朱士行漢錄均著錄此經。）支敏度履歷，據內典錄云『晉成帝時豫章沙門』，其人蓋與道安同時；但安在北而彼在南，然則此書（四十二章）或即其時南人所僞撰，故敏度見之而道安未見也。

舊錄即是支敏度的經論都錄，梁先生的考證似無可疑。支敏度本在長安，晉成帝（三二六——三四二）時與康僧淵康法暢同過江。（見高僧傳四）其時道安（死三八五）尚在少年。支敏度的都錄作於道安經錄之前，故僧祐稱爲舊錄。若安錄以前無著經錄之人，則『舊錄』之稱爲無意義。道安之錄所以籠罩羣錄，全在他首創新例，『詮品譯才，標列歲月，』（僧祐錄自序中贊安錄之語）並不是因爲以前無有經錄。僧祐『續撰失譯雜經錄』自序云：『尋大法運流，世移六代，撰著羣錄，獨有安公。』此可見安錄所以前無古人，在於考訂羣錄，而不是因爲他以前無著經錄之人。

今考僧祐所引『舊錄』著錄各經年代最晚者爲晉成帝時康法邃抄集的正譬喻經十卷。成帝以後譯的經，無有引『舊錄』的。這可見『舊錄』確在道安經錄之前。其時北方屢遭大亂，而江左粗安，丹陽一帶本是後漢的佛教中心，故保存後漢譯經較多，或有支敏度見着而道安未見之本，亦不足怪。（祐錄多有「安錄先闕」之經，並引安公自序『遭亂錄散，小小錯涉』以自解。）

舊錄說此經是『撮要引俗』之作，故法經目錄列爲『抄錄集』。道安不著錄此經，也許是因爲此經是『撮要引俗』之作而不是譯經。此可以見安錄之謹嚴，而不足以證明此經爲道安所未見。牟子所記可證後漢末年確有此經，僧祐著錄此經，其下云：

右一部凡一卷，漢孝明帝夢見金人，詔遣使者張騫羽林中郎將秦景到西域，始於月支國遇沙門竺摩騰，譯寫此經還洛陽，藏在蘭臺石室第十四間中。其經今傳於世。

此段全用牟子理惑論之文。舊錄本明說此經係『撮要引俗』之作，而僧祐過信理惑論，故不用舊錄之說。費長房始全引舊錄之說，使我們知道舊錄也是很謹嚴的經錄，其態度謹愼過於僧祐。僧祐經錄自序中也有『孝明感夢，張騫遠使西於月支寫經四十二章，韜藏蘭臺』的話；序中又說，『古經現在，莫先於四十二章；傳譯所始，靡踰張騫之使。』他這樣尊崇此經，所以不能接受『撮要引俗』之說了。

費長房經錄於支謙條下亦列有四十二章經，注云：

第二出，與摩騰譯者小異，文義允正，辭句可觀。見別錄。（大唐內典錄與開元錄皆引此文。）

梁任公先生說『此別錄卽支敏度之衆經別錄，其他經錄無以別名者。』按大唐內唐錄第九，

東晉沙門支敏度經論都錄一卷……又撰別錄一部。……

衆經別錄（二卷，未詳作者，言似宋時。）上卷三錄大乘經錄第一，三乘通教錄第二，三乘中大乘錄第三。下卷七錄：小乘經錄第四，篇目闕本錄第五，大小乘不判錄第六，疑經錄第七，律錄第八，數錄第九，論錄第十。都一千八十九部，二千五百九十三卷。

長房所見別錄，或是此錄。僧祐似不曾見此錄。

支謙譯經部數，諸經錄各不同：

僧祐錄只載三十六部。

慧皎的高僧傳只載四十九經。

長房此錄有一百二十九部，合一百五十二卷。

長房自己說：

房廣檢括衆家雜錄，自四十二章以下，並是別記所顯雜經，以附今錄。量前傳錄三十六部，或四十九經，似謙自譯。在後所獲，或正前翻多梵語者；然紀述聞見，意體少同；目錄廣狹，出沒多異。各存一家，致惑取捨。兼法海淵曠，事方聚滴，旣博搜見聞，故備列之。而謙譯經典得義，辭旨文雅。（皎傳作『曲得聖義，辭旨文雅』。此處『典』是『曲』之譌，又脫『聖』字。）甚有碩才。

我們看長房所引『別錄』記支謙四十二章經的話，應該注意兩點：

第一，別錄明說此是『第二出，與摩騰譯者小異』。可見別錄作者實見此經有『小異』的兩個本子：其一他定爲後漢譯，其一他定爲支謙譯。

第二，別錄明說支謙譯本『文義允正，辭句可觀』。這又可見他所認爲後漢譯本必是文辭比較樸素簡陋的本子。

湯錫予先生（文引見前）指出高僧傳說竺法蘭譯的四十二章經流行江左，其實卽是支謙譯本，後人誤傳爲漢譯。湯先生認現存之本卽是支謙本，我很贊同；費長房已疑心他所得的支謙譯經『或正前翻多梵語者，』今本四十二章確可當『文義允正辭句可觀』之贊辭，可定爲支謙改譯之本。但依別錄所記，似江左確另有舊譯本，無可疑也。

一九三三，四，三。

附錄一　寄陳援菴先生書

胡適

援菴先生：

前上短文中，有一段論現存後漢佛經均不稱佛爲浮屠浮圖，我提出三個解釋：(1)此諸經皆非漢譯？(2)皆是漢譯而已經後人改正？(3)後漢佛徒已漸漸一致用『佛』之名？三說之中，我取其第三說，甚盼先生教正。

昨夜點讀弘明集，見其第八卷中劉勰滅惑論引當時道士所作三破論云：

佛，舊經本云浮屠，羅什改爲佛徒，知其源惡故也。所以名爲浮屠，胡人凶惡，故老子云，化其始不欲傷其形，故髡其頭，名爲浮屠，況屠割也。至僧禕後改爲佛圖。本舊經云『喪門』，喪門由死滅之門，云其法無生之教，名曰喪門。至羅什又改爲桑門，僧禕又改爲沙門。沙門由沙汰之法，不足可稱。(頁十)

此種議論可證我說的『佛』字所以獨被採用之故，正以浮屠等字皆有通行之別義，而佛字無義，故爲最適者之生存。但三破論說此等新譯名，皆至羅什時始改定，此似非事實。羅什譯經已在五世紀之初年，豈五世紀以前之諸經皆此時所一一改定者乎？又如『桑門』之名已見漢明帝詔令，豈是羅什以後所改定？又如陳壽死於羅什譯經以前一百餘年，(二九七)劉繇傳中所用『佛』字豈是羅什以後人所改乎？

引此一條，可見浮屠之稱雖久爲佛徒所廢棄，而教外人偏要沿用舊名，其中往往含有惡意的詆毁，如三破論所說。

先生以爲如何？

胡適上　二二，四，五。

附錄二　陳援菴先生來書

適之先生撰席：

關於四十二章經牟子理惑論，及漢明感夢等問題，近二十年來中東西學者迭有討論，垣何敢置一詞？前函因大著發見眞誥與四十二章經之關係，不禁狂喜，又因其中有一二語似過信四十二章經，故略陳管見。今來示謂欲爲此問題結一總賬，甚盛甚盛。謹將前函未盡之意，再申明之。其有諸家已經論及者，恕不復及。

後漢詔令奏議，皆用『浮屠』，不用『佛』，具如前函。三國志裴注引魏略天竺國一段，凡八用浮屠，亦未嘗一用佛。其中兩稱浮屠經，亦不稱佛經。至陳壽始以佛圖與佛參用。（范書陶謙傳採三國劉繇傳文，亦浮屠與佛參用。）至袁宏始純用佛，並以佛釋浮屠。至范蔚宗於漢詔議仍用原文，於自述則用佛。

不獨佛一名詞如此。沙門之初譯爲桑門，魚豢歷舉桑門之異譯曰疏問，疏聞，（一本作疏間，當有誤衍。）晨門，亦不及沙門。是魚豢所見之浮屠經，尚未有沙門之譯也。今四十二章經數言沙門，亦豈初譯所應爾？

根據以上史料，遂得有以下之標準：

一、後漢至魏中葉，尚純用浮屠。

二、三國末至晉初，浮屠與佛參用。

三、東晉至宋，則純用佛。

依此標準，遂有以下之斷定：

一、後漢有譯經可信。後漢有四十二章經譯本亦或可信。現存之四十二章經爲漢譯，則絕對不可信。

二、襄楷所引爲漢譯佚經可信。襄楷所引爲漢譯之四十二章經，亦或可信。襄楷所引爲卽現存之四十二章經，則絕對不可信。

依此斷定，遂推論到牟子理惑論，及現存漢譯諸經，皆不能信爲漢時所譯撰。

大著說，我們檢查現存的一切後漢三國的譯經，從安世高到支謙沒有一部經裏不是稱佛的，沒有一部經裏稱佛爲浮屠的。難道這些譯經都不可信爲後漢三國的譯本嗎？難道這些舊譯本都已經過了後世佛教徒的改正嗎？

我今答復先生說，三國的譯經除外，若現存漢譯的經，沒有一部不稱佛，不稱沙門，沒有一部稱浮屠，稱桑門，就可以說是沒有一部可信爲漢譯的。假定其中有眞是漢譯的，就可以說是都已經過後世佛徒的改竄，絕不是原來的譯本了。

大著又舉出四證，證明佛之名詞，在漢已成立。第一證卽是現存之漢譯諸經，第二證卽是牟子理惑論。依愚說，現存漢譯諸經及牟子，均在被告之列。在其本身訟事未了以前，沒有爲人作證的資格。我今可答辯第三證：

大著第三證引袁紀延平元年記西域事，有『本傳曰』云云，據惠棟說，本傳謂東觀記西域傳，東觀記卽有佛道之稱，則是後漢時已有佛道之稱。惠氏此說不審何據。據吾所考，本傳殆指司馬彪續漢書西域傳，因袁紀所引『本傳曰』雖少，而引『本志曰』甚多。所引『本志』之文，今皆見司馬彪續漢書五行志。略舉如下：

建武二年正月，日有蝕之，引本志，見司馬五行志六。

永初六年六月，河東水變色赤如血，引本志，見司馬五行志三。

延光三年十月，鳳凰見新豐，引本志，見司馬五行志二。

陽嘉元年十月，望都狼食數十人，引本志，見司馬五行志一。

陽嘉二年八月，洛陽宣德亭地拆，引本志，見司馬五行志四。

建和三年四月，雨肉大如手，引本志，見司馬五行志二。

元嘉元年十一月，五色大鳥見已氏，引本志，見司馬五行志二。

永康元年八月，黃龍見巴郡，引本志，見司馬五行志五。

光和四年，驢價與馬齊，引本志，見司馬五行志一。

中平二年二月，南宮雲臺災，引本志，見司馬五行志二。

後漢紀所謂『本志』既皆指司馬彪書，則所謂『本傳』亦應指司馬彪書。據藝文類聚七十六所引，此正司馬彪書西域傳之文。不知惠氏何以指爲東觀記。司馬彪既是晉人，當然有佛道之稱。則大著所舉第三證，似可撤消也。

至第四證所引三國志劉繇傳，是我所公認的。可惜陳壽是三國末至晉初的人，我已排他在上文所舉第二標準中之浮屠與佛參用一行，不能爲後漢已用佛字之證矣。

至漢明感夢事，四十二章經與牟子均載之。關於張騫秦景諸人，已有人論及，唯傅毅似尚未有人注意。毅之爲蘭臺令史在章帝建初中，年若明帝永平中，毅尚在平陵習章句，何能有與帝問對之事？世俗傳說，佛家或可隨筆記載，史家則不能不細勘當時史實。故袁宏記此事，不得不去傅毅而改爲『或曰』，至范蔚宗天竺國傳，更不能不加『世傳』二字以存疑。此史家縝密之法也。

考證史事，不能不縝密，稍一疏忽，即易成笑柄。孫仲容爲清末大師，其所著牟子理惑論書後，據牟子以證老子河上公注爲僞，謂牟子多引老子，而篇末云所理止三十七條，兼法老子道經三十七篇。今所傳河上公注本老子，分八十一章，而漢藝文志載老子有傅氏經說三十七篇，彼此互證，知漢人所見老子，固分三十七章。今河上注不爾，足明其爲僞本云云。

夫河上注之眞僞，另一問題。然因河上注分八十一章，遂謂與牟子所見之老子道經三十七篇不合，遽指爲僞。不知河上注道經，何嘗非三十七篇？所謂八十一篇者，與德經四十四篇合計耳。一言以爲智，言不可不愼。故垣更不敢多言矣。幸高明有以教之。

又牟子書本名治惑論，唐人避高宗諱改爲理惑，有時又稱辨惑。而今則鮮有稱其原名者。拙著史諱舉例曾論及此。兹之所稱並從俗，乞諒。癸酉清明日陳垣。

附錄三　答陳援菴先生書

胡適

援菴先生：

承示及先生對漢譯四十二章經等問題之意見，甚感甚佩。先生結論謂『後漢有四十二章經譯本亦或可信；現存之四十二章經爲漢譯，則絕對不可信。』又謂『襄楷所引爲漢譯之四十二章經，亦或可信；襄楷所引爲卽現存之四十二章經，則絕對不可信。』右二點皆與鄙見無衝突。故關於此經的本身問題，尊見都是我可以同意的。

我們不能一致的一點，只是因爲先生上次來示提出『范蔚宗所搜集之後漢史料，實未見有「佛」之名詞及記載』一條結論，此點至今我還不能完全贊同。現在我把幾點疑問提出，請先生指教。

前次我主張『佛』之名稱成立於後漢譯經漸多信徒漸衆之時，我提出四項證據。其中第三項，引袁宏後漢紀延平元年記西域事所引『本傳曰』的一段據惠棟說『本傳』是東觀記西域傳。此段經先生證明是司馬彪續漢書西域傳之文，我很感謝。依此論斷，我的第三證與第四證可說是同時代的例證，因爲司馬彪死於惠帝末年，（約三〇五）與陳壽（死二九七）正同時。

范蔚宗生（三九八）在陳壽司馬彪之後一百年死（四四五）在他們之後近一百五十年。所以我們不能說范蔚宗所收史料無佛之名詞及記載。今讀來示知先生已修正此說爲：『三國末至晉初，浮屠與佛參用。』鄙意以爲此說亦尚有可議。

第一，凡一名詞之成立，非短時期所能做到，在古代書籍希少時尤是如此，我們追考古史，似不宜根據一二孤證，卽可指定一二十年的短時期爲某一名詞成立的時期，『三國末至晉初』的規定似嫌缺乏根據。

第二，魚豢與陳壽司馬彪略同時，（張鵬一補魚豢傳，說他死在晉太康以後。）魏略不說佛，而壽與彪則同時用浮屠與佛，此可見某一名詞之用與不用由於個人嗜好者居多，恐未必可用來證明某名詞出現或成立的先後。

第三，先生謂魚豢不但八稱浮屠而不稱佛，且歷舉『桑門』之異譯，而亦不及『沙門』，『是魚豢所見之浮屠經尚未有沙門之譯也。』然魏略本文說『浮屠屬弟子別號合有二十九，不能詳載，故略之如此。』本文所舉僅二十九名中之七種而已，我們豈可遽然斷定其時無有『沙門』之譯？桑門一名而有這許多種異譯，（其中『比丘』『伊蒲塞』等應除外）可見譯經之多。我們若沒有強有力的證據，似不宜斷定其時無『佛』之名稱及記載。

第四，魚陳司馬與范皆是教外史家，其用浮屠而或不用佛，或偶用佛，皆未必卽可證明其時佛徒尚未用佛爲通稱。試觀韓退之生於幾百年之後，其時已是先生所謂『純用佛』之時代了，然而他在送浮屠文暢師序裏凡七稱『浮屠』而不一稱『佛』。若萬一不幸退之其他文章與同時文獻皆遭刼火，獨此序存留於世，後世考古家豈可卽據以定退之之時無有『佛』之譯名乎？鄙意以爲先生過信此等教外史家，而抹殺教中一切現存後漢譯經及牟子等，似乎未爲平允。

話又說回到我舉的第一二類證據了。

先生說：『現在漢譯諸經及牟子均在被告之列，在其本身訟事未了以前，沒有爲人作證的資格。』這話可見先生方法的謹嚴。然而先生所用的三個『標準』是否訟事皆已了，已有作證人的資格了嗎？先生用的其實只有一個標準：『後漢至魏中葉尚純用浮屠。』這個標準必須先否認一切現存之漢譯諸經及牟子，然後可以成立。現在先生不曾先證明現存漢譯諸經及牟子爲僞，卻用此待證的標準來斷定『牟子理惑論及現存漢譯諸經皆不能信爲漢時所譯撰，』這就成了『丐詞』了。

此是方法論的緊要問題，我知道先生最注重此種方法問題，故敢質直奉告，非是有意強辯，千萬請先生原諒。牟子一書經周叔迦與我的證明，其爲後漢末年的著作似已無可疑。至於現存漢譯諸經之考訂，決非一二名詞卽可斷案，我們此時尙無此能力，亦無此材料。至於此等漢譯是否全已『經過後世佛徒的改竄，』我不敢斷定無此可能。然而有一疑問：假令後漢譯經中眞無『佛』與『沙門』之譯名，那麼，陳壽司馬彪諸人用的『佛』字又是從何處得來的？

此一疑問亦是方法論的一個緊要問題，卽是我近年提倡的歷史演變的觀點。前文說的『凡一個名詞之成立，非短時期所能做到，』亦是從這個觀點出發。牟子作者當漢末大亂時尚在壯年，他與笮融同時，大概死在三國中期。其時魚豢已仕官，而陳壽司馬彪皆已生。若依鄙說，則後漢佛徒已漸漸一致用佛之名，故漢末三國時佛教信徒如牟子已一律用佛之名，而教外史家如陳壽等亦不能不採用佛字了。如此說法，似稍合於漸變之旨，誠以新名詞之約定俗成，決非一二十年所能爲功也。

此次所論問題雖小，而牽涉的方法問題頗關重要，幸先生恕此『魔之辯護，』更乞進而教之。

胡適敬上　二三，四，六夜。

楞伽宗考

一　引論

在五世紀的晚期，北方有兩個印度和尚提倡兩種禪學，開闢了兩個偉大的宗派。一個是跋陀，又譯作佛陀；一個是菩提達摩。佛陀弟子道房傳授『止觀』禪法給僧稠（四八〇——五六〇）僧稠成爲北齊的大師，撰止觀法兩卷，道宣續僧傳稱其書『味定之賓，家藏一本。』止觀禪法是南嶽天台一派的主要教義；雖然南嶽慧思（五一四——五七七）和他的弟子天台智顗都遠攀馬鳴龍樹做祖宗，而不肯明說他們和佛陀僧稠有淵源，我們可以推測佛陀僧稠是南嶽天台一宗的遠祖。

菩提達摩教人持習楞伽經，傳授一種堅忍苦行的禪法，就開創了楞伽宗，又稱爲『南天竺一乘宗。』達摩死後二百年中，這個宗派大行於中國，在八世紀的初年成爲一時最有權威的宗派。那時候，許多依草附木的習禪和尚都紛紛自認爲菩提達摩的派下子孫。牛頭山法融一派本出於三論宗，講習的是大品般若經和大集經，道宣作法融傳，凡二千四百三十三字，無一字提到他和楞伽宗有關係。但是牛頭山的後輩居然把法融硬派作菩提達摩的第四代子孫，成了楞伽宗的忠實同志了。還有嶺南韶州曹侯溪的慧能和尚，他本是從金剛般若經出來的；也和楞伽一派沒有很深的關係，至多他不過是曾做過楞伽宗弘忍的弟子罷了。但是慧能的弟子神會替他的老師爭道統，不惜造作種種無稽的神話，說慧能是菩提達摩的第四代弘忍的『傳衣得法』弟子。於是這一位金剛般若的信徒也就變成楞伽的嫡派了。後來時勢大變遷，神會捏造出來的道統偽史居然成了信史，曹溪一派竟篡取了楞伽宗的正統地位。從此以後，習禪和尚又都紛紛攀龍附鳳，自稱為曹溪嫡派，一千多年以來的史家竟完全不知道當年有個楞伽宗了。

我們看了楞伽宗史蹟的改竄與湮沒，忍不住一種打抱不平的慨歎，所以現在決定要重新寫定菩提達摩一派的歷史。

道宣（死在六六七）在七世紀中葉編纂續僧傳，很明白僧稠和達摩兩派的旨趣和傾向的不同。他在『習禪』一門的敘論裏說：

> 然而觀彼兩宗，卽乘之二軌也。稠懷念處（念處卽印度禪法的四念處）清範可崇；摩法虛宗，玄旨幽賾。可崇則情事易顯，幽賾則理性難通。

當七世紀中葉，道宣當然不能預料以後六七十年中的楞伽宗變化升沉的歷史。然而，正因為他不知道八世紀以後爭道統的歷史，他的續僧傳裏保存的一些楞伽宗史料是最可靠的記載，可以供給我們考訂那個奇特的宗派的早期信史可以使我們用他的記載來和八世紀以後僞造的史跡相參證比較，考證出後來種種作僞的痕跡來，同時從頭建造起一段可信的中國禪學史來。

道宣的記載之外，近年敦煌出現的古寫本，和日本保存的古寫本，都供給我們重要的史料。

二　菩提達摩

關於菩提達摩的種種傳說，我曾有菩提達摩考，（胡適文存三集，頁四四九——四六五，）發表在八年前，（一九二七）我現在把我的結論摘記在這裏：

菩提達摩是南天竺婆羅門種，他從海道到中國廣州，大約在劉宋晚年（約四七〇——四七五）但必在宋亡（四七九）之前。證據有二：

(1)續僧傳說他『初達宋境南越，末又北度至魏，』可證他來在宋亡之前。

(2)續僧傳（卷十九）的僧副傳中說僧副是太原祁縣人，從達摩禪師出家，爲『定學』之宗，『後乃周歷講座，備嘗經論，並知學唯爲己，聖人無言。齊建武年（四九四——四九七）南遊楊輦，止於鍾山定林下寺。……卒於開善寺，春秋六十有一，卽（梁）普通五年（五二四）也。』依僧副的一生看來，他從達摩出家必是在他二十多歲時，約當蕭梁的初期，（約四八五左右）因爲建武元年（四九四）僧副只有三十歲，已離開北方了。

舊說，達摩曾見梁武帝，談話不投機，他才渡江北去。見梁武帝的年代，或說是普通元年，（五二〇）或說是普通八年。（五二七）這都是後起的神話，並非事實。證據甚多：

(1)續僧傳全無此說。

(2)僧副一傳可證梁武帝普通元年達摩在北方至少已住了三四十年了。

(3)楊衒之洛陽伽藍記（成書在五四七）記達摩曾遊洛陽永寧寺，此寺建於北魏熙平元年，（五一六）達摩來遊正當此寺盛時，約當五一六至五二六之間。

(4)不但七世紀的道宣不記達摩見梁武帝之事；八世紀沙門淨覺作楞伽師資記，（敦煌寫本）其中達摩傳裏也沒有此事。

(5)這段神話起於八世紀晚期以後，越到後來，越說越詳細了，枝葉情節越多了。（看胡適同上書，頁四五八——四六一）這可見這個神話是逐漸添造完成的。

舊說他在中國只住了九年，依我們的考據，他在中國差不多住了五十年。他在北方最久，『隨其所止，誨以禪教。』道宣說他『自言年一百五十餘歲，遊化為務，不測於終。』我們推算他在中國的時間，上可以見劉宋之亡，下可以見永寧寺的盛時，其間大約有五十年。印度南部人身體發育甚早，所以少年人往往顯出老態，很容易被人認作老人。達摩初到中國時，年紀雖輕，大概已被中國人誤認作老頭子，他也樂得自認年高。後來他在中國久了，眞老了，只好『自言年一百五十歲』了。（洛陽伽藍記也說他自言一百五十歲。）

> 續僧傳說達摩在北方所傳弟子，除僧副早往南方之外，有道育慧可兩人。慧可傳中說：
>
> > 達摩滅化洛濱，可亦埋形河涘。……後以天平（五三四——五三七）之初，北就新鄴，盛開祕苑。

這可見達摩死在東魏天平以前，所以我們假定他死在西曆五三〇左右，那時他的弟子僧副已死了六年了。

道宣記達摩的教旨最簡單明白。八世紀中葉沙門淨覺作楞伽師資記，（有巴黎倫敦兩本，朝鮮金九經先生有排印本。）記達摩的教旨也和道宣所記相同，可以互相印證。我們用續僧傳作底本，遇必要時用淨覺的記載作注釋。續僧傳記達摩教義的總綱云：

> 如是安心，謂壁觀也。如是發行，謂四法也。如是順物，教護譏嫌。如是方便，教令不著。然則入道多途，要惟二種，謂理行也。

壁觀是達摩的禪法，即是下文說的『凝住壁觀』。四法即是下文說的『四行』。安心屬於『理』，發行屬於『行』，下文分說：

> 藉教悟宗，深信含生同一眞性。客塵障故，（師資記作『但爲客塵妄覆，不能顯了』。）令捨僞歸眞，凝住壁觀，無自無他，凡聖等一，堅住不移，不隨他教，（師資記作『更不隨於言教』。）與道冥符，寂然無爲，名『理入』也。

這是從『理入』安心的路。雖然不廢『凝住（巴黎本師資記作『凝注』。）壁觀』，但注重之點是『含生同一眞性』

『無自無他，凡聖等一』的理解，所以稱爲『理入』的路。

行入者，四行，萬行同攝：

初，報怨行者，修行苦至，當念往刧舍本逐末，多起愛憎；今雖無犯，是我宿作，甘心受之，都無怨對。……

二，隨緣行者，衆生無我，苦樂隨緣，縱得榮譽等事，宿因所構，今方得之，緣盡還無，何喜之有？得失隨緣，心無增減，違順風靜，冥順於法（師資記作『喜心不動，冥順于法』）也。

三，名無所求行。世人長迷，處處貪著，名之爲『求』。道士悟眞，理與俗反，安心無爲，形隨運轉。三界皆苦，誰而得安？經曰，有求皆苦，無求乃樂也。

四，名稱法行，卽性淨之理也。（師資記說第四條稍詳，云：『性淨之理，因之爲法。此理衆相斯空，無染無著，無此無彼。……智者能信解此理，應當稱法而行。法體無慳於身命，則行檀捨施，行無悋惜。……檀度既爾，餘五亦然。爲除妄想，修行六度，而無所行，是爲稱法行。』）

道宣敍述達摩的教旨，是有所根據的。他說：

識眞之士，從奉歸悟，錄其言語，卷流於世。

淨覺也說：

此四行是達摩禪師親說，餘則弟子曇林記師言行，集成一卷，名曰達摩論也。

曇林也許就是續僧傳中達摩傳附記的林法師。傳中說林法師當『周滅法時，（五七七）與可（慧可）同學，共護經像。』

道宣生於五九六，死於六六七，他用的材料是六七世紀的材料，比較最近古，最可信。我們看八世紀前期淨覺的楞伽師資記的達摩傳，還可以看出那時的人還尊重道宣所記，不敢妄加材料。到了八世紀以後，有許多僞書出現，如聖胄集，寶林傳等書，大膽的揑造僞史，添出了無數關於達摩的神話。（寶林傳久已失傳，近年日本發現了一卷，中國又發現了六卷，共有七卷，不久將刊入『宋藏遺珍』內。）北宋和尚道原在十一世紀初年編纂景德傳燈錄，儘量採納了這些僞造史料，最不可信。後人看慣了那部十一世紀的傳燈錄，習非成是，竟不認得七世紀中葉道宣續僧傳的史料的眞可寶貴了。

三　慧可

菩提達摩的弟子，現在可考的，有這些人：僧副，慧可，道育，曇林。

(1)僧副　續僧傳有傳，傳末說梁湘東王蕭繹（後爲梁元帝）曾奉令作僧副碑文，此碑今不存了，道宣所記似是根據碑文。僧副是太原祁縣人，從達摩出家，後曾『周歷講座，備嘗經論。』齊建武年，他遊南方，住鍾山的定林下寺，他

行逾冰霜，言而有信。三衣六物外無盈長。應時入里，道俗式瞻。加以王侯請道，頹然不怍，咫尺宮闈，未嘗謁

近。既行爲物覽道俗攸屬。梁高（武帝）素仰淸風，雅爲嗟賞。乃命匠人考其室宇，於開善寺以待之。副每逍遙於門，負杖而歎曰，『……寧貴廣廈而賤茅茨乎？』……乃有心岷嶺，觀彼峨眉。會西昌侯蕭淵藻出鎭蜀部，於〔是〕卽拂衣附之。……遂使庸蜀禪法自此大行。久之還金陵，復住開善。……不久卒於開善寺，春秋六十有一，卽普通五年（五二四）也。……疾亟之時有勸修福者，副力疾而起，厲聲曰，『貨財延命，去道遠矣。房中什物並施招提僧。身死之後，但棄山谷，飽於鳥獸，不亦善乎？勿營棺壠以乖我意。』門徒涕淚，不忍從之。

依此傳看來，他雖然和帝王貴人交通往來，但仍保持他的生死隨緣的態度，不失爲達摩的弟子。

2）道育　事跡無可考。續僧傳說達摩在北魏傳授禪學，

於時合國盛弘講授，乍聞定法，多生譏謗。有道育、慧可，此二沙門，年雖在後，而銳志高遠。初逢法將，知道有歸，尋親事之，經四五載，給供諮接，（達摩）感其精誠，誨以眞法。

3）慧可　又名僧可，俗姓姬氏，虎牢人。他是一個博學的人，『外覽墳索，內通藏典。』續僧傳說他『年登四十，遇天竺沙門菩提達摩遊化嵩洛；可懷寶知道，一見悅之，奉以爲師，畢命承旨，從學六載，精研一乘，理事兼融，苦樂無滯。』這似乎在達摩的晚年，達摩已很老了，慧可只有四十歲，所以上文說『年雖在後，而銳志高遠，』本不誤。楞伽師資記誤作『年十四，』歷代法寶記（敦煌出土，有巴黎倫敦兩本，現收入大正大藏經第五十一卷。）作『時年四十，』可證續僧傳不誤。

慧可頗通中國典籍，所以他能欣賞達摩的簡單教義。達摩的四行，很可以解作一種中國道家式的自然主義的人生觀：報怨行近於安命，隨緣行近於樂天，無所求行近於無爲自然，稱法行近於無身無我。慧可是中國文人出家，傳中說他能『發言入理，不加鉛墨；時或纘之，乃成部類，具如別卷。』據此可見慧可似有文集流傳於後世，道宣還見着這部集子，後來失傳了。續僧傳說有向居士，幽遁林野，於天保（五五〇——五五九）之初致書通好，書云：

影由形起，響逐聲來。弄影勞形，不知形之是影；揚聲止響，不識聲是響根。除煩惱而求涅槃者，喻去形而覓影；離衆生而求佛（者），喻默聲而求響。故迷悟一途，愚智非別。無名作名，則是非生矣；無理作理，則諍論起矣。幻化非眞，誰是誰非？虛妄無實，何空何有？將知得無所得，失無所失。未及造談，聊伸此意，想爲答之。

慧可答他道：

說此眞法皆如實，與眞幽理竟不殊。
本迷摩尼謂瓦礫，豁然自覺是眞珠。
無明智慧等無異，當知萬法卽皆如。
愍此二見之徒輩，申詞措筆作斯書。
觀身與佛不差別，何須更覓彼無餘？

我們看這兩位通文墨的佛教徒的酬答，可見達摩的簡單教義在那第一代已得他們的了解與接受。我疑心這種了解和魏晉以來的老莊思想不無關繫。向居士的『迷悟一途，愚智非別；』慧可的『無明智慧等無異，』『觀身與佛不差別，』固然卽是達摩的『無自無他，凡聖等一，』可是中國文士所以能容易接受這樣一種顯然不合常識的教義，也許是因爲他們久已聽慣了中國道家『齊是非，』『齊萬物』的思想，不覺得他的可怪了。

在實行的方面，達摩一派是『奉頭陀行』的。續僧傳說：『可常行，兼奉頭陀。』頭陀 (Dhuta) 是佛教中的苦行方面，原義爲『抖擻』，卽是『抖擻煩惱，離諸滯著。』凡修頭陀行的，在衣食住三方面都極力求刻苦自己，須穿極少又極簡單的衣服；須乞食，又不得多食；住宿須『阿蘭若，』卽是須住在遠離人家的荒僻處，往往住在樹下或墳墓之中，又須常趺坐而不橫臥。達摩的教義本來教人『苦樂隨緣，』教人忍受苦痛，都無怨懟。頭陀苦行自是訓練自己忍受苦痛的方法。

續僧傳說慧可在鄴宣傳『情事無寄』的教義，深遭鄴下禪師道恆的嫉妒，

恆遂深恨，謗惱於可，貨賕官府，非理屠害。(可)初無一恨，幾其至死，恆衆慶快。

末句不很明白，大概應解作：慧可受屠害，初不怨恨，只希望自己的一死可以使道恆一黨慶快。但慧可並不曾被害死。傳中下文說：

可專附玄理，如前所陳，遭賊斫臂，以法御心，不覺痛苦。火燒斫處，（這是消毒的方法）血斷帛裹，乞食如故，曾不告人。

這個故事因道宣原文不很明白，就被後人誤解作慧可被人害死了。如傳燈錄（卷三）慧可傳說他

> 於筦城縣匡救寺三門下，談無上道，聽者林會。時有辯和法師者，於寺中講涅槃經，學徒聞師闡法，稍稍引去。辯和不勝其憤，興謗於邑宰翟仲侃，仲侃惑其邪說，加師以非法，師怡然委順。識眞者謂之償債。時年一百七歲，卽隋文帝開皇十三年癸丑歲（五九三）三月十六日也。

傳燈錄全鈔襲寶林傳（卷八）僞書，寶林傳改竄續僧傳的道恆爲辯和，改鄴下爲筦城縣，又加上『匡救寺三門下』『邑宰翟仲侃』『百七歲』『開皇十三年三月十六日』等等詳細節目看上去『像煞有介事』，其實全是閉眼揑造。七世紀中葉的道宣明說慧可不曾被害死，明說『可乃從容順俗，時惠清猷，乍託吟謠』然而幾百年後的寶林傳卻硬說他被害死了！七世紀中葉的道宣不能詳舉慧可的年歲，而幾百年後的寶林傳卻能詳說他死的年月日和死時的歲數，這眞是崔述說的『世愈後而事愈詳』了！

傳燈錄又根據寶林傳，說達摩在嵩山少林寺終日面壁而坐，神光（寶林傳揑造慧可初名神光）朝夕參承，莫聞誨勵。

> 其年十二月九日夜，天大雨雪，光堅立不動，遲明積雪過膝。……光潛取利刀，自斷左臂，置於師前。師知是法器，乃曰『諸佛最初求道，爲法忘形。汝今斷臂吾前，求亦可在。』師遂因與易名曰慧可。

這也是寶林傳的閉眼瞎說。道宣明明說是『遭賊斫臂』，而寶林傳妄改爲自斷其臂。自從傳燈錄採此僞書妄說，

九百年來，斷臂求法之說就成爲公認的史實了，我們引此兩段略示傳說演變的痕跡，使人知道道宣續僧傳的達摩慧可兩傳是最乾淨而最可靠的最早史料。

寶林傳與傳燈錄記慧可死在開皇十三年，（五九三）這是完全無據之說。慧可初見達摩時，年已四十；跟他五六年，達摩才死。我們假定達摩死在魏永安三年（五三〇）左右，其時慧可年約四十五六。續僧傳說：

> 林法師……及周滅法，與可同學共護經像。

北周毁佛法在武平五年，（五七四）但慧可在齊都鄴下，鄴都之破在北齊承光元年正月，（五七七）齊境內毁佛法即在此年。（齊境內毁法事，詳見續僧傳卷八的慧遠傳，但傳中誤記此事在承光二年春，承光無二年，當是元年之誤。）其時慧可已九十二歲了。如果「與可同學」一句不作「與慧可的同學共護經像」解，那麽慧可大概就死在鄴都滅法之後不久，（約五七七）年約九十二歲。

慧可的死年在滅法時期，大概不誤。續僧傳卷七的慧布（攝山三論宗的六師）傳中記慧布：

> 末遊北鄴，更涉未聞。於可禪師所，暫通名見，便以言悟其意。可曰，「法師所述，可謂破我除見，莫過此也。」（布）乃縱心講席，備見宗領，周覽文義，並具胸襟。又寫章疏六馱，負還江表，並遺朗公。（開皇寺的法朗，也是三論宗的大師，死在五八一。）令其講說。因有遺漏，重往齊國，廣寫所闕，賷還付朗。

慧布死在陳禎明元年，（五八七）年七十。傳中說他「末遊北鄴」，又說他「重往齊國」，可見他和慧可相見，當在北齊建國（五五〇）之後，滅亡（五七七）之前。看『末遊』之句，可見他兩次北遊已在晚年，當在鄴都破滅之前不久。所以續僧傳記慧可活到鄴都滅法之時，大概是可信的。

(4)林法師　林法師也附見慧可傳下，也許就是那位記錄達摩論的曇林。他也是一位博學的和尚，起初本不是楞伽宗。續傳說他

> 在鄴盛講勝鬘，并制文義，每講人聚，乃選通三部經者，得七百人，預在其席。及周滅法，與可同學，共護經像。

如此說來，林法師不是達摩的楞伽一派，只在避難時期才和慧可同學，共護經像。續傳又說：

> 慧可……遭賊斫臂，……曾不告人。後林又被賊斫臂，叫號通夕。可為治裹，乞食供林。林怪可手不便，怒之。可曰，『餅食在前，何不自裹？』林曰，『我無臂也，可不知耶？』可曰，『我亦無臂，復何可怒？』因相委問，方知有功。故世云『無臂林』矣。

這更可見林法師與慧可平素不相識，到此方有同患難的交誼；也許林法師從此變成楞伽宗的信徒了。

四　楞伽經與頭陀行

慧可傳中說：

> 初達摩禪師以四卷楞伽授可曰，『我觀漢地，惟有此經。仁者依行，自得度世。』

二二〇

這是楞伽宗的起原。楞伽卽是楞伽阿跋多羅寶經，或譯爲大乘入楞伽經（Laṅkāvatāra Sūtra）。此經凡有四種譯本：

(1)北涼時中天竺沙門曇無讖（Dharmaraksha）譯四卷本。（約在四一二至四三三年之間。）此本不傳。

(2)劉宋時中天竺沙門求那跋陀羅（Guṇabhadra）譯四卷本。（在元嘉二十年，四四三。）此本存。

(3)北魏時北天竺沙門菩提流支（Bodhiruci）譯十卷本。（在延昌二年，五一三。）此本存。

(4)唐武后末年（七〇四）于闐沙門實叉難陀（Śikshānanda）譯七卷本。此本存。

此書的十卷本和七卷本分卷雖然不同，內容是相同的，同是前面有一篇請佛品，末了有一篇陀羅尼品，和一篇總品。這三品是四卷本所沒有的，顯然是晚出的。菩提達摩提倡的楞伽經是四卷本，大概卽是求那跋陀羅的譯本。淨覺的楞伽師資記承認求那跋陀羅爲楞伽宗的第一祖，達摩爲第二祖，可證此宗所傳是求那跋陀羅的譯本。

慧可傳中說，

> 每可說法竟，曰『此經四世之後，變成名相，一何可悲！』

這是一種『懸記』（預言）。道宣在續僧傳的『習禪』一門總論裏曾說：

> 屬有菩提達摩者，神化居宗，闡導江洛，大乘壁觀，功業最高，在世學流，歸仰如市。然而誦語難窮，厲精蓋少。審其〔所〕慕，則遺蕩之志存焉；觀其立言，則罪福之宗兩捨。

二二二

這可見道宣的時候達摩的派下已有『誦語難窮，厲精蓋少』的風氣，慧可的『懸記』就是指這種『誦語』的信徒。

但這一派裏也很多修頭陀苦行的風氣。慧可的苦行，我們已說過了。他的弟子那禪師，那禪師的弟子慧滿，都是頭陀苦行的和尚。

那禪師也是學者出身，

> 年二十一，居東海講禮易，行學四百。南至相州，遇可說法，乃與學士十人出家受道。諸門人於相州東設齋辭別，哭聲動邑。

他出家之後，就修習頭陀行：

> 那自出俗，手不執筆及俗書，惟服一衣，一鉢，一坐一食。以可常行兼奉頭陀，故其所往不參邑落。

這正是頭陀戒行。

慧滿也是一個頭陀行者。

> 慧滿者，滎陽人，姓張，舊住相州隆化寺，遇那說法，便受其道，專務無著。（無著是不執著。）一衣一食，但畜二針，冬則乞補，夏便通捨，覆赤而已。自述一生無有怯怖，身無蚤虱，睡而不夢。住無再宿。到寺則破柴造履；常行乞食。貞觀十六年（六四二）於洛州南會善寺側宿柏墓中，遇雪深三尺。其旦入寺，見曇曠法師，怪所從來。滿曰，

『法友來耶？』遺尋坐處四邊五尺許雪自積聚，不可測也。

故其聞（宋元明藏作間）有括訪諸僧逃隱，滿便持衣鉢周行聚落，無可滯礙。隨施隨散，索爾虛閑。有請宿齋者，告云：『天下無人，方受爾請。』

故滿每說法云，『諸佛說心，令知心相是虛妄法。今乃重加心相，深違佛意。又增議論，殊乖大理。』……

後於洛陽無疾坐化，年可七十。

這是一位更嚴格的頭陀行者。這都可見楞伽宗的初期信徒，雖然也有『誦語難窮』的風氣，其中很有幾個苦行的頭陀，能維持慧可的苦行遺風。

以上所記達摩一宗的初期信徒，都見於續僧傳的卷十九。（高麗藏本卷十六）道宣撰續僧傳，自序說『始距梁之初運，終唐貞觀十有九年，（六四五）一百四十四載。包括岳瀆，歷訪華夷。正傳三百四十人，（宋元明藏作三百三十一人。）附見一百六十人。』這是他的初次寫定時的自序。但道宣在自序寫成後，還多活了二十二年，直到高宗乾封二年（六六七）才死。他在這二十二年中，仍舊繼續搜集僧傳的材料，繼續添補到他的原書裏去。即如玄奘，當貞觀十九年續僧傳初稿寫定時，他剛回國，直到高宗麟德元年（六六四）才死。現今玄奘的傳佔了續僧傳卷四卷五的兩卷，必是道宣後來補作的。在玄奘傳末道宣自敍他和玄奘同事翻譯時，他對於玄奘的人品的觀察，娓娓百餘字，可證此傳不是後人補作，乃是道宣晚年自己補入的。續僧傳的最後定本所收正傳與附見的人數超過自序所記數目，約有一百九十八人之多。附見的人，姑且不論。有正傳的人數，多出的共有一百四十六人：

	道宣自序	高麗藏本	宋元明藏本
正傳	三四〇人	四一四人	四八六人
		多 七四人	多 一四六人

我們檢查續僧傳的各傳，有許多事實是在貞觀十九年以後的，但沒有在道宣死後的事實。最遲的不過到麟德與乾封之間。（六六四——六六六）例如『感通』門新增的法沖傳末云『至今麟德，年七十九矣。』這都可見道宣老年繼續工作，直到他死時爲止。

這一段考據續僧傳的年代，於我們考證楞伽宗歷史的工作，頗有關係。因爲道宣敍述這一派的歷史，起初顯然很感覺材料的缺乏，後來才收得一些新材料；越到他晚年，材料越多了。我們在上文所用的材料，見於『習禪』門的第一部分。（卷十九）在達摩和慧可的兩傳裏，道宣曾說慧可

道竟幽而且玄，故末緒卒無榮嗣。

這是說慧可門沒有『榮嗣』。下文又說：

時復有化公廖公和禪師等，各通冠玄奧，吐言清迥，托事寄懷，聞諸口實。而人世非遠，碑記罕聞；微言不傳，清德誰序？深可痛矣！

這是很沉痛的感歎這一派的史料的難得。但道宣每收到一些新材料，他就陸續加進慧可傳裏去。所以這一篇傳的後半很顯出隨時塗乙增加的痕跡。有些材料是硬擠進一個寫成的本子上去的，經過不小心的傳寫，就幾乎不成文理了！例如下面的一段：

初達摩禪師以四卷楞伽授可，曰『我觀漢地，惟有此經。仁者依行，自得度世。』

此下應該緊接

每可說法竟，曰，『此經四世之後，變成名相，一何可悲！』

然而今本在這兩段之間，硬擠進了慧可斫臂和林法師斫臂的兩段故事，共一百十個字，文理就不通了。又如此傳之末附慧滿小傳，其末云：

故滿每說法云，『諸佛說心，令知心相是虛妄法。今乃重加心相，深違佛意；又增議論，殊乖大理。』故使那滿等師常賫四卷楞伽以為心要，隨說隨行，不爽遺委。後於洛陽中無疾坐化，年可七十。

這一段文理大不通！『故使那滿等師』是誰？『故使』呢？應該是慧可了？決不是慧滿了吧？然而下文『無疾坐化，年可七十』的又是誰呢？又像是說慧滿了。

這些地方都可見作者隨時添插的痕跡，不幸被傳寫的人搗亂了，割裂了就不可讀了。我疑心『初達摩禪師以四卷楞伽授可』一段二十九字，『每可說法竟』一段二十字，和『故使那滿等師常賫四卷楞伽』一段二十九字，——這三段本是一大段，添注在原稿的上方，是最後加入的。傳寫的人不明白這三節是一段，鈔寫時，就各依添注所在，分別插入本文，就割裂成三處，成爲不通的文理了。今試將此三節寫在一處：

初，達摩禪師以四卷楞伽授可曰，『我觀漢地，惟有此經。仁者依行，自得度世。』每可說法竟，曰，『此經四世之後，變成名相，一何可悲！』故使那滿等師常齎四卷楞伽以爲法要，隨說隨行，不爽遺委。（『故使』之『使』字疑是衍文。因爲慧滿死在六四二，不會與慧可同時。也許『使』但作『使得』解，而不作『使令』解。景德傳燈錄卷三引此文，無『使那滿等師』五字。）

這一大段的恢復，很關重要，因爲這是『楞伽宗』所以得名的緣起。道宣早年還不知道達摩一派有『楞伽宗』之名，所以他在達摩傳中和『習禪』總論裏都不曾提起這一派是持奉楞伽經爲法典的。達摩傳授四卷楞伽之說，僅僅插在慧可傳末附見部分，可見道宣知道此事已在晚年添補續僧傳的時期，其時他認得了楞伽宗的健將法沖，又知道了這一派的大師道信的歷史，（詳見下節）他才明白達摩，慧可一派並非『末緒卒無榮嗣』，所以他才添注這一段達摩傳授楞伽的歷史。但道信等人的歷史只好另立專傳了。法沖的長傳似乎寫定最晚，已在道宣將死之前，所以不及改編，竟被編入『感通』門裏去了！

五　法沖所記楞伽師承

道宣後來所撰的楞伽宗大師法沖，道信，以及道信的弟子法顯，玄爽，善伏，弘忍（附見道信傳）諸人的傳，都是高麗藏本續僧傳所無。我想這不是因爲高麗藏本有殘闕，只是因爲傳入高麗的續僧傳乃是道宣晚年較早的本子，其時還沒有最後寫定的全本。

我們先述法沖。（續僧傳卷三十五）法沖姓李，父祖歷仕魏齊，故他生於兗州。他少年時，與房玄齡相交，二十四歲做鷹揚郎將，遇母喪，讀涅槃經，忽發出家之心，聽講涅槃三十餘遍，

又至安州暠法師下聽大品，三論，楞伽經，即入武都山修業。

安州在今湖北孝感縣，暠法師即慧暠，續僧傳卷十五有他的傳：

慧暠，安陸人。……初跨染玄綱，希崇大品。（大品般若經）……承苞山明法師，興皇（寺名）遺屬，世稱郢匠，……因往從之，……遂得廣流部帙，恢裕興焉。年方登立，（三十歲）即昇法座。……然以法流楚服，成濟已聞，岷洛三巴，尙昏時罔，便以……隋大業（六〇五——六一六）年，泝流江峽；雖遭風浪，厲志無前。既達成都，大宏法務。或達綿梓，隨方開訓，……無憚遊涉，故使來晚去思。

這個慧暠是一位大傳教師他在成都綿梓一帶傳教很得人心，引起了別人的猜忌。

時或不可其懷者，計奏及之，云『結徒日盛，道俗屯擁，非是異術，何能動世？』武德（六一六——六二六）初年，下敕窮討，事本不實，誣者罪之。暠……乃旋途南指，道出荆門，隨學之賓又倍前集。既達故鄉，薦仍前業。……避

地西山之陰，屏退成閑，陶練中觀經逾五載，四衆思之，又造山迎接，……還返安州方等寺，講說相續。以貞觀七年（六三三）卒於所住，春秋八十有七。

這正是法沖傳中所稱『安州暠法師。』暠傳中不曾說他是楞伽宗，但說他的老師苞山明法師是『興皇遺屬。』『興皇』指興皇寺的法朗，是攝山一派三論宗的大師，（死在五八一，傳在續僧傳卷九。）講的應該是大品般若與三論。法沖傳裏也說他在暠法師處聽大品三論楞伽。但暠傳中又說：

自暠一位，僧伍精勵，在先日止一餐，七十餘載，隨得隨噉，無待營求。不限朝中，趣得便止。……且講若下，食惟一椀，自餘餅菜，還送入僧。

可見他也是一位修頭陀苦行的。

以上敍法沖的早年師承。他年三十，行至冀州，貞觀初年下敕：有私剃度者，處以極刑，而法沖不顧，便即剃落爲僧。傳中說：

沖以楞伽奧典，沈淪日久，所在追訪，無憚險夷。會可師（慧可）後裔盛習此經，（沖）即依師學，屢擊大節；（其師）便捨徒衆，任沖轉教，即相續講三十餘遍。又遇可師親傳授者，依『南天竺一乘宗』講之，又得百遍。

沖公自從經術，專以楞伽命家，前後敷弘，將二百遍。……師學者苦請出義，乃告曰：『義者，道理也。言說已麤，況舒在紙，麤中之麤矣。』事不獲已，作疏五卷，題爲私記，今盛行之。

這一段說他從開皇寺三論宗轉到『專以楞伽命家。』我們從這一段裏又可以知道當年達摩一派曾自稱『南天竺一乘宗。』這個宗名起於楞伽經。楞伽是印度南邊的一個海島，有人指爲錫蘭島，今雖不能確知其地，但此經的布景是在南天竺的一島，開卷便說『一時佛在南海濱楞伽山頂，』故此經名『大乘入楞伽經。』經中（卷四）有云：

> 如醫療衆病，無有若干論，以病差別故，爲設種種治。我爲彼衆生，破壞諸煩惱，知其根優劣，爲彼說度門。非煩惱根異而有種種法。唯說一乘法，是則爲大乘。（此依宋譯。魏譯末句云『我唯一乘法八聖道清淨。』）

這是『南天竺一乘宗』的意義。

法沖是北方中興楞伽的大師，他的魄力氣度都很可觀。傳中說他到長安時，

> 弘福潤法師初未相識，曰，『何處老大德？』答，『兗州老小僧耳。』又問何爲遠至，答曰，『聞此少「一乘」，欲宣「一乘」教網，漉信地魚龍，故至。』潤曰，『斯實大心開士也！』

這是何等氣魄？傳中又說：

> 三藏玄奘不許講舊所翻經。沖曰，『君依舊經出家，若不許弘舊經者，君可還俗，更依新翻經出家，方許君此意。』奘聞遂止。

玄奘是當代最尊崇的偉人，也還壓不倒這個『兗州老小僧，』所以道宣稱他爲『強禦之士，不可及也。』他是偷

剃度的和尚，不肯改屬官籍。到近五十歲時，兗州官吏強迫他『入度』屬兗州法集寺。但他始終不受拘束，『一生遊道爲務，曾無栖泊。』僕射于志寧贊歎他道：『此法師乃法界頭陀僧也，不可名實拘之。』

法沖與道宣同時，道宣作傳時，法沖還生存，『至今麟德，（六六四——六六五）年七十九矣。』他生年約在隋開皇六年。（五八六）

法沖傳中詳說楞伽經的歷史和楞伽宗的師承，是我們研究此宗的重要史料：

其經（楞伽）本是宋代求那跋陀羅三藏翻，慧觀法師筆受，故其文理克諧，行質相貫，專唯念慧，不在話言。於後達摩禪師傳之南北，忘言忘念，無得正觀爲宗。後行中原，慧可禪師創得綱紐，魏境文學多不齒之。領宗得意者時能啓悟。今以人代轉遠，紕繆後學，可公別傳略已詳之。今敍師承，以爲承嗣，所學歷然有據：

達摩禪師後有慧可，慧育（達摩傳作道育）二人。育師受道心行，口未曾說。

可禪師後：粲禪師，惠禪師，盛禪師，那老師，端禪師，長藏師，眞法師，玉法師。（已上並口說玄理，不出文記。）

可師後：善老師，（出抄四卷）豐禪師，（出疏五卷）明禪師，（出疏五卷）胡明師。（出疏五卷）

遠承可師後：大聰師，（出疏五卷）道蔭師，（抄四卷）沖法師，（疏五卷）岸法師，（疏五卷）寵法師，（疏八卷）大明師。（疏十卷）

不承可師，自依攝論：（攝大乘論）遷禪師，（出疏四卷）尚德律師。（出入楞伽疏十卷）

那老師後：實禪師，惠禪師，曠法師，弘智師。（名住京師西明，身亡法絕。）

明禪師後：伽法師，寶瑜師，寶迎師，道瑩師。（並次第傳燈，于今揚化。）

這一份楞伽師承表裏達摩以下凡二十八人，其不承慧可之後而依攝大乘論治楞伽者二人，共三十八人。其所著疏抄（抄是疏之疏）共七十卷之多。此三十八人中，達摩，慧可，那老師，法沖均已詳見上文。那老師之後凡舉四人，而慧滿不在內，甚可怪。那師後四人中有曠法師，似是慧滿傳中提及的曇曠法師。可師後的明禪師也許就是慧暠傳（見上）中的苞山明法師，也許他先從慧可後來到南方又成了『興皇遺屬』了。

那位『不承可師自依攝論』的遷禪師，即是續僧傳卷二十二有長傳的『隋西京禪定道場釋曇遷』他本是太原人，研究華嚴，十地，維摩，楞伽等經；因北周滅法，他到南方，兼學『唯識』義，後得攝大乘論，『以爲全如意珠』。他後來北歸，就在北方創開攝論，兼講楞伽等經，起信等論，成爲一代大師。隋文帝的大興佛教，遍地起舍利塔，曇遷是一個主謀的人。他死在大業三年（六〇七），有攝論疏十卷，又有楞伽起信等疏。

餘人之中，最可注意的是可禪師後的粲禪師。後來楞伽宗推崇僧粲爲慧可傳法弟子，尊爲第三祖。但續僧傳不爲立傳，所可依據的只有法沖傳的七個字。此外只有卷十三辯義傳中有這樣一條：

仁壽四年（六〇四）春，〔辯義〕奉敕於廬州獨山梁靜寺起塔。初與官人案行置地，行至此山，……處既高敞，而恨水少，僧衆汲難。本有一泉，乃是僧粲禪師燒香求水，因即奔注。至粲亡後，泉涸積年。及將擬置〔塔〕一夜之間，枯泉還涌。

這裏的僧粲，好像就是楞伽宗慧可的弟子粲禪師。關於僧粲，史料最少，只有上文引的兩條。淨覺的楞伽師資記的粲禪師一傳也是毫無材料的胡謅；其中有根據的話也只有引續僧傳法沖傳的『可後粲禪師』一句。師資記中的粲傳因爲是八世紀前期的作品，値得鈔在這裏：

第四隋朝舒州思空山粲禪師，承可禪師後。其粲禪師，罔知姓位，不測所生。按續高僧傳曰，『可後粲禪師』。隱思空山，蕭然淨坐，不出文記，祕不傳法。唯僧道信奉事粲十二年，寫器傳燈，一一成就。粲印道信了了見性處，語信曰：『法華經云，「唯此一事，實無二，亦無三」。故知聖道幽通，言詮之所不逮；法身空寂，見聞之所不及。即文字語言，徒勞施設也。』

大師云，『餘人皆貴坐終，嘆爲奇異。余今立化，生死自由。』言訖，遂以手攀樹枝，奄然氣盡，終於皖公山，寺中見有廟影。（此下引『詳玄傳曰』一長段，乃是妄增篇幅。詳玄傳即詳玄賦，作者爲北周禪僧慧命，他的著作甚多，『文或隱逸，未喩於時。有注解者，世宗爲貴』。續僧傳卷二十一有長傳。詳玄賦久佚，今在淨覺書中保存原文及注的一部分，雖是妄加之文，也可寶貴。）

思空山（又作司空山）在安徽太湖縣西北，皖公山在安徽灊山縣西北，兩山緊相連。獨山在廬江縣西北，即是在皖公山之東。皖公山現有三祖寺。這一帶是僧粲故事的中心，似無可疑。辯義傳中所記的獨山的僧粲，即是那皖公山和司空山的僧粲，也似無可疑。師資記也苦於沒有材料，只好造出一段禪門常談，又造出『立化』的神話，還嫌太少，又鈔上了一大段詳玄賦和注！這樣枯窘的雜湊，至少可以證明關於僧粲的材料的實在貧乏了。

六　道信與弘忍

後來的傳說都說：慧可傳僧粲，僧粲傳道信。道信傳弘忍，是爲蘄州黃梅雙峯山的『東山法門』；道信又傳法融，是爲牛頭山支派。但在續僧傳裏僧粲承慧可之後是見於法沖傳的；僧粲與道信的關係卻沒有明說。道信傳弘忍是明說的；道信與法融的關係也沒有提起。（牛頭山的傳法世系是法融→智巖→惠方→法持→智威→玄素，見於李華所作玄素碑銘。此世系甚不可靠。續僧傳卷二十五有智巖傳，他是一個隋末武將，武德四年——西曆六二一——他四十多歲，棄官入舒州皖公山，從寶月禪師出家。寶月或與僧粲有關係；寶林傳卷八記慧可弟子八人，一爲寶月，『有一弟子名曰智巖，後爲牛頭第二祖師也。』智巖修頭陀苦行，晚年住石頭城癘人坊，爲癩人說法，吮膿洗濯。永徽五年——六五四——終于癘所，年七十八。法融死在其後三年，年僅六十四。後人稱法融爲第一祖，智巖爲第二祖，不但師承不同，年歲也倒置了。傳燈錄改智巖死年爲儀鳳二年——六七七——竟是移後二十三年，但這又在道宣死後十年，不應該入續僧傳了！）

續僧傳卷二十六有道信傳，說：

釋道信，姓司馬，未詳何人。初七歲時，經事一師，戒行不純；信每陳諫，以不見從，密懷齋檢，經於五載，而師不知。又有二僧，莫知何來，入舒州皖公山靜修禪業；（信）聞而往赴，便蒙授法；隨逐依學，遂經十年。師往羅浮，不許相逐。但於後住，必大弘益。國訪賢良，許度出家，因此附名，住吉州寺。

此傳但說兩個來歷不明的和尙『入舒州皖公山靜修禪業，』而不明說其中一個就是僧粲。皖公山雖然和僧粲傳說有關係，但我們不能證實那山裏修禪業的和尙就是僧粲。此傳中又有『師往羅浮』之說，後人因此就說往羅浮的也是僧粲。如敦煌本歷代法寶記說：

璨禪師……隱皖公山十餘年。……璨大師遂共諸禪師往羅浮山隱三年。

我們對於僧粲和道信的關係，現在只能說據七世紀道宣的記載，道信曾在皖公山跟着兩個不知名的和尙學禪業；但後來的傳說指定他的老師卽是僧粲。其說出於道信門下，也許有所根據；道信與他的弟子弘忍都住蘄州黃梅的雙峯山，其地離皖公山司空山不遠，他們的傳說也許是可靠的。

道信傳中說他從吉州欲往衡山，

路次江州，道俗留止廬山大林寺；雖經賊盜，又經十年。蘄州道俗請度江北黃梅。縣衆造寺；依然山行，（此句不通，我疑『依然』是『夷然』之誤。）遂見雙峯有好泉石，卽住終志。……自入山來三十餘載，諸州學道無遠不至。刺史崔義玄聞而就禮。

臨終語弟子弘忍『可爲吾造塔，命將不久。』又催急成。又問中（日中）未答欲至中。衆人曰，『和尙可不付囑耶？』曰，『生來付囑不少。』此語纔了，奄爾便絕。……卽永徽二年（六五一）閏九月四日也，春秋七十有二。

二三四

此傳似是根據碑傳材料，雖有神話，大致可信。如道信死日，我試檢陳垣的二十史朔閏表，永徽二年果閏九月。即此一端，可見此傳可信的程度。又如道信臨終無所付囑，這也是「付法傳衣」的神話起來之前的信史，可證此派原來沒有「付法傳衣」的制度。

道信在當時大概確是長江流域的一位有名大師。續僧傳裏，道信專傳之外，還有三處提到他：

（1）荊州神山寺玄爽傳（卷二十五）

玄爽，南陽人，早修聽行，見稱鄉邑。……既無所偶，棄而入道。遊習肆道，有空（有宗與空宗）俱涉。末聽龍泉寺璇法師，欣然自得，覃思遠詣，頗震時譽。又往蘄州信禪師所，伏請開道，亟發幽微。後返本鄉，唯存攝念，長坐不臥，繫念在前。……以永徽三年（六五二）十月九日遷神山谷。

看此傳，可知黃梅道信一派的禪法。

（2）荊州四層寺法顯傳（卷二十五）

法顯，南郡江陵人，十二出家四層寺寶冥法師，服勤累載，諮詢經旨。……有顗禪師，（智顗，即天台宗鉅子。）……隋煬徵下，迴返上流，於四層寺大開禪府。……（顯）遂依座筵，聞所未悟。……顗師去後，更求明，智，成，彥，習，皓等諸師，皆升堂覩奧，盡斲磨之思。及將冠具，歸依皓師，誨以出要之方，示以降心之術。因而返谷靜處閑居。……屬炎靈標季，荐羅戎火，餧殍相望，衆侶波奔。顯獨守大殿，確乎卓爾，且賫蔬水，中後絕漿。賊每搜求，莫之能獲。……

…自爾宴坐道安梅梁殿中三十餘載。貞觀之末，乃出別房。……夢見一僧威容出類，曰『可往蘄州見信禪師。』依言卽往雙峯，更清定水矣。而一生染疾，並信往業，受而不治。衣食節量，柔順強識。所住之寺五十餘年足不出戶。……永徽四年（六五三）正月十一日午時遷化，時年七十有七。

（3）衡岳沙門善伏傳（卷二十六）

善伏，一名等照，常州義興人。……五歲於安國寺兄才法師邊出家，布衣蔬食，日誦經卷，目覩七行，一聞不忘。貞觀三年（六二九）竇刺史聞其聰敏，追充州學。因爾日聽俗講，夕思佛義。……後逃隱出家，……至蘇州流水寺璧法師所，聽四經三論；又往越州敏法師所，周流經教，頗涉幽求；至天台超禪師所，示以西方淨土觀行。因爾廣行交桂廣循諸州，遇綜會諸名僧，諮疑請決。又上荊襄蘄部見信禪師，示以入道方便。又往廬山見遠公（晉時的慧遠）淨土觀堂。還到潤州巖禪師所，示以無生觀。後共暉才二師入桑梓山，行慈悲觀。……常在伏牛山，以虎豹爲同侶，食（飼）蚊蝱爲私行，視前六尺，未曾顧眄。經中要偈，口無輟音。……顯慶五年（六六〇）行至衡岳，……端坐而終。

像善伏這樣一位終身行腳，遊遍諸方的苦行和尙，曾到過黃梅見道信，當然不足奇怪。但像法顯那樣『五十餘年足不出戶』，也居然趕到雙峯去見道信，這可見黃梅教旨在當時的重要地位了。

道信有弟子弘忍，見於續僧傳的道信傳。弘忍死在高宗咸亨五年，（六七四）在道宣死後七年，故續僧傳無弘忍傳。宋贊寧續修的高僧傳成於宋太宗端拱元年，（九八八）已在道宣死後二百十一年，其中的弘忍傳（在卷八）已受了八世紀以下的傳說的影響，不很可信了。敦煌本楞伽師資記成於八世紀的前半，其中弘忍一傳全採玄賾的楞伽人法志，時代更早，比較的是最可信的史料。我們現在鈔玄賾此傳於下：

大師俗姓周，其先尋陽人，貫黃梅縣也。父早棄背，養母孝鄣（彰？）七歲奉事道信禪師，自出家處幽居寺，住度弘愍，懷抱貞純，緘口於是非之場，融心於色空之境，役力以申供養，法侶資其（具？）足焉。調心唯務渾儀，師獨明其觀照。四儀皆是道場，三業咸爲佛事。蓋靜亂之無二，乃語嘿之恆一。時四方請益，九衆師□；虛待實歸，月逾千計。生不矚文而義符玄旨。時荊州神秀禪師伏膺高軌，親受付囑。玄賾（楞伽人法志的作者自稱）以咸亨元年（六七〇）至雙峯山，恭承教誨，敢奉驅馳，首尾五年，往還三覲。道俗齊會，仂身供養，蒙示楞伽義，云：『此經唯心證了知，非文疏能解。』咸亨五年（六七四）二月，命玄賾等起塔，與門人運天然方石，累構嚴麗。月十四日，問塔成未，奉答已了。便云：『不可同佛涅槃之日。』乃將宅爲寺。又曰：『如吾一生，教人無數，好者並亡。後傳吾道者只可十耳。我與神秀論楞伽經，云（玄？）理通快，必多利益。資州智詵，白松山劉主簿，兼有文性；華州智藏，隨州玄約，憶不見之；嵩山老安深有道行；潞州法如，韶州惠能，揚州高麗僧智德，此並堪爲人師，但一方人物。越州義方，仍便講說。』又語玄賾曰：『汝之兼行，善自保愛。吾涅槃後，汝與神秀當以佛日再暉，心燈重照。』其月

二三八

十六日……中，面南宴坐，閉目便終。春秋七十四。

宋高僧傳說他死在上元二年（六七五）十月二十三日與此傳相差一年零九個多月。（咸亨五年八月改元上元。）玄賾自稱當日在弘忍門下，他的記載應該可信。玄賾死年已不可考，但淨覺於楞伽師資記自序中說中宗景龍二年（七〇八）勅召玄賾入西京，其時弘忍已死三十四年了，神秀已死二年了，玄賾必已是很老了。楞伽人法志成於神秀死（七〇六）後，大概作於七〇八年左右。

玄賾所記弘忍傳，有一點最可注意，就是弘忍臨死時說他的弟子之中有十人可傳他教法，那十人是：

（1）神秀

（2）資州智詵（死在七〇二，敦煌本歷代法寶記有傳，見大正大藏經二〇七五。）

（3）白松山劉主簿

（4）華州惠藏

（5）隨州玄約

（6）嵩山老安

（7）潞州法如

（8）韶州惠能

（9）揚州高麗僧智德

（10）越州義方

如果這段記載是可靠的，它的重要性是最可注意的。因爲這十一人（加玄賾）之內，我們已見着資州智詵和韶州慧能的名字了。智詵是成都淨衆寺和保唐寺兩派的開山祖師，又是馬祖的遠祖。慧能是曹溪『南宗』的祖師，後來他的門下神會和尙舉起革命的大旗，推翻了神秀一宗的法統。當玄賾著人法志的時候，曹溪淨衆保唐三派都還不曾大露頭角，法統之爭還不曾開始，所以玄賾的記載應該是最可信的。大曆（七六六——七七九）以後，保唐寺一派所作歷代法寶記（大正大藏經二〇七五頁一八二）有弘忍傳，全採楞伽師資記的材料，也有這傳法弟子十一人，但因時代不同，曹溪一宗已佔勝利，故法寶記把這十一人的次第改過了，成了這個樣子：

又云吾一生教人無數，除慧能，餘有十爾：神秀師，智詵師，智德師，玄賾師，老安師，法如師，惠藏師，玄約師，〔義方師〕劉主簿雖不離我左右，汝各一方師也。

這裏把慧能提出，是已承認慧能眞是傳衣得法的冢子了。

我們看八世紀初年玄賾的記載，至少可以承認這一點：當八世紀之初，楞伽宗的大師神秀在北方受帝王和民間的絕大崇敬的時候，楞伽宗的玄賾在他的楞伽人法志裏正式記載韶州慧能是弘忍的十一個大弟子之一。但我們同時也可以承認在那時候，並沒有袈裟傳信的法統說，也沒有神秀與慧能作偈明心，而弘忍半夜傳衣法與慧能之說。

淨覺所記，除全引玄賾的弘忍傳之外，他自己還有幾句話值得我們的注意。淨覺說：

> 其忍大師蕭然靜坐，不出文記，口說玄理，默授與人。在人間有禪法一本，云是忍禪師說者，謬言也。

這是很謹嚴的史家態度。續藏經（第二編，第十五套，第五册）有弘忍的最上乘論一卷；巴黎所藏敦煌寫本中有『蘄州忍和尚道凡趣聖悟解脫宗修心要論一卷』，即是最上乘論。這大概就是淨覺在八世紀所否認的忍大師『禪法一本』了。

七　神秀

弘忍死在高宗咸亨五年。（六七四）這時候，蘄州黃梅雙峯山的一門，有道信弘忍兩代大師的繼續提倡，已成爲楞伽禪法的一個大中心，人稱爲『東山淨門』，又稱爲『東山法門』。弘忍死後，他的弟子神秀在荊州玉泉寺（天台大師智顗的舊地）大開禪法二十五六年中，『就者成都，學來如市。』則天皇帝武后的久視元年，（七〇〇）她下詔請神秀到東京；次年（大足元年，七〇一）神秀到了東京。宋之問集中有『爲洛下諸僧請法事迎秀禪師表，』可以使我們知道神秀在當時佛教徒心目中的崇高地位。表文中說：

伏見口月口日勅遣使迎玉泉寺僧道秀。（即神秀）陛下載弘佛事，夢寐斯人；諸程指期，朝夕詣闕。此僧契無生至理，傳東山妙法，開室巖居，年過九十，形彩日茂，弘益愈深。兩京學徒，羣方信士，不遠千里，同赴五門，衣鉢魚頡於草堂，菴廬雁行於邱阜。雲集霧委，虛往實歸。隱三楚之窮林，繼一佛而揚化。栖山好遠，久在荆南，與國有緣，今還豫北。九江道俗戀之如父母，三河士女仰之猶山嶽。謂宜緇徒野宿，法事郊迎，若使輕來赴都，遐邇失望。威儀俗尚，道秀所忘；崇敬異人，和衆之願。……謹詣闕奉表，請與都城徒衆將法事往龍門迎道秀以聞。輕觸天威，伏深戰越。（全唐文卷二四〇）

看這表文，可見神秀名譽的遠播，和北方佛教徒對他的熱誠歡迎。張說的大通禪師碑銘說：

久視年中，禪師春秋高矣，詔請而來，趺坐覲君，肩輿上殿；屈萬乘而稽首，洒九重而宴居。傳聖道者不北面，有盛德者無臣禮。遂推為兩京法主，三帝（武后，中宗，睿宗）國師。仰佛日之再中，慶優曇之一現。……每帝王分座，后妃臨席，鵷鷺四匝，龍象三繞。時熾炭待礦，故對默而心降；時診飢投味，故告約而義領。一雨溥霑於衆緣，萬籟各吹於本分。

這是帝后宮廷方面的隆禮。其實這時候的神秀已是太老了。碑文中說他『久矣衰憊，無他患苦；魄散神全，形遺力謝。』他北來才六年就死在神龍二年。（七〇六）張說碑文中說：

蓋僧臘八十矣。生於隋末，百有餘歲，未嘗自言，故人莫審其數也。

張說也曾拜在神秀門下，故他撰此碑文，很用氣力。他敍述神秀是陳留尉氏人，

> 少爲諸生，游問江表。老莊玄旨，書易大義，三乘經論，四分律儀，說通訓詁，音參吳晉。逮知天命之年，（五十歲）自拔人間之世。企聞蘄州有忍禪師，禪門之法胤也。自菩提達摩東來，以法傳慧可，慧可傳僧璨，僧璨傳道信，道信傳弘忍，繼明重跡，相承五光。乃不遠遐阻，翻飛謁詣。虛受與沃心懸會，高悟與眞乘同徹。盡捐妄識，湛見本心。……服勤六年，不捨晝夜。大師嘆曰，『東山之法盡在秀矣！』命之洗足，引之並坐。於是涕辭而去，退藏於密。儀鳳中（六七六——六七八）始隸玉泉，名在僧錄。寺東七里，地坦山雄，目之曰，『此正楞伽孤峯，度門蘭若，蔭松藉草，吾將老焉。』

他雖屬玉泉寺，而另住寺東的山上，這也是頭陀行的『阿蘭若處』的生活。宋之問表文中也說他『開室巖居，』與此碑互證。因爲他住在山巖，來學的人須自結茅菴，故宋之問表文有『菴廬雁行於邱阜』之語。

張說的碑文說達摩以下的師承世系，只是神秀自敍他的蘄州東山一派的師承。我們看了續僧傳的達摩，慧可，法沖各傳，應該明白達摩以下，受學的人很多，起自東魏北齊，下至初唐，北起鄴下，南至嶺南，東至海濱，西至成都綿梓，都有達摩慧可的後裔。單就慧可的弟子而論，人名可考者已有十二三人。僧粲一支最少記載，而他的派下道信與弘忍兩代繼住黃梅，就成爲一大宗派。神秀所述世系只是這僧粲道信弘忍一支的世系，而後來因爲神秀成了『兩京法主，三帝國師，』他的門下普寂，義福，玄賾等人又繼續領衆，受宮廷與全國的尊崇，——因爲這個緣故，

天下禪人就都紛紛自附於『東山法門』，就人人都自認爲僧粲道信一支的法嗣了。人人都認神秀碑文中的法統，這正是大家攀龍附鳳的最大證據。南北朝的風氣，最重門閥，故碑傳文字中往往敍門第祖先很詳，而敍本身事蹟很略。和尙自謂出世，實未能免俗，故張燕公的大通禪師碑的達摩世系就成了後來一切禪宗的世系，人人自稱是達摩子孫，其實是人人自附於僧粲道信一支的孫子了！

張說的碑文中有一段說神秀的教旨：

其開法大略，則慧念以息想，極力以攝心。其入也，品均凡聖；其到也，行無前後。趣定之前，萬緣皆閉；發慧之後，一切皆如。持奉楞伽，遞爲心要。過此以往，未之或知。

此段說的很謹愼，在這裏我們可以看見道宣所述達摩教旨的大意還都保持着。這種禪法，雖然已很簡單了，但仍然很明顯的是一種漸修的禪法。楞伽一宗既用楞伽經作心要，當然是漸修的禪學。楞伽經（卷一）裏，大慧菩薩問：

世尊云何淨除一切衆生自心現流？爲頓爲漸耶？

佛告大慧：

漸淨，非頓。如菴羅果，漸熟非頓，如來淨除一切衆生自心現流，亦復如是，漸淨非頓。譬如陶家造作諸器，漸成非頓，如來淨除一切衆生自心現流，亦復如是，漸淨非頓。譬如大地漸生萬物，非頓生也，如來淨除一切衆生自心現流，亦復如是，漸淨非頓。譬如人學音樂書畫種種伎術，漸成非頓，如來淨除一切衆生自心現流，亦復如

是漸成非頓。（用宋譯本）

這是很明顯的漸法。楞伽宗的達摩不廢壁觀，直到神秀也還要『慧念以息想，極力以攝心，』這都是漸修的禪學。懂得楞伽一宗的漸義我們方才能夠明白慧能神會以下的『頓悟』教義當然不是楞伽宗的原意，當然是一大革命。

> 楞伽師資記有神秀傳，也是全採玄賾的楞伽人法志，大旨與張說碑文相同，但其中有云：
>
> 其秀禪師……禪燈默照言語道斷心行處滅，不出文記。

這也是重要的史料。張說碑文中也不提起神秀有何文記。後來宗密（死在八四一）在圓覺大疏抄（卷三下）裏述神秀的禪學提起『北宗五方便法門』一書。巴黎所藏敦煌寫本中有『北宗五方便法門』兩本，卽是此書，大概是八世紀中葉以後的作品，不是神秀所作。

八　楞伽宗的被打倒

張說大通禪師碑文中的傳法世系，依我們上文的考據，若單作僧粲道信一系的譜系看，大致都有七世紀的史料作證明，不是沒有根據的。此碑出後，這個譜系就成爲定論。李邕作嵩岳寺碑和大照禪師（普寂）碑，（全唐文卷二六二——二六三）嚴挺之作大證禪師（義福）碑，（全唐文卷二八〇）都提到這個譜系。義福死在開元二十年，（七三二）

普寂死在開元二十七年（七三九）在八世紀的前期，這一系的譜系從沒有發生什麼疑問。

但普寂將死之前五年（七三四）忽然在滑臺大雲寺的無遮大會上，有一個南方和尚名叫神會，出來攻擊這個譜系。他承認這譜系的前五代是不錯的，但第六代得法弟子可不是荊州的神秀，乃是韶州的慧能。神會說：

> 達摩……傳一領袈裟以爲法信，授與慧可，慧可傳僧璨，璨傳道信，道信傳弘忍，弘忍傳慧能，六代相承，連綿不絕。

這是新創的『袈裟傳法』說，自道宣以來，從沒有人提起過這個傳法的方式。但神會很大膽的說：

> 秀禪師在日，指第六代傳法袈裟在韶州，口不自稱爲第六代。今普寂禪師自稱第七代，妄豎和尚爲第六代，所以不許。

這時候，神秀久已死了，死人無可對證，只好由神會去揑造。神會這時候已是六十七歲的老和尚。我們想像一位眉髮皓然的老和尚在那莊嚴道場上大聲指斥那個『名字蓋國，天下知聞』的普寂國師，大聲的喊道：

> 神會今設無遮大會，莊嚴道場，不爲功德，爲天下學道者定宗旨，爲天下學道者辨是非。

這種驚人的控訴，這種大膽的挑戰，當然是很動人的。從此以後，神秀一支的傳法譜系要大動搖了，到了後來，竟被那個南方老和尚完全推翻了。

這段很動人的爭法統的故事，我在我的『荷澤大師神會傳』（神會遺集卷首）裏已說的很詳細，我現在不用複述了。簡單說來，神會奮鬥了二十多年（七三四——七六〇）的結果，神秀的法統終於被推翻了。八世紀以後，一切禪學史料上只承認下列的新法統：

達摩→慧可→僧粲→道信→弘忍→慧能

一千一百年來大家都受了這個新法統史的迷惑，都不相信張說李邕嚴挺之幾枝大手筆在他們的大碑傳裏記載的神秀法統了。

* * * * *

我們這篇考證，只是要證明神秀碑文內所記的世系是有歷史根據的楞伽宗的僧粲一支的道信一派的世系。在我們現在所能得到的可靠史料裏，我們沒有尋到一毫證據可以證明從達摩到神秀的二百年中這一個宗派有傳袈裟爲傳法符信的制度。所以我們的第一個結論是：袈裟傳法說完全是神會捏造出來的假歷史。

神會攻擊神秀普寂一派『師承是傍，法門是漸。』（用宗密的禪門師資承襲圖的話。）依我們的考證，神秀是弘忍的大弟子，有同門玄賾的證明，有七世紀末年南北大衆的公認，是無可疑的。至於慧能和弘忍的關係，我們也有玄賾的證明，大概在七世紀的末年八世紀的初年，慧能的教義已在南方稍稍露頭角了，所以玄賾把他列爲弘忍的十大弟子之一。所以我們的第二個結論是：神秀與慧能同做過弘忍的弟子，當日既無袈裟傳法的事，也沒有『旁』『嫡』的分別。『師承是傍』的口號不過是爭法統時一種方便而有力的武器。

至於『法門是漸』一層，我們在七八世紀的史料裏只看見達摩一宗特別注重楞伽經，用作本宗的『心要』。這部經典的禪法，不但不曾掃除向來因襲的『一百八義』的煩瑣思想，並且老實主張『漸淨非頓』的方法。所以我們的第三個結論是：漸修是楞伽宗的本義，這一宗本來『法門是漸』，頓悟不是楞伽的教義，他的來源別有所在。（看神會傳頁二六三——二七五）

最後，我們的第四個結論是：從達摩以至神秀，都是正統的楞伽宗。慧能雖然到過弘忍的門下，他的教義——如果壇經所述是可信的話——已不是那『漸淨非頓』的楞伽宗旨了。至於神會的思想，完全提倡『頓悟』，完全不是楞伽宗的本義。所以神會的語錄以及神會一派所造的壇經裏，都處處把金剛般若經來替代了楞伽經。日本新印出來的敦煌寫本神會語錄（鈴木貞太郎校印本）最末有達摩以下六代祖師的小傳，其中說：

(1)達摩大師乃依金剛般若經，說如來知見，授與慧可。……

(2)達摩大師云，『金剛經一卷，直了成佛。汝等後人，依般若觀門修學。……』

(3)可大師……奉事達摩，經於九年，聞說金剛般若波羅經，言下證如來知見。……

(4)璨禪師奉事〔可大師〕，經依金剛經，說如來知見，言下便悟。……

(5)信禪師奉事〔璨禪師〕，師依金剛經，說如來知見，言下便證無有衆生得滅度者。……

(6)忍禪師奉事〔信大師〕，依金剛經，說如來知見，言下便證最上乘法。……

（7）能禪師奉事（忍大師），師依金剛經說如來知見，言下便證若此心有住則爲非住。……

（8）能大師居漕溪，來住四十年，依金剛經重開如來知見。……

我們看這八條，可知神會很大膽的全把金剛經來替代了楞伽經。楞伽宗的法統是推翻了，楞伽宗的『心要』也掉換了。所以慧能神會的革命，不是南宗革了北宗的命，其實是一個般若宗革了楞伽宗的命。

一九三五，四，十二。

楞伽師資記序

民國十五年（一九二六）九月八日，我在巴黎國立圖書館讀了敦煌寫本楞伽師資記，當時我就承認這是一篇重要的史料。不久我回到倫敦，又在大英博物院讀了一種別本。這兩種本子，我都托人影印帶回來了。五年以來，我時時想整理這書付印，始終不曾如願。今年朝鮮金九經先生借了我的巴黎倫敦兩種寫本校寫爲定本，用活字印行。印成之後，金先生請我校勘了一遍，他又要我寫一篇序。我感謝金先生能做我所久想做的工作，就不敢辭謝他作序的請求了。

楞伽師資記的作者淨覺，倫敦本作

東都沙門釋淨覺居太行山靈泉谷集

巴黎本『谷』作『會』，又删『集』字，就不可解了。全唐文卷三二七有王維的『大安國寺故大德淨覺師塔銘』一篇，說：

禪師法名淨覺，俗姓韋氏，孝和皇帝庶人（韋后）之弟也。……將議封拜，禪師……裂裳裹足以宵遁，……入太行山，削髮受具。……聞東京有頤大師，乃脫履戶前，摳衣坐下。……大師委運，遂廣化緣。……門人與宣父中分麋食與封君相比。……

此文與師資記的自序相印證。原序說淨覺之師安州大和尚，（即玄賾，王維文作頤大師。）

大唐中宗孝和皇帝景龍二年，勅召入西京，便於東都廣開禪法。淨覺當衆歸依，一心承事。

王維碑文中記淨覺死於『某載月日，』但王維死在乾元二年，（七五七）而淨覺歸依玄賾在中宗景龍二年頃，（七〇八）我們可以推想淨覺死在開元天寶之間，約在西曆七四〇左右。

此書著作的年代也不可考，但記中述神秀的門下普寂敬賢義福惠福四個禪師，『宴坐名山，澄神邃谷，』可見作此記時，普寂等四人都生存。義福死在開元二十四年，（七三六）普寂死在開元二十七年。（七三九）我們可以推想此記作於開元時，正當楞伽宗大師勢力最盛時。

楞伽宗託始於菩提達摩。達摩來自南印度，而大乘入楞伽經顧名思義正是南方經典，所以達摩教人只讀楞伽一經。慧可以下，承襲此風，就成爲『楞伽宗，』又稱爲『南天竺一乘宗。』此宗的歷史有兩處重要的記載：其一部分在道宣的續高僧傳『習禪』項下菩提達摩傳及僧可傳；其又一部分埋沒在續高僧傳『感通』項下法沖傳內。依達摩傳及僧可傳，此宗的世系如下：

達摩——僧副
　　——慧可——那禪師——慧滿

- 道育
- 林法師
- 向居士
- 化公
- 廖公
- 和禪師

慧滿死在貞觀十六年（六四二）以後，正和道宣同時，而道宣已說：

> 人世非遠，碑記罕聞，微言不傳，清德誰序？深可痛矣。

道宣的續僧傳自序中明說『始距梁之始運，終唐貞觀十有九年（六四五）』但他後來陸續增添了不少的材料。法沖一傳就是他新添的材料。傳中說法沖

> 顯慶年（六五六—六六〇）言旋東夏，至今麟德（六六四—六六五）年七十九矣。

這已在續僧傳初稿成書之後二十年了。再過兩年（六六七）道宣自己也死了。法沖是道宣晚年垂死時候認得的，所以法沖傳中的材料都不曾整理，也不曾併入達摩僧可兩傳。

法沖傳中說：

沖以楞伽奧典沉淪日久，所在追訪，無憚夷險。會可師後裔盛習此經，卽依師學，屢擊大節，便捨徒衆，任沖轉教，卽相續講三十餘遍。又遇可師親傳授者，依『南天竺一乘宗』講之，又得百遍。

其經本是宋代求那跋陀羅三藏翻，慧觀法師筆受，故其文理克諧，行質相貫，專唯念慧，不在話言。於後達摩禪師傳之南北，忘言忘念，無得正觀爲宗。後行中原，慧可禪師創得綱紐。魏境文學多不齒之。領宗得意者時能啓悟。今以人代轉遠，紕繆後學，可公別傳略以詳之。今敍師承，以爲承嗣，所學歷然有據：

(1)達摩禪師後有慧可慧育二人。

育師受道心行，口未曾說。

(2)可禪師後：粲禪師，惠禪師，盛禪師，那老師，端禪師，長藏師，眞法師，玉法師。

以上並口說玄理，不出文記。

(3)可師後：善師，(出抄四卷) 豐禪師，(出疏五卷) 明禪師，(出疏五卷) 胡明師。(出疏五卷)

(4)遠承可師後：大聰師，(出疏五卷) 道蔭師，(抄四卷) 沖法師，(疏五卷) 岸法師，(疏五卷) 寵法師，(疏八卷) 大明師。(疏十卷)

(5)不承可師，自依攝論者：遷禪師，(出疏四卷) 尙德禪師。(出入楞伽疏十卷)

(6)那老師後：實禪師，惠禪師，曠法師，宏智師。(名住京師西明，身亡法絕。)

(7)明禪師後：伽法師，寶瑜師，寶迎師，道瑩師。（並次第傳燈，於今揚化。）

沖公自從經術，專以楞伽名家，前後敷弘，將二百遍。須便爲引，曾未涉文。……師學者苦請出義，……事不獲已，作疏五卷，題爲私記，今盛行之。

法沖當高宗麟德時年七十九，推上去，可以推算他生於陳末隋初，當隋文帝開皇六年。（五八六）

我們看了道宣兩次的記載，可以知道當七世紀後期（六六四—五）時，楞伽宗的勢力已很大了，楞伽經的疏和抄（抄也是疏的一種，往往比疏更繁密）已有十二家七十卷之多。我們又知道此宗已有『南天竺一乘宗』之名了。一乘之名是對於當日的大乘小乘之爭的一種挑戰，這名目裏已含有革命的意義了。法沖傳說：

弘福潤法師初未相識，曰：『何處老大德？』法沖答：『兗州老小僧耳。』又問何爲遠至，答曰：『聞此少一乘，欲宣一乘教綱，漉信地魚龍，故至。』

這是何等氣象！

但是到了七世紀的末年和八世紀的初年，—武后的晚年，—荊州玉泉寺的一個有名的和尚神秀禪師正受全國人的崇敬，武后把他請入洛陽（七〇一）往來兩京，人稱爲『兩京法主，三帝國師。』神秀也自稱是楞伽宗的一派，但他自有他的傳授世系，自稱出于蘄州東山的弘忍的門下，號爲『東山法門。』他的世系表見於張說作的大通禪師碑銘，是這樣的：

「達摩——慧可——僧粲——道信——弘忍——神秀」

這表裏只有前三代是道宣所記的，粲以下的道信弘忍就都是道宣不知道的了。

神秀做了六年（七〇一—七〇六）的國師，就使那冷落的楞伽宗成為天下最有名的正宗禪學。神秀死後，他的弟子普寂義福敬賢惠福等繼續受政府的崇敬，普寂義福的地位更高崇尊榮不下於神秀。八世紀的前四十年眞是楞伽宗「勢焰薰天」的時代！

當時就有楞伽宗的和尚著作他們的宗門譜系了。淨覺的老師，安州壽山寺的玄賾，也是神秀的同門，著作了一部楞伽人法志，就是這些譜系中的一種。此書已不傳了，我們感謝淨覺在這楞伽師資記中保存了一篇弘忍傳及一篇神秀傳。玄賾的弘忍傳（本書頁二四—二五）記弘忍死於高宗咸亨五年，（六七四）臨死時說他的弟子之中，只有十人可傳他的教法。那十人是：

(1)神秀

(2)資州智詵

(3)白松山劉主簿

(4)莘州惠藏

(5)隨州惠約

(6)嵩山老安

(7)潞州法如

(8)韶州惠能

(9)揚州高麗僧智德

(10)越州義方

此外自然是受付託的玄賾自己了。

這是最重要的記載，因爲在這十一位弟子裏面，我們已見着智詵和惠能的名字了。智詵是淨衆寺和保唐寺兩大派的開山祖師，又是馬祖的遠祖。惠能是曹溪南宗的開山祖師，將來他的門下就成了楞伽宗的革命領袖。這時候淨衆，保唐，曹溪三派都不曾大露頭角，玄賾的記載應該是可信任的。關于弘忍的事蹟與弟子錄，玄賾的短傳要算是最古的史料，所以最可信。玄賾在神秀傳中說他「不出文記」。淨覺也說弘忍「不出文記，」又說：

在人間有禪法一本云是忍禪師說者，謬言也。

這都是考訂禪宗史料的重要證據。

淨覺此書，是繼續玄賾的楞伽人法志而作的。玄賾的弘忍神秀兩傳都很謹嚴，他的全書體例雖已不可考，然而我們從這兩傳推想，可以想見玄賾的書必是根據于比較可信的史料，編成了一部簡明的楞伽宗史。但淨覺似乎不滿意於他的老師的謹嚴的歷史方法，所以他重編了這部師資記。『師資』（源出於老子二十七章）只是師和弟子。淨覺這部書有兩項特點：

第一，他在當時公認的六代世系之上，加上了那位翻譯楞伽經的求那跋陀羅，尊爲第一代。這一來，就開了後代揑造達摩以上的世系的惡風氣了。

第二，他有『述學』的野心，於是他在每一代祖師的傳記之後，各造出了很長的語錄。這一來，又開了後世揑造語錄和話頭公案的惡風氣了。

他所記各人的學說，最謹嚴的是達摩的四行，全都是根據于道宣的續僧傳的。他說：

> 此四行是達摩禪師親說，餘則弟子曇林記師言行，集成一卷，名之爲達摩論也。菩提師又爲坐禪衆釋楞伽要義一卷，有十二三紙，亦名達摩論也。此兩本論文，文理圓滿，天下流通。自外更有人僞造達摩論三卷，文繁理散，不堪行用。

這總算是很謹嚴的史家態度。

但他記的求那跋陀羅的語錄是可信的嗎？惠可的語錄可信嗎？道信的長篇語錄可信嗎？這都是很可疑問的了。最奇怪的是粲禪師傳下既說他『蕭然淨坐，不出文記』了，後面又附上幾段有韻的『詳玄傳』，連註文全抄上去。這樣不倫不類的編纂法，眞使我們失望了。

淨覺此書究竟是八世紀前期的一部楞伽宗小史。其中雖有很可疑的材料，但他使我們知道八世紀前期已有這種材料，這就是他的大功勞了。即知道信傳中的語錄固然大可懷疑，但我們若把這些語錄當作八世紀前半的人編造的禪宗思想，這就是重要史料了。況且他使我們知道當八世紀前半已有了三種達摩論；已有了道信的菩薩戒法，及制入道安心要方便法門；已有了忍禪師的禪法一本。在消極的方面，他的記載使我們知道那時候還沒有信心銘，還沒有北宗五方便法門。這都是我們應該感謝淨覺這部書的。

民國二十年十一月十五夜

荷澤大師神會傳

參考書

神會語錄 敦煌本

六祖壇經 敦煌本 又明藏本

菩提達磨南宗定是非論 敦煌本

歷代法寶記 敦煌本

宗密的慧能神會略傳 圓覺大疏鈔卷三下，（省稱「圭傳」）文多錯誤，用宗密圓覺經略疏鈔（省稱「略鈔」）及清遠圓覺經疏鈔隨文要解（省稱「隨解」）兩本參校。

宗密 禪門師資承襲圖（省稱「圭圖」）

宗密 禪源諸詮集都序（省稱「禪源序」）

贊寧 宋高僧傳卷八（省稱「宋僧傳」）

道原 景德傳燈錄卷五（省稱「燈錄」）

全唐文

唐文拾遺

曹溪大師別傳　續藏經二編乙，十九套，五冊。

一　神會與慧能

神會，襄陽人，姓高氏。（圭傳作姓萬，又作姓嵩，皆字之誤。各書皆作高。）宋高僧傳說他

> 年方幼學，厥性惇明。從師傳授五經，克通幽賾；次尋莊老，靈府廓然。覽後漢書，知浮圖之說，由是於釋教留神，乃無仕進之意。辭親投本府國昌寺顥元法師下出家。其諷誦羣經，易同反掌。全大律儀，匪貪講貫。聞嶺表曹侯溪慧能禪師盛揚法道，學者駿奔，乃效善財南方參問。裂裳裹足，以千里爲跬步之間耳。……
>
> 居曹溪數載，後徧尋名跡。

宋僧傳所據似是碑版文字，其言最近情理。王維受神會之託，作慧能碑文，末段云：

> 弟子曰神會，遇師於晚景，聞道於中年。

圭傳與燈錄都說神會初見慧能時，年十四，則不得爲「中年」。慧能死於先天二年（七一三）年七十六。宋僧傳說神會死於上元元年（七六〇）年九十三歲。据此，慧能死時，神會年已四十六歲，正是所謂「遇師於晚景，聞道於中

年。』圭傳說神會死於乾元元年，（七五八）年七十五，則慧能死時他只有三十歲；燈錄說他死於上元元年，（七六〇）年七十五，則慧能死時他只有二十八歲，都不能說是『中年』。以此推之，宋僧傳似最可信，王維碑文作於神會生時，最可以爲證。

圭傳又說神會先事北宗神秀三年，神秀被召入京（在七〇〇年）他才南遊，依曹溪慧能，其時年十四。宗密又於慧能略傳下說：

> 有襄陽神會，年十四，往謁。因答『無住（本作位，依燈錄改）爲本，見卽是主，』（主字本作性，依燈錄改，）杖（本作校，略鈔作杖，隨解云，以杖試爲正。）試諸難，夜喚審問，兩心既契，師資道合。
>
> 神會北遊，廣其聞見，於西京受戒，景龍年中（西曆七〇七—七〇九）卻歸曹溪。大師知其純熟，遂默授密語。緣達磨懸記，六代後命如懸絲，遂不將法衣出山。（圓覺大疏鈔卷三下）

宗密在禪門師資承襲圖裏引『祖宗傳記』云：

> 年十四來謁和尚。和尚問『知識遠來大艱辛，將本來否？』答，『將來。』『若有本，卽合識主。』答，『神會以無住爲本，見卽是主。』大師云，『遮沙彌爭敢取次語！』便以杖亂打。師於杖下思惟，『大善知識歷劫難逢。今既得遇，豈惜身命？』

傳燈錄全採此文，幾乎不改一字。宗密自言是根據于『祖宗傳記』，可見此種傳說起于宗密之前。宗密死于會昌五年，（八四一）已近九世紀中葉了。其時神會久已立爲第七祖，此項傳說之起來，當在八世紀下期至九世紀之間。宋僧傳多採碑傳，便無此說，故知其起於神會死後，是碑記所不載的神話。

> 大概神會見慧能時，已是中年的人；不久慧能便死了。敦煌本壇經說：先天二年，慧能將死，與衆僧告別，法海等衆僧聞已，涕淚悲泣，唯有神會不動，亦不悲泣。六祖言：『神會小僧卻得善等，（明藏本作『善不善等』）毀譽不動。餘者不得。……』

最可注意的是慧能臨終時的預言，——所謂『懸記』：

> 上座法海向前言，『大師，大師去後衣法當付何人？』大師言，『法卽付了，汝不須問。吾滅後二十餘年，邪法遼亂，惑我宗旨。有人出來，不惜身命，第佛教是非，豎立宗旨，卽是吾正法。衣不合轉。……』

此一段今本皆無，僅見於敦煌寫本壇經，此是壇經最古之本，其書成於神會或神會一派之手筆，故此一段暗指神會在開元天寶之間『不惜身命，第佛教是非，豎立宗旨』的一段故事。

更可注意的是明藏本的壇經（縮刷藏經本）也有一段慧能臨終的懸記，與此絕不相同，其文云：

> 又云：吾去七十年，有二菩薩從東方來，一出家，一在家，同時興化，建立吾宗，締緝伽藍，昌隆法嗣。

這三十七個字，後來諸本也都沒有。明藏本壇經的原本出於契嵩的改本。契嵩自稱得着『曹溪古本』，其實他的底本有兩種，一是古本壇經，與敦煌本相同；一是曹溪大師別傳，有日本傳本。依我的考證，曹溪大師別傳作於建中二年，（七八一）正當慧能死後六十八年，故作者揑造這段懸記。契嵩當十一世紀中葉，已不明瞭神會當日『豎立宗旨』的故事了，故改用了這一段七十年後的懸記。（參看我的『跋曹溪大師別傳』）

二十餘年後建立宗旨的預言是神會一派造出來的，此說有宗密爲證。宗密在禪門師資承襲圖裏說：

傳末又云和尚（慧能）將入涅槃，默受密語於神會，語云『從上已來相承准的只付一人。內傳法印，以印自心，外傳袈裟，標定宗旨。然我爲此衣幾失身命。達磨大師懸記云：至六代之後，命如懸絲。卽汝是也。是以此衣宜留鎮山。汝機緣在北，卽須過嶺。二十年外，當弘此法，廣度衆生。』

這是一證。宗密又引此傳云：

和尚臨終，門人行滔，超俗，法海等問和尚法何所付。和尚云『所付囑者，二十年外，於北地弘揚。』又問誰人。答云『若欲知者，大庾嶺上以網取之。』（原注：相傳云，嶺上者，高也。荷澤姓高，故密示耳。）

這是二證。凡此皆可證壇經是出於神會或神會一派的手筆。敦煌寫本壇經留此一段二十年懸記，使我們因此可以考知壇經的來歷，眞是中國佛教史的絕重要史料。關於壇經問題，後文有詳論。

二　滑臺大雲寺定宗旨

宋僧傳說神會

居曹溪數載後徧尋名跡。開元八年，（七二〇）敕配住南陽龍興寺。續於洛陽大行禪法，聲彩發揮。

開元八年，神會已五十三歲始住南陽龍興寺。神會語錄第一卷中記南陽太守王粥（弼？）及內鄉縣令張萬頃問法的事，又記神會『問人口債』到南陽見侍御史王維，王維稱『南陽郡有好大德有佛法甚不可思議。』這都可見神會曾在南陽；因爲他久住南陽，故有債可討。

圭傳說：

又因南陽答王趙公三車義，名漸聞於名賢。

王趙公即王琚，是玄宗爲太子時同謀除太平公主一黨的大功臣，封趙國公。開元天寶之間他做過十五州的刺史，兩郡的太守。十五州之中有鄧州，他見神會當是他做鄧州刺史的時代，約在開元晚年。（他死在天寶五年。）三車問答全文見神會語錄第一卷。

据南宗定是非論（神會語錄第二卷）神會於開元二十二年（七三四）正月十五日在滑臺大雲寺設無遮大會，建立南宗宗旨，並且攻擊當日最有勢力的神秀門下普寂大師。這正是慧能死後的二十一年。圭傳說：

能大師滅後二十年中，曹溪頓旨沉廢於荊吳，嵩嶽漸門熾盛於秦洛。普寂禪師，秀弟子也，謬稱七祖，二京法主，三帝門師，朝臣歸崇，敕使監衞。雄雄若是，誰敢當衝？嶺南宗途甘從毀滅。

此時確是神秀一派最得意之時。神秀死於神龍二年，（七〇六）張說作大通禪師碑，稱爲『兩京法主，三帝國師。』

（三帝謂則天帝中宗睿宗。）神秀死後他的兩個大弟子，普寂和義福，繼續受朝廷和民衆的熱烈的尊崇。義福死於開元二十四年，謚爲大智禪師；普寂死於二十七年，謚爲大照禪師。神秀死後，中宗爲他在嵩山嶽寺起塔此寺遂成爲此宗的大本營，故宗密說『嵩岳漸門熾盛於秦洛。』

張說作神秀的碑，始詳述此宗的傳法世系如下：

> 自菩提達磨天竺東來以法傳慧可慧可傳僧璨，僧璨傳道信，道信傳弘忍，繼明重跡，相承五光。（全唐文二三一）

這是第一次記載此宗的傳法世系。李邕作嵩岳寺碑也說：

> 達摩菩薩傳法於可，可付於璨，璨受於信，信恣於忍，忍鍾於今和尙寂。（全唐文二六三）

這就是宗密所記普寂『謬稱七祖』的事。神會語錄（第三卷）也說：

> 今普寂禪師自稱第七代，妄豎和尙（神秀）爲第六代。

李邕作大照禪師碑也說普寂臨終時

> 誨門人曰，吾受託先師，傳茲密印。遠自達摩菩薩導於可，可進於璨，璨鍾於信，信傳於忍，忍授於大通，大通貽於吾，今七葉矣。（全唐文二六二）

嚴挺之作義福的碑也有同樣的世系：

禪師法輪始自天竺達摩，大教東派三百餘年，獨稱東山學門也。自可，璨，信，忍，至大通，遞相印屬。大通之傳付者，河東普寂與禪師二人，卽東山繼德七代於茲矣。（全唐文二八〇）

這個世系本身是否可信，那是另一問題，我在此且不討論。當時神秀一門三國師，他們的權威遂使這世系成爲無人敢疑的法統。這時候，當普寂和義福生存的時候，忽然有一個和尙出來指斥這法統是僞造的，指斥弘忍不曾傳法給神秀，指出達磨一宗的正統法嗣是慧能而不是神秀，指出北方的漸門是旁支而南方的頓教是眞傳。——這個和尙便是神會。

圭傳又說：

法信衣服，數被潛謀。傳授碑文，兩遇磨換。

圭圖也說：

能和尙滅度後，北宗漸教大行，因成頓門弘傳之障。曹溪傳授碑文，已被磨換。故二十年中，宗教沉隱。

磨換碑文之說，大概全是揑造的話。慧能死後未有碑誌，有二證。王維受神會之託作慧能的碑文，其文尙存，（全唐文三二六）文中不提及舊有碑文，更沒有磨換的話。此是一證。圭傳又說，『據碑文中所敍，荷澤親承付屬。』據此則所謂『曹溪傳授碑文』已記有神會傳法之事。然則慧能臨終時又何必隱瞞不說，而僅說二十年外的懸記呢？此是二證。

歷代法寶記（大正大藏經五十一卷，頁一八二）也說慧能死後，『太常寺丞韋據造碑文，至開元七年，被人磨改，別造碑文。近代報修侍郎宋鼎撰碑文。』這也是虛造故實，全不可信。

今據巴黎所藏敦煌寫本之南宗定是非論及神會語錄第三殘卷所記滑臺大雲寺定南宗宗旨的事，大致如下。

唐開元二十二年正月十五日，神會在滑臺大雲寺演說『菩提達摩南宗』的歷史，他大膽地提出一個修改的傳法世系，說

達摩……傳一領袈裟以爲法信，授與惠可，惠可傳僧璨，璨傳道信，道信傳弘忍，弘忍傳惠能，六代相承，連綿不絕。

他說：

神會今設無遮大會，兼莊嚴道場，不爲功德，爲天下學道者定宗旨，爲天下學道者辨是非。

他說：

秀禪師在日，指第六代傳法袈裟在韶州，口不自稱爲第六代。今普寂禪師自稱第七代，妄豎和尚爲第六代，所以不許。

他又說，久視年中，則天召秀和尚入內，臨發之時，秀和尚對諸道俗說：

> 韶州有大善知識，元是東山忍大師付屬，佛法盡在彼處。

這都是很大膽的挑戰。其時慧能與神秀都久已死了，死人無可對證，故神會之說無人可否證。但他又更進一步，說傳法袈裟在慧能處，普寂的同學廣濟曾於景龍三年十一月到韶州去偷此法衣。此時普寂尚生存，但此等事也無人可以否證，只好聽神會自由揑造了。

當時座下有崇遠法師，人稱為『山東遠』起來質問道：

> 普寂禪師名字蓋國，天下知聞，衆口共傳，不可思議。如此相非斥，豈不與身命有讎？

神會侃侃地答道：

> 我自料簡是非，定其宗旨。我今謂弘揚大乘，建立正法，令一切衆生知聞，豈惜身命？

這種氣概，這種搏獅子的手段，都可以震動一時人的心魄，故滑臺定宗旨的大會確有『先聲奪人』的大勝利。先聲奪人者只是先取攻勢，叫人不得不取守勢。神會此時已是六十七歲的老師，我們想像一個眉髮皓然的老和尚，在這莊嚴道場上，登師子座，大聲疾呼，攻擊當時『勢力連天』的普寂大師，直指神秀門下『師承是傍，法門是漸，』（宗密承襲圖中語）這種大膽的挑戰當然能使滿座的人震驚生信。即使有少數懷疑的人，他們對於神秀一門的正統地位的信心也遂不能不動搖了。所以滑臺之會是北宗消滅的先聲，也是中國佛教史上的一大革命。圭傳說他『龍鱗虎尾，殉命忘軀，』神會這一回眞可說是『批龍鱗，履虎尾』的南宗急先鋒了。

三　菩提達摩以前的傳法世系

在滑臺會上，崇遠法師問：

唐國菩提達摩既稱其始，菩提達摩西國復承誰後？又經幾代？（語錄第三卷）

這一問可糟了！自神秀以來，只有達摩以下的世系，卻沒有人提起達摩以前的世系問題。神會此時提出一個極大膽而又大謬誤的答案，他說：

菩提達摩爲第八代。……自如來付西國與唐國，總經有一十三代。

這八代是：

如來
(1)迦葉
(2)阿難
(3)末田地
(4)舍那婆斯
(5)優婆崛

(6)須婆蜜(當是『婆須蜜』之誤。)

(7)僧伽羅叉

(8)菩提達摩

崇遠又問：

據何得知菩提達摩西國爲第八代?

神會答道：

據禪經序中，具明西國代數。又惠可禪師親於嵩山少林寺問菩提達摩，答一如禪經序中說。

在這一段話裏，神會未免大露出馬脚來了！禪經即是東晉佛陀跋陀羅在廬山譯出的達摩多羅與佛大先二人的『修行方便論』俗稱爲禪經。其首段有云：

佛滅度後，尊者大迦葉，尊者阿難，尊者末田地，尊者舍那婆斯，尊者優婆崛，尊者婆須密，尊者僧伽羅叉，尊者達摩多羅，乃至尊者不若蜜多羅，諸持法者，以此慧燈，次第傳授。我今如其所聞而說是義。

神會不懂梵文，又不考歷史，直把達摩多羅(Dharmatrata)認作了菩提達摩(Bodhidharma)。達摩多羅生在『晉中興之世』(見出三藏記十，慧鏡法師之後出雜阿毗曇心序。)禪經在晉義熙時已譯出，其人遠在菩提達摩之先。神會這個錯誤是最不可恕的。他怕人懷疑，故又造出惠可親問菩提達摩的神話。前者還可說是錯誤，後者竟是有心作僞了。

但當日的和尚，尤其是禪宗的和尚，大都是不通梵文又不知歷史的人。當時沒有印板書，書籍的傳播很難，故考證校勘之學無從發生。所以神會認達摩多羅和菩提達摩爲一個人，不但當時無人斥駁，歷千餘年之久也無人懷疑。敦煌寫本中往往有寫作『菩提達摩多羅』的！

但自如來到達摩，一千餘年之中豈止八代？故神會的八代說不久便有修正的必要了。北宗不承認此說，於是有東都淨覺的七代說，只認譯出楞伽經的求那跋陀羅爲第一祖，菩提達摩爲第二祖。（見敦煌寫本楞伽師資記，倫敦與巴黎各有一本。）多數北宗和尚似固守六代說，不問達摩以上的世系，如杜朏之傳法寶記（敦煌寫本，巴黎有殘卷。）雖引禪經序，而仍以達摩爲初祖。南宗則紛紛造達摩以上的世系，以爲本宗光寵，大率多引據付法藏傳有二十三世說，有二十四世說，有二十五世說，又有二十八九世說。唐人所作碑傳中，各說皆有，不可勝舉。又有依據僧祐出三藏記中之薩婆多部世系而立五十一世說的，如馬祖門下的惟寬即以達摩爲五十一世，慧能爲五十六世。（見白居易傳法堂碑）但八代太少，五十一世又太多，故後來漸漸歸到二十八代說。二十八代說是用付法藏傳爲根據，以師子比丘爲第二十三代；師子以下，又僞造四代，而達摩爲第二十八代。此僞造的四代，紛爭最多，久無定論。宗密所記，及日本所傳，如下表：

(23)師子比丘

(24)舍那婆斯

(25)優婆崛

(26)婆須密

(27)僧伽羅叉

(28)達磨多羅

直到北宋契嵩始明白此說太可笑，故升婆須密爲第七代，師子改爲第二十四代，而另僞造三代如下：

(25)婆舍斯多

(26)不如密多

(27)般若多羅

(28)菩提達摩

今本之景德傳燈錄之二十八祖，乃是依契嵩此說追改的，不是景德原本了。

二十八代之說大概也是神會所倡，起於神會的晚年，用來替代他在滑臺所倡的八代說。我所以信此說也倡於神會，有兩層證據。第一，敦煌寫本的六祖壇經出於神會一系，上文我已說過了。其中末段已有四十世說，前有七佛，如來爲第七代，師子爲第三十代，達摩爲第三十五代，慧能爲四十代。自如來到達摩共二十九代，除去旁出的末田地，便是二十八代。這一個證據使我相信此說出于神會一系之手。但何以知此說起於神會晚年呢？第二，李華作天台宗左溪大師碑，（全唐文三二〇）已說：

> 佛以心法付大迦葉，此後相承凡二十九世，至梁魏間，有菩薩僧菩提達摩禪師傳楞伽法。

左溪卽是元朗，死於天寶十三載，（七五四）其時神會尚未死，故我推想此說起於神會晚年，也許卽是他自己後來改定之說。但南宗定是非論作於開元二十二年，外間已有流傳，無法改正了，故敦煌石室裏還保存此最古之八代說，使我們可以窺見此說演變的歷史。

二十八代說的前二十三代的依據是付法藏傳。付法藏傳卽是付法藏因緣傳（縮刷藏經『藏』九）號稱『元魏西域三藏吉迦夜共曇曜譯』。此書的眞僞，現在已不容易考了。但天台智顗在隋開皇十四年（五九四）講摩訶止觀，已用此傳歷敍付法藏人，自迦葉至師子，共二十三人，加上末田地，則爲二十四人。天台一宗出於南嶽慧思，慧思出於北齊慧文。慧文多用龍樹的諸論，故智顗說他直接龍樹，『付法藏中第十三師。』南嶽一宗本有『九師相承』之說，見於唐湛然的止觀輔行傳弘決卷第一。但智顗要尊大其宗門，故掃除此說，而採用付法藏傳，以慧文直接龍樹，認『龍樹是高祖師。』這是天台宗自造法統的歷史。後來神秀一門之六代法統，和南宗的八代說與二十八代等說，似是抄襲智顗定天台法統的故智。付法藏傳早經天台宗採用了，故南宗也就老實採用此書做他們的根據了。

宋僧傳在慧能傳中說：

弟子神會，若顏子之於孔門也。勤勤付囑，語在會傳。（按會傳無付囑事。）會於洛陽荷澤寺崇樹能之眞堂，兵部侍郎宋鼎爲碑焉。會序宗脈，從如來下西域諸祖外，震旦凡六祖，盡圖繢其影。太尉房琯作六葉圖序。

神會在洛陽所序『西域諸祖』，不知是八代，還是二十八代。大概已是二十八代了。

四　頓悟的教義

神會在滑臺洛陽兩處定南宗宗旨，豎立革命的戰略，他作戰的武器只有兩件：一是攻擊北宗的法統，同時建立南宗的法統；一是攻擊北宗的漸修方法，同時建立頓悟法門。上兩章已略述神會爭法統的方法了，本章要略述神會的頓悟教旨。

宗密在圓覺大疏鈔卷三下，禪門師資承襲圖，及禪源諸詮集都序裏，都曾敍述神會的教旨，我們先看他怎麼說。

宗密在大疏鈔裏說荷澤一宗的教義是：

謂萬法既空，心體本寂，寂卽法身。卽寂而知，知卽眞智，亦名菩提涅槃。……此是一切衆生本源淸淨心也。是自然本有之法。言『無念爲宗』者，既悟此法本寂本知，理須稱本用心，不可遂起妄念。但無妄念，卽是修行。故此一門宗於無念。

在承襲圖與禪源序裏，宗密述荷澤一宗的教義，文字略相同。今取禪源序爲主，述神會的宗旨如下：

> 諸法如夢，諸聖同說。故妄念本寂，塵境本空。空寂之心，靈知不昧。即此空寂之知是汝眞性。任迷任悟，心本自知，不藉緣生，不因境起。知之一字，衆妙之門。由無始迷之，故妄執身心爲我，起貪瞋等念。若得善友開示，頓悟空寂之知，知且無念無形，誰爲我相人相？覺諸相空，心自無念。念起即覺，覺之即無。修行妙門，唯在此也。故雖備修萬行，唯以無念爲宗。但得無念知見，則愛惡自然淡泊，悲智自然增明，罪業自然斷除，功行自然增進。旣了諸相非相，自然无修之修。煩惱盡時，生死即絕。生滅滅已，寂照現前，應用無窮，名之爲佛。

宗密死在會昌元年（八四一），離神會的時代不遠，他又自認爲神會第四代法嗣，故他的敍述似乎可以相信。但我們終覺得宗密所敍似乎不能表現神會的革命精神，不能叫我們明白他在歷史上佔的地位。我們幸有敦煌寫本的神會語錄三卷，其中所記是神會的問答辨論，可以使我們明白神會在當日爭論最猛烈，主張最堅決的是些什麼問題。這些問題，舉其要點，約有五項：

一，神會的教義的主要點是頓悟。頓悟之說，起源甚早，最初倡此說的大師是慧遠的大弟子道生，即是世俗所稱爲『生公』的。道生生當晉宋之間，死于元嘉十一年（四三四）。他是『頓宗』的開山祖師，即是慧能神會的遠祖。慧皎高僧傳說：

> 生旣潛思日久，徹悟言外，乃喟然歎曰，『夫象以盡意，得意則象忘。言以詮理，入理則言息。自經典東流，譯

人重阻多守滯文，鮮見圓義。若忘筌取魚，始與可言道矣。』於是校練空有，（此三字從僧祐原文，見出三藏記十五，）研思因果，乃言『善不受報』『頓悟成佛』。又著二諦論，佛性當有論，法身無色論，佛無淨土論，應有緣論等，籠罩舊說，妙有淵旨。而守文之徒多生嫌嫉，與奪之聲紛然競起。又六卷泥洹（涅槃經）先至京都，生剖析經理，洞入幽微，乃說一闡提人皆得成佛。（一闡提人，梵文 Cchāntika，是不信佛法之人。）於時大涅槃經未至此土，孤明先發，獨見忤衆。於是舊學僧黨以爲背經邪說，譏忿滋甚。遂顯於大衆，擯而遣之。生於四衆之中正容誓曰，『若我所說反於經義者，請於現身卽表厲疾；若與實相不相違背者，願捨壽之時據師子座。』言竟，拂衣而逝。……以元嘉七年投跡廬岳，銷影巖阿，怡然自得。俄而大涅槃經至於京都，果稱闡提皆有佛性，與前所說若合符契。生既獲斯經，尋卽建講。以宋元嘉十一年冬十月庚子，於廬山精舍昇於法座，……法席將畢，……端坐正容，隱几而卒。……於是京邑諸僧內慚自疚，追而信服。（卷七。此傳原文出於僧祐所作道生傳，故用出三藏記十五所收原傳校改。）

這是中國思想對於印度思想的革命的第一大炮。革命的武器是『頓悟』。革命的對象是那積功積德，調息安心等等繁瑣的『漸修』工夫。生公的頓悟論可以說是『中國禪』的基石。他的『善不受報』便是要打倒那買賣式的功德說；他的『佛無淨土論』便是要推翻他的老師（慧遠）提倡的淨土教；他的『一闡提人皆得成佛』便是一種極端的頓悟論。我們生在千五百年後，在頓宗盛行之後，聽慣了『放下屠刀立地成佛』的話頭，所以不能了解爲什麽在當日道生的頓悟論要受舊學僧黨的攻擊擯逐。須知頓漸之爭是一切宗教的生死關頭。頓悟之說一出，則一切儀式禮拜懺悔念經念佛寺觀佛像僧侶戒律都成了可廢之物了。故馬丁路得提出一個自己的良知，羅馬天主教便坍塌了半個歐洲。故道生的頓悟論出世便種下了後來頓宗統一中國佛教的種子了。

慧皎又說：

> 時人以生推闡提得佛，此語有據，『頓悟』『不受報』等，時亦憲章。宋太祖嘗述生頓悟義，沙門僧弼等皆設巨難。帝曰，『若使逝者可興，豈爲諸君所屈？』
>
> 後龍光（虎邱龍光寺）又有沙門寶林……祖述生公諸義。……林弟子法寶……亦祖述生義。

此外，祖述頓悟之說的，還有曇斌，道猷，法瑗等，皆見于高僧傳。（卷八）道猷傳中說：

> 宋文帝（太祖）簡問慧觀，『頓悟之義，誰復習之？』答云，生弟子道猷。卽敕臨川郡發遣出京。既至，卽延入宮內，大集義僧，命猷伸述頓悟。時競辯之徒，關責互起。猷既積思參玄，又宗源有本，乘機挫銳，往必摧鋒。帝乃撫几稱快。

道生與道猷提倡頓悟，南京皇宮中的頓漸之辯論，皆在五世紀的前半。中間隔了三百年，才有神會在滑臺洛陽大倡頓悟之說。

頓悟之說在五世紀中葉曾引起帝王的提倡，何以三百年間漸修之說又佔了大勝利呢？此中原因甚多，最重要的一個原因是天台禪法的大行。天台一宗注重『止觀』雙修，便是漸教的一種。又有『判教』之說，造成一種煩瑣的學風。智顗本是大學者，他的學問震動一世，又有陳隋諸帝的提倡，故天台的煩瑣學風遂風靡了全國。解釋『止觀』二字，搖筆便是十萬字！

智者大師的權威還不曾衰歇，而七世紀中又出了一個更偉大的煩瑣哲學的大師，——玄奘。玄奘不滿意於中國僧徒的閉門虛造，故捨命留學印度十多年，要想在佛教的發源地去尋出佛教的眞意義。不料他到印度的時候，正是印度佛教的煩瑣哲學最盛的時候。這時候的新煩瑣哲學便是『唯識』的心理學和『因明』的論理學。心理的分析可分到六百六十法，說來頭頭是道，又有因明學作護身符，和種種無意義的陀羅尼作引誘，於是這種印度煩瑣哲學便成了世界思想史上最細密的一大系統。偉大的玄奘投入了這個大蛛網裏，逃不出來，便成了唯識宗的信徒與傳教士。於是七世紀的中國便成了印度煩瑣哲學的大殖民地了。

菩提達摩來自南印度，本帶有一種刷新的精神，故達摩對於中國所譯經典，只承認一部楞伽經，楞伽卽是錫蘭島，他所代表的便是印度的『南宗』。達摩一宗後來便叫做『楞伽宗』，又叫做『南天竺一乘宗』。（見道宣續僧傳卷三十五法沖傳，我另有『楞伽宗考』。）他們注重苦行苦修，看輕一切文字魔障，雖然還不放棄印度的禪行，已可以說是印度佛教中最簡易的一個宗派了。革命的中國南宗出於達摩一派，也不是完全沒有理由的。

但在那煩瑣學風之下，楞伽宗也漸漸走到那講說註疏的路上去了。道宣續僧傳（三十五）所記楞伽宗二十八人之中，十二人便都著有楞伽經的疏抄，至七十餘卷之多！神秀住的荊州玉泉寺便是智者大師手創的大寺，正是天台宗的一個重鎮。故神秀一派雖然仍自稱『楞伽宗，』（有敦煌本的淨覺楞伽師資記可證）這時候的楞伽宗已不是菩提達摩和慧可時代那樣簡易的苦行學派了。神秀的五方便論（有敦煌本）便是一種煩瑣哲學。（參看宗密圓覺大疏抄卷三下所引五方便論。）簡易的『壁觀』成了煩瑣哲學，苦行的教義成了講說疏抄，（古人所謂『抄』乃是疏之疏，如宗密的大疏之外又有『疏抄』更煩瑣了。）隱遯的頭陀成了『兩京法主，三帝門師，』便是革命的時機到了。

那不識字的盧行者（慧能）便是楞伽宗的革命者，神會便是他的北伐急先鋒。他們的革命旗幟便是『頓悟。』

神會說：

世間有不思議，出世間亦有不思議。世間不思議者，若有布衣頓登九五，卽是世間不思議。出世間不思議者，十信初發心，一念相應，便成正覺，於理相應，有何可怪？此明頓悟不思議。（第一卷，下同）

他的語錄中屢說此義。如云：

如周太公傅說皆竿釣板築（簡）在帝心，起自疋夫，位頓登台輔，豈不是世間不思議事？出世不思議者，衆生心中具貪愛無明宛然者，遇眞善知識，一念相應，便成正覺，豈不是出世間不思議事？

他又說：

衆生見性成佛道，又龍女須臾發菩提心，便成正覺。又欲令衆生入佛知見，不許頓悟，如來卽合偏說五乘。今既不言五乘，唯言入佛知見，約斯經義，只顯頓門。唯存一念相應，實更非由階漸。相應義者，謂見無念者，謂了自性者謂無所得。以无所得，即如來禪。

他又說：

發心有頓漸，迷悟有遲疾。迷即累刼，悟即須臾。……譬如一綟之絲，其數无量。若合爲繩，置於木上，利劍一斬，一時俱斷。絲數雖多，不勝一劍。發菩薩心人，亦復如是。若遇眞正善知識，以口方便直示眞如，用金剛慧斷諸位地煩惱，豁然曉悟，自見法性本來空寂，慧利明了，通達无礙。證此之時，萬緣俱絕，恆沙妄念一時頓盡，无邊功德應時等備。

這便是神會的頓悟說的大意。頓悟說是他的基本主張，他的思想都可以說是從這一點上引申出來的。下文所述四項，其實仍只是他的頓悟說的餘義。

二，他的『定慧等』說。他答哲法師說：

念不起，空無所有，名正定。能見念不起空無所有，名爲正慧。即定之時是慧體，即慧之時是定用。即定之時不異慧，即慧之時不異定。即定之時即是慧，即慧之時即是定。

這叫做『定慧等』。故他反對北宗大師的禪法。他說：

經云，『若學諸三昧，是動非坐禪。心隨境界流，云何名爲定？』若指此定爲是者，維摩詰即不應訶舍利弗宴坐。

他又很懇摯地說：

諸學道者，心无靑黃赤白，亦无出入去來及遠近前後，亦无作意，亦无不作意。如是者謂之相應也。若有出定入定及一切境界，非論善惡，皆不離妄心。有所得並是有爲，全不相應。

若有坐者，『凝心入定，住心看淨，起心外照，攝心內證』者，此障菩提，未與菩提相應，何由可得解脫？

此條所引『凝心入定』十六字據語錄第三殘卷所記是北宗普寂與降魔藏二大師的教義。神會力闢此說，根本否認坐禪之法：

不在坐裏！若以坐爲是，舍利弗宴坐林間，不應被維摩詰訶。

神會自己的主張是『無念』。他說：

決心證者，臨三軍際，白刃相向下，風刀解身，日見無念，堅如金剛，毫微不動。縱見恆沙佛來，亦无一念喜心。縱見恆沙衆生一時俱滅，亦不起一念悲心。此是大丈夫，得空平等心。

這是神會的无念禪。

三，怎麽是无念呢？神會說：

不作意卽是无念。……一切衆生心本无相。所言相者，並是妄心。何者是妄？所作意住心，取空取淨，乃至起心求證菩提涅槃，並屬虛妄。但莫作意，心自无物。卽无物心，自性空寂。空寂體上，自有本智，謂知以爲照用。故般若經云，『應无所住而生其心。』應无所住，本寂之體。而生其心，本寂之用。但莫作意，自當悟入。无念只是莫作意。調息住心便是作意；看空看淨以至於四禪定四無色定境界，都是作意。所以他說，『乃至起心求證菩提涅槃並屬虛妄。』後來的禪宗大師見人說『出三界，』便打你一頓棒，問你出了三界要往何處去。起心作意成佛出三界，都是愚癡妄見。所以此宗說『無念爲本。』

四，神會雖說無念，然宗密屢說荷澤主張『知之一字，衆妙之門，』可見此宗最重知見解脫。當日南北二宗之爭，根本之點只是北宗重行，而南宗重知，北宗重在由定發慧，而南宗則重在以慧攝定。故慧能神會雖口說定慧合一，其實他們只認得慧，不認得定。此是中國思想史上的絕大解放。禪學本已掃除了一切文字障和儀式障，然而還有個禪定在。直到南宗出來，連禪定也一掃而空，那纔是澈底的解放了。神會說：

> 未得修行，但得知解。以知解久薰習故，一切攀緣妄想所有重者，自漸輕微。神會見經文所說，光明王，……帝釋梵王等具五欲樂甚於今日百千萬億諸王等，於般若波羅蜜唯則學解，將解心呈問佛，佛即領受印可。得佛印可，即可捨五欲樂心，便證正位地菩薩。

這是完全側重知解的方法。一個正知解得佛印可後，便證正位地菩薩。後來禪者，爲一個知見，終身行脚，到處尋來大善知識，一朝大澈大悟，還須請求大師印可，此中方法便是從這裏出來的。

五，中國古來的自然哲學，所謂道家，頗影響禪學的思想。南宗之禪，並禪亦不立，知解方面則說頓悟，實行方面則重自然。宗密所謂『無修之修』即是一種自然主義。神會此卷中屢說自然之義。如他答馬擇問云：

　　僧立因緣，不立自然者，僧之愚過。道士唯立自然，不立因緣者，道士之愚過。

　　僧家自然者，衆生本性也。又經云，衆生有自然智，无師智，謂之自然。道士因緣者，道能生一，一能生二，二能生三，從三生萬物，因道而生。若其无道，萬物不生。今言萬物者，並屬因緣。

這是很明白的承認道家所謂自然和佛家所謂因緣同是一理。至於承認自然智无師智爲自然，這更是指出頓悟的根據在於自然主義。因爲有自然智，故有無修而頓悟的可能。所以神會對王維說：

　　衆生若有修，卽是妄心，不可得解脫。

這是純粹的自然主義了。

　　語錄第一卷首幅有一段論自然，也很可注意。神會說：

　　　无明亦自然。

問，无明若爲自然？神會答道：

　　无明與佛性俱是自然而生。无明依佛性，佛性依无明，兩相依，有則一時有。覺了者卽佛性，不覺了卽无明。

問，若无明自然者，莫不同於外道自然耶？神會答道：

　　道家自然同，見解有別。

神會指出的差別，其實很少，可以不論。所可注意者，神會屢說不假修習剎那成道，都是自然主義的無爲哲學。如說：

修習卽是有爲諸法。

如說：

生滅本无，何假修習？

又如說：

三事不生，是卽解脫。心不生卽無念，智不生卽无知，慧不生卽无見。通達此理者，是卽解脫。

又如說：

大乘定者，不用心，不看靜，不觀空，不住心，不澄心，不遠看，不近看，无十方，不降伏，无怖畏，无分別，不沉空，不住寂，一切妄相不生，是大乘禪定。

凡此諸說，皆只是自然，只是无爲。所謂无念，所謂不作意，也只是自然无爲而已。後來馬祖教人『不斷不造，任運自在，任心卽爲修』；更後來德山臨濟都教人無爲無事，做個自然的人，——這都是所謂『無念，』所謂『莫作意，』所謂『自然，』所謂『無修之修。』

總之，神會的教義在當日只是一種革命的武器，用頓悟來打倒漸修，用無念來打倒一切住心入定求佛作聖等等妄念，用智慧來解除種種無明的束縛。在那個漸教大行，煩瑣學風瀰漫全國的時代，這種革命的思想自然有絕大的解放作用。但事過境遷之後，革命已成功了，『頓悟』之說已成了時髦的口號了，漸修的禪法和煩瑣的學風都失了權威了，——在這時候，後人回頭看看當日革命大將慧能神會的言論思想，反覺得他們的議論平淡尋常，沒有多少東西可以滿足我們的希冀。這種心理，我們可以在宗密的著作裏看出。宗密自稱是荷澤法嗣，但他對於神會的教義往往感覺一種吶吶說不出的不滿足。他在師資承襲圖裏已說，

> 荷澤宗者，尤難言述。

所以尤難言述者，頓悟與無念在九世紀已成了風尚，已失了當日的鋒芒與光彩，故說來已不能新鮮有味了；若另尋積極的思想，則又尋不出什麼，所以『尤難言述』了。宗密在大疏鈔裏，態度更明白了，他說頓悟是不夠的，頓悟之後仍須漸修，這便是革命之後的調和論了。宗密說：

> 寂知之性舉體隨緣，作種種門，方爲眞見。寂知如鏡之淨明，諸緣如能現影像。荷澤深意本來如此。但爲當時漸教大興，頓宗沉廢，務在對治之說，故唯宗無念，不立諸緣。如對未識鏡體之人，唯云淨明是鏡，不言青黃是鏡。今於第七家（卽荷澤一宗）亦有揀者，但揀後人局見，非揀宗師。……於七宗中若統圓融爲一，則七皆是；若執各一宗，不通餘宗者，則七皆非。

這是很不滿意於神會的話。其時革命的時期已過去七八十年了，南宗革命的眞意義已漸漸忘了，故宗密回到調和的路上，主張調和七宗，圓融爲一。他的調和論調使他不惜曲解神會的主張，遂以爲『荷澤深意』不但要一個

寂知，還須『作種種門』他說：

寂知如鏡之淨明，諸緣如能現影像。荷澤深意本來如此。

但神會語錄卻有明文否認此種曲解。神會明明說：

『明鏡高臺能照萬像悉現其中，』古德相傳，共稱爲妙。今此門中未許此爲妙。何以故？明鏡能照萬像，萬像不見其中，此將爲妙。何以故？如來以无分別智能分別一切，豈將有分別心卽分別一切？（第一卷）

卽此一條，便可證宗密在神會死後七八十年中已不能明白荷澤一宗的意旨了。神會的使命是革命的，破壞的，消極的，而七八十年後的宗密卻要向他身上去尋求建設的意旨，怪不得他要失望了。南宗革命的大功勞在於解放思想，解放便是絕大的建設。由大乘佛教而至於禪學，已是一大肅清，一大解放，但還有個禪在。慧能神會出來，以頓悟開宗，以無念爲本，並禪亦不立，這才是大解放。宗密諸人不知這種解放的本身便是積極的貢獻，卻去胡亂尋求別種『荷澤深意』，所以大錯了。

荷澤門下甚少傳人，雖有博學能文的宗密，終不成革命眞種子。南宗的革命事業後來只靠馬祖與石頭兩支荷擔，到德山臨濟而極盛。德山臨濟都無一法與人，只教人莫向外求，只教人無事體休歇去，這才是神會當日革命的『深意』，不是宗密一流學究和尙所能了解的。

五　貶逐與勝利

神會於開元八年住南陽，二十二年在滑臺定宗旨。我們看獨孤沛在南宗定是非論序裏對於神會的崇敬，便可知滑臺大會之後神會的名望必定很大。圭傳說：

> 天寶四載，（七四五）兵部侍郎宋鼎請入東都。然正道易申，謬理難固，於是曹溪了義大播於洛陽，荷澤頓門派流於天下。

傳燈錄說：

> 天寶四年，方定兩宗。

定兩宗不始於此年，但神會在東京也很活動。宋僧傳說：

> 續於洛陽大行禪法，聲彩發揮。先是兩京之間皆宗神秀，若不淰之魚鮪附沼龍也。從見會明心，六祖之風蕩其漸修之道矣。南北二宗，時始判焉。致普寂之門盈而後虛。

若神會入洛在天寶四年，則其時義福普寂早已死了。兩京已無北宗大師，神會以八十高年大唱南宗宗旨，他的魔力自然很大。此時北宗漸衰，而南宗新盛，故可說南北二宗判於此時。据歷代法寶記的無相傳中所記，

> 東京荷澤寺神會和上每月作壇場，爲人說法，破清淨禪，立如來禪。

又說：

開元中，滑臺寺爲天下學道者定其宗旨。……天寶八載中，洛州荷澤寺亦定宗旨。

此皆可見神會在洛陽時的活動。

北宗對於神會的戰略，只有兩條路：一是不理他，一是壓制他。義福與普寂似乎採取第一條路。但他們手下的人眼見神會的聲名一天大一天，見他不但造作法統史，並且『圖繪其形』，並且公開攻擊北宗的法統，他們有點忍不住了，所以漸漸走上用勢力壓迫神會的路上去。

神會此時已是八十多歲的老和尙了，他有奇特的狀貌，聰明的辯才，（均見圭傳）他的頓悟宗旨又是很容易感動人的，他的法統史說來頭頭是道，所以他的座下聽衆一定很多。於是他的仇敵遂加他一個『聚衆』的罪名。天寶十二年，（七五三）

御史盧奕阿比於寂，誣奏會聚徒，疑萌不利。（宋僧傳）

盧奕此時作御史中丞，留在東都。但此時普寂已死了十多年了，不能說是『阿比於寂』。宋僧傳又說，盧奕劾奏之後，

玄宗召赴京，時駕幸昭應，湯池得對，言理允愜，勅移住均部二年，勅徙荊州開元寺般若院住焉。

宋僧傳依據碑傳，故諱言貶謫。圭傳記此事稍詳：

> 天寶十二年，被譖聚衆，敕黜弋陽郡，又移武當郡。至十三載，恩命量移襄州。至七月，又敕移荊州開元寺，皆北宗門下之所致也。

弋陽在今江西弋陽。武當在今湖北均縣，屬唐之均州。襄州在襄陽。二年之中，貶徙四地。我們懸想那位八十五六歲的大師，爲了爭宗門的法統，遭遇這種貶逐的生活，我們不能不對他表很深的同情，又可以想見當時的人對他表同情的必定不少。神會的貶逐是南北二宗的生死關頭。北宗取高壓手段，不但無損於神會，反失去社會的同情，反使神會成了一個『龍鱗虎尾殉命忘軀』的好漢。從此以後，北宗便完了，南宗卻如日方中，成爲正統了。

賈餗（死于八三五）作神會弟子大悲禪師靈坦的碑，說靈坦（全唐文誤作雲坦，唐文粹不誤。）

> 隨父至洛陽，聞荷澤寺有神會大師，卽決然蟬蛻萬緣，誓究心法。父知其志不可奪，亦壯而許之。凡操篲服勤於師之門庭者八九年，而玄關祕鑰罔不洞解。一旦密承囑付，莫有知者。後十五日而荷澤被遷於弋陽，臨行，謂門人曰，『吾大法弗墜矣，遂東西南北，夫亦何恆？』時天寶十二載也。（全唐文七三一）

神會在洛陽，從天寶四年至十二年，正是八九年。

當神會被貶謫的第三年，歷史上忽然起了一個大變化。天寶十四年（七五五）十一月，安祿山造反了，次年洛陽長安都失陷了，玄宗倉皇出奔西蜀，太子卽位於靈武。至德二年（七五七）郭子儀等始收復兩京。這時候的大問題是怎樣籌軍餉。宋僧傳說：

副元帥郭子儀率兵平殄，然於飛輓索然。用右僕射裴冕權計，大府各置戒壇度僧，僧稅緡謂之香水錢，聚是以助軍須。

佛祖歷代通載十七記此制稍詳：

肅宗至德丁酉，尋敕五嶽各建寺廟，選高行沙門主之。聽白衣能誦經五百紙者度爲僧，或納錢百緡，請牒剃落，亦賜明經出身。

及兩京平，又於關輔諸州納錢度僧道萬餘人。進納自此而始。

佛祖統紀四十一，釋氏資鑑七，所記與此略同。

這時候，神會忽然又在東京出現了，忽然被舉出來承辦勸導度僧，推銷度牒，籌助軍餉的事。宋僧傳說：

初洛都先陷，會越在草莽。時盧奕爲賊所戮，羣議乃請會主其壇度。於時寺宇宮觀鞠爲灰燼，乃權創一院，悉資苫蓋，而中築方壇。所獲財帛，頓支軍費。代宗郭子儀收復兩京，會之濟用頗有力焉。

元曇噩編的新脩科分六學傳卷四也說：

時大農空乏，軍興絕資費。右僕射裴冕策，以爲凡所在郡府宜置戒壇度僧，而收其施利，以給國用。會由是獲主洛陽事，其所輸入尤多。

神會有辯才，能感動羣衆，又剛從貶逐回來，以九十歲的高年，出來爲國家效力，自然有絕大的魔力，怪不得他「所輸入尤多。」

這時候兩京殘破了，寺宇宮觀化為灰燼了，當日備受恩崇的北宗和尚也逃散了，挺身出來報國立功的人乃是那四次被貶逐的九十老僧神會。他這一番功績自然使朝廷感激賞識。所以宋僧傳說：

> 肅宗皇帝詔入內供養，勑將作大匠併功齊力為造禪宇於荷澤寺中。

昔日貶逐的和尚，今日變成了皇帝的上客了。宋僧傳接着說：

> 會之敷演，顯發能祖之宗風，使秀之門寂寞矣。

於是神會建立南宗的大功告成了。上元元年（七六〇）五月十三日，他與門人告別，是夜死了，壽九十三歲。建塔於洛陽寶應寺，勑謚為眞宗大師，塔號為般若。（宋僧傳）

圭傳說神會死於乾元元年（七五八）五月十三日，年七十五。我們覺得宋僧傳似是依據神會的碑傳，比較可信，故採宋僧傳之說。元曇噩的新脩科分六學傳中的神會傳與宋僧傳頗相同，似同出於一源，曇噩也說神會死於上元元年，年九十三。景德傳燈錄說神會死於上元元年五月十三日，與宋僧傳相同；但又說「俗壽七十五，」便又與圭傳相同了。

關於塔號謚號，圭傳所記稍詳：

> 大曆五年，敕賜祖堂額號眞宗般若傳法之堂。七年，敕賜塔額，號般若大師之塔。

圭傳與圭圖都說：

德宗皇帝貞元十二年，（七九六）勅皇太子集諸禪師楷定禪門宗旨，搜求傳法傍正。遂有敕下，立荷澤大師爲第七祖。內神龍寺見有碑記。又御製七代祖師讚文，見行於世。（文字依圭圖）

此事不見於他書，只有志磐的佛祖統紀四十二說：

貞元十二年正月，敕皇太子於內殿集諸禪師，詳定傳法旁正。

志磐是天台宗，他的佛祖統紀是一部天台宗的全史，故他記此事似屬可信。但志磐不記定神會爲七祖事，他書也沒有此事，故宗密的孤證稍可疑。

如此事是事實，那麽神會死後三十六年，便由政府下敕定爲第七祖，慧能當然成了第六祖，於是南宗眞成了正統了。神會的大功眞完成了。

又据陳寬的再建圓覺塔誌，（唐文拾遺三十一）

司徒中書令汾陽王郭子儀復東京之明年，抗表乞（菩提達摩）大師謚。代宗皇帝謚曰圓覺，名其塔曰空觀。

復東京之明年爲乾元元年。（七五八）在那個戰事緊急的時候，郭子儀忽然替達摩請謚號，這是爲什麽緣故呢？那一年正是神會替郭子儀籌餉立功之年，神會立了大功，不求榮利，只求爲他的祖師請謚，郭子儀能不幫忙嗎？這是神會的手腕的高超之處。神會眞是南宗的大政治家！

六　神會與六祖壇經

神會費了畢生精力，打倒了北宗，建立了南宗爲禪門正統，居然成了第七祖。但後來禪宗的大師都出於懷讓和行思兩支的門下，而神會的嫡嗣，除了靈坦宗密之外，很少大師。臨濟雲門兩宗風行以後，更無人追憶當日出死力建立南宗的神會和尙了。在景德傳燈錄等書裏，神會只佔一個極不重要的地位。他的歷史和著述，埋沒在敦煌石室裏，一千多年中幾乎沒有人知道神會在禪宗史上的地位。歷史上最不公平的事，莫有過於此事的了。

然而神會的影響始終還是最偉大的，最永久的。他的勢力在這一千二百年中始終沒有隱沒。因爲後世所奉爲禪宗唯一經典的六祖壇經，便是神會的傑作。壇經存在一日，便是神會的思想勢力存在一日。

我在上文已指出壇經最古本中有『吾滅後二十餘年，……有人出來，不惜身命，第佛教是非，豎立宗旨』的懸記，可爲此經是神會或神會一派所作的鐵證。神會在開元二十二年在滑臺定宗旨，正是慧能死後二十一年。這是最明顯的證據。壇經古本中無有懷讓行思的事，而單獨提出神會得道，『餘者不得』，這也是很明顯的證據。

此外還有更無可疑的證據嗎？

我說，有的。

韋處厚（死于八二八）作『興福寺大義禪師碑銘』（全唐文七一五）有一段很重要的史料：

在高祖時有道信叶昌運，在太宗時有弘忍示元珠，在高宗時有惠能筌月指。自脈散絲分，或遁秦，或居洛，或之吳，或在楚。

秦者曰秀，以方便顯。（適按，此指神秀之五方便，略見宗密圓覺大疏鈔卷三下。五方便原書有敦煌寫本，藏巴黎。）普寂其胤也。

洛者曰會，得總持之印，獨曜瑩珠。習徒迷眞，橘柘變體，竟成檀經傳宗，優劣詳矣。

吳者曰融，以牛頭聞，徑山其裔也。

楚者曰道一，以大乘攝，大師其黨也。

大義是道一門下，死于八一八年。其時神會已死五十八年。韋處厚明說檀經（壇經）是神會門下的『習徒』所作。（傳宗不知是否『顯宗記』？）可見此書出於神會一派，是當時大家知道的事實？

但究竟壇經是否神會本人所作呢？

我說是的。至少壇經的重要部分是神會作的。如果不是神會作的，便是神會的弟子採取他的語錄裏的材料作成的。但後一說不如前一說的近情理，因爲壇經中確有很精到的部分，不是門下小師所能造作的。

我信壇經的主要部分是神會所作，我的根據完全是考據學所謂『內證』。壇經中有許多部分和新發見的神會語錄完全相同，這是最重要的證據。我們可以略舉幾個例證。

（例一）定慧等

（壇經敦煌本）善知識，我此法門以定慧爲本。第一勿迷言慧定別。定慧體一不二。卽定是慧體，卽慧是定用。卽慧之時定在慧，卽定之時慧在定。善知識，此義卽是定慧等。

（壇經明藏本）善知識，我此法門以定慧爲本。大衆勿迷言定慧別。定慧一體不是二。定是慧體，慧是定用。卽慧之時定在慧，卽定之時慧在定。若識此義，卽是定慧等學。

（神會語錄）卽定之時是慧體，卽慧之時是定用。卽定之時不異慧，卽慧之時不異定。卽定之時卽是慧，卽慧之時卽是定。何以故？性自如故？卽是定慧等學。（第一卷）

（例二）坐禪

（壇經敦煌本）此法門中，何名坐禪？此法門中，一切无㝵，外於一切境界上念不去（起）爲坐。見本性不亂，爲禪。

（壇經明藏本）善知識，何名坐禪？此法門中，無障無礙，外於一切善惡境界心念不起，名爲坐。內見自性不動，名爲禪。

（神會語錄）今言坐者，念不起爲坐。今言禪者，見本性爲禪。（第三卷）

（例三）關當時的禪學

〔壇經敦煌本〕迷人著法相，執一行三昧，直心坐不動，除妄不起心，卽是一行三昧。若如是，此法同無情，卻是障道因緣。道須通流，何以卻滯？心在（當作『不』）住卽通流，住卽被縛。若坐不動是，維摩詰不合呵舍利弗宴坐林中。善知識，又見有人教人坐看心看淨，不動不起，從此置功；迷人不悟，便執成顛，卽有數百般如此教導者，故之（知？云？）大錯。

此法門中坐禪元不著（看）心，亦不著（看）淨，亦不言〔不〕動。若言看心，心元是妄，妄如幻，故無所看也。若言看淨，人性本淨，爲妄念故，蓋覆眞如，離妄念，本性淨。不見自性本淨，心起看淨，卻生淨妄，妄無處所，故知看者看卻是妄也。淨無形相，卻立淨相，言是功夫。作此見者，障自本性，卻被淨縛。若不動者，〔不〕見一切人過患，是性不動。迷人自身不動，開口卽說人是非，與道違背。看心看淨，卻是障道因緣。

以上二段，第一段明藏本在『定慧第四品』，第二段明藏本在『坐禪第五品』。讀者可以參校。我不引明藏本全文了。最可注意的是後人不知道此二段所攻擊的禪學是什麽，故明藏本以下的定慧品作『有人教坐看心觀靜，不動不起，』而下文坐禪品的『看心』『看淨』都誤作『著心』『著淨』。著是執著，決不會有人教人執著心，執著淨。唐人寫經，『淨』『靜』不分，而『看』『著』易混，故上文『看心觀靜』不誤，而下文『著心著淨』是誤寫。今取神會語錄校之，便可知今本錯誤，又可知此種禪出自北宗門下的普寂，又可知此種駁議不會出於慧能生時，乃是神會駁斥普寂的話。神會語錄之文如下：

〔神會語錄〕遠師問嵩岳普寂禪師，東岳降魔禪師，此二大德皆教人『凝心入定，住心看淨，起心外照，攝心內證』指此以爲教門。禪師今日何故說禪不教人『凝心入定，住心看淨，起心外照，攝心內證？』何名爲坐禪？

和尚答曰，若教人『凝心入定，住心看淨，起心外照，攝心內證』者，此是障菩提。今言坐者，念不起爲坐。今言禪者，見本性爲禪。若指（下闕）（第三卷）

又說：

若有坐者，『凝心入定，住心看淨，起心外照，攝心內證』者，此障菩提，未與菩提相應，何由可得解脫？不在坐裏。若以坐爲是，舍利弗宴坐林間，不應被維摩詰訶。訶云，『不於三界觀身意，是爲宴坐。』但一切時中見无念者，不見身相名爲正定，不見心相名爲正惠。（第一卷）

又說：

問，何者是大乘禪定？

答，大乘定者，不用心，〔不看心〕不看靜，不觀空，不住心，不澄心，不遠看，不近看，……

問，云何不用心？

答，用心卽有，有卽生滅。无用〔卽〕无，无生无滅。

問，何不看心？

答，看即是妄，无妄即无看。

問，何不看淨？

答，无垢即无淨，淨亦是相，是以不看。

問，云何不住心？

答，住心即假施設，是以不住。心无處所。（第一卷之末）

語錄中又有神會詰問澄禪師一段：

問，今修定者，元是妄心修定，如何得定？

答，今修定者，自有內外照，即得見淨。以淨故即得見性。

問，性无內外，若言內外照，元是妄心。若爲見性？經云，若學諸三昧，是動非坐禪。心隨境界流，云何名爲定？若指此定爲是者，維摩詰即不應訶舍利弗宴坐。（第一卷）

我們必須先看神會這些話，然後可以了解壇經中所謂「看心」「看淨」是何物。如果看心看淨之說是普寂和降魔藏的學說，則慧能生時不會有那樣嚴重的駁論，因爲慧能死時，普寂領衆不過幾年，他又是後輩，慧能怎會那樣用力批評？但若把壇經中這些話看作神會駁普寂的話，一切困難便都可以解釋了。

（例四）論金剛經

〔壇經敦煌本〕善知識，若欲入甚深法界，入般若三昧者，直修般若波羅蜜行，但持金剛般若波羅蜜經一卷，卽得見性，入般若三昧。當知此經功德無量，經中分明讚歎，不能具說。此是最上乘法，爲大智上根人說。少根智人若聞法，心不生信。何以故？譬如大龍若下大雨，雨衣（被）閻浮提，如漂草葉。若下大雨，雨放大海，不增不減。若大乘者聞說金剛經，心開悟解，故知本性自有般若之智，自用知惠觀照，不假文字。譬如其雨水，不從無有，无（元）是龍王於江海中將身引此水，令一切衆生，一切草木，一切有情无情，悉皆蒙潤。諸水衆流，卻入大海，海納衆水，合爲一體。衆生本性般若之智，亦復如是。少根之人聞說此頓教，猶如大地草木根性自少者，若被大雨一沃，悉皆倒，不能增長。少根之人亦復如是。（參看壇經明藏本『般若品』文字稍有異同。如『如漂草葉』誤作『如漂棄葉』；『雨水不從无有』作『雨水不從天有』之類，皆敦煌本爲勝。）

〔神會語錄〕若欲得了達甚深法界，直入一行三昧者，先須誦持金剛般若波羅蜜經，修學般若波羅蜜法。……金剛般若波羅蜜經者，如來爲發大乘者說，爲發最上乘者說。何以故？譬如大龍，不雨閻浮。若雨閻浮，如飄棄葉。若雨大海，其海不增不減。若大乘者，若最上乘者，聞說金剛般若波羅蜜經，不驚不怖，不畏不疑者，當知是善男子善女人，從無量久遠劫來，常供養無量諸佛及諸菩薩，修學一切善法，今是得聞般若波羅蜜經，不生驚疑。（第三卷）

（例五）無念

〔壇經敦煌本〕无者无何事？念者念何物？无者，離二相諸塵勞。〔念者，念眞如本性。〕（依明藏本補）眞如是念之體，念是眞如之用。〔自〕性起念，雖卽見聞覺知，不染萬境，而常自在。（明藏本「定慧第四」）

〔神會語錄〕問，无者无何法？念者念何法？

答，无者无有云然，念者唯念眞如。

問，念與眞如有何差別？

答，无差別。

問，既无差別，何故言念眞如？

答，言其念者，眞如之用。眞如者，念之體。以是義故，立无念爲宗。若見无念者，雖具見聞覺知，而常空寂。（第一卷）

以上所引，都是挑選的最明顯的例子。我們比較這些例子，不但內容相同，並且文字也都很相同，這不是很重要的證據嗎？大概壇經中的幾個重要部分，如明藏本的「行由」品，「懺悔」品，是神會用氣力撰著的，也許是有幾分歷史的根據的；尤其是懺悔品，神會語錄裏沒有這樣有力動人的說法，也許眞是慧能在時的記載。此外，如「般若」，「疑問」，「定慧」，「坐禪」，諸品，都是七拚八湊的文字，大致是神會雜採他的語錄湊成的。付囑品的一部分大概也是神會原本所有。其餘大概是後人增加的了。壇經古本不分卷；北宋契嵩始分爲三卷，已有大改動了；元朝宗寶又『增入弟子請益機緣』，是爲明藏本之祖。

如果我們的考證不大錯，那麼，神會的思想影響可說是存在在壇經裏。柳宗元作大鑒禪師碑，說：『其說具在，今布天下，凡言禪皆本曹溪。』我們也可以這樣說神會：『其說具在，今布天下。凡言禪皆本曹溪，其實是皆本於荷澤。』

南宗的急先鋒，北宗的毀滅者，新禪學的建立者，壇經的作者，——這是我們的神會。在中國佛教史上，沒有第二個人有這樣偉大的功勳，永久的影響。

十八年除夕脫稿

神會和尚遺集序

民國十三年，我試作中國禪學史稿，寫到了慧能，我已很懷疑了；寫到了神會，我不能不擱筆了。我在宋高僧傳裏發現了神會和北宗奮鬥的記載，又在宗密的書裏發現了貞元十二年敕立神會爲第七祖的記載，便決心要搜求關于神會的史料。但中國和日本所保存的禪宗材料都不夠滿足我的希望。我當時因此得一個感想：今日所存的禪宗材料，至少有百分之八九十是北宋和尚道原贊寧契嵩以後的材料，往往經過了種種妄改和僞造的手續，故不可深信。我們若要作一部禪宗的信史，必須先搜求唐朝的原料，必不可輕信五代以後改造過的材料。

但是我們向何處去尋唐朝的原料呢？當時我假定一個計畫，就是向敦煌所出的寫本裏去搜求。敦煌的寫本，上起南北朝，下訖宋初，包括西曆五百年至一千年的材料，正是我要尋求的時代。況且敦煌在唐朝並非僻遠的地方，兩京和各地禪宗大師的著作也許會流傳到那邊去。

恰好民國十五年我有機會到歐洲去，便帶了一些參考材料，準備去看倫敦巴黎兩地所藏的敦煌卷子。九月中我在巴黎發見了三種神會的語錄，十一月中又在倫敦發見了神會的顯宗記。此外還有一些極重要的禪宗史料。我假定的計畫居然有這樣大的靈驗，已超過我出國之前的最大奢望了。

十六年歸國時，路過東京，見着高楠順次郎先生，常盤大定先生，矢吹慶輝先生，始知矢吹慶輝先生從倫敦影得敦煌本壇經，這也是禪宗史最重要的材料。高楠，常盤，矢吹諸博士都勸我早日把神會的遺著整理出來。但我歸國之後，延擱了兩年多，始能把這四卷神會遺集整理寫定；我另作了一篇神會傳，又把景德傳燈錄卷二十八所收神會語錄三則鈔在後面，作一個附錄。全書共遺集四卷，跋四首，傳一篇，附錄一卷，各寫兩份，一份寄與高楠博士，供他續刊大藏經的採用，一份在國內付印，卽是此本。

神會是南宗的第七祖，是南宗北伐的總司令，是新禪學的建立者，是壇經的作者。在中國佛教史上，沒有第二人比得上他的功勳之大，影響之深。這樣偉大的一個人物，卻被埋沒了一千年之久，後世幾乎沒有人知道他的名字了。幸而他的語錄埋藏在敦煌石窟裏，經過九百年的隱晦，還保存二萬字之多，到今日從海外歸來，重見天日，使我們得重見這位南宗的聖保羅的人格言論，使我們得詳知他當日力爭禪門法統的偉大勞績，使我們得推翻道原契嵩等人妄造的禪宗僞史而重新寫定南宗初期的信史：這豈不是我們治中國佛教史的人最應該感覺快慰的嗎？

我借這個機會要對許多朋友表示很深厚的感謝。我最感激的是：

倫敦大英博物院的 Dr. Lionel Giles，

巴黎的 Professor Paul Pelliot，

沒有他們的熱心援助，我不會得着這些材料。此外我要感謝日本矢吹慶輝博士寄贈敦煌本壇經影本的好意。我得着矢吹先生縮影本之後，又承 Dr. Giles 代影印倫敦原本。不久我要把敦煌本壇經寫定付印，作爲神會遺集的參考品。

余昌之周道謀二先生和汪協如女士校印此書，功力最勤，也是我很感謝的。

一九，四，一〇

壇經考之一（跋曹溪大師別傳）

曹溪大師別傳一卷，中國已無傳本。此本是日本所傳，收在續藏經二編乙十九套第五册，頁四八三——四八八。有日本僧祖芳的書後云：

　昔於東武獲曹溪大師別傳，曩古傳教大師從李唐手寫齎歸，鎮藏叡嶽。……傳末有『貞元十九，二月十九日畢，天台最澄封』之字，且搭朱印三箇，刻『比叡寺印』四字。貞元十九，當日本延曆二十年乙酉也。大師（慧能）遷寂乃唐先天二年，至于貞元十九年，得九十一年。謂壇經古本湮滅已久；世流布本宋後編修；諸傳亦非當時撰。唯此傳去大師謝世不遠，可謂實錄也而與諸傳及壇經異也。……惜乎失編者之名。考請來進官錄曰『曹溪大師傳一卷』是也。

　寶曆十二年壬午。（乾隆二十七年，西曆一七六二年）

祖芳此序頗有小錯誤。貞元十九（八〇三）當日本延曆二十二年癸未，乙酉乃延曆二十四年。先天二年（七一三）至貞元十九年，得九十年。此皆計算上的小誤。最可怪者，据傳教大師全集別卷所收的叡山大師傳，最澄入唐在貞元二十年；（八〇四）其年九月上旬始往天台。如何能有『貞元十九，二月十九日畢，天台最澄封』的題記？

祖芳又引最澄『請來進官錄』有曹溪大師傳一卷。今檢傳教大師將來目錄（全集卷四）有兩錄，一爲台州錄，一爲越州錄。曹溪大師傳一卷乃在越州錄之中。越州錄中經卷皆貞元二十一年在越州所抄寫，更不會有『天台最澄』的題記。

然祖芳之跋似非有心作僞。按台州錄之末有題記，年月爲

大唐貞元貳拾壹年歲次乙酉貳月朔辛丑拾玖日乙未

大概祖芳一時記憶有誤，因『二月十九日』而誤寫二十一年爲『十九年』，又誤記『天台』二字，遂使人生疑了。

我們可以相信此傳是最澄於貞元二十一年在越州抄寫帶回日本的本子。以下考證此傳的著作時代及其內容。

此傳作者不知是誰，然可以考定他是江東或浙中的一個和尙，其著作年代爲唐建中二年（七八一）在慧能死後六十八年。傳中有云：

大師在日，受戒開法度人三十六年。先天二年壬子歲滅度。至唐建中二年，計當七十一年。

先天二年至建中二年只有六十八年。但作者忽用建中二年爲計算年數的本位，卻很可注意。日本忽滑谷快天先生（禪學思想史上，三八二）說此句可以暗示別傳脫稿在此年。忽滑谷先生的話甚可信，我可以代他添一個證據。此

傳說慧能臨死時，對門人說一則『懸記』（預言）：

我滅度七十年後，有東來菩薩，一在家菩薩修造寺舍，二出家菩薩重建我教。

七十年後的預言與後文所記『至建中二年，計當七十一年』正相照應。作傳的人要這預言驗在自己身上，卻不料因此暗示成書的年代了。大概作者即是預言中的那位『出家菩薩，』可惜他的姓氏不可考了。

何以說作者是江東或浙中的和尚呢？因爲預言中說是『東來菩薩，』而此本作於建中二年，到貞元二十一年（永貞元年，八〇五）最澄在浙中抄得此傳時不過二十四年，當時寫本書流傳不易，抄書之地離作書之地未必甚遠；且越州台州也都在東方，正是東來菩薩的家鄉。

最可注意的是壇經明藏本（縮刷藏經騰四）也有東來菩薩的懸記，其文如下：

吾去七十年，有二菩薩從東方來，一出家，一在家，同時興化，建立吾宗，締緝伽藍，昌隆法嗣。

此條懸記，今本皆已删去，惟明藏本有此文。明藏本的祖本是北宋契嵩的改本。契嵩的鐔津文集中有郎侍郎的六祖法寶記敍，說契嵩得曹溪古本壇經校改俗本，勒成三卷。契嵩居杭州，也在浙中，他所得的『曹溪古本』大概即是這部曹溪大師別傳，故有七十年的懸記。

近年壇經的敦煌寫本出現於倫敦，於是我們始知道契嵩所見的『文字鄙俚繁雜，殆不可考』的俗本乃是眞正古本，而契嵩所得古本決不是眞古本。試即舉慧能臨終時的『七十年』懸記爲例，敦煌寫本即無此文，而另有一種懸記，其文如下：

上座法海向前言，『大師，大師去後，衣法當付何人？』大師言，『法卽付了，汝不須問。吾滅後二十餘年，邪法遼亂，惑我宗旨，有人出來，不惜身命，第佛教是非，豎立宗旨，卽是吾正法。衣不合轉。』

此懸記甚明白，所指卽是神會在滑臺大雲寺及洛陽荷澤寺定南宗宗旨的事。神會滑臺之會在開元二十二年，（七三四）正是慧能死後二十一年。此條懸記可證敦煌本壇經爲最古本，出於神會或神會一系之手，其著作年代在開元二十二年以後。神會建立南宗，其功績最偉大。但九世紀以下，禪宗大師多出於懷讓行思兩支，漸漸都把神會忘了。契嵩之時，神會之名已在若有若無之間，故二十年的懸記已不能懂了。所以契嵩採取曹溪大師傳中的七十年懸記來替代此說。但七十年之記更不好懂，後來遂有種種猜測，終無定論，故今世通行本又把這七十年懸記全删去了。

然而敦煌本的二十年後的懸記可以證壇經最古本的成書年代及其作者；曹溪大師別傳的七十年後的懸記和建中二年的年代可以證此傳的成書年代及其作者；而契嵩改本的收入七十年的懸記又可以證明他所依據的『曹溪古本』正是這部曹溪大師別傳。

* * * * *

我們試取敦煌本壇經和明藏本相比較，可以知道明藏本比敦煌本多出百分之四十。（我另有壇經敦煌本考證。）

還多出的百分之四十，內中有一部分是宋以後陸續加進去的。但其中有一部分是契嵩採自曹溪大師別傳的。今依明藏本的次第，列表如下：

(1)行由第一　自『惠能後至曹溪，又被惡人尋逐』以下至印宗法師講涅槃經，惠能說風幡不動是心動，以至印宗爲惠能剃髮，惠能於菩提樹下開東山法門，——此一大段約四百餘字，敦煌本沒有，是採自曹溪大師別傳的。

(2)機緣第七　劉志略及其姑無盡藏一段，敦煌本無，出於別傳。

又智隍一段約三百五十字，也出於別傳的瑝禪師一段，但改瑝爲智隍，改大榮爲玄策而已。

(3)頓漸第八　神會一條，其中有一段，『吾有一物無頭無尾無名無字無背無面，諸人還識否？』約六十字，也出於別傳。

(4)宣詔第九　全章出於別傳，約六百多字，敦煌本無。但此章刪改最多，因爲別傳原文出於一個陋僧之手，謬誤百出，如說『神龍元年（七〇三）高宗大帝敕曰，』不知高宗此時已死了二十二年了！此等處契嵩皆改正，高宗詔改爲『則天中宗詔，』詔文也完全改作。此詔今收在全唐文（卷十七）卽是契嵩改本，若與別傳中的原文對勘，便知此是僞造的詔書。

(5)付囑第十　七十年後東來二菩薩的懸記，出於別傳，說詳上文。

又別傳有『曹溪大師頭頸先以鐵鍱封裹全身膠漆』一語，契嵩採入壇經，敦煌本無。

又此章末總敍慧能一生，『二十四傳衣，三十九祝髮，說法利生三十七載，』也是根據別傳，而稍有修正。別傳記慧能一生的大事如下：

三十四歲，到黃梅山弘忍處得法傳衣。

三十四至三十九，在廣州四會懷集兩縣界避難，凡五年。

三十九歲，遇印宗法師，始剃髮開法。但下文又說開法受戒時『年登四十。』

七十六歲死，開法度人三十六年。

契嵩改三十四傳衣為『二十四傳衣，』大概是根據王維的碑文中『懷寶迷邦，銷聲異域，……如此積十六載，』之文。又改說法三十六年為三十七年，則因三十九至七十六，應是三十七年。

以上所記可以說明曹溪大師別傳和壇經明藏本的關係。我曾細細校勘壇經各本，試作一圖，略表壇經的演變史：

壇經古本（敦煌寫本）
曹溪大師別傳
——契嵩三卷本（宋至和三年）（一〇五六）——宗寶增改本（元至元辛卯）（一二九一）——明藏本

但曹溪大師別傳實在是一個無識陋僧妄作的一部僞書，其書本身毫無歷史價值，而有許多荒謬的錯誤。其中所記慧能的一生，大體用王維的能禪師碑，（全唐文三二七）如印宗法師之事雖不見於壇經古本，而王維碑文中有之，又碑文中也說：

> 則天太后，孝和皇帝，並敕書勸諭，徵赴京城。禪師子牟之心，敢忘鳳闕？遠公之足，不過虎溪。固以此辭，竟不奉詔。遂送百衲袈裟及錢帛等供養。

別傳敷衍此等事，揑造出許多文件。如印宗一段，則造出說法問答之辭；詔徵不起一段，則造出詔敕表文及薛簡問法的一大段。試一考證，便可發現許多作僞的痕跡。如神龍元年高宗大帝（高宗早已死了）敕中有云：

> ……安秀二德……再推南方有能禪師密受忍大師記傳，傳達磨衣鉢，以爲法信，頓悟上乘，明見佛性。……朕聞如來以心傳心，囑付迦葉，迦葉展轉相傳至於達磨，教被東土，代代相傳，至今不絕。師既稟承有依，可往京城施化。……

如果此敕是眞的，則是傳衣付法的公案早已載在朝廷詔敕之中了，更何用後來的爭論？更何用神會兩度定宗旨，四次遭貶謫的奮鬥呢？即此一端，便可證明此書作僞的性質了。

傳中記弘忍臨終付袈裟與慧能，並說：

> 衣爲法信，法是衣宗。從上相傳，更無別付。非衣不傳於法，非法不傳於衣。衣是西國師子尊者相傳，令佛法

不斷。法是如來甚深般若。知般若空寂無住，即了法身。見佛性空寂無住，是眞解脫。汝可持衣去。

此一段全抄神會的顯宗記（敦煌有殘本題爲『頓悟無生般若頌』）的末段而改爲弘忍付法的話。這也是作僞的證據。

至於較小的錯誤，更是不可勝數。如傳中說慧能死於先天二年（七一三）年七十六，則咸亨五年（六七四）慧能應是三十七歲，而傳中說：

> 至咸亨五年，大師春秋三十有四。

此一誤也。推上去，咸亨元年應是三十三歲，而傳作三十，此二誤也。神龍元年（七〇五）高宗已死二十二年，而傳中有高宗之敕，此三誤也。神龍三年（七〇七）武后已死二年了，而傳中仍有高宗敕，此四誤也。先天二年至建中二年，（七八一）應是六十八年，而傳中作七十一年，此五誤也。傳中又說：

> 其年（先天二年）衆請上足弟子行滔守所傳衣。經三十五年，有殿中侍御史韋據爲大師立碑。後北宗俗弟子武平一開元七年（七一九）磨卻韋據碑文，自著武平一文。

先天二年即開元元年，至開元七年只有六年，那有三十五年？此六誤也。傳中又云：

> 上元二年（七六一）十二月……敕曹溪山六祖傳袈裟及僧行滔……赴上都。
>
> 乾元二年（七五九）正月一日，滔和上有表辭老疾，遣上足僧惠象及家人永和送傳法袈裟入內。……滔和上正月十七日身亡，春秋八十九。

乾元在上元之前，今先後倒置，此七誤也。我疑心原文或作『乾元元年』下敕，重元字，寫作『元二年』，而誤作『二年；』但又無二年十二月敕召而同年正月表辭之理，故又改乾字爲『上元二年』，遂更誤了。下文說袈裟留京七年，永泰元年送回。從乾元二年（七五九）袈裟至京，到永泰元年（七六五）正是七年。此可證『上元二年』之當作『乾元元年』。此或是原文不誤，而寫者誤改了的。

又按王維碑文說：

〔忍大師〕臨終，遂密授以祖師袈裟，而謂之曰，『物忌獨賢，人惡出己。吾且死矣，汝其行乎？』禪師遂懷寶迷邦，銷聲異域。衆生爲淨土，雜居止於編氓。世事是度門，混農商於勞侶。如此積十六載。

弘忍死于咸亨五年（六七四），是年慧能三十七歲。別傳說他是年三十四歲，固是錯誤。但別傳說他咸亨五年三十四歲傳衣得法，儀鳳元年（六七六）三十九歲剃髮受戒，中間相隔只有兩年，那能長五歲呢？此八誤也。契嵩拘守十六年隱遯的碑文，故說慧能二十四歲傳衣，三十九歲開法，中間隱遯十六年。但弘忍死于咸亨五年，若慧能二十四歲傳衣，則碑文不應說弘忍『臨終』傳法了。若依王維碑文，則慧能開法已在五十二三歲，開法二十三四年而死，則別傳說他說法三十六年，壇經改本說他說法三十七年，又都是虛造的了。

總之，別傳的作者是一個無學問的陋僧，他閉門虛造曹溪大師的故事，裝上許多年月，儼然像一部有根據的傳記了。可惜他沒有最淺近的算學知識，下筆便錯，處處露出作僞的痕跡。不幸契嵩上了他的當，把此傳認作『曹溪古本』採取了不少材料到壇經裏去，遂使此書欺騙世人至九百年之久！幸而一千多年前最澄大師留下這一本，保存至今，使我們可以考證契嵩改本的根據。我們對於那位渡海求法的日本大師，不能不表示很深的謝意。

民國十九年一月七日稿

壇經考之二（記北宋本的六祖壇經）

（跋日本京都堀川興聖寺藏北宋惠昕本壇經影印本）

去年十月我過日本橫濱，會見鈴木大拙先生，他說及日本有新發現的北宋本六祖壇經。後來我回到北平，不久就收到鈴木先生寄贈的京都堀川興聖寺藏的六祖壇經的影印本一部。此本爲昭和八年安宅彌吉所印行，共印二百五十部。附有鈴木大拙先生的『解說』一小册。

興聖寺本爲翻刻宋本，已改原來每半頁七行之摺帖式爲每全頁二十一行之方册本。但原本之款式完全保存，不過合併三個半頁爲一全頁而已。每行二十二字。全書分二卷，上卷六門，下卷五門，共十一門。

末頁有興聖寺僧了然墨筆兩行跋，第一跋云：

　　慶長四年五月上中旬初拜誦此經伺南宗奧義了次爲新學加朱點而已　了然誌之

第二跋云：

　　慶長八年三月朔日至八日一遍拜讀之次加和點了　記者同前

鈴木先生說，慶長四年到今年（去年）已有三百三十四年了。

此本前面有手鈔『六祖壇經序,』看其筆跡,似是了然所補鈔。序文二十七行半,不分段,首行云:

依眞小師邕劭羅秀山惠進禪院沙門惠昕述。

而序末題云:

紹興二十三年六月二十日右奉議郎權通判蘄州軍州事晁子健記。

細分析之,這裏本是兩篇序,了然誤合爲一。

第一篇爲惠昕序,共一百六十一字:

原夫眞如佛性,本在人心。心正則諸境難侵,心邪則衆塵易染。能止心念,衆惡自亡。衆惡既亡,諸善皆備。諸善要備,非假外求。悟法之人,自心如日,遍照世間,一切無礙。見性之人,雖處人倫,其心自在,无所惑亂矣。故我六祖大師廣爲學徒直說見性法門,總令自悟成佛,目曰壇經,流傳後學。古本文繁,披覽之徒,初忻後厭。余以太歲丁卯,月在蕤賓,二十三日辛亥,於思迎塔院分爲兩卷凡十一門。貴接後來,同見佛性云。

第二篇是晁子健的後記,共二百八十二字:

子健被旨入蜀,回至荆南,於族叔公祖位見七世祖文元公所觀寫本六祖壇經,其後題云:『時年八十一,第十六次看過。』以至點句標題,手澤具存。公歷事太宗眞宗仁宗三朝,引年七十,累章求解禁職,以太子少保致仕,享年八十四。道德文章具載國史。冠歲過道士劉惟一,訪以生死之事。劉曰:『人常不死。』公駭之。劉曰,『形死性不死。』公始寤其說。自是留意禪觀，老而愈篤。公生平所學，三教俱通。文集外，著昭德編三卷，法藏碎金十卷，道院集十五卷，耄智餘書三卷，皆明理性。晚年尙看壇經孜孜如此。子健來佐蘄春郡，遇太守高公世叟，篤信好佛，一日語及先文元公所觀壇經，欣然曰『此乃六祖傳衣之地，是經安可闕乎？』乃用其句讀鏤版刊行，以廣其傳。壇經曰『後人得遇壇經，如親承吾教。若看壇經，必當見性。』咸願衆生，同證此道。

據此兩序可知此本的底本是惠昕所改定的兩卷十一門的本子。惠昕自記改定此書的年月爲『太歲丁卯，月在蕤賓，二十三日辛亥。』鈴木先生推想此『丁卯』應是宋太祖乾德五年，（西曆九六七）但他不能證實此說。按蕤賓爲五月；二十三日辛亥，則此月朔爲己丑。我檢查陳垣的廿史朔閏表，只有宋太祖乾德五年丁卯有五月己丑朔，故可斷定惠昕改定二卷十一門是乾德丁卯的事。（九六七）此本的祖本是十世紀的寫本，距離那敦煌寫本應該不很遠了。

晁子健序中所說『七世祖文元公』，卽是晁公武（字子止）郡齋讀書志自序中『公武家自文元公來以翰墨爲業者七世』的文元公，卽是晁迥，是北宋前期的大文家。他死後諡『文元』，宋史（卷三〇五）有傳。宋史所記與晁子健所述略同。（耄智餘書，宋史耄作耋。）宋史所記也有可供此本考證的本傳說：

> 天聖中，迥年八十一，召宴太淸樓。……
>
> 子宗慤爲知制誥，侍從同預宴。

據畢沅續通鑑卷三十八，晁宗愨知制誥是在天聖九年（一〇三一）正月；太清樓賜宴在同年閏十月。據此可知他八十一歲正是天聖九年。此本的原寫本有晁迥自題『時年八十一，第十六次看過』的話，題字之年（一〇三一）和惠昕改訂之年（九六七）相隔只有六十四年，也可以說是十世紀的寫本。

我們現在可以稱此本的原刻本爲南宋紹興二十三年（一一五三）蘄州刻本；刻本所據的寫本爲北宋天聖九年（一〇三一）晁迥八十一歲時第十六次看過的十世紀寫本；而其祖本爲北宋乾德五年（九六七）惠昕改訂爲兩卷十一門的寫本。

* * * * *

這個惠昕改訂爲兩卷十一門的本子，是晁迥看過又題過的，是晁子健刻的。刻的年代是紹興二十三年。最可注意的是，在此本刻印的前兩年——紹興二十一年（一一五一）——晁迥的另一個七世孫，晁子健的堂弟兄晁公武正寫成他的郡齋讀書志的自序。在郡齋讀書志的衢州本的卷十六有這樣的記載：

六祖壇經三卷（王先謙校：三，袁州本作二）

右唐僧惠昕撰。記僧盧慧能學佛本末。慧能號六祖。凡十六門。周希復有序。

馬端臨文獻通考的經籍考五十四，轉錄此條如下：

六祖壇經三卷。

晁氏曰，唐僧惠昕撰，記僧盧慧能學佛本末。慧能號六祖。凡十六門。周希後有序。

通考之惠昕是惠昕之譌，周希後是周希復之譌。但最可注意的是『三卷』『十六門』兩項，可證衢州本讀書志所記不誤。依此看來，在蘄州刻的惠昕二卷十一門本之前，早已有一部三卷十六門的惠昕本在社會上流通了。讀書志成於紹興二十一年以前，所以晁子止沒有看見他的從堂弟兄刻印的他的七世祖文元公句讀題記的兩卷十一門的惠昕眞本。

晁公武的記載使我們知道一件重要事實，就是在一〇三一年到一一五一年，在這一百二十年之間，惠昕的二卷十一門壇經已被人改換過了，已改成三卷十六門了。

那部三卷十六門的惠昕本我們沒有見過，不能下確定的推論。但我們可以推測那個本子也許是北宋至和三年（一〇五六）契嵩和尚的改本。契嵩的鐔津文集裏有郎侍郎的六祖法寶記敍，——此序當然是契嵩自己作的，——說契嵩得了一部『曹溪古本』，用來校改俗本壇經，勒成三卷。契嵩的『曹溪古本』，我在前幾年已證明即是『曹溪大師別傳。』他所用的『俗本』也許就是惠昕的二卷十一門本，他改定之後，仍用惠昕之名。幸有晁迥句讀本保存到十二世紀中葉，被晁子健刻出來，流傳到日本，保留到如今，使我們知道惠昕的原本是只有十一門分兩卷的。

壇經的普通傳本都是契嵩以後又經後人增改過的。現今只有兩個本子是契嵩以前的古本：

（1）敦煌的不分卷寫本。

（2）北宋初年惠昕改訂二卷十一門本、

這個惠昕眞本是人間第二最古的壇經。

* * * * *

我在壇經考裏曾指出敦煌本慧能臨終的『懸記』被契嵩用曹溪大師別傳的懸記來改換了。今檢此惠昕本的臨終懸記與敦煌本還相同。今抄此本的懸記，而校註敦煌本異文如下：

法海上座問曰：（敦煌本作『上座法海向前言：』）

『和尚（敦煌本作『大師，大師』）去後，衣法當付何人？』師曰：『吾於大梵寺說法，直至今日，抄錄流行，名法寶壇經記。汝等守護，度諸衆生，但依此說，是眞正法。』（此段話，凡三十七字，敦煌本無。）師言：『法海向前。（敦煌本無此六字；此處重提法海，可見添插的痕跡。敦煌本在下文懸記之前有『法卽付了，汝不須問』八字。）吾滅度後二十年間，邪法撩亂，惑我正宗，（敦煌本『年間』作『餘年』，『正宗』作『宗旨』。）有一人出來，不惜身命，定於佛法，（敦煌本作『第佛教是非』。）豎立宗旨，卽是吾（此下敦煌本有『正』字）法，弘於河洛，此教大行。若非此人，（以上十二字，敦煌本無。）衣不合傳。』

此條懸記明指神會獨力攻擊北宗，豎立南宗宗旨的故事。（看荷澤大師神會傳，頁二五三——二五七，又頁二七六——二八二。）

此本添『弘於河洛，此教大行，』原意更明顯了。契嵩不知道此段重要歷史，妄依曹溪大師別傳，改作如下的懸記：

吾去七十年，有二菩薩從東方來，一出家，一在家，同時興化，建立吾宗，締緝伽藍，昌隆法嗣。（依明藏本，今本又都刪去此條懸記了。）

此惠昕本還保存那明指神會的懸記，可證此本和敦煌本最接近，是未經契嵩妄改的古本。

試再舉一個證據。敦煌本法海問：

此頓教法傳受，從上以來，至今幾代？

六祖答詞，列舉七佛以來四十代傳法世系。今將敦煌本，惠昕此本，及明藏本的傳法世系表示如下：

敦煌本	惠昕本	明藏本	附唐僧宗密所記世系
六佛	六佛	六佛	
7 釋迦牟尼（第七）	釋迦（第七）	釋迦文佛	
8 大迦葉	迦葉	(1)迦葉	(1)迦葉
9 阿難	阿難	(2)阿難	(2)阿難
10 末田地	末田地		
11 商那和修	商那和修	(3)商那和修	(3)商那和修
12 優婆掬多	優婆掬多	(4)優波毱多	(4)優波毱多

13 提多迦	提多迦	(5)提多迦	(5)提多迦
		(6)彌遮迦	(6)彌遮迦
		(7)婆須蜜多	
14 佛陀難提	佛陀難提	(8)佛馱難提	(7)佛陀難提
15 佛陀蜜多	佛陀蜜多	(9)伏馱蜜多	(8)佛陀蜜多
16 脅比丘	脅比丘	(10)脅比丘	(9)脅比丘
17 富那奢	富那奢	(11)富那夜奢	(10)富那奢
18 馬鳴	馬鳴	(12)馬鳴	(11)馬鳴
19 毗羅長者	毗羅尊者	(13)迦毗摩羅	(12)毗羅尊者
20 龍樹	龍樹	(14)龍樹	(13)龍樹
21 迦那提婆	迦那提多	(15)迦那提婆	(14)迦那提婆
22 羅睺羅	羅睺羅多	(16)羅睺羅多	(15)羅睺羅
23 僧伽那提	僧伽那提	(17)僧伽難提	(16)僧伽難提
24 僧伽耶舍	僧伽耶舍	(18)伽耶舍多	(17)僧伽耶舍
25 鳩摩羅馱	鳩摩羅馱	(19)鳩摩羅多	(18)鳩摩羅多
26 闍耶多	闍夜多	(20)闍夜多	(19)闍夜多
27 婆修盤多	婆修槃頭	(21)婆修槃頭	(20)婆修槃陀
28 摩拏羅	摩拏羅	(22)摩拏羅	(21)摩奴羅

29 鶴勒那	鶴勒那	(23)鶴勒那	(22)鶴勒那夜遮
30 師子比丘	師子比丘	(24)師子比丘	(23)師子比丘
31 舍那婆斯	婆舍斯多	(25)婆舍斯多	(24)舍那婆斯
32 優婆掘	優波掘多	(26)不如蜜多	(25)優婆掘
33 僧迦羅(叉)	婆須蜜多	(27)般若多羅	(26)婆修密
34 婆須蜜多	僧迦羅叉		(27)僧伽羅叉
35 菩提達摩	菩提達摩	(28)菩提達摩	(28)達摩多羅
36 惠可	同	(29)同	(29)同
37 僧璨	同	(30)同	(30)同
38 道信	同	(31)同	(31)同
39 弘忍	同	(32)同	(32)同
40 惠能	同	(33)同	(33)同

此表最可注意的是敦煌本的印度諸祖與惠昕本全同，所不同者只有兩點：

(1)敦煌本的舍那婆斯，(31)此本作婆舍斯多。

(2)煌敦本僧迦羅叉(33)與婆須蜜多，(34)此本兩人的次第互倒。證以宗密所記，敦煌本是誤倒的。此本不誤。

此可證此本尚未經契嵩的改竄。契嵩作傳法正宗記，傳法正宗論，及傳法正宗定祖圖，於嘉祐六年（一〇六一）進上；次年，（一〇六二）奉仁宗旨收入藏經內。他的重要改定是

（1）改舊世系的第三十三人婆須蜜多爲第七祖。

（2）刪去舊世系的第三十二人優波掘多，因爲他知道優波掘多卽是前面的第十二代優婆掬多。

（3）刪去舊世系的第三十四人僧迦羅叉，因爲僧迦羅叉（卽僧伽羅剎）的年代太分明了，不容易接上菩提達摩。契嵩自稱根據僧祐的出三藏記所收的薩婆多部世系，而僧祐所記僧伽羅叉在第二十九，而弗若蜜多（契嵩的不若蜜多）在第四十九。所以他不能不刪去僧伽羅叉了。（僧伽羅叉的年代，我曾考定爲西曆紀元二世紀的人；看胡適文存三集頁四一二以下。）

（4）他刪去了師子下面的四個人，改定爲三人：

婆舍斯多（此是依惠昕本改的）

不如蜜多（此卽出三藏記的弗若蜜多）

般若多羅（此卽出三藏記的不若多羅）

（5）敦煌本與惠昕本皆無彌遮迦一人，而中唐宗密所傳世系已有此名，大概唐人所傳世系，或有末田地而無彌遮迦，或有彌遮迦而無末田地，不是契嵩添入的。

我從前疑心舍那婆斯之改爲婆舍斯多，也是契嵩幹的事。今見惠昕本已這樣改了。舍那婆斯即是商那和修，他在僧祐出三藏記的薩婆多部世系表裏，列在第四，在末田地之下，優婆掬多之上，正當舊表之商那和修。故惠昕本已改爲婆舍斯多。此名不見于唐人所傳各表中，亦不見于日本所存各表中，大概是惠昕捏造的，而契嵩沿用此名。這更可證我上文說的契嵩所用『俗本』即是惠昕的二卷十一門本。

惠昕本雖已改換了舍那婆斯一名，但其餘各祖都與敦煌本相同，這又可見此本之近古了。

* * * * *

但用此本與敦煌本比較，我們可以看出惠昕已有很大的改動，已有很多的增添了。上文引慧能臨終的懸記，已可見惠昕增添了許多字句。惠昕自序說：

> 古本文繁；披覽之徒，初忻後厭。

可見他不滿意於古本。但他不曾說明他如何改動。看了『古本文繁』一句話，好像他的改定是刪繁爲簡。試比較敦煌本與此本，便知此本比古本更繁，已有了後來添入的文字。但此本所增添的還不很多，不過兩千字罷了。今試表壇經各本的字數，作一個比較：

(1)敦煌本　一二·〇〇〇字

(2)惠昕本　一四·〇〇〇字

（3）明藏本　　二一·〇〇〇字

這可見惠昕加了不過二千字，而明藏本比敦煌本竟增加九千字了。這個比較表雖是約略的計算，已可見禪宗和尚妄改古書的大膽眞可令人駭怪了。

我們試取一段，用這三本的文字作一個對勘表：

敦煌本	惠昕本	明藏本
大師欲更共議，見左右在傍邊，大師更不言，遂發遣惠能令隨衆作務。	大師更欲共惠能久語，且見徒衆總在身邊，乃令隨衆作務。惠能啓和尚言：『弟子自心常生智慧，不離自性，卽是福田。未審和尚教作何務？』五祖言：『這獦獠根性大利。汝更勿言，且去後院。』	五祖更欲與語，且見徒衆總在左右，乃令隨衆作務。惠能曰：『惠能啓和尚，弟子自心常生智慧，不離自性，卽是福田。未審和尚教作何務？』祖云：『這獦獠根性大利。汝更勿言，著槽廠去。』惠能退至後院。
時有一行者，遂差惠能於碓坊踏碓，八個餘月。	有一行者差惠能破柴踏碓，八個餘月。五祖一日忽見惠能，言：『吾思汝之見可用。恐有惡人害汝，遂不與汝言。知之否？』惠能言：『弟子亦知師意，不敢行至堂前，令人不覺。』	有一行者差惠能破柴踏碓，經八月餘。祖一日忽見惠能曰：『吾思汝之見可用，恐有惡人害汝，遂不與汝言。汝知之否？』惠能曰：『弟子亦知師意，不敢行至堂前，令人不覺。』

我們看這種對勘，可知惠昕增添了許多很淺薄的禪宗濫調，而契嵩以後多沿用他的改本（明藏本卽是契嵩改本，略有

元朝和尚宗寶增入的部分我另有考。）倘使我們不見敦煌古本與惠昕本，這種後世增改的痕跡就不容易考出了。

惠昕改動的地方，大致都是這樣「添枝添葉」的增加。但他也有刪節原本的地方，也有改換原本各部分的次第的地方。

惠昕增添的地方都是很不高明的；但他刪去的地方都比原本好的多。如惠能的心偈，敦煌本有兩首，惠昕本刪併為一首。又如敦煌本惠能臨終時，誦「先代五祖傳衣付法頌」，自達摩至惠能六人各有一頌，又續作二頌，共八頌，都是很惡劣的偈頌。惠昕本只存達摩一頌，惠能一頌，共刪去了六頌。這些地方，雖然都是改變古本面目，在文字技術上卻是一進步。

他改變原本各部分的次第，是在惠能說法的部分。他論坐禪兩段之後的各部分，此本與敦煌本的次第不同，比較如下：

敦煌本	惠昕本
（1）說自性三身佛	（1）增添『傳自性五分法身香』一段，凡二百十一字，為敦煌本所無。
（2）發四弘誓願	（2）無相懺悔
（3）說無相懺悔	（3）四弘誓願
（4）說無相三歸依戒	（4）無相三歸依戒
	（5）一體三身自性佛

這種改動大概是因爲惠昕添入了『傳香』一大段，故移『懺悔』一段到前面去，又改移其他各段落，先傳香，次懺悔，次發願，次傳無相戒，次說自性三身佛。這個順序確是稍勝于原來的次第。後來各本都依惠昕改本。此又可證契嵩改本所用的本子是惠昕的改本。

· · · · ·

最後，我們要指出惠昕本與敦煌本的跋尾的異同。敦煌本跋尾云：

此壇經，法海上座集。上座无常，付同學道際；道際无常，付門人悟眞。悟眞在嶺南漕溪山法興寺，見今傳受此法。如付山法，須德（得）上根知心信佛法，立大悲，持此經以爲衣（依）承，於今不絕。

惠昕本跋尾云：

洎乎法海上座無常，以此經付囑志道，志道付彼岸，彼岸付悟眞，悟眞付圓會，遞代相傳付囑。一切萬法不離自性中現也。

兩本的傳授如下表：

（敦煌本）法海→道際→悟眞

（惠昕本）法海→志道→彼岸→悟眞→圓會

我們看了這兩個不同的跋尾，可以作怎麼樣的解釋呢？我想，我們可以得這樣的結論：第一，敦煌本的祖本是很古的。這個祖本大概成於神會和尚未死之前。神會在滑臺大雲寺開始攻擊神秀門下的大師，宣傳慧能的『頓宗』教義，竪立『南宗』宗旨，是在慧能死（七一三）後二十餘年內的事。此經內有此事的預言，故其製作至早當在開元（七一三——七四一）晚年，或天寶（七四二——七五五）初年。我們假定此經作於天寶年間神會在東京（洛陽）最活動的時代，（神會在東京當天寶四年至十二年，七四五——七五三。）約當西歷七四五年。此經大概是神會做的，（詳考見荷澤大師神會傳，頁二八二——二九〇）他自己不便出名，只好假托於一個已死了的同學法海；又說此本由法海傳給同學道際，道際付門人悟眞，『悟眞在嶺南漕溪山法興寺，見今傳受此法。』這就是說，當此祖本傳寫時，悟眞還活着。法海與道際爲同學，爲慧能下一代；悟眞爲第二代。慧能死在七一三年，神會死在七六〇年。神會活了九十三歲，他儘可以和他的師姪悟眞同時，——假定眞有法海道際悟眞三個和尚的話。敦煌本所記此本的傳授不過兩代三人，可見此本的祖本傳寫時還在神會的時代，可以算是最古本了。

第二，惠昕本所記傳授也有悟眞，但排在第四；悟眞之下還有一個圓會；悟眞之上兩個傳人與敦煌本不同；這一點應該如何解釋呢？我想，這也許是因爲惠昕本的壇經傳授世系也是惠昕妄改的，此本的跋尾之前提到王維的碑銘，又提到『元和十一年（八一六）詔追謚曰大鑒禪師，事具劉禹錫碑。』這些事實都不是壇經最古本所能有的。王維作能禪師碑銘（全唐文卷三二七）是神會托他做的，碑文中有云：

弟子曰神會，遇師于晚景，聞道于中年。……雖末後供，樂最上乘。先師所明，有類獻珠之願；世人未識，猶多抱玉之悲。謂余知道，以頌見托。……

『猶多抱玉之悲』一句，可證此碑作在神會被御史盧弈彈劾，或已被貶逐的時候，（天寶十二年，七五三。）他已是八十多歲的老人了。此碑作于壇經已寫成之後，所以敦煌本只說『韶州刺史韋據立碑至今供養』——其實並無此碑——而不曾提到王維的碑文：這是一證。王維碑內提起印宗法師講涅槃經，慧能和他辨論，而壇經敦煌本不提此事：這是二證。碑文中說『則天太后孝和皇帝並敕書勸諭，徵赴京城，』敦煌本也不提此事：這是三證。但惠昕改本卻不但用了王維的碑文，並且提到劉禹錫的碑文了，元和追謚已在慧能死後一百零幾年，所以舊本裏的兩代三個壇經傳人是不夠的了。所以慧昕改了這個傳經世系，從兩代三人改為五代五人，可以夠一百零幾年了。我們可以推斷惠昕所見的原本，其跋尾的傳經人也只是法海道際悟眞三個，悟眞一名還可以保存他當時增改的痕跡。

總之，惠昕本雖然有了不少的增改，但不失為『去古未遠』之本，我們因此可以考見今本壇經的那些部分是北宋初年增改的，那些部分是契嵩和契嵩以後的人增改的。

二十三，四，五夜改定稿。